STORIE

Degli stessi autori,
nelle edizioni Cairo:

La grande storia di Padre Pio
La grande storia di Gesù
Cuccioli nel vento

www.cairoeditore.it/libri

ISBN 978-88-6052-311-2

I edizione: settembre 2010

Sandro Mayer e Osvaldo Orlandini

La grande storia della Bibbia

CAIRO EDITORE

LA GRANDE STORIA DELLA BIBBIA

1

C'era una volta il Nulla. Lo conosci il Nulla, vero? È buio, silenzio, vuoto. E nel buio, nel silenzio, nel vuoto ci sono la noia, la solitudine, la malinconia.

Era il luogo dove tu ora nasci, respiri, vivi, ti sposi, fai i figli, lavori, ti affanni per tenere a bada la noia, la solitudine, la malinconia che ti porti dentro perché pensi di provenire dal Nulla e hai paura di tornarci.

Ma non è così, lettore, perché nel Nulla c'era Dio. Gli scienziati dicono che il tempo, in cui inizia la vicenda che stai per leggere, fosse quattordici milioni di anni fa. Ma non è così, perché Dio, se vuoi credere o già credi nella storia che ti racconteremo, c'era anche prima, c'era sempre stato, c'è ancora: è infatti l'Essere Eterno, perfetto, onnipotente.

Non saprai mai come era e come è Dio, perché devi credere che sia anima. E l'anima non ha né volto né corpo, questo lo sai. Però puoi crearti la sua fotografia nella tua mente, perché sai anche, e lo leggerai più avanti, che creò l'uomo a sua immagine e somiglianza. E allora quell'anima che vagava nel nulla, così leggera che nemmeno il soffio del tuo respiro riuscirebbe a toccarla, può essere come ce la siamo immaginata da bambini, quando ci parlavano di lui: l'Essere Perfetto e onnipotente.

Se era onnipotente, puoi immaginarlo enorme: corpo largo, lunghe braccia, grosse mani. E poi un vocione: di quelli che, quando li senti, ti incutono timore e rispetto. Se era perfetto, doveva essere bello: ma non riesci a vedere il suo volto, per quanto ti sforzi, e allora prova a immaginarlo coperto da lunghi e folti capelli e da una barba lunghissima. E immagina che la barba e i capelli fossero bianchi, perché, se è sempre esistito, doveva già essere molto vecchio, quando la storia inizia.

Dunque era onnipotente e perfetto, quindi poteva fare ogni cosa; e ogni cosa che faceva, non poteva essere fatta meglio. E così, dopo anni, anni e anni era stanco del Nulla, annoiato dal silenzio, malinconico per la solitudine; decise allora di iniziare l'opera straordinaria che porta all'inizio della vicenda: il creato. Ci pensò, le diede forma nella sua mente, ci rifletté per renderla perfetta. E decise che se ne sarebbe distaccato, che in seguito non avrebbe fatto parte della sua creazione, che l'avrebbe osservata dall'alto. Si rese conto però che così non ci sarebbe stato un legame fra lui e la sua opera, che qualcuno dovesse pure tenerlo in contatto con la sua creazione, che gli servissero dei "messaggeri". Concluse dunque che fosse cosa buona, giusta e bella avere intorno a sé creature celestiali, una vera e propria corte con il compito di colmare quell'abisso infinito che lo avrebbe separato da ciò che avrebbe creato. Quelle figure le chiamò angeli: puri spiriti, anch'essi, che possedevano una intelligenza superiore sempre più vicina alla perfezione, mano a mano che il loro compito li portava più accanto a Lui e al suo trono.

Immagina gli angeli ardenti come il fuoco, con occhi splendenti come i raggi del sole, bianchi come la neve quando fiocca dal cielo e non è ancora sporcata dal contatto con la terra. Creò nove schiere di angeli, ognuna con un compito preciso e ognuna con un capo chiamato arcangelo. C'era armonia tra gli angeli, che stavano fermi nel Nulla solo a contemplare il loro Signore: e armonia significa amicizia, fedeltà, amore.

Ma l'armonia si spezzò. Accadde quando Dio decise che fosse il momento di informarli della sua decisione: «Voglio creare un mondo che esalti la mia gloria e voi mi aiuterete. Alcuni di voi avranno, in questo mio disegno, il ruolo di messaggeri».

«No, non lo fare, o Signore. Non lo fare», urlarono gli angeli in coro. «Bastiamo noi a esaltare la tua gloria».

Fra gli angeli, il più caro a Dio, era Lucifero, il cui nome significa "colui che porta la luce". Egli spiccava per bellezza, splendore, sapere, grazia; aveva dodici ali, e anche in questo, superava gli altri che ne avevano solo sei. Era l'angelo più vicino a Dio e poteva contemplarne il volto, meglio degli altri, e intuirne più di tutti la gloria immensa.

Ma proprio Lucifero fu il più duro: «Non te lo permetteremo. Siamo esseri superiori a tutti. Non possiamo abbassarci a stare in contatto con esseri diversi da noi».

Vicino a Lucifero c'era un altro angelo bellissimo, Lilith, il cui nome significa "spirito del vento"; non era superbo come Lucifero, però era accecato dalla gelosia. Lilith amava Dio in modo esclusivo e già non sopportava di doverlo dividere con gli altri angeli. «Non vogliamo altri vicino a te», protestò. «Non ti basta più il nostro amore?», aggiunse con un filo di voce sconsolata.

«Non accettiamo che tu abbia altri, oltre noi, vicino a te», si udì un coro generale. Poi il tono della voce si trasformò in lusinga: «Noi vogliamo solo te».

La protesta dilagò finché Dio fece sentire il suo vocione che sapeva di minaccia, di rimprovero, di sfida: «Come osate dire a me quello che devo fare o non fare?».

Lucifero non si spaventò e osò fare sentire una voce ancora più alta di quella di Dio: «Non vogliamo intrusi», e anche i suoi occhi si velarono di minaccia e di sfida.

«Sì, non lo fare», sussurrarono invece altri angeli con un tono di paura mescolata al lamento.

Lilith si inginocchiò davanti a Dio e fu dolcissimo: «Lucifero dice cose giuste. Per te ci siamo noi. Ci sono io vicino a te con gli altri angeli che tu stesso hai voluto per farti onorare». Poi velò le sue parole con il grande amore che provava: «Se rinuncerai al tuo progetto, io ti amerò ancora di più».

Gli occhi di Dio restarono minacciosi. Sette dei nove arcangeli ne restarono impauriti e si ritirarono dalla protesta: erano Michele, Gabriele, Raffaele, Uriel, Raguel, Zerachiel, Remiel. Si schierarono davanti a Dio, eretti come torri di fuoco per mostrare che la loro fedeltà e la loro forza sfidavano i rivoltosi.

«Calmatevi», disse l'arcangelo Michele con le braccia e le mani protese che invitavano alla riflessione. «Non possiamo ribellarci a Dio».

«È lui che non ha più bisogno di noi», urlò Lucifero

con un accanimento che cominciava a sapere di rancore e di odio.

«E, se non ha bisogno di noi, saremo noi ad abbandonarlo», si incattivì Lilith, come se la gelosia gli avesse annullato improvvisamente la ragione.

La rivolta iniziò. Lucifero, usando le sue dodici ali, fece un lungo, altissimo volo e superò la barriera dei sette arcangeli schierati davanti a Dio. Si fermò solo un gradino sotto il trono: «Io sono perfetto come te, Dio. Sono sapiente come te. Sono bello come te. È giusto che ora io sieda su un trono come quello su cui siedi tu», gridò con occhi sprezzanti, rossi del fuoco che l'odio aveva acceso nelle sue pupille. I sette fecero un passo indietro, terrorizzati.

Dio non si mosse e gridò facendo tuonare la sua voce con il rumore di un'esplosione improvvisa: «Lucifero, fermati e taci. Sono stato io a crearti come sei. Ho voluto per te le cose più belle per cantare le mie lodi. Tu mi devi ubbidienza piena e sottomissione totale».

«Ora non più, mio Signore. Ora non più», fu baldanzoso Lucifero, facendo un passo in avanti per dichiarare che la sfida era aperta e che non aveva più paura.

«Sì, ora non più», si inasprì Lilith, convinto che il suo amore fosse stato calpestato per sempre. La rivolta dilagò: «Non più. Non più», fecero eco altri, schierati ormai dalla parte dei cattivi. I più baldanzosi stavano per gettarsi contro Dio, ma i sette arcangeli fecero barriera.

«Lucifero, Lilith e tutti voi, fermatevi. Fate ancora in tempo. Inchinatevi a Dio», supplicò Michele: i suoi occhi dolcissimi convinsero alcuni a fare un passo dietro Lucifero, che stava accanto a Lilith, e ad abbandonare la protesta. Gli altri restarono fermi.

«Fateci passare e arrendetevi. Ormai non ubbidiremo più. La decisione è stata presa. Sarò io il nuovo Dio», urlò di nuovo Lucifero. Poi si rivolse ai seguaci: «Basta ubbidire. Noi possiamo tutto. Non accetteremo più i suoi ordini. Né vogliamo seguirlo nella sua folle idea di un nuovo mondo. Noi non serviremo più nessuno».

L'arcangelo Gabriele domandò sgomento: «Che facciamo?».

«Aspettiamo», rispose soltanto con calma Dio. «Aspettiamo».

«Ma, mio Signore», implorò Gabriele. «Rischiamo di restare schiacciati. Sono numerosi e decisi».

«Aspettiamo», ribatté Dio. «Voglio che tutti decidano liberamente da che parte stare. Ognuno deve essere arbitro del proprio destino. Come tu sai, Gabriele, a tutti voi ho concesso il libero arbitrio. Voglio sapere chi sta con me e chi sta contro di me».

Lucifero e Lilith non esitarono e ordinarono ai loro seguaci: «Avanti, abbattiamo il suo trono».

«Perché non posso essere come lui? Perché mi è preclusa la sua perfezione? Deve darmela, deve rendermi uguale a lui. Se non lo farà, lo costringerò con la forza», cercò di essere convincente Lucifero di fronte ai suoi. «Sarò Dio e vi renderò ancora più potenti».

Lilith fece un ultimo tentativo: «Dio, accetta il mio amore esclusivo e io ti sarò fedele».

Dio non rispose ma mostrò con un mormorio tutto il suo disprezzo. La ferita di Lilith, già profonda, si allargò e il suo dolore lacerante si trasformò in odio: «Allora non apparterrò più a te. Lucifero ha ragione: sarà lui il nostro Dio. Anzi per me è già Dio».

L'arcangelo Michele non riuscì a controllarsi di fronte a tanta insolenza: «Chi osa dire che è come Dio?», urlò lanciandosi contro i ribelli. «Chi di voi è come Dio?», ripeté temendo la risposta, che fu infatti l'inizio della rivolta. Lucifero, Lilith e gli altri, sguainarono le spade celesti. Michele, Gabriele e gli altri arcangeli, seguiti dalla schiera degli angeli rimasti fedeli, sguainarono le loro spade che erano invece di fuoco.

Un muro di fiamme si formò dividendo i due eserciti. Dio rimase a guardare. Prima con distacco, ma, quando vide che stavano per essere travolti gli angeli a lui fedeli, si alzò minaccioso dal trono.

«Ora basta». La sua voce fu così fragorosa che perfino il Nulla tremò. «Ora basta», tuonò ancora. A tutti si bloccarono le lingue e si paralizzarono le mani.

La protesta tacque e il silenzio tornò per fare ascoltare la sentenza che non ammetteva repliche: «Poiché avete osato ribellarvi, vi condanno a non godere più della mia presenza. Vivrete per sempre bruciando nelle fiamme».

Poi parlò, con voce fredda e dura come il ghiaccio, ai due angeli che aveva amato di più: «Tu, Lucifero, che volevi essere simile a me, il tuo Altissimo e Sommo Dio, striscerai come un serpente in ogni luogo dove farai dimora. E tu, Lilith, che ti sei ribellato per un eccesso di bene nei miei confronti, sei condannato a cercare l'amore per sempre perché mai lo troverai. Vivrai in eterno insoddisfatto e mai saziato di affetto».

Un lampo accecante si accese per suggellare quelle parole come un marchio di fuoco. Un tuono assordante aprì una voragine nel Nulla e Lucifero con i suoi seguaci precipitò in un abisso infinito. Da quel luogo oscuro, in preda a una collera furiosa, a un'ira incontenibile e a una disperazione infinita, Lucifero urlò tutta la sua rabbia contro Dio: «Tra noi sarà guerra eterna. Rovinerò tutto quanto creerai».

Da quel momento Lucifero, che era stato il più bello degli angeli, si trasformò in Satana, e i suoi seguaci, tra cui Lilith, da angeli diventarono demoni.

Sappi, lettore, che Satana in ebraico è Satàn e significa "nemico" e sappi che demone significa "spirito malvagio".

Dio poi tornò dolcissimo per rivolgersi alla schiera degli angeli fedeli. Chiamò vicino a sé l'arcangelo Michele: «Per la tua fedeltà, ti nominerò "Principe delle milizie celesti". Sarai tu a proteggere tutto ciò che mi accingo a creare. Sarai sempre chiamato Michele, il cui significato è "chi è come Dio", e questo sarà sempre il tuo grido di battaglia. E a tutti voi dico che, standomi vicino, godrete per sempre».

Dio poté finalmente iniziare a creare nel Nulla la sua opera.

La vicenda, lettore, inizia qui e te la racconteremo, con una libera interpretazione, come nei romanzi: dando volto e voce ai personaggi, immaginando di raccontare una favola perché infatti è la favola meravigliosa tramandata dalla Bibbia.

Tutto cominciò con un grande boato che invase il Nulla. E dal Nulla in principio Dio creò il cielo, la terra e le acque. Guardò intorno ma non fu soddisfatto perché la sua opera era avvolta dalle tenebre.

Allora Dio disse: «Sia la luce» e un lampo abbagliante squarciò l'oscurità. Poi decise di mettere ancora ordine separando la luce dalle tenebre. «La luce sarà chiamata "giorno" e le tenebre "notte"», stabilì. E così per la prima volta fu sera e fu mattina e passò il primo giorno.

Dio dunque disse: «Vi sia il firmamento in mezzo alle acque che tenga separate le acque dalle acque». Poi alzò la mano, comparve il firmamento e lo chiamò cielo. Fu soddisfatto: aveva separato le acque che erano sotto il firmamento da quelle che erano sopra il firmamento; aveva dato luce al cielo e alla terra, e la creazione gli apparve in ordine.

E fu sera e fu mattina e fu il secondo giorno.

«Voglio che le acque sotto il cielo si raccolgano in un solo luogo e che nell'altro appaia l'asciutto. Il suolo asciutto sia chiamato terra e la massa delle acque sia chiamata mare». Nacquero così i continenti, gli oceani, i mari, i fiumi e i laghi. E Dio disse ancora: «La terra produca l'erba e l'erba produca seme. E le piante producano il frutto ciascuna secondo la propria specie».

E così avvenne. La terra si ricoprì gradualmente di uno splendido manto verde fatto di sterminate pianure fertili, foreste fitte e impenetrabili, distese di alte erbe piegate dal soffio del vento. Spuntarono gli alberi, i fiori e ogni altro tipo di vegetazione. Dio pensò che questo era buono. E fu sera e mattina. E passò il terzo giorno.

E Dio disse: «Vi siano dei lumi nel firmamento del cielo per separare il giorno dalla notte, che siano segni per feste, per giorni e per anni e che facciano luce nel firmamento del cielo, per illuminare la terra». Dio fece i due grandi lumi maggiori: quello grande per governare il giorno, il più piccolo per governare la notte. «Il più grande si chiami Sole e il più piccolo si chiami Luna», decise.

«Ci siano le stelle», ordinò poi. E le stelle apparvero nel firmamento per dare luce alla terra nella notte. E fu di nuovo sera e poi mattino. Passò il quarto giorno.

Ma Dio non era ancora soddisfatto e disse: «Brulichino le acque di un brulichio di esseri viventi, e volatili volino sopra la terra, sullo sfondo del firmamento del cielo». E creò i grandi pesci e tutti gli esseri viventi nelle acque e nel cielo. Dio ammirò soddisfatto e benedisse dicendo: «Siate fecondi, moltiplicatevi e riempite le acque dei mari; e i volatili si moltiplichino sopra la terra». E venne sera, poi mattina. E passò il quinto giorno.

Dio parlò ancora: «La terra produca esseri viventi secondo la loro specie: bestiame, rettili e fiere della terra». Dio fu soddisfatto e disse ancora: «Facciamo l'uomo secondo la nostra immagine, a nostra somiglianza, affinché possa dominare sui pesci del mare e sui volatili del cielo, sul bestiame e su tutti i rettili che si muovono sulla terra. E fu così che nuove vite si diffusero su tutta la terra. Poi raccolse un pugno di polvere dal suolo, con l'acqua fece il fango, lo plasmò con le sue sembianze e con un soffio gli diede la vita e l'intelligenza. E Dio disse: «L'uomo abbia potere sui pesci del mare, sugli uccelli dell'aria, sulle greggi, sugli armenti e su ogni cosa che si muove sulla terra».

Poi guardò l'uomo e continuò: «Ti chiamerai Adamo,

che significa "venuto dalla terra", perché sei nato dalla terra. Ti amerò più di ogni altra cosa. E sarai immortale».

Adamo aprì gli occhi ma rimase a lungo supino e immobile. Poi si mosse. Si girò su un fianco, poi sull'altro; girò un piede e poi l'altro; li appoggiò entrambi sulla terra e scoprì che riusciva ad alzarsi. Quando fu in piedi per prima cosa fissò l'immensità del cielo. «Che meraviglia», disse. Poi si toccò e scoprì che era fatto di carne.

Il Signore contemplò la sua opera e vide che anche questa era cosa buona. E venne sera, poi mattina. Il sesto giorno.

E il settimo giorno Dio si riposò dopo tutte le opere che aveva compiuto. Benedisse il settimo giorno e lo santificò. «Voglio godere di tutto ciò che ho fatto», disse.

L'Universo era finito. Tutto era buono, ordinato, perfetto. Dio ammirò il cielo, vide gli astri, i pianeti. Osservò i numerosi animali che vagavano in un immenso giardino, dove gli alberi erano altissimi, dove i fiori erano di ogni colore, dove immense cascate brillanti per i raggi del sole innaffiavano la terra. Quel verde giardino era quieto, allegro, variopinto, sereno: così bello che lo chiamò Eden che, dall'ebraico, lettore, si traduce in italiano "delizia". E pensò di regalarlo ad Adamo, la creazione più perfetta della sua opera. «Va' nel giardino che io ho fatto per te», disse. «Coltivalo e custodiscilo».

Adamo si guardò attorno e vide che tutto era bello. Poi si girò per vedere chi stesse parlando ma fu costretto a chiudere gli occhi perché una luce lo abbagliò. Coprì il viso con le mani per ripararsi. Quando la luce si affievolì, si guardò attorno smarrito. Non c'era nessuno. Era solo.

Provò una strana sensazione di timore. Cominciò a chiedersi, tra confusione e incertezza: «Perché mai sono qui? Chi sono?».

Tornò a sedersi sulla terra e in quell'istante risentì quella voce che cominciava a essergli familiare. «Adamo, non avere paura. Sarai felice e mi ringrazierai, perché là dove sei inizierà la tua vita».

Adamo, sorpreso, spalancò gli occhi ancora per vedere chi stesse parlando, ma anche questa volta riuscì a intravedere solo un fascio di luce e poi, vinto da un sonno improvviso, si addormentò.

Quando si svegliò, vide alberi da frutto di ogni tipo, fiumi di acqua cristallina, animali di ogni specie, piccoli e grandi.

«Ma dove sono?», mormorò ancora strofinandosi gli occhi e cercando di capire quello che gli stava succedendo.

La voce calda e persuasiva di Dio si fece sentire. «Non avere paura, Adamo. Tu qui sei il padrone. Questo luogo l'ho creato per te perché tu possa custodirlo e cantare le mie lodi».

«Ma chi sei? Qual è il tuo nome? Perché non posso vederti?», domandò Adamo con un tono di voce che sembrava una supplica mescolata a disagio.

«Non potresti mai capire chi sono. "Io sono colui che sono". Ma per te questo non ha alcun significato. Puoi rivolgerti a me chiamandomi "Signore" o "Dio" o "Mio Creatore". Io sono l'Essere perfettissimo che ti ha creato. Sono dappertutto e sarò sempre accanto a te, ma i tuoi occhi non potranno mai vedermi. Ti ho chiamato Adamo perché tu possa ricordarti che sei nato dalla terra e che alla terra apparterrai per sempre. Ma ora devi imparare a vivere nell'Eden, questo immenso giardino che ho preparato per te. Ma ti spiegherò tutto quando sarà il momento. Per ora accontentati di sapere che quella grande luce in procinto di spegnersi si chiama Sole e lascerà il posto a un'altra luce più tenue che si chiama Luna. Significa che si avvicina la notte e che tu devi riposare. La notte porta con sé il sonno, ti inviterà a dormire e tu la rispetterai. Domani ti mostrerò altre bellezze dell'Eden, il tuo regno. Riposa tranquillo, Adamo».

Adamo vide la luce abbagliante del sole scomparire per cedere il posto a un'altra luce, molto più fioca. «È la luna», si ricordò. Poi si distese sotto un albero e si addormentò.

2

Dio svegliò Adamo con il canto degli uccelli. «Questo giardino», gli disse, «è il Paradiso terrestre, gli alberi producono da soli i loro frutti, così come fanno le erbe, i cespugli e ogni tipo di pianta. Tutto quello che produce questa terra è buono da mangiare. L'acqua che ti scorre attorno è buona da bere. L'erba e la paglia che vedi ti serviranno da letto per dormire. Tu non soffrirai mai e tutti gli animali del Paradiso ti saranno utili e ti aiuteranno. Potrai contare sui pesci del mare, sugli uccelli dell'aria, sulle greggi e sul bestiame e su ogni cosa che si muove sulla terra. E a ciascuna cosa darai un nome. Il nome che sceglierai resterà eterno e anche tu e le altre creature sarete eterni. Il Paradiso terrestre è immenso e potrai spostarti da un luogo all'altro come e quando lo desideri. Ci sono le aquile, i cervi, gli elefanti: tu li userai come vorrai. Sei il re del Paradiso e tutti ti ubbidiranno».

Adamo non capì. Ma Dio lo rassicurò: «Lo so, ora ti sembra tutto difficile. Ma stai tranquillo, Adamo. Con il passare dei giorni tutto sarà più chiaro. Ti basta parlare con me. Io sono la sapienza e ti spiegherò tutto».

In quel momento si avvicinò un leone. Adamo lo accarezzò e il leone gli leccò la fronte. Un'aquila si accovacciò ai suoi piedi per invitarlo a salire sulla sua groppa. Adamo accettò e in pochissimo tempo si trovò trasportato nell'altra parte del giardino dove c'era un immenso bosco. Adamo gustò i frutti degli alberi e del bosco, bevve la fresca acqua di una sorgente. Intorno a lui daini e pantere trotterellavano vicini, così come i bufali e gli elefanti, i lupi e le pecore.

I giorni passarono veloci. Adamo ormai era il sovrano incontrastato del Paradiso terrestre. Tutte le creature erano a sua disposizione. C'era anche un'immensa distesa che Dio aveva creato per lui, con foreste impenetrabili, fiumi che scorrevano lentamente, con mari, laghi e monti, tutti luoghi dove il silenzio era dolcemente spezzato dall'allegro cinguettio degli uccelli. Adamo preferiva trascorrere molte delle sue giornate tra i gorilla perché pensava che gli assomigliassero. In mezzo a loro era felice. Di sera però lo assaliva la malinconia. Gli animali si addormentavano in compagnia uno vicino all'altro, mentre lui era solo. Un giorno Adamo notò una femmina di gorilla. La notò perché era diversa dai suoi simili. Aveva il pelo fulvo e una cascata di capelli che le scendevano sulle spalle. "Che essere strano", pensò, "ne parlerò con Dio questa sera quando sentirò la sua voce". Poi tentò di avvicinarsi. La chiamò con nomi diversi ma lei non si avvicinò. Anzi, appena lo scorse, mentre stava per calarsi nel ruscello, scappò via.

"Che strano", pensò, "non capisco perché è scappata. E poi è così veloce. Sembra che abbia le ali".

Come se avesse letto nel suo pensiero, quella femmina di gorilla urlò: «Tu non le vedi, ma io, sì, ho le ali. E non sforzarti a darmi un nome. Io il nome ce l'ho già. Mi chiamo Lilith, che significa spirito del vento».

«Lilith? Spirito del vento? Continuo a non capire», Adamo lasciò i suoi pensieri e la inseguì.

Lilith non era andata lontano, si era rannicchiata sotto un albero e lo guardava. Adamo corse per raggiungerla, ma quando fu a pochi passi, lei con un gran balzo si allontanò volando ancora. Adamo allora capì che voleva giocare. Lilith si faceva raggiungere ma poi scappava di nuovo e così ancora per tutto il giorno. «Lilith», disse Adamo quando il sole cominciò a calare, «dai, ora fermati».

«Non accetto ordini da te», rispose lei con arroganza.

Quando il sole sparì per fare posto alla luna, Lilith finalmente si fece raggiungere. «Ora basta», disse lei con un tono deciso che stupì Adamo.

"Ecco perché è diversa", pensò lui. "Si sente un capo". Ma rifletté che anche la voce di Lilith era diversa da quella degli altri gorilla. Quando le fu vicino, Adamo vide che anche il suo fisico era diverso. Oltre alla folta chioma rossa che aveva notato subito, vide che il seno era più prosperoso di quello di tutte le femmine gorilla. E poi osservò i suoi occhi: sembrava che dentro ci fosse il fuoco. Adamo ne restò affascinato. Quando fu ancora più vicino, disse: «Non mi sono mai divertito così tanto. Ho deciso di sceglierti come mia compagna di giochi».

Calò la sera e poi la notte. Lilith si distese accanto a lui e cominciò ad accarezzarlo. Adamo scoppiò in una fragorosa risata. «Mi fai il solletico», urlò mentre si contorceva per evitare le sue carezze.

«Stai calmo», sussurrò Lilith, «vedrai che ti piacerà».

Adamo si calmò e acconsentì a lasciarsi accarezzare perché cominciava a piacergli. Poi, addolcito da quel gioco inconsueto, si addormentò.

Lilith invece era sveglia e continuò ad accarezzarlo. Quando capì che era in un sonno profondo, rese ancora più audaci le sue carezze e, quando intuì che era giunto il momento, lo coprì con il suo corpo, lo possedette e rubò il seme della sua giovane vita. Lilith era ancora sopra di lui quando Adamo si svegliò e sentì, sul suo corpo nudo, il calore della peluria di lei. La scostò con disgusto. «Come osi coprirmi con il tuo corpo?», disse. «Io sono il tuo padrone, non un gorilla, e il mio posto è sempre sopra di te e di tutti gli altri animali che Dio ha messo al mio servizio».

Poi con un colpo di reni la fece cadere e la mise supina sotto di lui. «Questo è il tuo posto», urlò.

«No, questo non lo accetterò mai», si infuriò Lilith. «Non starai mai sopra di me. Anche se sono diversa da te, non mi sottometterò mai. Questa notte ti ho rubato il seme che ora è dentro di me. E poiché mi hai umiliato, scomparirò dalla tua vita».

Adamo non capì le sue parole ma si disperò quando vide che velocissima si allontanò, fino a scomparire dalla sua vista.

Lilith, lettore, era l'angelo che, dopo la ribellione, Dio aveva trasformato in demonio. L'altro, il suo compagno, Lucifero, era stato trasformato in un serpente. Mentre lui, poiché si era ribellato accecato dall'amore e non dall'odio, aveva avuto la possibilità di scegliere quali sembianze di animale assumere e quale sesso. Lilith, per dispetto, aveva scelto le sembianze del gorilla, l'animale più simile all'uomo, la creatura che Dio amava di più. E quando fu cacciato dalla corte celeste, aveva lanciato la sua minaccia: «Farò impazzire d'amore la creatura che più amerai e con l'amore rovinerò tutte le creature». Scelse poi di essere femmina, così poté rubare il seme della vita ad Adamo, approfittando della sua nudità e della sua ingenuità.

Lilith però, temendo l'ira di Dio, fuggì non soltanto da Adamo, ma anche dal Paradiso terrestre. Raggiunse il deserto vicino al Mar Rosso e visse nella regione dove scorreva un grande fiume, quello che tu ora, lettore, conosci come il Nilo. «La mia vendetta sta per compiersi», rise soddisfatta. «Ho rubato il seme della vita all'uomo. Ora sono forte come Dio. Farò nascere esseri viventi».

Lilith, incinta, partorì due figli somiglianti ad Adamo e disse: «Corromperò il genere umano con la mia lussuria. Niente sarà come Dio aveva sognato di creare». E in seguito si accoppiò con altri gorilla suoi simili, generando così innumerevoli esseri che si dispersero sulla terra e che, via via accoppiandosi, assunsero sembianze sempre più simili a quelle di Adamo. I discendenti percorsero grandi territori in cerca di cibo, si diffusero per tutta la terra e dettero origine a villaggi, a paesi, a città, a nazioni, a popoli.

Ma questa, lettore, è un'altra storia, che non è la Bibbia. I tuoi romanzieri ora invece tornano a raccontarti che cosa faceva Adamo da solo nel Paradiso terrestre.

Soffriva per la solitudine, ne parlò con Dio e spiegò: «Mi manca Lilith», gli confidò Adamo: «Non capisco perché sia fuggita. E perché si sia ribellata a me. Tu, o Signore, mi hai detto che sono io il padrone dell'Eden, ma lei non mi ha ubbidito. Ha anche tentato di sottomettermi».

«Lei è diversa dalle creature che ho creato. Lei ha una natura celeste. È un angelo. Anzi, lo era, perché adesso è un demone, un angelo del male».

«Un angelo? Che cosa vuoi dire con la parola angelo?».

«Sì, un angelo che ho cacciato via perché si considerava superiore a me. Lei adesso è un demone ed è condannata a soffrire per sempre perché, come te e come tutte le creature che ho creato, è immortale».

«Immortale?», domandò Adamo.

«Sì, immortale. Tu come tutti gli esseri dell'Eden, non scomparirete mai. A meno che...».

«A meno che...», ripeté perplesso Adamo.

«Se tu mangerai...». Dio si fermò. Decise che non era il momento. «Adamo, te lo spiegherò un'altra volta».

Ma Dio provò pena per la sua solitudine e decise: «Non è bene che l'uomo sia solo: gli voglio dare un aiuto a lui corrispondente». E lo fece cadere in un sonno profondo.

Adamo dormiva, tuttavia sentì il calore dell'alito di Dio e la sua mano che gli premeva il costato. Poi una fitta fortissima nel fianco lo svegliò. «Che cosa mi sta accadendo?», si alzò di scatto toccandosi il fianco dolorante: si accorse di essere sudato e di non riuscire a tenere ferme le gambe che tremavano. «Che mi succede?», ripeté.

«Non temere, Adamo», la voce di Dio era dolce e lo rassicurò. Ci fu un attimo di silenzio ma lo sgomento tornò negli occhi di Adamo che vagavano in alto verso la voce in cerca di aiuto.

La voce diventò leggera, calda, tenera, come se fosse accompagnata da un sorriso rassicurante: «È una cosa bella, Adamo. La tua solitudine è finita. Avrai una compagna».

«Una compagna? E dov'è?», mormorò girando gli occhi intorno per cercare.

«È lì, Adamo. Tra quelle foglie. L'ho fatta nascere dalla tua costola. Guardala: sarà la compagna della tua vita».

Adamo sentì un fruscio di foglie alla sua destra e, mentre l'emozione gli fermava il respiro e il sorriso apriva le sue labbra, si girò e la vide: stava distesa, immobile, in silenzio. Era bellissima, tanto simile a lui ma anche tanto diversa. Notò che, come Lilith, anche lei aveva due rotondità dopo il collo, più giù, e si toccò con le due mani il torace notando che lui non era così. Vagò con gli occhi lungo il suo corpo e notò che era diversa da lui. Poi risalì a osservarla e vide che aveva capelli lunghi e folti, occhi chiari come l'acqua del ruscello in cui si calava per rinfrescarsi, mani lunghe e affusolate. Lei dormiva e lui l'ammirò pensando che Dio gli aveva donato una cosa meravigliosa. Stava per dire grazie, ma non fece in tempo perché Dio parlò: «Adamo, questa è la donna. È femmina perché è stata tratta da te, maschio. La chiamerai Eva, che significa "colei che dà la vita", perché sarà la madre di tutto il genere umano. Con lei ti unirai e formerai una sola carne».

Adamo non capì e balbettò: «Mio Signore, vuoi dire che Eva, questa donna, è carne della mia carne?».

«Proprio così, Adamo».

«Ossa delle mie ossa?».

«Sì, ossa delle tue ossa. È un dono che ho voluto farti per darti la felicità. Avrete tutti e due l'immortalità. Vi ho creato come gli altri animali, maschio e femmina, perché possiate unirvi e moltiplicarvi per riempire la terra di creature come voi. Tanti uomini e tante donne».

«E come faremo a moltiplicarci?», domandò Adamo, così sbalordito e così incantato dalla bellezza di Eva che non ascoltò la risposta di Dio. Si avvicinò invece a passi lenti a lei che si stava svegliando. La toccò e pensò che era proprio come aveva detto Dio: di carne come lui.

Dio sorrise per la sua incertezza e gli parlò ancora, ma lui, attento e curioso a guardare gli occhi di lei che si aprivano alla vita, ancora una volta non sentì le sue parole: «Ho realizzato un'altra cosa buona e giusta», disse Dio.

Eva aprì gli occhi, ma subito li richiuse e li stropicciò con le mani per allontanare il sonno.

«Io sono Adamo. E tu sei Eva», mormorò lui sorridendo dolcissimo e guardandola con tenerezza.

Fu così dolce e così tenero che lei si sentì rassicurata. Rispose al suo sorriso schiudendo le labbra e ripeté: «Tu Adamo e io Eva?».

«Sì, tu sei la compagna che Dio ha voluto darmi per farmi felice».

«Dio? Chi è? Dov'è?», domandò lei guardandosi intorno incerta.

Adamo le pose la mano e l'aiutò ad alzarsi. «Tante cose non le so neanche io. Le scopriremo insieme. Ma qui è bello, vedrai. Dio ci ha creato a sua immagine e somiglianza e ci ha dato questo giardino per farci essere felici: è l'Eden, il Paradiso terrestre. Vieni con me, ti farò conoscere quello che so e le altre creature che vivono qui. Dio ha detto anche che possiamo dare a tutte loro un nome. E il nome che sceglieremo resterà per sempre».

«Ma che cosa faremo qui?», disse Eva e poi fece altre domande, una dietro l'altra, senza attendere mai la risposta.

Adamo pensò che un po' diversa da lui Dio l'aveva fatta: più curiosa, sicuramente. Ma la tranquillizzò: «Tante cose non le so. Però Dio ci spiegherà tutto, vedrai».

«Quando ci spiegherà tutto?».

«Quando vorrà. Ma, vedrai, lo farà».

«Io so soltanto che, come te, mi sono trovato improvvisamente in questo Paradiso terrestre e qui possiamo fare tutto».

«Non tutto», tuonò invece dall'alto la voce di Dio spaventando Eva che la sentiva per la prima volta.

«Non tutto», la voce si fece più severa. «Potrete godere di tutte le delizie di questo giardino, potrete cogliere i frutti degli alberi e mangiarli. Ma non dovrete mai mangiare i frutti dell'albero della conoscenza del bene e del male. Non dovete, perché il giorno in cui li mangerete, scoprirete che cosa è il bene e che cosa è il male. E allora morirete!».

«Signore», disse tremante Adamo, «non abbiamo intenzione di mangiare quei frutti. Ce ne sono tanti altri. Staremo lontani da quell'albero».

La voce non si fece più sentire e Adamo respirò profondamente per liberarsi dal peso delle emozioni della giornata.

Prese Eva per mano e la portò a bagnarsi nel fiume insieme con gli animali. Il fresco dell'acqua li rallegrò, il sole riscaldò il loro volto, il profumo delle piante li fece respirare profondamente, il cinguettio degli uccellini li contagiò spingendoli ad accompagnarlo con il suono delle loro voci che inconsapevolmente scandirono le note musicali di una melodia dolce e pacata.

«Guarda che faccia seria e corrucciata ha quell'animale con tutto quel pelo», spezzò l'incantesimo della natura Adamo con la voce che si era trasformata in una fragorosa risata.

«Diamogli un nome», suggerì Eva.

«Ti piace "orso"?», domandò Adamo aspettando incuriosito la risposta.

«Orso? Mi piace orso», disse Eva inventando un gioco che piacque ad Adamo. «Diamo un nome a tutti gli animali e a tutte le cose, vuoi?».

Così, giocando, inventarono il nome per il leone, poi per la gazzella, il cavallo, l'aquila, il pettirosso, il cervo, il lupo, la volpe, la cicogna. E chiamarono subito a gran voce ogni animale che, strabiliandoli, rispondeva al richiamo.

A sera, mentre il sole cedeva il posto alla luna, gli animali andarono a dormire. La gazzella si posò accanto al leone; la pecora accanto al lupo; la volpe accanto alla gallina; il passero sotto le ali dell'aquila.

Eva, imitandoli, poggiò il suo corpo nudo accanto a quello nudo di Adamo. Lui l'abbracciò e si addormentò, sentendo il calore del suo corpo e provando una sensazione di bene che sapeva di innocenza.

I giorni nell'Eden per Adamo ed Eva trascorrevano veloci. A dorso del leone attraversavano le foreste e, quando erano troppo fitte per passare, le vedevano dall'alto attaccandosi alle ali dell'aquila che li faceva volare. Arrivavano fino alle foci di fiumi lunghissimi che chiamarono Tigri ed Eufrate. Durante i viaggi lontani, mangiavano i frutti che offrivano gli alberi e bevevano il latte, succhiandolo dal seno delle mucche e delle capre, e si addolcivano la bocca ingoiando il miele che le api poggiavano sulle loro labbra.

Sembrava che tutto e tutti fossero lì, nell'Eden, per esaudire i loro desideri e ubbidire ai loro ordini. Tutti meno il serpente che se ne stava lontano e scostante come se si annoiasse. Preferiva nascondersi tra i cespugli, arrotolarsi tra i rami degli alberi, infilarsi dentro i buchi del terreno. Però da lontano li osservava, non perdendoli di vista un istante.

Una sera, Eva raccontò di averlo visto da vicino. «Adamo, si è lasciato accarezzare. Ha la pelle così liscia, che mi ha fatto rabbrividire. È proprio brutto, però, sai, è stato affettuoso, anzi più affettuoso degli altri animali. Mi ha avvolto come se volesse sentirmi attaccata a lui. Era un po' freddo e mi ha rinfrescato. Che strana creatura: sembra scorbutico e invece è tanto buono».

«Forse se ne sta isolato perché è triste», notò Adamo. «Poveretto, è l'unico animale che non ha una compagna. Ma se Dio non gliel'ha data, una ragione c'è. Non preoccupiamoci, dormiamo».

Al mattino, al risveglio, di tanto in tanto, sentivano la voce di Dio che li rassicurava scaldando i loro cuori. «Sono contento di voi, le mie creature più belle. Vi guardo dall'alto e mi rallegro per la gioia che provate a stare nell'Eden».

«Dio, sentiamo sempre la tua voce», disse Eva un giorno, più indispettita che dispiaciuta. «Ma perché non ci fai vedere il tuo volto?».

«Voi no, non mi vedrete», la voce di Dio diventò un vocione severo. «Mi vedono solo altre creature: gli angeli che vivono accanto a me quassù».

«Gli angeli?», insistette Eva niente affatto impaurita dal vocione. «E chi sono?».

Dio raccontò tutto. Degli angeli e della ribellione di alcuni di loro: «Il capo dei ribelli è stato Lucifero, il più bello, non voleva che io creassi il mondo e voi. Voleva addirittura sostituirsi a me. Ma io l'ho punito e l'ho condannato a stare insieme con gli altri angeli ribelli nelle fiamme che sono nelle viscere del terreno. E se vorrà salire sulla terra, sarà costretto ad assumere le sembianze di un serpente e a stare lontano dalle creature dell'Eden che avranno paura di lui. Ora il suo nome è Satana».

Eva rabbrividì. Pensò al serpente che l'aveva stretta con tanta dolcezza nelle sue spire. "Non è lui", pensò. "Il serpente di cui parla Dio è cattivo, il mio è buono".

«La storia è questa», concluse Dio. «Satana è capace di manifestarsi sotto mille forme, di impadronirsi di voi, di condurvi alla follia e alla perdizione. Statene lontani: Satana è un demonio, immortale e subdolo. Ed è anche furbo perché io, all'inizio, quando era buono e stava accanto a me, gli avevo dato una intelligenza superiore a quella di ogni creatura. Può nascondersi ovunque e assumere le sembianze più innocenti».

Il mattino dopo Eva si svegliò prima del solito e i suoi occhi si incantarono a guardare il corpo nudo di Adamo, che dormiva. «È così diverso dalle altre creature che sono in questo giardino», pensò soffermandosi a guardare i suoi capelli biondi e riccioluti, il petto liscio e muscoloso, la pelle della pancia stesa e stirata su muscoli prorompenti, le gambe robuste come due rami d'albero.

Eva si avvicinò al suo corpo, respirò profondamente e sentì entrare nelle sue narici un profumo che sapeva di buono, così diverso da quello degli animali che invece la spingevano ad allontanarsi. Il profumo la invogliò a toccare con il suo naso la pelle di Adamo per sentirlo dentro di sé. Si sentì turbata, come se un peso che non conosceva si fosse fermato nel suo petto, all'altezza del cuore, e si alzò di scatto pensando di scacciarlo. Ma non lo scacciò e, per distrarre i suoi occhi, li posò sull'albero della vita e poi subito dopo su quello della conoscenza del bene e del male che aveva foglie e frutti rigogliosi. "Chissà perché Dio ci ha proibito di mangiare questi frutti che sembrano i più buoni", pensò e il turbamento aumentò. Lo scacciò immergendosi nel laghetto vicino. Provò sollievo. L'acqua era fresca e limpida ed Eva bagnò e accarezzò la sua pelle. Uscì grondando acqua e con i lunghi capelli che sgocciolavano sul suo corpo nudo, si aggirò nell'Eden da sola. Daini e pantere le saltellavano accanto. Bufali ed elefanti correvano facendo vibrare la terra sotto le loro zampe poderose. Frotte di scimmie e di gorilla la circondarono con grida stridule. Si avvicinò all'albero della vita, raccolse il suo frutto. Poi girò gli occhi verso l'albero della conoscenza del bene e del male, al centro del giardino, isolato. I suoi frutti le sembrarono più belli, rossi e accattivanti. Ne toccò uno titubante. Era morbido. Lo avvicinò con emozione alle narici e ne respirò l'odore che le parve inebriante come quello di Adamo. "Nessun frutto e nessun fiore ha un profumo così intenso", pensò.

«Eva... Eva... Eva», una voce sconosciuta la fece sobbalzare. «Eva, perché non lo mangi?».

Vide il serpente e la sua voce delicata la stupì. E rispose: «Perché Dio ce lo ha vietato. Possiamo mangiare tutti i frutti ma non questi».

«Che furbo! Vi ha creato somiglianti a Lui ma non vuole che siate come Lui».

«Che cosa vuoi dire?», si incuriosì Eva.

«Lui sa che, se mangerete questo frutto, diventerete come Lui».

«Come Lui? Come Dio?».

«Sì, come Lui».

«Ma Dio ha detto che, se lo mangiamo, moriremo...».

«Morire? Che stupidaggine. Qui nell'Eden non esiste la morte. C'è soltanto la vita. Siamo tutti immortali. La verità è un'altra: Dio sa che, se voi ne mangiate, diventerete sapienti e potenti come Lui, per questo ve lo ha proibito».

Eva guardò i frutti dell'albero e sorrise attirata dal loro colore acceso e dalla loro forma elegante.

«Prova, vedrai... Mangiane uno», disse il serpente con la voce ancora più accattivante. Poi scivolò giù dall'albero e le si avvicinò. Strisciò sulle sue caviglie, poi salì sulle sue gambe avvolgendola tra le sue spire e facendole sentire, a contatto con la sua pelle che l'accarezzava, un nuovo turbamento di freddo mescolato a calore. «Mangia, Eva... È una mela... Mangiane una», insistette la voce sempre più calda e appassionata. Il piacere delle carezze entrò attraverso la pelle nel corpo di Eva e lei si sentì priva di forze, in balia di quell'essere che improvvisamente non le parve più brutto perché il morbido della sua carne l'avvolgeva provocandole piacevoli brividi sconosciuti e irresistibili. Il serpente capì che stava per cedere e insistette: «Mangia, Eva. Soltanto un frutto e sarai come Lui. Soltanto uno, Eva».

«Diventerò come Dio?», disse con voce languida Eva, ormai priva di difese.

«Sì, come Lui. Soltanto uno, Eva. Soltanto un frutto».

Eva allungò il braccio spinta da una sensazione a cui non riusciva a resistere, come se temesse di fare arrabbiare il serpente e di perdere il suo abbraccio. La sua mano tremante toccò il frutto. «Diventerò come Dio», mormorò mentre lo stringeva tra le dita. «Diventerò come Dio». Lo afferrò, lo staccò dal ramo, con uno scatto lo portò alle labbra e con un morso deciso lo addentò e ne inghiottì il primo boccone.

«Eva, che fai? Hai mangiato il frutto di quell'albero?», gridò Adamo, avvicinandosi e guardandola con gli occhi impietriti dallo sgomento.

«Adamo, è dolcissimo», disse lei con civetteria. «Non è vero che fa morire. Vedi? Anzi, ora mi sento più felice, e qui intorno tutto mi sembra più bello». Accompagnò le sue parole con un lento movimento delle mani sul corpo di lui, come se volesse fargli sentire il piacere che il serpente le aveva dato accarezzandola.

Mentre lui restava teso e immobile, come se i piedi si fossero incollati al terreno, Eva continuò ad accarezzare il suo corpo dolcemente, dalle spalle alle gambe, soffermandosi a scrutarlo con curiosità. «Ma che cosa fai?», si stizzì Adamo, afferrando le sue mani e staccandole dal suo corpo.

«Ora so che cosa è la gioia, capisco la felicità di vederti, di stare qui, il piacere di desiderarti, di amarti», fu dolcissima Eva. «Prima era tutto semplice, banale, inutile. Ma Dio ci ha detto di amarci. Ora capisco che cosa volesse dire».

«Eva, ma Dio ci ha detto che quell'albero è anche conoscenza del male».

«Adamo, ma Dio, il nostro Creatore, non può farci conoscere il male. Sarebbe crudele».

«Per questo ci ha proibito di mangiare quel frutto».

«Adamo, non pensarci. Mangialo con me. Saremo uguali a Lui», mormorò ancora Eva, accorgendosi che inconsapevolmente riferendosi a Dio diceva "Lui" come il serpente.

«A Dio?», Adamo balbettò tremando perché pensò a Lilith e temette di perdere Eva, se non l'avesse accontentata, come aveva perduto lei.

La voce di Eva si fece più insistente. «Adamo, capirai che cosa provo io per te. Solo adesso capisco cosa significa volerti bene», e strinse i muscoli del suo petto tra le sue mani.

Adamo non capì ma pensò che le sue parole erano belle a sentirsi. Notò anche che Eva era diventata più bella, mai aveva visto i suoi occhi così luminosi.

Eva allungò verso Adamo il frutto già morsicato da lei. Adamo esitò. «Prendilo. Mangialo. Non accadrà nulla. Vedrai anche Lui sarà felice. Non lo avrebbe creato se l'avesse ritenuto pericoloso per noi».

Adamo esitò ancora. Eva sembrò delusa. «Fa' come credi allora», disse durissima.

Adamo ebbe la sensazione di perderla per sempre, allora allungò la mano e strinse il frutto che Eva gli porgeva. L'avvicinò alle labbra e... l'addentò. Era dolcissimo. Guardò Eva e si accorse per la prima volta che sentiva il desiderio di toccarla e accarezzarla, come prima aveva fatto lei. Non l'aveva mai vista così bella e così diversa da lui. Guardò i suoi occhi: erano languidi; la sua bocca: era carnosa; il suo seno: era abbondante; il suo ventre: era armonioso e morbido. Per la prima volta pensò che erano stati creati per completarsi.

La mela era squisita, il frutto più buono di quelli che fino ad allora aveva mangiato. Per la prima volta Adamo sentì un sapore. "Ecco", pensò, "comincio a conoscere la differenza tra le cose buone e quelle cattive. Ha ragione Eva. Ora saremo uguali a Lui". Adamo si accorse che, come prima Eva, aveva pensato a Dio chiamandolo Lui.

Ma, proprio in quel momento, un gelo mai sentito avvolse l'Eden. Il cielo si oscurò. Il giardino divenne cupo. Eva cercò gli occhi di Adamo e li vide smarriti. Notò anche che copriva con le mani il suo corpo, all'altezza del basso ventre, lì dove per la prima volta si accorse che aveva qualcosa che lei non aveva. Rabbrividì e sentì il bisogno di coprirsi anche lei, strappò da un albero di fico le foglie, legò i rami intorno al suo bacino e si coprì proprio all'altezza del corpo dove si era coperto Adamo. Incrociò poi le braccia e si riparò il seno dagli occhi di Adamo che, improvvisamente arrossati e immobili, la guardavano proprio lì dove lei si stava coprendo.

Da lontano sentirono agitarsi gli animali, fino ad allora tranquilli. Per la prima volta si accorsero del ruggito del leone, del barrito degli elefanti e dell'ululato dei lupi.

Sentirono la voce di Dio: «Adamo».

Adamo non rispose e andò a nascondersi dietro un cespuglio.

«Adamo, dove sei?», la voce tuonò ancora più forte.

Adamo uscì dal cespuglio coprendosi con le braccia il corpo. «Sono qui. Ho sentito la tua voce e allora mi sono nascosto perché sono nudo».

«Adamo come puoi immaginare che io non ti veda?». La voce di Dio era dura. «E poi perché ti copri e ti vergogni? Hai forse mangiato il frutto di quell'albero che ti avevo proibito di mangiare?».

La voce di Dio era addolorata. «Adamo, hai mangiato il frutto proibito?», insisté.

«Sì, l'ho mangiato. Ma la colpa è stata della donna che mi hai messo accanto. La colpa è di Eva».

«Eva», il nome pronunciato con forza da Dio echeggiò nella foresta ed Eva uscì dal cespuglio con le foglie di fico intrecciate intorno alla vita e le mani incrociate sul seno. «Eva, hai fatto questo?», urlò Dio.

«Il serpente mi ha ingannato e mi ha convinto a mangiare il frutto».

La voce addolorata di Dio si rivolse al serpente e divenne durissima: «Perché hai fatto questo? Maledetto sii tu fra tutto il bestiame e tra tutti gli animali della campagna: sul tuo ventre dovrai camminare e polvere dovrai mangiare per tutti i giorni della tua vita. E io porrò un'ostilità tra te e la donna e tra la tua stirpe e la sua stirpe. Essa ti schiaccerà la testa e tu la assalirai al tallone».

Poi Dio, con voce profonda, che faceva sentire la sua delusione, si rivolse a Eva: «Moltiplicherò le tue sofferenze e le tue gravidanze, con doglie dovrai partorire figlioli. Verso il tuo uomo ti spingerà la passione ma egli vorrà dominare su di te».

Adamo stava con gli occhi bassi per la vergogna e aspettava con timore che Dio si rivolgesse anche a lui. E infatti arrivarono le parole che sperava di non sentire e che erano una condanna senza più speranza: «Poiché hai ascoltato la voce della tua compagna e hai mangiato dall'albero, per il quale ti avevo comandato: "Non ne devi mangiare", io ti dico: maledetto sia il suolo per causa tua! Con affanno ne trarrai il nutrimento per tutti i giorni della tua vita. Spine e cardi farà spuntare per te, mentre tu dovrai mangiare le erbe della campagna. Con il sudore della tua faccia mangerai pane, finché tornerai alla terra, perché da essa sei stato tratto, perché polvere sei e polvere devi tornare».

Il tono si fece ancora più minaccioso quando Dio ripeté: «Ricordati, Adamo, tu sei polvere e polvere ritornerai».

Dio parlò poi, non più arrabbiato, ma con dolore: «Ora l'uomo, dopo avere mangiato quel frutto, conosce il bene e il male. E ora facciamo sì che egli non stenda la sua mano e non prenda anche l'albero della vita, così che ne mangi e viva in eterno».

Li aveva privati dell'eternità e, per impedire che la ritrovassero mangiando il frutto dell'albero della vita, li cacciò: «Andate via da questo Paradiso che avevo creato per voi.

La vostra scelta di conoscere il bene e il male vi porterà lontano da me. Da oggi siete liberi di decidere della vostra vita. Via, via da qui. Non vi voglio più vedere».

Raccolse poi due pelli di animali e gliele allungò: «Prendetele e coprite la vostra nudità». Eva e Adamo si guardarono e, per la prima volta, provarono vergogna a essere nudi e velocemente presero le pelli.

Nello stesso momento un lampo accecante scese dal cielo accompagnato da un tuono che li terrorizzò. Il cielo improvvisamente si oscurò e intorno tutto fu silenzio.

Adamo ed Eva, con le mani che coprivano le orecchie per attenuare il terrificante rumore dei tuoni, che uno dietro l'altro squarciarono il cielo, fuggirono in preda al terrore. Al loro passaggio sparivano piante e fiori, le acque dei mari e dei fiumi si agitavano, spargendosi minacciose sulla terra. I fiumi straripavano, allagando e distruggendo tutto ciò che incontravano; le onde del mare coprivano gli alberi più alti e facevano rotolare i loro tronchi, tra acqua, terra, legna, animali morti; poi un angelo nero con dodici ali volò sopra di loro terrorizzandoli al punto che temettero volesse mangiarli: Eva riconobbe il serpente che li aveva ingannati e provò sgomento a sentire la sua risata perfida e soddisfatta. Un vento violentissimo sollevò infine ogni cosa e una fitta nebbia li avvolse.

Dopo avere cacciato Adamo ed Eva dall'Eden, Dio convocò il capo degli angeli, Michele. «Metti le sentinelle all'ingresso», ordinò. «Fai in modo che gli esseri che ho creato non entrino più. Distruggi l'albero della conoscenza e metti un angelo a guardia dell'albero della vita. Ormai soltanto voi angeli siete rimasti immortali e avete il diritto di stare in mia presenza. L'uomo che ho creato ha fatto altre scelte. Morirà e tornerà polvere».

«Ma il tuo amore è infinito. Sono certo che li perdonerai», disse Michele.

«No, no. Non li perdonerò. Avevo concesso tutto, l'eterna giovinezza, una vita serena. Ma hanno scelto di conoscere i piaceri, che porteranno anche sofferenze. E soprattutto hanno scelto di stare lontano da me e di morire. Da oggi saranno liberi di vivere la vita che hanno voluto».

L'arcangelo Michele sorrise perché conosceva Dio e la sua infinita bontà. Ma ubbidì. Mise degli angeli cherubini all'ingresso dell'Eden e un angelo a guardia dell'albero della vita. E commentò: «Avrebbe potuto distruggere questo Paradiso, come ha fatto con l'albero della conoscenza, invece il Paradiso è qui e conserva l'albero della vita che dà l'immortalità, la vita eterna. Nella sua mente, sono certo, ha già pensato al perdono e a fare ritornare i peccatori».

3

Erano seminudi: soltanto la rozza e corta tunica di pelle, che Dio aveva lanciato loro, li copriva. Erano stravolti per la stanchezza e per la paura, sporchi, scarmigliati. I lunghi capelli di Eva erano una crosta di fango. Numerose ferite segnavano i loro corpi: fitti cespugli irti di spine e pietre taglienti facevano sanguinare i loro volti e i loro corpi. «Gli alberi e i rovi ci dilaniano», disse Eva. «Perché prima non ci davano dolore?».

«Già, il dolore, Eva. Lui ci ha detto che avremmo conosciuto le gioie ma anche il dolore», disse Adamo.

Tutto era nuovo per loro e il mondo appariva ostile, terrificante, crudele. I lupi, di cui il bagliore degli occhi a volte rompeva l'oscurità, continuavano a inseguirli. Sembravano accontentarsi di terrorizzarli con i loro ululati e di accompagnarli in quella fuga che non aveva meta.

Ma non erano solo i lupi e gli altri animali, diventati all'improvviso feroci, a gettarli in un panico che non riuscivano a controllare. Erano soprattutto le parole di Dio che risuonavano martellanti nella loro mente, senza concedere un attimo di tregua, a terrorizzarli: «Siate maledetti! Siate maledetti! Siate maledetti!».

Eva cadde distesa per terra in preda alla disperazione.

«Voglio morire, Adamo. Voglio morire. Non riesco a vivere con questa angoscia che sento dentro».

Adamo le tese la mano per aiutarla a rialzarsi, ma lei rifiutò. Tentò di alzarsi da sola ma il tremito delle gambe glielo impedì. Allora si rannicchiò su se stessa coprendosi il volto con le mani. La pioggia gelida continuava a cadere. Eva venne scossa da singhiozzi disperati, e, come in preda alla follia, ripeteva: «Che cosa ho fatto? Come ho potuto farlo? Sono maledetta».

Adamo si chinò su di lei, strinse la sua mano e dolcemente le disse: «Non piangere più, Eva. Non serve a niente. Alzati e corriamo. I lupi possono raggiungerci da un momento all'altro».

«No, lasciami qui. Non ce la faccio. Ho freddo», disse lei con gemiti di paura, di stanchezza e di disperazione. Poi sussurrò: «Sono io che ho causato la tua rovina. Sono io che ti ho spinto a disubbidire. Lasciami qui, ai lupi e agli altri animali. Il mio sangue potrebbe placare l'ira di Dio e tu allora forse...».

«Non parlare più così», fu deciso Adamo. «Anch'io ho le mie colpe. Dovevo impedirti di mangiare quel frutto e non dovevo mangiarlo neppure io. Siamo maledetti tutti e due».

Eva non rispose e continuò a piangere. Adamo si sdraiò accanto a lei. «Ma sì», disse, «che arrivino pure i lupi e ci facciano a pezzi. Sono stanco di scappare. Se tu non vuoi proseguire, mi fermerò anche io con te. Se vuoi morire, moriremo insieme». La strinse tra le braccia e cominciò a toglierle il fango dai capelli per accarezzarli. «Eva, cerchiamo di resistere. Siamo qui soli io e te», la incoraggiò. «Se ci aiuteremo a vicenda, riusciremo a salvarci. Abbiamo perduto tutto. Per noi il Paradiso non esiste più. Dobbiamo imparare a sopravvivere. Pensa: Lui ci ha punito, ma ci ha risparmiato la vita. Avrebbe potuto farci morire, ma non l'ha fatto. Se non l'ha fatto, vorrà pure significare qualcosa. Sono certo: ci ha lasciato la possibilità di salvarci».

Lei non rispose, però le dolci parole di Adamo la calmarono.

Restarono in silenzio finché Eva con voce tremante disse: «Ma come faremo? Non hai visto gli animali? Prima mangiavano dalle nostre mani, adesso ci odiano. Come faremo a difenderci? Non abbiamo la loro forza...».

Adamo alzò le spalle: «In qualche modo faremo. Tu cerca di stare tranquilla». Poi tese le orecchie e ascoltò a lungo i rumori che gli portava il sibilo del vento. «Senti?», le disse rassicurante. «I lupi hanno finito di ululare. Forse hanno smesso di inseguirci. Dobbiamo essere forti. Lui ci ha detto che avremmo sofferto a lungo e noi abbiamo appena cominciato. Ci ha pure detto che avremo dei figli, ricordi?».

Si accorse che Eva era più calma e allora si alzò e la tirò su dolcemente offrendole la mano. Insieme ripresero il cammino. La luce dei lampi illuminò un gruppo di alberi lì vicino. Adamo guardò per terra e vide un grosso ramo caduto. Lo liberò dalle foglie, lo impugnò e si sentì più forte.

«Ecco», disse, «adesso abbiamo qualcosa con cui difenderci. Non avere paura. Dobbiamo cercare un riparo dove passare la notte». Ma un gigantesco lupo, che sembrava uscito dal nulla, gli si parò davanti digrignando i denti.

Adamo strinse con forza il grosso ramo e, quando il lupo si lanciò contro di lui per azzannarlo, lo colpì una, due, tre volte con rabbia, con una crudeltà che non sapeva di avere. «Hai visto? Ce l'ho fatta. Il lupo è scappato», disse soddisfatto della sua forza.

Eva sorrise guardando con occhi che gli trasmisero la sua fiducia. «Hai ragione, Adamo, non devo avere paura accanto a te. Tu sei il mio uomo e io ti sarò vicina per gli anni che mi restano da vivere».

«Io baderò sempre a te», la rassicurò Adamo. «Ma adesso andiamo. Dobbiamo trovare un rifugio e riposare». Poi tacque un istante e si trovò a riflettere: «Dimmi, è da un po' che non sento la Sua voce rimbombarmi nella testa. E tu, la senti?».

«È vero», si sorprese Eva. «Non la sento più. Ormai non vuole più sapere nulla di noi».

Il pensiero gettò Eva di nuovo nello sconforto: «Tutto per colpa mia. Tutto per colpa mia. Ma perché lo ha permesso, Adamo? Lui sa tutto, perché ha voluto che io disubbidissi?».

Adamo scosse il capo: «Ci ha lasciato liberi di scegliere. Ci aveva messo in guardia. Una sera parlò di libero arbitrio. Ci ha messo a disposizione il Paradiso, l'immortalità, ma noi abbiamo usato il nostro arbitrio per non ubbidire». Scosse di nuovo il capo perplesso: «Ormai non dobbiamo più piangere. Abbiamo sbagliato e pagheremo. Ora dobbiamo lottare e per prima cosa trovare un riparo. Io sono molto stanco e penso che anche tu...».

Eva non disse nulla, gli sorrise soltanto, gli prese la mano e insieme ripresero il cammino.

Vagarono per ore sotto la luce dei lampi che rischiaravano il sentiero. All'improvviso Eva crollò a terra: «Non ce la faccio più ad andare avanti», disse. «Adamo, lasciami. Vai avanti. Salvati almeno tu».

«Non dire sciocchezze!», questa volta Adamo fu duro. «Basta. Basta. Non voglio più sentirti lamentare e piagnucolare. Ti vuoi convincere che siamo l'unico uomo e l'unica donna in questo mondo e che insieme dobbiamo lottare per la sopravvivenza?».

Proprio in quel momento, mentre la notte tornava, un fulmine illuminò la profonda fenditura in una parete di roccia. Era una caverna.

«Sarà il nostro rifugio», disse Adamo spingendo Eva. Entrarono. Era buio, ma improvvisamente il temporale cessò e la luce della luna incominciò a rischiarare le nuvole e l'ingresso della caverna. «Proprio adesso che abbiamo trovato questo posto», disse Adamo, «il temporale è finito. Dio, forse, non ci ha abbandonato».

Eva si distese per terra sfinita. Adamo la guardò e, preoccupato, vide che la sua fronte era bagnata dal sudore della fatica mentre il suo corpo era scosso da un tremore inarrestabile. Premuroso, l'avvolse tra le sue braccia. «Eva, Eva, che cosa hai? Aiutami a capire». Eva continuava a tremare lamentandosi e allora Adamo sentì il bisogno di scaldarla stendendo il suo corpo sopra il suo. Sentì improvvisamente il tremito arrestarsi. Provò ad allontanarsi ed Eva tornò a tremare. Allora intuì che il calore del suo corpo le dava beneficio e così si tolse la pelle che lo copriva e la stese sul corpo di lei. Eva si calmò di nuovo. "Ho capito", pensò, "per vincere il freddo basta coprirsi".

Adamo si distese accanto a lei e la sentì addormentata. Ma non era un sonno sereno perché gemeva con un lamento che lo preoccupò. Le toccò la fronte: bruciava. «Ho sete», mormorò Eva nel delirio. Adamo vide l'acqua in una pozzanghera fuori dalla caverna. Andò a raccoglierla formando con le mani una conchiglia. Bagnò prima le labbra di Eva e poi la testa.

Il fresco svegliò Eva che incrociò gli occhi di Adamo. Senza parlare gli cinse il collo con le braccia, lo tirò lentamente sopra di sé e sentì sotto le foglie di fico intrecciate la sua nudità. Provò una nuova sensazione: un fremito scosse il suo corpo e, procurandole uno sconosciuto piacere, riscaldò le sue gote. Non capì e si tirò indietro. Nello stesso momento un orso entrò nella grotta illuminata dalla luce della luna. «Orso», lo chiamò Adamo andandogli incontro amichevolmente come era solito fare nell'Eden. Come risposta, ricevette una zampata in pieno petto che, dilaniandolo, lo scaraventò a terra. Adamo urlò per il dolore. Si sentì mancare, ma, quando vide l'orso lanciarsi contro Eva, un inaspettato vigore si impossessò di lui. Afferrò il grosso ramo e si lanciò contro la bestia. «No, no, lasciala stare». Il dolore lancinante della ferita non gli impedì di colpire con forza e l'orso, brontolando, si allontanò.

Adamo si piegò su Eva, cinse la sua spalla con un braccio e la sollevò: «Non fermiamoci qui all'ingresso, andiamo più in fondo. Staremo più sicuri», disse stringendo i denti per il dolore della ferita. Eva vide la ferita e urlò: «Adamo, tu perdi sangue».

«Non preoccuparti. Andiamo in fondo alla caverna».

La spelonca era profonda: stretta e lunga all'inizio, poi si allargò e finalmente si sentirono al sicuro. Sfiniti, si lasciarono cadere.

Dormirono qualche ora. L'ululato dei lupi svegliò Adamo. Vide Eva accanto a sé, distesa sulla terra nuda. Gli sembrò indifesa. Si alzò, uscì dalla grotta, raccolse un po' di fogliame secco e lo sistemò a terra. «Eva», le mormorò dolcemente, «stenditi su queste foglie, starai meglio».

Uscì di nuovo. Raccolse molti dei rami secchi che il temporale e la furia del vento avevano staccato dagli alberi. Li trascinò dentro la grotta. Poi con altri rami lunghi, sottili e flessibili, li legò, formò una lettiera e con essa chiuse la bocca della grotta.

Adamo si distese accanto a Eva. «Sarà la nostra prima notte al coperto».

Aspettò la risposta che non arrivò. «Eva, dormi?». Lei ancora non rispose. Adamo si avvicinò per sentire il suo respiro e assicurarsi che non fosse morta. La sentì viva, anche se immobile. Poi, spinto da un impulso irrefrenabile, le tolse la pelle con cui l'aveva coperta per ripararla dal freddo. Le sfilò anche quella che indossava. Da una fessura uno spicchio di luna illuminava il suo corpo. La osservò a lungo e si accorse che era bellissima, così diversa da lui. Sentì l'impulso di abbracciarla e di stringerla forte, e lo fece provando un nuovo sentimento che lo turbò e che invase il suo corpo. Sentì il desiderio di toglierle le foglie di fico, e lo fece.

Le accarezzò dolcemente il seno. Lei aprì gli occhi e lo guardò con intensità aprendo, come fosse un incantesimo, le labbra: e a esse lui, senza esitare, avvicinò le sue. Provarono insieme una sensazione di dolcezza, mescolata a turbamento. Le labbra si incatenarono inumidendosi con il sapore l'uno dell'altra, agitandosi con il turbamento l'uno dell'altra, non staccandosi con il desiderio l'uno dell'altra.

Lettore, fu il primo bacio d'amore della storia.

E, guidati solo dal loro istinto, Adamo ed Eva unirono i loro corpi sentendo in quell'attimo che non erano più un uomo e una donna, ma una persona sola.

Lettore, fu il primo atto d'amore della storia.

Alla fine, ansimando, giacquero esausti, abbracciati su quel terreno sassoso che sembrò loro più soffice di qualsiasi manto d'erba. Eva gli accarezzò con un sorriso stanco ma dolcissimo i capelli, poi si adagiò e tornò a addormentarsi. Adamo notò che il suo respiro improvvisamente non era più affannoso, ma tranquillo e regolare. E si addormentò contento.

«Eva, come stai?», domandò Adamo al risveglio.

«Bene. È stato bellissimo. Sentirmi una cosa unica con te, è stato come essere tornata in Paradiso».

«Anche per me è stato così, Eva: il Paradiso. Quello che abbiamo perduto, lo abbiamo ritrovato».

«Ma allora se non fossimo stati cacciati dal Signore, non avremmo mai provato questa meravigliosa sensazione?».

«Eva, ti sbagli. Dio ci ha sempre detto: unitevi e moltiplicatevi. E io credo che ci moltiplicheremo proprio grazie a quello che abbiamo fatto stanotte. Credo che abbiamo fatto quello che fanno gli animali per avere i cuccioli».

«Pensi allora che dovevamo fare già nell'Eden quello che è accaduto questa notte?».

«Sì, proprio così. Lui ci ha creato proprio perché provassimo ogni cosa che ci avrebbe dato piacere. Ci aveva proibito soltanto di mangiare quel frutto. Siamo stati proprio stupidi a non ubbidire».

«Ma adesso che ci siamo pentiti, Adamo, perché non ci perdona?».

«L'offesa è stata troppo grande, non si fida più. Però passeremo i giorni della nostra vita chiedendo il suo perdono. Forse un giorno avrà pietà di noi».

«Forse di te, Adamo. Non di me. Io sono stata la causa della rovina».

Adamo non rispose. La guardò invece intensamente puntando i suoi occhi in quelli di lei. Eva non vide la loro solita dolcezza: erano socchiusi, volitivi, accesi di desiderio. Gli rispose allora con lo stesso sguardo. Adamo capì, la baciò con vigore sulle labbra e l'amò ancora, questa volta con la consapevolezza del piacere che avrebbe provato. E tutto, quando finì, gli sembrò che fosse stato ancora più bello.

Dio finalmente rivolse lo sguardo verso di loro. Vide che si amavano e fu contento: le creature che l'avevano tradito avevano compreso di avere sbagliato: "Poi capiranno anche di dovermi riconquistare", pensò. "E io, se loro chiederanno il mio aiuto, farò di tutto per dare in premio qualcosa di ciò che hanno perduto. Ma dovranno darmi molte prove. Per questo ho deciso di farli vivere a lungo, per molti molti anni: perché abbiano il tempo di pentirsi e di riconquistarmi".

Un filo di luce entrò nella grotta attraverso l'unico spiraglio che il sole riuscì a trovare nella fitta lettiera di rami e foglie davanti all'ingresso.

Adamo si stiracchiò, era felice. Eva dormiva ancora. Adamo l'accarezzò ancora e si alzò.

Spostò la lettiera a lato della parete e uscì. La sua felicità svanì quando vide davanti a sé una moltitudine di cadaveri di animali. Pecore uccise dai lupi, lepri uccise dalle volpi, leoni uccisi da elefanti, topi massacrati e calpestati.

Alzò lo sguardo al cielo: «Signore, perché tutto questo?», urlò. «Perché stai punendo anche esseri innocenti?».

Dio lo ascoltò. Un raggio di sole si fece strada tra le nuvole e le nuvole divennero di colore rosa e il rosa rasserenò l'animo tormentato di Adamo.

4

Passarono nove mesi. Adamo ed Eva per sopravvivere andarono raminghi per valli, per foreste e per montagne, in cerca di un terreno fertile e di un clima più mite.

Una notte l'urlo di Eva svegliò Adamo. «Aiutami, sto per morire».

«Eva, che cosa c'è? Che succede?», si agitò Adamo.

«Sto per morire. Mi sono tutta bagnata, ho un dolore atroce che mi sta facendo scoppiare il cuore».

«Sono qui, Eva, che sarà?».

«Non lo so... È forte, il dolore qui è forte», sussurrò Eva poggiando le mani sul basso ventre.

«Eva, distenditi».

«Ora è passato. Sto meglio Adamo, ma che cosa è successo? No, no. Ancora. Ancora. Il dolore è tornato. Dio, aiutami».

Adamo alzò verso il cielo gli occhi bagnati di lacrime. «Dio, aiutala», gridò e vide il cielo tingersi di rosa: restò incantato a guardarlo, respirò profondamente e sentì il soffio del vento portare serenità dentro il suo cuore. Ricordò le parole di Dio: "Partorirai con dolore". Capì e mormorò: «Eva, Eva, sta nascendo il bambino. Il tuo bambino... Il nostro bambino sta nascendo... Resisti, ci sono io qui con te».

Eva lanciò l'ultimo grido, lancinante e disperato. Ebbe la sensazione di svenire, ma un dolcissimo pianto arrestò il suo respiro per un attimo e sentì Adamo gridare felice: «Eccolo, Eva. È il nostro bambino. È uscito. È nato. È nato».

«Fammelo vedere. Dammelo», mormorò Eva che sentì improvvisamente il dolore svanire.

«È bello. Ma... ma... c'è un cordone che lo tiene legato a te».

Adamo non sapeva che cosa fare. Non ebbe tempo per pensare. Vide la pietra tagliente di selce che usava per tagliare le pelli degli animali che uccideva. L'afferrò e, con un colpo deciso, tagliò il cordone ombelicale. Poi prese l'acqua che teneva raccolta in una gigantesca conchiglia e la versò prima sul piccolo e poi su Eva.

Lettore, fu lì, sulla terra nuda, che era avvenuto il primo parto della storia.

Eva si sollevò sedendosi sul suo giaciglio. Stanca ma felice, allungò le braccia verso Adamo per dirgli di darle il bambino: «Voglio stringerlo», sorrise radiosa mentre il viso si bagnava di lacrime. «È bello. Soltanto Dio poteva creare un figlio così bello e l'ha donato a me».

Eva strinse al seno il bambino per sentirlo più vicino e invece lo sentì succhiare. «Che fai?», mormorò, senza scostarlo, Eva, che però capì subito: il suo seno serviva a nutrire. «Come gli animali», si meravigliò. «Allora è un cucciolo di uomo», concluse. E poi, per istinto, strinse il suo capezzolo con il dito indice e il dito medio. In un attimo dimenticò tutto: la maledizione di Dio, la fuga, il terrore per gli animali feroci, la paura per il futuro. «È mio.

È mio», mormorò stringendo ancora in un abbraccio il figlio. «Io... Io sono la tua mamma. E tu sei mio».

«Com'è piccolo», disse Adamo cercando di toccarlo.

Eva lo scostò: «Non disturbarlo».

«Mangia dal tuo seno come facevano i cuccioli degli animali nell'Eden», si meravigliò Adamo.

«Credo di sì».

«Però non è un animale. Non ha i peli. È soffice e tenero. È l'essere più piccolo che abbia mai visto».

«Ma anche il più indifeso. Starà sempre con me».

«Lo proteggeremo insieme, Eva. Ma forse crescerà. Diventerà grande. Diventerà forte come me, e poi se ne andrà».

«Non lo pensare nemmeno. Non ci lascerà mai. Sarò io a proteggerlo. Nessuno potrà fargli del male. Nessuno, Adamo. Neanche...». Adamo la fermò. Lei alzò gli occhi al cielo: «Dio, ti prego, non punire anche lui per la nostra colpa».

«Il bambino è innocente, Eva. Non ha colpa».

«Però quando ci ha cacciato dall'Eden, Dio è stato molto duro. Ha maledetto anche i nostri discendenti».

«Eva, Dio non può essere così crudele».

«Crudele no. Ma arrabbiato sì».

«So bene che Dio è offeso e non vuole più parlarci. Ma non può impedirci di invocarlo. Forse è proprio ciò che vuole: essere invocato», sospirò Adamo.

«Sì, è così: sono convinta. Come sono convinta che questo bambino me l'ha mandato Lui. Adamo, ho acquistato un uomo dal Signore».

Adamo rifletté sulle sue parole: "Ho acquistato un uomo dal Signore" e l'abbracciò: «Hai proprio ragione, Eva, hai acquistato un uomo da Dio. Lo chiameremo Kayin».

Kayin, lettore, puoi tradurlo in Caino, che nel suo significato originale è proprio "acquistato dal Signore".

Passarono i mesi. Caino cresceva bene. Adamo aveva capito come lavorare la terra con l'acqua per poi cibarsi dei suoi frutti; aveva trasformato la grotta dove vivevano in una casa; aveva imparato ad affrontare gli animali senza paura e a nutrirsi di quelli più commestibili. Eva si occupava del bambino; teneva in ordine la grotta; sapeva mungere le pecore per cibarsi, lei e la sua famiglia, di latte; custodiva in un recinto pecore e agnelli.

Dopo qualche anno, una mattina Adamo decise che era tempo di portare Caino con sé sui campi. «Deve cominciare a capire che cos'è il lavoro. Anche per lui c'è la condanna di Dio», disse a Eva.

«No, no, Adamo. Non parlare così. Mi spezzi il cuore. Voglio dimenticare e tu invece continui a ricordarmi il mio peccato. Voglio pensare che tutto sia stato un brutto sogno. Dimmi che la nostra vita è iniziata quando è nato Caino».

Adamo non rispose ma nella sua mente risuonarono di nuovo, come sempre, le parole di Dio: "Vi maledico, vi maledico, e tu, Adamo, ti procurerai il pane con il sudore della fronte".

La pioggia caduta nella notte aveva allagato la campagna. Non pioveva più ma Adamo ci ripensò e decise di non andare a lavorare quella mattina. "La terra è bagnata. Non potrei coltivarla. Ho un po' di lavoretti qui", pensò. "Per fortuna ci sono provviste di erbe e di frutta e poi c'è il latte della pecora. Già la pecora", Adamo scattò in piedi e uscì. Nel recinto tutto era tranquillo. Poi sorrise. Insieme alla pecora e all'agnellino, c'era anche un montone. "Spero che abbia svolto il suo dovere di maschio", sorrise. "Uno di questi giorni preparerò un recinto di pietra. Così staranno oltre che al coperto, anche al sicuro dalle belve".

E fu così, lettore, che l'uomo divenne, oltre che agricoltore, anche pastore.

Eva fu contenta quando Adamo disse che quel giorno sarebbe rimasto con lei. «Coltivando le piante ho capito che possono servirmi anche per altre cose», disse Adamo soddisfatto. «Hai visto come ho legato quelle canne fra loro per coprire la bocca della nostra grotta? Ho usato quei rami flessibili del salice, li ho chiamati vimini».

«Sì, ho visto. È stato proprio con quei piccoli rametti che ho potuto cucire la pelle per fare una sacca dove mettere l'acqua e il latte. Oggi passerò il tempo a fare le ceste».

«Non stancarti, però», si preoccupò Adamo. «C'è già Caino che ti dà molto da fare».

«Oh, sì, ma è tranquillo. Sta sempre qui, attaccato a me». Adamo notò che il sorriso di Eva si era improvvisamente spento. Infatti Eva si sfogò: «Hai visto?».

«Che cosa?».

«Cammina carponi, a quattro zampe come gli animali. Crescerà come noi o sarà diverso?».

L'idea che Caino potesse crescere diverso, era diventata una ossessione per Eva. Scrutava ogni suo movimento. Studiava ogni sua reazione, anche perché erano molti gli atteggiamenti di Caino simili a quelli degli animali. «Non parla come noi», disse ad Adamo. «Più che parole emette suoni. E poi è così piccolo, così indifeso. Noi siamo stati subito così, come siamo adesso. Non siamo stati come lui. Come lui ci sono solo i gorilla e le scimmie».

Anche per Adamo l'idea che Caino fosse diverso era un chiodo fisso. E quello sfogo di Eva lo turbò. «Anch'io mi sono accorto che non è come noi. Mi guarda sempre con occhi strani e fissi. Come se volesse carpirmi i segreti che ho nel cuore», confermò.

«Allora i nostri figli saranno come le scimmie o come quei gorilla?», esclamò terrorizzata Eva andando a svegliare Caino per stringerlo, come se volesse ripararlo da quei pensieri.

«Siamo noi diversi», replicò Adamo. «Le cose andranno come vorrà Dio», sospirò. Poi continuò: «Dio ci ha creato subito così, a sua immagine e somiglianza. Ci ha voluto fare diversi. Superiori a tutti gli altri animali. Ci aveva reso anche immortali, ricordi Eva? Come gli angeli».

«Sì, ma gli angeli erano superiori a noi», replicò Eva.

«Hai ragione, ma soltanto perché potevano vedere Dio. A noi questo non era permesso. Era l'unica differenza. A noi però aveva dato il Paradiso».

«E allora questo figlio? E quelli che arriveranno? Saranno diversi da noi?».

Gli occhi di Eva si inumidirono. Pensò a tutto quello che aveva passato. Rivisse gli incubi che aveva vissuto e che stavano per portarla alla follia. Si spaventò. Adamo se ne accorse. «Sarà normale tutto quello che verrà dopo di noi, Eva», la rassicurò. «I nostri figli vivranno come Dio ha deciso di farli vivere. Non potranno mai essere come gli altri animali. Caino è sangue del nostro sangue. L'hai fatto nascere tu. È come se l'avessi creato tu. Come Dio ha creato noi a sua immagine e somiglianza, anche i nostri figli saranno come noi, simili a noi. Forse ci vorrà più tempo. Forse faranno più fatica a vivere. Ma ci riusciranno. Anche noi siamo migliori di quando siamo stati cacciati dall'Eden. Vedi? Caino ci guarda sempre. Ti vuole accanto in ogni momento. Standoti vicino e stando vicino a me, imparerà tante cose e con il passare del tempo saprà più cose di noi».

Eva si tranquillizzò. Strinse a sé Caino e lo allattò con ancora più amore: «Sarai come me. Ha ragione tuo padre», mormorò accarezzandogli una guancia. Poi allungò il braccio e strinse con tenerezza la mano di Adamo. «Assomiglia a me, non è vero?».

Adamo sorrise: «Sì, assomiglia proprio a te. Ma vedrai, crescendo assomiglierà un po' anche a me».

Un altro giorno passò. Il sole era già alto quando Adamo mostrò a Eva gli attrezzi che era riuscito a fabbricare. Aveva lavorato una grande pietra di selce, l'aveva battuta su una roccia ed era riuscito a ottenere tante schegge resistenti. Alcune, quelle più grandi, le aveva legate alla punta delle aste di canna dura e aveva creato le lance: «Mi serviranno per difendermi meglio», disse. Realizzò anche attrezzi per lavorare la terra o disotterrare radici. Altre schegge piccolissime Adamo provò a utilizzarle per tagliare e raschiare le pelli o per formare dei buchi. «Guarda a che cosa può servire questo attrezzo», disse. Si tolse la pelle che lo copriva e che teneva legata con un ramo. Restò nudo: «Mi guardi?», scherzò.

«Senza vergogna», annuì complice Eva. Poi con una sottilissima scheggia di selci, Adamo tagliò la pelle nel punto in cui doveva entrare il braccio. Fece lo stesso per l'altro braccio e infine tagliò un'apertura per permettere alla testa di entrare. Poi la indossò: «Hai visto? Adesso è tutto semplice. Possiamo avere tante pelli e coprirci con facilità».

Eva seguì tutta l'operazione con enorme stupore. Poi prese per mano Adamo e lo tirò verso il fondo della grotta: «Vedi, anch'io ho fabbricato alcuni attrezzi». Con i rametti di giunco e di vimini aveva realizzato due ceste e un paniere. «Ora sappiamo dove mettere la frutta e le verdure», disse soddisfatta.

Questa volta a stupirsi fu Adamo. Prese Caino e lo sollevò al cielo: «Grazie, Signore, per quello che ci dai e per quello che riesci a farci fare». Gli strilli del bambino distolsero Eva dal ringraziamento che Adamo stava rivolgendo a Dio. Come un animale ferito, strappò il bambino dalle sue braccia: «Lo spaventi con queste improvvise invocazioni», lo rimproverò. «Non capisci che è piccolo e indifeso?».

La reazione sorprese e amareggiò Adamo. «Ho soltanto ringraziato Dio», spiegò. Poi irritato rimproverò Eva: «Lo vizi. Lascialo libero questo bambino. Fallo muovere. Continui a tenerlo tra le tue braccia. Continui a offrirgli il tuo latte senza soste. Rischi di sconvolgere la sua mente».

«Mai, mai, Adamo. Questo figlio è mio e starà sempre con me. Lo amo».

Era la prima volta che Adamo sentì la parola "amo" e gli piacque così tanto che la sua ira si placò. Uscì dalla grotta e continuò a ripetere: «Amo, amo, amo». Alzò gli occhi al cielo che cominciava a illuminarsi di stelline e urlò: «Ti amo, mio Signore. Ti amo». Poi raccolse l'erba ammucchiata e la portò nel recinto. «Amo anche voi», disse spargendo l'erba davanti alle zampe della pecora, del montone e dell'agnellino. Chiuse il recinto. Tornò nella grotta che chiamò casa, prese la lettiera che chiamò porta, la fermò all'ingresso e poi si distese sulle foglie accanto a Eva e Caino.

5

Il tempo passò veloce. Caino, anche se camminava ancora a quattro zampe, era cresciuto. Ancora non parlava ed emetteva suoni gutturali che gettavano nell'angoscia sia Eva sia Adamo.

«Non importa», si consolava Eva quando il suo pensiero tornava alla punizione divina. «Riesco a capirlo anche quando emette questi strani suoni. E, se non si alzerà in piedi, sarò io a camminare a quattro zampe come lui».

Intanto il corpo di Eva era pronto a partorire di nuovo. Ma nonostante il tempo fosse maturo, il bambino non nasceva. Eva, preoccupata, ne parlò con Adamo: «La mia pancia sta per scoppiare», disse. «Anche il mio seno sta scoppiando. Ma non succede nulla. Forse questo nuovo bambino non nascerà? O forse è lui che non vuole nascere?».

«Nascerà quando Dio vorrà», la tranquillizzò Adamo.

Giorno dopo giorno Adamo sentiva crescere il suo amore per Dio e cominciò ad accettare la condizione difficile in cui si era trovato a vivere. Per Eva era l'inverso: la paura che Caino non fosse come lei e come il padre, continuava a gettarla nel più cupo sconforto e reagiva come un animale ferito imprecando contro tutti e contro tutto. Anche contro Dio: «Vuoi punire anche questo bambino? È innocente», urlava rivolgendosi al cielo con durezza.

A placare le sue crisi, non servivano le parole pacate di Adamo. «Lo capisci che sono disperata?», urlava. «Ho una morsa qui, nel petto, che mi blocca il respiro. Vi sono momenti in cui vorrei morire. Perché devo vivere quando ho reso infelice l'essere che più amo al mondo? Adesso sta per arrivare un altro figlio. Farò nascere un altro essere diverso da noi? Non lo voglio questo figlio. Voglio soltanto lui, Caino».

«Calma, Eva, ti farà male. Fa male al bambino che sta per arrivare».

«Non mi importa. Non mi importa».

Finalmente una notte Eva sentì i dolori del parto. Questa volta Adamo la aiutò con sicurezza. «Eva, forse è il momento», disse sentendo il suo lamento e vedendo il suo corpo bagnato. Aveva già preparato una sacca piena di acqua e, quando Eva cominciò a lamentarsi per il dolore, le massaggiò la pancia cercando di premere verso il basso come aveva fatto con la pecora al momento del parto del suo agnellino. «Dai, spingi, Eva», la incitò quando i dolori divennero più forti e più frequenti.

«Non ce la faccio. Non ce la faccio», urlò Eva contorcendosi per i dolori. Eva non reagì. Si lamentava ma la sua mente era assente, come se non le importasse di fare nascere il suo secondo bambino. «Non voglio soffrire», disse al marito.

«Eva non parlare così. Reagisci. Se ti aiuti, il dolore passerà presto. Forza, Eva, spingi».

Eva urlò la sua sofferenza senza più frenarsi. Piangendo e gridando si sedette sulla nuda terra, afferrò con rabbia le sue ginocchia, le allargò e poi con tutto il fiato che aveva in gola, urlò il suo sforzo supremo.

«Eccolo, eccolo, lo vedo», fu il grido liberatorio di Adamo. E non fu incerto come la prima volta. Afferrò la testa del piccolo e accompagnò Eva nel suo ultimo sforzo. Prese il bambino. Pulì i suoi occhi, il suo naso e la sua bocca e lo adagiò tra le gambe della madre. Poi afferrò una piccola scheggia di selce affilatissima e con un taglio netto liberò il bambino dal cordone ombelicale.

«È come Caino», disse porgendoglielo.

Eva non lo prese subito e Adamo lo adagiò sulle foglie accanto a lei.

Eva, sfinita per lo sforzo, si preoccupò di Caino: «Che cosa fa? Ha avuto paura?».

«No, stai tranquilla. Non si è accorto di nulla. Dorme. Tu pensa ora a questo nostro nuovo figlio. È bellissimo».

«È bello come Caino?».

Adamo stava per dire: "Più bello", ma si frenò. «È bello come Caino», confermò prendendole la mano per farglielo toccare.

«Come lo chiameremo?», domandò lei.

«Io ho pensato Abele».

Abele, lettore, ha il significato di "soffio, gradito a Dio".

«Va bene. Chiamiamolo come vuoi tu, Adamo, chiamiamolo Abele», acconsentì Eva.

Adamo notò che Eva continuava a essere quasi indifferente, se non dispiaciuta per la nascita di Abele. Girò lo sguardo verso Caino, che non dormiva più perché era stato svegliato dalle urla della madre. Ad Adamo sembrò terrorizzato perché lo vide con la testolina tra le mani, che tentavano di coprire le orecchie quasi temendo di sentire ancora le urla disperate della mamma. «Quel bambino è cattivo», disse Caino, parlando per la prima volta. «È cattivo, è cattivo».

E non parlò più per parecchio tempo, nonostante Eva continuasse a dirgli che voleva bene soltanto a lui e Adamo facesse di tutto per rasserenarlo con le sue attenzioni.

Passarono gli anni. Caino imparò a camminare come il papà e la mamma e, crescendo, assomigliò sempre più a loro placando così l'ansia di Eva ma non le sue preoccupazioni, perché diventava sempre più dispettoso, scontroso e aggressivo nei confronti del fratello: cercava di isolarlo, spesso lo picchiava. Un giorno Adamo lo sorprese mentre stava mettendo una lucertolina nella sacca di pelle del latte di Abele: «Che cosa fai?», gli disse sollevandolo per il collo. «Perché sei così crudele verso tuo fratello?».

Caino non rispose, guardò il fratello con odio e poi corse piangendo a farsi consolare tra le braccia della madre. «Eva, sbagli», la rimproverò Adamo. «È violento e fa sempre soffrire Abele».

«No, Caino ha soltanto bisogno di essere rassicurato», replicò Eva decisa. «Il mio amore per lui non è mutato, però lui ha paura di averlo perduto».

«Ma il suo comportamento non è giusto. Tortura il fratello. Gli fa i dispetti. Talvolta è violento. Non lo puoi permettere», ribatté Adamo.

«Con il tempo capirà. E poi non puoi chiedere a me ciò

che non sento. Per me Caino è il figlio prediletto e lo sarà sempre. Caino mi dà sicurezza. È deciso e ha carattere. Non come Abele: timoroso, insicuro».

Abele, con il passare del tempo, per quanto cercasse di farsi amare, sentiva che la madre preferiva il fratello. Per conquistarla faceva di tutto. Si impegnava con tutte le sue forze per essere abile come Caino: saltava sugli alberi, correva veloce, mungeva le pecore.

«Questa mattina vieni in campagna con me», disse un giorno Adamo a Caino. «Ho bisogno di aiuto».

«Ma io voglio stare con la mamma», si lamentò Caino.

«Con la mamma starà Abele», ribadì duro Adamo.

«La mamma sta con me e non la lascio», si ribellò Caino stringendosi alla madre.

Adamo cercò di separarlo da lei, ma Eva lo fermò: «Porta Abele con te. Caino resta con me, perché con lui mi sento protetta».

Adamo frenò la sua rabbia. Non era mai stato sgarbato con lei e non lo fu neppure quella volta: «Andrò da solo, Abele non è adatto per lavorare la terra, è troppo gracile. Preferisco che si occupi del gregge. Hai visto quanto tempo trascorre nell'ovile? Sa mungere le pecore meglio di me. Sembra nato per fare il pastore. E sa capire perfino quando è il momento dell'accoppiamento».

Con il gregge, Abele passava le giornate. A ogni pecora aveva dato un nome e di ognuna conosceva le esigenze. Aveva imparato anche a curarle con le erbe, aveva reso più sicuro il recinto con un muro di pietra alto due metri e aveva costruito capanne con tetti di robusti rami coperti di foglie e terra.

Caino non amava le pecore. Come Adamo preferiva l'agricoltura. Aveva imparato dal padre a sfruttare la terra seguendo le stagioni. «La terra se la ami», gli diceva Adamo, «non ti tradirà mai. Non ti farà mai mancare il cibo. La terra è il bene che Dio ha voluto lasciarci come ricordo di quello che un giorno era il Paradiso».

Un giorno Caino arrivò trionfante con un cervo sulle spalle: «L'ho ucciso, mamma, l'ho ucciso con la lancia», urlò gettando a terra la grossa preda.

«Perché lo hai fatto?», domandò Eva affannata. «Abbiamo già pelli per coprirci. Perché lo hai ucciso?».

«Possiamo mangiare la sua carne», rispose Caino.

«Mangiare la sua carne? Sei impazzito? Non siamo animali», disse Abele che cercò con lo sguardo l'approvazione del padre, che la diede con un cenno della testa.

«Invece sì», ribadì con fierezza Caino. «I leoni, le tigri e le altre bestie feroci mangerebbero volentieri la nostra carne. Perché noi non possiamo mangiare la loro?», e, senza titubanza, afferrò una scheggia di selce affilatissima, che Eva utilizzava per la pelle, e con un colpo netto tagliò un pezzo di carne e lo mangiò.

«Non puoi», urlò Abele disgustato strappandogli il boccone dalla bocca da cui scendeva un rivolo di sangue. «Non puoi».

Caino si lanciò contro di lui e come una furia gli sferrò un pugno che lo fece crollare al suolo. Poi gli saltò addosso e lo afferrò per la gola. «Maledetto buono a nulla, come ti permetti di dire a me quello che è giusto o sbagliato?

Non farlo più, Abele. Non farlo più», lo minacciò puntandogli contro il dito indice.

Adamo con gli occhi rossi dall'ira afferrò il dito di Caino, gli storse il braccio e lo allontanò da Abele. «Caino, non voglio più assistere a queste scene di violenza. E tu, Abele, devi rispetto a tuo fratello. Ricorda che Caino è il primogenito. Ed è lui, dopo di me, ad avere l'autorità nella famiglia».

Eva si avvicinò a Caino: «Tu dici che possiamo mangiare questa carne?», domandò con un soffio di voce.

«Sì, mamma. Ho capito che è questa la legge della vita. È la legge voluta da Dio. Non hai visto che cosa accade al di là di questa grotta? Il lupo mangia le pecore, il leone mangia tutto quello che gli capita a tiro. L'animale grande mangia quello piccolo. E questo, mamma, accade sia nella foresta sia nel cielo, sia nel mare».

«Vuoi dire allora che possiamo uccidere gli animali? E mangiare la loro carne?».

«Sì, mamma. Proprio così. È la natura. Non vedi che ogni animale è contro l'altro? Ci sono animali che mangerebbero volentieri anche noi. Noi riusciamo a vivere perché sappiamo difenderci. E poi noi abbiamo questa», Caino batté con la mano la testa. «E gli animali feroci lo hanno capito. Per questo hanno scelto di vivere lontano da noi: nelle foreste e nelle savane».

Eva volle assaggiare anche lei la carne che Caino le offrì. Il sangue vivo la disgustò. «Mangia, mamma. Vedrai, è buona», insistette Caino.

Eva non riusciva mai a dire di no a Caino e lo accontentò assaggiando un boccone, assaporandolo e inghiottendolo. Tutti aspettarono in silenzio il suo commento. «Allora?», domandò Adamo.

«Allora?», ripeté Caino.

«Buono», rispose Eva con gli occhi che luccicavano di gioia. «Buono», ripeté più convinta. «Adamo, Abele: Caino ha ragione. È proprio buono. È Dio che lo vuole. È Dio che ha fatto scoprire a Caino questa altra possibilità di cibo. Sì, è stato lui».

«Sarà», commentò poco convinto Adamo. Poi strappò con le mani un grosso pezzo, lo divise e lo dette ad Abele: «Mangia», ordinò. «Ogni cosa che accade, la vuole Dio».

Scoprire che si poteva mangiare la carne degli animali, scatenò la fantasia di Caino. Quando la pioggia non gli permetteva di lavorare la terra, si armava di lancia e andava a caccia. Comunque, per prudenza, evitava di addentrarsi nella foresta. Un giorno si fermò sulla riva del fiume e vide due grossi pesci: velocissimo, riuscì a infilzarne uno con la sua lancia. Era una grossa trota. Le tolse le squame e la mangiò. Fu un'altra scoperta. Riuscì a riempire una cesta di pesce e la portò nella grotta. Come sempre, fu Eva per prima a condividere la sua gioia: «Possiamo mangiare anche i pesci», urlò ad Adamo che in quel momento arrivava dall'ovile con Abele.

Un giorno scoppiò un tremendo temporale. Fulmini e tuoni solcarono il cielo con violenza inaudita. Un fulmine si abbatté sull'albero vicino alla grotta. «Il gregge, il gregge», urlò Abele precipitandosi fuori appena in tempo, perché gli animali, spaventati dai tuoni e dai fulmini, stavano per scappare. La sbarra del recinto era caduta e alcune pecore erano già uscite. Abele, pur sotto la pioggia che cadeva con insistenza, riuscì a sistemare la palizzata e renderla più ferma. Spinse le pecore dentro la capanna e quando si assicurò che fossero al sicuro, si avviò nella grotta che ormai tutti chiamavano casa. Il suo sguardo fu attratto da una luce intensa e da un crepitìo. Guardò e vide che alte fiamme avevano avvolto un grande albero, rendendolo un unico tronco luminoso.

«C'è una luce strana», disse ansimando, appena chiuse dietro di sé la porta di robusto legno che da qualche giorno aveva sostituito la più leggera lettiera dei primi tempi. Eva, Caino e Adamo corsero incuriositi, guardarono e si allontanarono spaventati. «Il diavolo è sceso sulla terra», esclamò terrorizzata Eva. «Sì, chiudi, chiudi, Caino, è arrivato il diavolo. È Satana, è venuto a farci del male».

Caino non capì o non volle capire. Il suo sguardo fissò immobile quella fiamma gigantesca cui non seppe dare un nome. Ammirò affascinato quella luce strana che illuminava fino al bosco e che si innalzava al cielo.

«Chiudi. Ti ho detto di chiudere», Caino sentì la stretta di Adamo sul suo braccio che lo fece sobbalzare. «Ti ho detto di stare lontano», ripeté terrorizzato Adamo, chiudendo con un colpo secco la porta. «Ritiriamoci in fondo alla grotta e preghiamo il Signore che ci liberi da Lucifero».

«Lucifero?», fece eco Abele spalancando gli occhi dalla sorpresa.

«E chi è questo Lucifero?», domandò Caino ancora

estasiato dall'immagine che lo aveva affascinato. «A me è sembrata una luce divina».

«Taci, non bestemmiare», lo rimproverò Adamo. «Quello è il simbolo dell'inferno». Adamo guardò Eva e vide che tremava come lui. Abele e Caino li guardarono senza capire. Poi Abele si lanciò protettivo verso la madre: «Mamma, sono qui. Stai tranquilla». Subito Caino, nonostante il suo pensiero fosse fuori, là, a quelle fiamme, appena vide il fratello accanto a Eva si precipitò addosso alla madre anche lui, l'abbracciò e scostò con durezza Abele. «Mamma, ci sono io. Quel Lucifero non ti farà del male. Ma perché hai tanta paura di lui? Che ti ha fatto?».

Adamo capì che era arrivato il momento di raccontare tutto quello che insieme con Eva aveva vissuto. «Figli miei», incominciò, «io e vostra madre un giorno eravamo felici e vivevamo in un giardino bellissimo chiamato Eden. Con noi c'era sempre lo spirito di Dio, il nostro Creatore...».

Il racconto durò tutta la notte. E quando Adamo finì di parlare, Eva guardò a uno a uno i volti dei suoi cari sentendosi colpevole: «Vi chiedo perdono», pianse. «Chiedo perdono a voi ma è come se lo chiedessi a tutti gli esseri di questo mondo. Se vi ho reso infelici, la colpa è mia». Sulla famiglia cadde il silenzio.

Lo ruppe Adamo: «Ora dormiamo», concluse.

Ma Caino non si addormentò. Quando il temporale passò, senza farsi sentire, uscì e si nascose dietro un grande cespuglio. Il suo sguardo si fissò su quello che una volta era stato un albero. Erano rimasti soltanto pezzi rossi e fumanti. «Voglio distruggere Lucifero», disse afferrando la sua lancia. «Lo ucciderò come ho fatto con il cervo».

Si lanciò contro quei carboni ardenti. Li colpì con la sua arma. Pensò di ferirli a morte, ma stranamente il colpo rianimò la fiamma. Caino scappò terrorizzato e si nascose ancora dietro il cespuglio. Dopo un po' vide che non succedeva nulla e che la fiamma si stava spegnendo sui carboni ardenti.

Si avvicinò di nuovo e ancora, con la punta della lancia, colpì i tizzoni ardenti che, come era accaduto prima, si ravvivarono con un'alta fiammata. Ripeté lo stesso gesto con gli altri tronchi ardenti e anche essi, avvicinati agli altri, ravvivarono la fiamma. Capì che il fuoco non si spegneva se ci si buttava dentro la legna. Allora raccolse per tutta la notte una enorme quantità di rami e ne formò una catasta. Quando finì il lavoro, si sedette a terra vicino alle fiamme e continuò a ravvivarle. La mattina, Adamo lo trovò seduto ancora lì, davanti a un alto falò. «Ti avevo detto di stare lontano dal fuoco», disse rabbioso, ma poi si accorse che era Caino a tenere vive le fiamme.

«Padre, non è Lucifero», disse convinto Caino. «È bello e dà calore. Da quando lo tengo in vita gli animali si sono allontanati».

«Allora è Dio che ce lo ha mandato. Per proteggerci», si rallegrò Adamo. Poi ordinò: «Caino, non farlo mai morire. Sei stato bravo. Ma da oggi in poi dovremo ringraziare il Signore. Quello che è accaduto oggi è bellissimo. Significa che Dio, come io ho sempre pensato, non ci ha abbandonato». Corse a chiamare Eva e Abele: «Venite,

venite. Guardate. Dio ci ha mandato il suo dono. È il fuoco del suo amore per noi».

Il compito di mantenere il fuoco acceso fu affidato a Eva. «Abele si occuperà delle greggi», stabilì Adamo. «Caino, invece, verrà con me e farà l'agricoltore».

Una sera Caino entrò nella casa con un grande pezzo di carne. Tutti si sorpresero perché non sanguinava: «L'ho messo prima sui carboni ardenti del fuoco», disse soddisfatto. «Ne ho mangiato un pezzo, mi sembra più buono». Tagliò alcuni pezzi di carne e li offrì alla madre, al padre e ad Abele. Mangiarono la carne con più gusto. «È veramente buona», commentò Adamo. Poi volle provare a cuocere di più il suo pezzo di carne, uscì e lo adagiò sui carboni del focolare. Dopo un po' lo riprese e lo mangiò: «Più sta sul fuoco, più è buono», disse con gli occhi gioiosi. «Abele, Eva, andiamo: appoggiate il vostro pezzo sui carboni».

Abele guardò Caino per compiacersi con lui, ma vide nello sguardo del fratello una luce che lo fece rabbrividire.

«Che animale hai ucciso per questo pranzo?», domandò Abele.

«È l'agnellino del tuo gregge», rispose Caino con un ghigno. «Ho voluto provare se questa carne è più tenera».

Eva vide gli occhi di Abele riempirsi di lacrime e subito andò a consolarlo. Gli prese il viso tra le mani e lo accarezzò. «Abele, non piangere», disse tenera. «Tuo fratello è fatto così. Non conosce l'amore. È un rude. Perdonalo».

«Non ho niente da farmi perdonare», ribatté arrogante Caino. «Invece di congratularti con me, madre, perdi tempo a consolare questo tuo figlio inetto, capace soltanto di andarsene in giro con le sue pecore. Perché, mamma, lo hai fatto nascere? Non ti bastavo io? Eravamo così felici prima di lui, noi tre».

«Taci, Caino», l'ira di Adamo arrivò come un tuono nella grotta. «Adesso, basta. Hai ferito tuo fratello nel sentimento più forte che è l'amore. Abele ama il suo gregge. Quelle pecore, quegli agnelli per lui sono creature di Dio. Tu sei insensibile e, poiché ho capito che siete troppo diversi, ho deciso di separarvi. Tu, Caino, verrai sempre con me. Mi aiuterai nella coltivazione della terra e in tutti gli altri lavori che serviranno a renderla fertile. Tu, Abele, continuerai a custodire il gregge: farai il pastore e aiuterai tua madre a mungere il latte e a lavorare la lana».

Poi si rivolse ancora a Caino. «Anche oggi Dio ha voluto darci la prova della sua presenza, facendoti scoprire che il fuoco può servirci anche per tante altre cose: oltre a riscaldarci, a illuminare la nostra casa e a difenderci dalle bestie feroci, possiamo usarlo per il nostro cibo. Per questo da domani offriremo a Dio tutte le primizie del nostro raccolto. Tu, Caino, offrirai i primi frutti della terra e tu, Abele, i migliori agnelli del tuo gregge».

Poi li obbligò a invocare l'aiuto del Signore: «Anche se lui è offeso, è sempre qui in mezzo a noi. Non ci parla, ma sono certo che è pronto ad aiutarci. E noi abbiamo il dovere di ringraziarlo».

«Sì, padre, io lo sento sempre vicino a me. Gli offrirò gli animali che più amo», disse Abele.

Caino chinò il capo. Poi Eva gli toccò la spalla invitandolo a parlare: «Anch'io darò le primizie della campagna». E non disse altro.

Il giorno dopo Adamo decise di innalzare, poco distante, vicino al fuoco, un altare in onore di Dio: «Questo sarà il luogo delle preghiere e delle invocazioni», spiegò. «E qui faremo i sacrifici e offriremo a Dio le primizie».

Caino depositò per primo i frutti della terra che aveva raccolto. Velocemente rivolse una preghiera al Signore: «Grazie per quello che ci hai dato», disse. Poi lasciò il cesto di frutta e verdura sul terreno e si allontanò.

Abele scelse l'agnello più bello del suo gregge e lo gettò nel fuoco: «Nostro Creatore e Signore, voglia tu gradire questo nostro sacrificio in segno del nostro amore per te», pregò. Il fumo del sacrificio di Abele, come una torre altissima, si innalzò verso il cielo.

«Abele, Dio ha gradito la tua offerta», esclamò felice Adamo.

Le primizie lasciate sull'altare da Caino diventarono invece secche in breve tempo. Quando Caino se ne accorse, il suo viso arrossì di rancore: «Perché non hai gradito i miei frutti?», urlò verso il cielo. Poi prese una pietra e la scagliò contro il fratello.

Il Signore non rispose. Ma quella notte Caino per la prima volta sentì la sua voce nel sonno: «Caino, Caino, perché ti sei irritato? Perché il tuo viso è stravolto e triste? Se pensi di avere agito bene, il tuo volto deve essere felice. Se invece ritieni di non avere agito bene, il peccato è accovacciato alla tua porta; in te c'è solo bramosia, ma tu devi dominarla».

Caino quella mattina si alzò teso e ombroso. Raccontò il sogno al padre e Adamo glielo interpretò: «Era la voce di Dio. La tua furbizia è stata punita, Caino. Non erano primizie e frutti freschi ciò che hai offerto come sacrificio. Erano vecchi di giorni». Le parole del padre, invece di calmarlo, lo irritarono di più. Proprio in quel momento passò Abele che stava per andare a pascolare il suo gregge. «Andiamo insieme in campagna», lo invitò Caino. «Ho visto un bel prato per le tue pecore. Faremo un buon pascolo. Andiamo».

Abele lo assecondò e lo seguì in aperta campagna lontano dagli sguardi del padre e della madre. Caino sembrava tranquillo e Abele per la prima volta sentì di averlo conquistato. Gli sorrise per dirgli che anche lui gli voleva bene, ma improvvisamente vide i suoi occhi rossi di rabbia e di odio. «Che c'è? Che cosa hai visto?», domandò con voce serena per calmarlo e vide che il fratello stringeva il pugno attorno a una grossa clava. Vide che si era improvvisamente bagnato di sudore. «Stai male? Che c'è?», ripeté ma non fece in tempo a finire le sue parole perché Caino lo colpì al volto. Cadde a terra, portò una mano dietro al collo dove sentiva un dolore lancinante. Ritirò la mano, la guardò: era impregnata del suo sangue: «Perché?», mormorò con un soffio di voce e sentì le parole rabbiose del fratello: «Ti odio, ti odio». Abele sentì sulla schiena un altro colpo feroce e udì altre parole: «Per nascere hai fatto soffrire mia madre, poi mi hai portato via il suo amore e adesso mi hai portato via anche l'amore di Dio». Un altro colpo ancora, questa volta alla testa. Abele non gridò, ma capì che la vita lo stava abbandonando. Sentì ancora l'urlo di Caino mentre colpiva un'altra volta: «Ti odio». Poi si distese a terra agonizzante. Caino urlò ancora le sue parole di rabbia, «Ti odio, ti odio», poi prese una grossa pietra e con una ferocia disumana colpì una, due, tre e più volte il volto di Abele fino a quando la sua agonia finì.

Caino lo guardò con disprezzo e gioì di quel lago di sangue in cui era immerso il corpo immobile di Abele. «Finalmente», gridò ancora, ma il grido gli soffocò la gola: «Che cosa ho fatto?», urlò disperato: «Abele, che cosa ti ho fatto?», e non osò guardare in alto verso il cielo temendo di vedere Dio. Lanciò la clava lontano e fuggì verso casa senza voltarsi temendo che Dio lo inseguisse.

Eva lo vide sporco di sangue e capì che qualcosa di terribile era accaduto. Non ebbe il tempo di chiedere. Caino l'abbracciò e tra le lacrime le disse: «Ho ucciso Abele. L'ho odiato sin dalla nascita. Ma tu, madre, perdonami se puoi». Caino la baciò e sentì che aveva il viso gelato e il respiro fermo nei polmoni. Si staccò da lei e la guardò negli occhi: erano impietriti. Si girò, si precipitò fuori e iniziò a correre senza meta disperato.

Eva rimase stordita. In un attimo capì di avere perduto due figli. Corse per la campagna in cerca di Adamo con urla strazianti. Poi, come una pianta morta, si prostrò a terra e lanciò a Dio tutta la sua disperazione di donna e di madre: «Dio, Dio. Dove sei, Dio?», urlò disperata. «Fatti vedere, fatti sentire. Perché hai voluto darmi quest'altra sofferenza? Adesso non chiedo perdono per me, ma per Caino. Dio. Dio. È tutta colpa mia. Sì, soltanto colpa mia. Lui, Caino, è innocente. Si è nutrito con il mio latte avvelenato. Per anni il suo unico alimento è stata la mia disperazione. È stato il mio latte a renderlo cattivo». Eva si chiuse nel silenzio delle sue lacrime, sicura di non essere ascoltata.

Invece Dio aveva ascoltato, guardò giù, vide Caino che fuggiva e, per la prima volta dopo tanto tempo, fece scendere la sua voce: «Caino, dov'è Abele, tuo fratello?».

Caino si fermò e cercò di capire da dove arrivasse la voce.

«Caino, dov'è tuo fratello?», ripeté Dio con voce imponente e severa.

E Caino questa volta rispose: «Non lo so. Sono forse il guardiano di mio fratello?».

Dio si arrabbiò: «Caino, che hai fatto? La voce del sangue di tuo fratello grida a me vendetta dalla terra! Ora tu sei maledetto dalla terra che per opera della tua mano ha bevuto il sangue di tuo fratello. Quando lavorerai la terra, essa non ti darà più i suoi prodotti: ramingo e fuggiasco sarai sulla terra».

Caino fece qualche passo con le gambe tremanti. Poi, schiacciato dal peso della sua colpa e dal terrore che la voce gli incuteva, cadde sfinito in ginocchio e chiese pietà: «Oh, Signore: troppo grande è la mia colpa per ottenere perdono! Ecco tu mi scacci oggi da questa terra e io mi dovrò nascondere lontano da te: io sarò ramingo e fuggiasco sulla terra e chiunque mi incontrerà mi potrà uccidere».

Dio però ebbe pietà dell'invocazione di Eva e la sua durezza si placò: «No, Caino, non verrai ucciso. Chiunque osasse ucciderti subirà la vendetta sette volte maggiore».

Caino capì che la sua punizione sarebbe stata maggiore

della morte: Dio lo avrebbe fatto vivere con il peso del rimorso. E ascoltò la sentenza: «Metterò un segno sulla tua persona perché tutti ti riconoscano per non colpirti». Sulla fronte di Caino improvvisamente spuntò un grande segno scuro che in seguito, lettore, sarà chiamato "voglia".

La voce di Dio tacque improvvisamente mentre un vento improvviso impetuoso sconvolse le chiome degli alberi fino a spezzarle. Il terrore avvolse di nuovo Caino che cadde, si rialzò e riprese la sua corsa disperata verso oriente in una fuga senza meta.

6

Caino vagò per giorni. Attraversò monti e boschi nutrendosi con l'erba e con la carne degli animali che riusciva a uccidere. Una notte cadde stremato, ma neanche nel sonno trovò pace. Negli incubi sentì i belati degli agnelli sacrificati da Abele e vide il sangue del fratello che arrossava la terra. Si svegliò ancora più disperato. Le parole di Dio gli martellavano il cervello: «Che tu sia maledetto... Che tu sia maledetto... Per sempre».

Decise di farla finita: «Non posso più vivere. Ho perduto tutto. Sono solo al mondo. Ho ucciso mio fratello. Ho perduto l'amore di Dio e l'amore di mia madre». Salì su un precipizio. Guardò, con il cuore in tumulto, il buio nella profondità dell'abisso. Stava per lanciarsi quando un fruscio di foglie lo scosse, e una voce soave lo fece girare mentre il bagliore di una fiaccola gli illuminò il volto: «Non farlo. La vita è bella e va sempre goduta». La voce si fece più vicina. Caino pose la mano davanti agli occhi nel tentativo di vedere al di là della luce.

Finalmente la fiamma si scostò e Caino vide la figura che gli aveva parlato. Era una donna simile alla madre. Per qualche attimo ci fu silenzio perché per la prima volta Caino vedeva un essere simile a lui che non fossero Adamo, Eva o Abele.

Con voce flebile, impaurita che stentava a uscire dalla gola, domandò: «Chi... chi sei?».

«Sono Lilith. E tu?». La voce non aspettò la risposta: «Tu sicuramente sei il figlio di Adamo. Non ci possono essere dubbi. Assomigli a lui».

«Infatti ho sentito parlare di te da Adamo, mio padre», disse Caino. «Ma dove sono?», domandò.

«Sei a Nod. Questa è la mia terra. Qui ho creato il mio regno dopo essere fuggita dall'Eden e da tuo padre».

Lilith si avvicinò e lo rassicurò: «Stai tranquillo. Non ti farò del male. Io gli uomini li amo, non li uccido. E poi non dimenticare che io sono stata un angelo e ho una intelligenza superiore a tutti gli esseri viventi. Noi qui conosciamo il benessere e ci godiamo la vita».

«Non avevo mai visto una luce come questa», disse timido Caino indicando la fiaccola.

«Come vedi, ce ne sono tante in questi luoghi. Qui si sono formate le tribù. Quando ci si accoppia e nascono figli, si formano le famiglie e, quando i figli dei figli si accoppiano, si formano le tribù».

Caino non capì. «Accoppiano?», domandò curioso.

«Sì, accoppiano. So che il Signore Dio invece dice: si sposano».

«Ah, ho capito».

Lilith intuì che Caino non conosceva nulla della vita e decise di fargli conoscere l'amore quella sera stessa.

Lo portò in una capanna. Su un lato c'era un giaciglio di pelle imbottito di lana. Lilith si avvicinò al focolare spento. Preparò un po' di rami secchi, strofinò due legnetti tra loro e, sotto lo sguardo stupito di Caino, creò la fiamma. «Sei proprio un essere superiore», esclamò Caino. «Come è possibile? Tu hai acceso il fuoco con le tue mani».

Lilith sorrise: «Tu credi ancora che il fuoco lo accende soltanto Dio? Ingenuo. Sei ingenuo come tuo padre. Qui io sono come Dio. Tutti mi adorano e mi invocano. Ce ne sono tanti come me sparsi sulla terra. Eravamo angeli, Lui ci ha cacciato dal regno dei cieli trasformandoci in demoni. Ma qui nessuno lo sa e per le nostre doti superiori ci considerano come Dio. Grazie a noi qui tutti vivono bene. Gli uomini e le donne che vedi, sono tutti figli nostri. Con molti mi sono accoppiata. Non so se sono felici, ma la vita per noi è comoda. Ma ora basta, Caino, stenditi qui».

Caino non parlò più. La tenue luce del camino illuminò Lilith mentre si toglieva la veste e scioglieva i lunghi capelli rossi sulle spalle. I suoi occhi neri come il carbone lo guardavano un po' beffardi. Se la trovò distesa su di lui quasi d'improvviso. Lei gli strappò di dosso la pelle e lo baciò. Poi Lilith, come tanto tempo prima aveva fatto con suo padre Adamo, quando fu il momento, saltò su di lui e, con un gemito di folle piacere, gli portò via il seme.

Caino quella notte con Lilith dimenticò tutto e, quando la mattina si svegliò e non la trovò accanto, la cercò nel villaggio. Chiese di Lilith a tutti quelli che incontrò. Alcuni lo guardavano straniti, altri ridevano di lui. Nessuno gli rispondeva. Finalmente una voce, che usciva da un cespuglio, gli fu subito amica e gli domandò: «Straniero, chi cerchi?».

«Cerco Lilith», rispose.

«Lilith? E perché la cerchi?».

«Perché con lei ho conosciuto l'amore».

Una risata sferzante gli fece più male di un pugno nello stomaco: «Lilith è l'amore. Tutti qui sono innamorati di Lilith, ma nessuno può averla per sempre. Lei è la nostra dea della lussuria. Lilith ama e poi scompare. Lo sai che lei è uno spirito? Lo sai che è anche immortale?».

«Sì, lo so e so tante altre cose di lei», rispose Caino.

«E allora dimenticala se vuoi tornare a vivere sereno. Ma chi sei? Da dove vieni? Perché sei vestito con questa pelle?».

Caino finalmente riuscì a vedere: era una donna proprio come la madre. Bella, dolce, decisa come lei.

«Mi chiamo Ardi», gli disse. «È un nome che nella mia famiglia abbiamo in molti. Ma tu, dimmi, perché hai quel segno sulla fronte?».

Caino si toccò la fronte e non sentì nulla. Ricordò la maledizione di Dio ma non ne parlò. «Non ricordo», rispose. «Ma non chiedermi altro».

«Se sei solo, puoi venire a stare con me», disse Ardi.

Caino si guardò intorno: «Va bene, tanto dove potrei andare?», domandò smarrito. E la seguì. Ardi viveva in una capanna costruita con pietre e argilla essiccata al sole. Il tetto era in tronchi di legno, rami e foglie secche tenuti fermi da grosse pietre. Intorno c'erano altre capanne uguali. «Qui vive la mia tribù. Siamo fisicamente diversi anche se siamo fratelli», spiegò Ardi. «Lilith ha confuso le razze. Lei ama tutti coloro che incontra, ma io ho aspettato ad accoppiarmi perché voglio farlo con un uomo vero. E tu lo sei. Ma ora per prima cosa togliti quella pelle di dosso. Tieni, prendi questa tunica di lana. È di uno dei miei fratelli».

Ardi gli fece scivolare la pelle che lo copriva e Caino rimase nudo. Si vergognò e cercò di coprirsi con le mani. Ardi sorrise: «Non ti preoccupare, non ho ancora amato gli uomini ma so come sono fatti».

Caino raccolse poi la tunica che lei gli porse, la indossò e in quel momento decise che in quel villaggio avrebbe avuto inizio la sua nuova vita. Quella notte stessa si accoppiò con Ardi e dopo nove mesi nacque un maschio. «È un bambino bellissimo», disse la madre di Ardi che aveva lo stesso nome della figlia. «Questo bambino lo chiameremo come te, Caino».

«No, no», rispose deciso Caino. «Il mio nome verrà cancellato. Nessuno più si chiamerà come me. Tutti i nomi vanno bene, ma non Caino. Chiamiamolo Enoc, che vuole dire "forza", perché lui sarà un uomo forte».

Enoc si dimostrò subito un bambino diverso dagli altri: sveglio e intelligente, e con lui Caino trovò nuovo entusiasmo. Si dimenticò di Dio, di Adamo, di Eva, nascose a tutti le sue origini e si dedicò alla costruzione di una città che chiamò Enoc dal nome del figlio. La terra era fertile perché bagnata dai fiumi Tigri ed Eufrate e ben presto Enoc divenne una città confortevole e attrezzata che segnò l'inizio di una nuova vita per gli abitanti. La famiglia di Caino e di Ardi si allargò ben presto e generò nuove tribù che si dispersero per la terra, dando vita a nuovi paesi e a nuove popolazioni. Anche la corruzione cominciò a dilagare, perché i discendenti di Caino non credevano in Dio e avevano invece idoli che incitavano alla guerra, alla promiscuità, alla lussuria. E arrivò anche la violenza: quando Caino morì, fu il giovane nipote Lamec a dettarne la legge.

«Alla violenza si risponde con la violenza», disse dopo avere ucciso due uomini, colpevoli, a suo dire, di avergli dato, sia pure involontariamente, uno spintone. «Voglio passare alla storia per queste mie regole di vita e per questo ho composto un canto. L'ho chiamato "Il canto di Lamec" e queste sono le parole: ho ucciso un uomo per una mia scalfittura e un ragazzo per un mio livido. Sette volte sarà vendicato Caino ma Lamec settantasette».

Lamec ebbe due mogli e quattro figli: Iubal che inventò la musica; Tubalkain che scoprì la lavorazione del rame e del ferro; Iabal che divenne il più grande proprietario di allevamenti di bestiame e iniziò l'era della economia e dello scambio di merci; Naama, il cui nome significa "bella", ma che bella non era d'animo perché era perversa. Negli anni di Lamec e dei suoi figli ci fu chi insegnò l'arte di scrivere e di leggere, facendo disegni sulle pareti delle case: era, lettore, il primo modello di scrittura, passata alla storia come "pittografia".

Intanto dall'altro capo, a occidente, Adamo ed Eva ebbero trenta figli e trenta figlie che si sposarono tra di loro ed ebbero altri figli, e poi nipoti, e pronipoti, dando vita a una nuova lunga discendenza. Adamo visse novecentotrenta anni: il tempo che Dio ritenne necessario per fargli avere una lunga discendenza che, a sua volta, poté generare un intero popolo.

Dopo Adamo, morì anche Eva assistita dal figlio Set, il prediletto perché nato dopo l'uccisione di Abele e la fuga di Caino, e dal già anziano pronipote Matusalemme, che amava particolarmente, perché a lui Adamo aveva lasciato la sua eredità.

«Matusalemme, avvicinati», gli aveva detto Adamo prima di morire. «Tu mi hai sempre ricordato i miei primi figli. Sei bello e buono, come Abele, e sei forte e coraggioso come Caino. Tu sei l'uno e l'altro. Per questo ti affido il mio popolo. Lo affido a te e a tuo nipote, il giovane Noè».

Lettore, dunque, a occidente vivevano ancora con il rispetto di Dio, che però non aveva più parlato con nessuno. Tuttavia il pericolo arrivava da oriente perché lì, come già sai, la corruzione era dilagante e, con i viaggi e le emigrazioni della gente, veniva esportata anche in terre sane. E nacque anche la prostituzione: lettore, fu una discendente di Caino, Naama, figlia di Lamec, la prima donna della storia a farsi pagare in cambio di sesso.

«No, padre, non provo vergogna», spiegò al padre quando la scoprì. «La nostra dea Lilith ci ha insegnato i giochi d'amore e ci ha detto che amarsi è bello come è bello donarsi sempre. Ebbene, io ho pensato, come del resto mi hai insegnato sempre tu, che la vita va sfruttata. Ho solo deciso di sfruttare questo splendido corpo che, grazie a te e a mia madre Zilla, posseggo. Gli uomini che hai visto con me, pur di accoppiarsi, pagano un tributo. Come vedi, padre, sono geniale come i miei fratelli, anche se tu mi hai sempre considerata una incapace. Finirai di dire continuamente "Guarda tuo fratello Tubalkain che genio: ha inventato come lavorare il ferro e il rame". E finirai di esaltare i figli che hai avuto da Ada, la tua prima moglie: "Vedi Iabal come è riuscito a diventare un grande allevatore di bestiame. E guarda il fratello Iubal che suona come un dio la cetra e il flauto". Finalmente adesso esalterai anche me. La tua Naama, l'incapace, l'inutile Naama è diventata brava come i suoi fratelli. Sì, mi sono inventata un lavoro: mi concedo agli uomini in cambio di qualcosa. Sei orgoglioso di me, ora padre? Se tu vuoi, posso giacere anche con te».

Lamec non si stupì. Anzi la giustificò: «Naama ha ragione. Il sangue della dea Lilith scorre nelle sue vene. E per Lilith l'amore non ha limiti. Si è infatti accoppiata con Adamo, ha avuto un figlio da lui e poi si è accoppiata anche con i figli che sono nati dopo. Si è accoppiata anche con Caino e perfino con i gorilla. Ha popolato il mondo di esseri diversi: intelligenti e stupidi, belli e brutti, simili e disuguali. E allora? Naama fa bene a vendersi agli uomini».

Lettore, non devi stupirti per la reazione di quel padre, perché non c'erano ancora limiti agli accoppiamenti; Dio infatti aveva solo detto: «Unitevi e moltiplicatevi», perché la terra doveva popolarsi. Era quindi naturale unirsi a consanguinei ed era naturale che molte donne si offrissero a più uomini. E infatti, proprio per popolare la terra, gli uomini e le donne, per volere di Dio, vivevano moltissimi anni e potevano avere figli anche in tardissima età.

Ma la corruzione, come ti abbiamo già detto, stava dilagando con i movimenti dei popoli da un territorio all'altro. Dio dall'alto guardava infastidito. Ma vedeva anche che il piccolo Noè, figlio di un figlio già morto di Matusalemme, cresceva bene e aveva sani princìpi, come il nonno.

7

Matusalemme era un uomo duro, deciso, tenace di fronte alle battaglie e alle insidie dell'esistenza: il suo nome infatti, aveva, lettore, il significato di "uomo del dardo", e quindi da combattimento.

Matusalemme e la sua famiglia erano nomadi. Per pascolare il gregge si spostavano da un luogo all'altro lungo il fiume. Vivevano di caccia e di pastorizia e quindi stavano lontano dal villaggio, sotto una grande tenda di pelle.

Matusalemme mantenne le consuetudini dei suoi antenati. Continuò a riunire la famiglia intorno all'altare costruito da Adamo per offrire i sacrifici degli animali e le primizie della terra a Dio. Accanto a lui c'era sempre il nipote Noè, anche quando dopo il tramonto riuniva la tribù e, sotto l'enorme tendone, illuminato dalla luce dei falò, gli uomini e le donne si fermavano a chiacchierare. Si parlava di caccia e di pecore. Le donne invece si dedicavano all'artigianato e aiutavano gli uomini nei campi.

Quando gli uomini parlavano di caccia, spesso finivano per litigare: «Come potete uccidere così un animale?», dicevano i pastori. «Siete uomini senza cuore. Le bestie si amano».

«Se non andassimo a caccia, voi stareste ancora a mangiare carote e farro», rispondevano i cacciatori.

Si sfiorava la rissa e spesso Matusalemme, aiutato da Noè, più giovane e più forte, era costretto a intervenire: «Finitela. Avete il sangue di Caino dentro di voi». Bastava che nominasse il nome di Caino che gli animi si placavano. «Padre, non paragonarci a Caino», lo scongiuravano. «Era un assassino».

Una sera, Matusalemme, sentendo che la vecchiaia gli stava togliendo le forze, chiamò vicino a sé Noè: «Dopo di me toccherà a te guidare la nostra gente. Ricordati tutto quello che io dico e faccio. Il tuo compito sarà quello di portare l'uomo a riappacificarsi con Dio. Me lo prometti Noè?».

«Sì, nonno, stai tranquillo. Farò di tutto. Ma tu cerca di vivere il più a lungo possibile».

«Sarà Dio a decidere. Ma, come sai, di anni ne ho già tanti e anche tu non scherzi. Allora, Noè, ricordati. Devi lottare perché Dio finalmente torni a parlare con noi. In tutti questi anni sono certo che Dio ha sempre ascoltato le nostre suppliche. Ma non ha mai fatto sentire la sua voce. Ci ha solo ascoltato ma non ha mai voluto risponderci. Tu devi convincerlo a parlare con gli uomini».

«Ma perché pensi che io possa riuscire là dove voi patriarchi avete fallito? Chi sono io per convincere Dio a parlare?».

«Quando nascesti», rispose Matusalemme lanciando un ramo secco nel fuoco, «tuo padre ti chiamò Noè, che significa "quiete" dicendo: "Costui si consolerà del nostro lavoro e della fatica delle nostre mani a causa della terra che il Signore ha maledetto"».

Noè aveva quattrocentotrentanove anni quando un

giorno incontrò una donna. Ma non pensare, lettore, che fosse decrepito. Aveva la barba e i capelli bianchi, questo sì. Però il corpo conservava la forza perché Dio, come già sai, faceva vivere a lungo gli uomini affinché si riproducessero numerosi e affinché avessero la possibilità di portare avanti la sua opera.

Dunque, la donna, che Noè aveva incontrato, si chiamava Vesta ed era nipote di Maalaleel. Si era recata a lavare i panni di lana alla sorgente. Noè restò colpito dalla bellezza del suo volto. I suoi occhi avevano il colore della nocciola, le ciglia erano lunghe e scure. Non disse nulla, ma l'aiutò con un sorriso a sollevare la cesta e poi si allontanò. La sera, quando accompagnò per la notte Matusalemme, si confidò.

«Nonno, ho incontrato Vesta questa mattina».

«Chi, la figlia di Iared?», domandò sollecito Matusalemme.

«Sì, proprio lei».

«È sangue del nostro sangue. È quasi tua sorella».

«Sì, lo so, ma è l'unica donna che mi abbia fatto battere qui», disse toccandosi il petto. «Appena l'ho vista la mia voce si è bloccata, non sono riuscito a parlarle».

«Noè, Noè. Sono troppo vecchio per non capire subito che ti piace e che vuoi sposarla».

«Sì, nonno. Il mio cervello non pensa che a lei».

«Ho visto che oggi non sapevi che cosa fare. Sei andato avanti e indietro tra la campagna da coltivare e il gregge da assistere senza combinare niente di buono».

«Il mio desiderio è ormai incontrollabile. Non penso

che a lei e non desidero altro che diventi mia sposa per vivere con lei tutti i giorni che Dio vorrà concedermi».

Matusalemme restò pensieroso e Noè temette che non fosse contento.

«Ne parlerò domani a suo fratello Irad», disse invece il vecchio Matusalemme. «È lui il capo della famiglia dopo la morte del padre. Vesta è una brava ragazza. Dio vi benedirà».

Noè sposò Vesta ed ebbe tre figli: Sem, Cam e Iafet.

Dio vide che gli uomini erano diventati numerosi e una notte decise di mandare in sogno un messaggio a Matusalemme: «Tu sarai l'uomo che vivrà più di tutti. Ci sono abbastanza donne e abbastanza uomini sulla terra. Dopo di te e dopo Noè, lo spirito di Dio non resterà più così a lungo nell'uomo perché l'uomo è carne e per questo, nei tempi che verranno, la sua vita non supererà i centoquaranta anni».

Matusalemme raccontò il sogno a Noè. Era felice. «Dio forse è tornato a parlare», disse. «Forse ci ha perdonato. Le nostre opere gli sono piaciute. Mi ha detto che io sarò l'uomo più vecchio della terra e dopo di te gli uomini vivranno soltanto fino a centoquaranta anni, perché ormai siamo numerosi e forse non serviamo più così a lungo sulla terra».

Era il settimo giorno: quello che Dio aveva dedicato al riposo. Matusalemme si recò con tutta la sua famiglia a pregare sull'altare di Adamo. «Porterò anche Iafet», disse Vesta mentre allattava il suo ultimo nato. «Voglio ringraziare il Signore di questo suo dono».

Davanti all'altare, Matusalemme sollevò Iafet al cielo.

«Signore nostro Dio, grazie per questo bambino...», pregò. Un urlo spezzò con violenza la preghiera. Un ragazzo arrivò barcollando e cadde sfinito davanti a Matusalemme.

«Aiutatelo, presto», ordinò Matusalemme lasciando Iafet tra le braccia di Noè. «Che cosa succede?».

«Sono arrivati... Sono tanti», riuscì a dire.

«Calmati. Parla per l'amore di Dio, che cosa succede?», lo sollecitò Matusalemme.

«Una carovana lunghissima... È arrivata nel nostro villaggio... Sono tanti... Tanti. Uomini e donne... Ho visto animali sconosciuti... Li chiamano buoi, asini... E questi animali non scappano, ubbidiscono agli uomini».

«Dove sono?».

«Hanno occupato la grande radura vicino al villaggio. Dicono che vogliono parlare con un capo. "Ma noi non abbiamo un capo", ho risposto. "Allora sarò io il capo", ha urlato uno. Sono corso subito da te, Matusalemme. Lì, al villaggio abbiamo paura. Noi siamo gente tranquilla. Timorati di Dio. Quegli uomini invece invocano divinità strane».

Matusalemme si rivolse a Noè: «Lascia i tuoi figli e andiamo a vedere».

Matusalemme, anche se era ormai vecchio, aveva conservato il vigore. Arrivarono al villaggio e furono subito portati davanti a un uomo che diceva di essere il capo.

«Chi sei?», domandò subito l'uomo con un tono arrogante.

«Chi sei tu?», rispose deciso Matusalemme. «Questa è la nostra terra e tu sei uno straniero per noi».

«Da oggi sarà anche la mia terra. Anzi, sarà solo la mia

terra», precisò sollevando risate. Poi si rivolse alla folla: «E voi sarete miei sudditi».

Matusalemme si guardò attorno. Vide che gli invasori erano tanti. Tra di loro c'erano anche donne seminude che ascoltavano e guardavano abbracciate ai loro uomini. Si scambiavano baci di passione e si toccavano senza pudore.

«Che cosa volete da noi?», domandò ancora Matusalemme.

«Vogliamo stare qui. Tu non lo sai, vecchio, ma noi siamo tuoi parenti», rispose l'uomo con un sorriso ironico: «Sono Lamec, discendente di Caino».

«Caino?», domandò sorpreso Matusalemme impallidendo.

«Sì, Caino, il figlio di Adamo. Ho qui il suo corpo... Quello che è rimasto del suo corpo. Anzi, dimmi dove sono le tombe di Adamo e di Eva. Caino, prima di morire, ha chiesto di essere seppellito accanto a sua madre. Doveva amarla molto», disse scoppiando in una risata e facendo l'occhiolino a sua figlia Naama.

«Sono stati sepolti lì nella grotta dove hanno vissuto. Poi ve ne andrete?», domandò ansioso Matusalemme.

«Vecchio, non so chi tu sia. Adesso mi hai stancato. Siamo arrivati sin qui con grande fatica e non ce ne andremo più. Ora vai, togliti di mezzo perché abbiamo voglia di riposare e di divertirci. Abbiamo tante cose da insegnare a voi pastori e contadini stupidi. Abbiamo visto come vivete. Sembrate degli animali. Non riuscite ad accendere neppure il fuoco».

Senza dire più una parola, si alzò, con forza scostò Matusalemme che sarebbe caduto se Noè non fosse stato pronto ad afferrarlo. Dietro di lui una fiumana di gente affamata e dai modi barbari si riversò nei sentieri e nei vicoli.

«Rispettate le nostre leggi», urlò Matusalemme agitando un bastone che Noè gli aveva dato per sorreggersi. «Altrimenti Dio vi punirà».

«Dio, Dio. Da quando siamo arrivati qui, tutti pronunciano questa parola. Ma che Dio è? Noi conosciamo soltanto la dea Lilith e gli dèi che ci danno ricchezza e benessere. Caino non ci ha mai parlato di un altro Dio», disse il capo.

Matusalemme frenò a stento la collera. «È il Dio del cielo e della terra, l'unico Dio», urlò. Poi si rivolse ansimante a Noè: «Torniamo nella nostra tenda», disse.

Le donne, appena li videro, capirono dal loro sguardo che le notizie erano brutte.

Matusalemme chiese di andare a riposare: «Il mio cuore sta cedendo», disse mentre il fiatone gli strozzava la voce. «Non ho resistito all'emozione. Quando quell'uomo ha detto di essere un figlio di Caino, mi sono sentito mancare. Noè, quell'uomo è sangue del nostro sangue. Ma ha il cuore indurito. E anche i suoi occhi hanno i segni del fuoco. Proprio come un essere infernale».

Matusalemme rimase disteso sul giaciglio anche il giorno dopo e quelli successivi. «Ormai non parla più», disse la moglie Ruth. «I suoi giorni stanno finendo. Presto Dio lo chiamerà a sé perché penso che sia giunto il suo momento, Noè. Sarai tu il padre di tutti noi, il patriarca della tribù. Noè caricati le responsabilità del tuo popolo».

Lettore, devi sapere che, al tempo della nostra storia, il

ruolo di patriarca era molto importante. I popoli nomadi non conoscevano le figure istituzionali dei governanti: erano parte di una grande famiglia di cui il patriarca era il capo, colui che doveva guidare tutti. Era la guida spirituale e materiale del suo piccolo popolo. Era lui a prendere le decisioni. Decideva i matrimoni e le eredità. Alla sua morte era il primogenito che acquisiva l'autorità di patriarca. Fu a quel tempo che nacque anche l'abitudine di tramandare il nome dei padri ai figli come ricordo vivo di colui che era stato il patriarca.

Matusalemme morì: aveva novecentosessantanove anni e Noè divenne il patriarca della tribù. E Dio, come Matusalemme aveva previsto, una notte decise finalmente di parlare dopo anni e anni di silenzio. Ma Dio quella notte non era sereno e la sua voce era potente, dura, decisa. Una voce che, invece di portare quella pace e quella speranza implorate da tutti i patriarchi, portò solo paura: «Noè, tu sei un uomo giusto ma gli uomini che sono lontani da te sono malvagi», disse Dio che poi alzò ancora di più il tono facendo tremare Noè. «Mi sono pentito di avere creato l'uomo e per questo ho deciso di sterminare tutti i suoi discendenti. Con l'uomo sterminerò sulla terra anche il bestiame e i rettili e gli uccelli del cielo».

«Signore, ti prego, aspetta», balbettò sudato e angosciato Noè. «Forse se io parlerò di te a questa gente, riuscirò a convincerla a ritornare sulla retta via. La tua pazienza è infinita. Non puoi fare morire tutti. La mia tribù è buona. Siamo i discendenti di Adamo e di Eva. Loro hanno già pagato e noi stiamo pagando per loro ma abbiamo sempre creduto in te. Soltanto Caino e, adesso, i suoi discendenti hanno peccato ancora. Ma forse, se riuscirò a parlare con loro, li convincerò a redimersi».

«Noè, anche la tua gente mi ha rinnegato...», fu implacabile Dio che poi non si fece più sentire lasciando Noè nel dubbio, nell'angoscia e nel terrore.

«Andrò al villaggio», concluse Noè dopo avere raccontato tutto a Vesta che non seppe cosa dire perché il pianto le soffocava la gola mentre stringeva i suoi figli. «Parlerò alla mia gente e insieme decideremo come comportarci». Vesta gli sorrise mormorando: «Sì, sì, vai. Salva i nostri figli. Loro sono innocenti».

Quando arrivò al villaggio, Noè restò per un attimo stordito. Le tende, i campi, e gli abitanti erano irriconoscibili. Invece delle pelli, sia gli uomini sia le donne indossavano tuniche lavorate, e, al posto delle tende, c'erano capanne in pietra con il tetto di tronchi d'albero e di larghe foglie di palma coperte di fango. Là, dove c'erano i sentieri, c'erano vicoli curati e le grotte erano diventate luoghi di ritrovo. Anche all'aperto si erano create attività sconosciute. Si fermò davanti a un uomo che, aiutato dal fuoco, tenuto vivo in un braciere dal soffio continuo di un ragazzo, forgiava le armi con un materiale duro, resistente, freddo. Proprio in quel momento arrivò un altro uomo. «Ehi, fabbro Tubalkain», disse. «Ho bisogno di una lancia di ferro».

«Non ho tempo», rispose Tubalkain continuando a battere con un martello su un pezzo di ferro arroventato. «Devo consegnare entro questa sera questa mazza ferrata. E poi devo consegnare lance e spade per gli uomini di mio padre che sta preparando un esercito».

«Un esercito?».

«Sì, un esercito».

«Ma... a che serve un esercito?».

«Non lo so. Ma sicuramente a nulla di buono. Comunque ripassa domani. Ora lasciami lavorare», concluse il fabbro.

Noè si allontanò. Lungo la strada vide donne seminude che si stringevano al loro uomo ridendo e cantando; uomini che bestemmiavano; perfino i fanciulli avevano perduto lo sguardo innocente.

«Che cosa sta succedendo?», domandò Noè.

«Siamo tutti figli di Caino», sentì una voce di donna che urlava. «Anche di Lilith», fece eco un'altra.

Allora Noè capì. I discendenti di Caino avevano prevalso su quelli della sua tribù, che era stata contagiata dal male. Sentì alcuni che dicevano: «Entriamo nella taverna, venite con noi? C'è da divertirsi», e Noè cominciò a seguire il gruppo che poi diventò una folla e la folla lo trascinò in un vicolo costringendolo a entrare anche lui nella taverna.

Quello che vide dentro, lo sconvolse più di quello che aveva visto fuori. Nella grande stanza, illuminata da torce fissate alle pareti, risuonavano voci, risate, grida e imprecazioni. Donne nude ballavano sui tavoli, altre si accoppiavano con gli uomini sul pavimento.

C'era chi ordinava zuppa di verdure, chi reclamava un boccale di succo di mele e miele, chi faceva a pugni, chi cercava di combinare affari. L'oste servì tutti, poi attizzò il fuoco sfregando due legnetti secchi. Noè guardò stupito: non c'era la fiamma, ma improvvisamente ci fu il fuoco. "Che diavoleria è?", si domandò. Poi capì che avevano scoperto come accendere il fuoco e pensò che avrebbe potuto farlo anche lui. Sentì litigare: «Ehi, tu, quanto vuoi per cinque dei tuoi cammelli?», disse un tale rivolgendosi a un uomo apparentemente gracile che stava seduto in disparte immerso nei suoi pensieri.

«Il mio nome è Iered, sono figlio di Lamec, il patriarca, e non faccio affari con chi non conosco. Hai una faccia che non mi piace».

«Perché non ci provi tu? Provaci e, quanto è vero che mi chiamo Obdal, te ne farò pentire», rispose l'uomo alzandosi e impugnando un coltello di ferro la cui lama luccicò in modo sinistro.

«Non mi sporco le mani con te», replicò Iered che si alzò, prese il suo robusto bastone dalla punta di ferro e, mentre Obdal continuava a insultarlo, si avviò verso la porta. Era giunto sulla soglia quando all'improvviso si arrestò, si girò di scatto e, con velocità e forza, scagliò contro l'uomo la sua lancia.

L'arma volò attraverso il locale e colpì Obdal in pieno petto. L'uomo barcollò e crollò a terra senza vita.

Le grida di gioia che seguirono sconvolsero Noè.

«Bravo, Iered! Hai fatto capire che non si può offendere impunemente un discendente di Caino!».

«Ehi, sta' attento!», avvertì una voce. «Il figlio di quell'idiota cerca di svignarsela!».

Un giovane, di circa quindici anni, cercava infatti di sgattaiolare via uscendo da una porticina laterale. L'espressione del volto tradiva la sua paura.

Iered impugnò di nuovo il bastone e lo scagliò tra le

gambe del ragazzo che cadde a terra e in un attimo gli fu sopra.

«Brutto, bastardo, volevi svignartela, eh? Non hai neppure una goccia di sangue nelle vene per cercare di vendicare tuo padre?».

E, con un colpo sulla testa, gli fracassò il cranio.

«Ehi, Ehi», urlò Iered all'oste, mentre i suoi uomini trascinavano fuori i corpi di Obdal e di suo figlio. «Perché non fai venire qualche ragazza del luogo, una figlia della tribù di Set? So che la vostra Naama ha insegnato come si fa impazzire un uomo».

Noè ebbe un sussulto.

Arrivò una ragazza. Noè la conosceva. Cercò di farle un cenno per farsi vedere. Non era bella, aveva gli occhi neri come i capelli, ma camminava in un modo che a Noè parve sconveniente. Lei fece finta di non riconoscerlo. Aveva cambiato anche nome, si faceva chiamare Lilith, come l'angelo maledetto da Dio. Noè rabbrividì. Due uomini la spinsero in una stanza accanto. Lilith si lasciò trascinare e, dopo un po', tornò saltellando e contenta. «Hai fatto un buon lavoro?», le domandò l'uomo che sembrava il padrone. «Sì, hanno pagato un buon prezzo».

L'oste batté allora le mani e altre tre ragazze uscirono da una stanzetta e salirono sulla pedana.

Erano nude: solo un lembo di pelle di daino copriva il loro basso ventre. Erano bellissime, ma una, in particolare, attirava l'attenzione di tutti. Era alta, con le forme perfette, una massa di capelli di colore ramato le scendeva fin sotto la cintola. Il suo volto aveva un'espressione ammaliatrice e al tempo stesso fredda e crudele; i suoi occhi verdi avevano a momenti il riflesso dell'acqua del mare, a momenti il gelo del ghiaccio.

«È Ruth, è stupenda», mormorò un avventore a uno seduto al tavolo vicino. «Però bisogna stare attenti con lei! Dicono che discenda direttamente da Azazel, il nostro dio della caccia e della violenza. Si dice che sia anche lei una mezza divinità. Di certo è un demonio, una maga e poi... Sì, insomma, molti, troppi uomini sono morti per lei. O si sono uccisi o sono diventati completamente pazzi».

«Quanto è vero che mi chiamo Socar», esclamò sghignazzando l'altro, «voglio averla. Non mi interessa quanti agnelli dovrò dare».

«Fossi in te», fu la risposta, «starei molto attento. Te l'ho detto: è pericolosa. E poi ha una certa passione per Iered e hai visto come...».

«Non mi importa di quel che ho visto. Non sono un mezzo uomo come quell'idiota che si è fatto ammazzare».

I suonatori si scambiarono uno sguardo d'intesa, poi cominciarono in sordina a intonare una melodia.

Le tre giovani cominciarono a danzare seguendo il ritmo della musica, prima lento, poi sempre più veloce e volteggiando leggere sui tavoli. Infine si fermarono e cominciarono ad abbracciarsi tra di loro scambiandosi lunghi baci.

Socar non riuscì più a trattenersi, si slanciò verso la pedana e, rivolto a Ruth, gridò: «Ti voglio, dea dell'amore, ti voglio! Mia padrona, per una notte con te sono pronto a dare tutto il carico della mia carovana! Ti voglio! Ti voglio! Ti voglio!».

Ruth lo guardò, con un sorriso ambiguo e divertito, e

riprese a ballare languidamente abbracciata a un'altra ragazza. Socar saltò sulla pedana. Le afferrò il viso e, in preda al desiderio, cominciò a baciarla e ad accarezzarla.

Nella sala calò un silenzio improvviso perché era entrato Iared. Si avvicinò alla pedana. E, senza dire una parola, strinse la caviglia di Socar e lo trascinò a terra. Poi gli premette il suo piede sulla gola.

«Vuoi che lo uccida? Ha deciso la sua morte quando ha osato toccarti», disse a Ruth. «Non si manca di rispetto alla discendenza di Caino e a quella di Azazel». E, facendosi largo, estrasse la spada per sgozzarlo ma una voce tonante echeggiò nella sala e lo fermò.

«Basta, basta», urlò Noè. «Ma che vi succede, figli miei? Siete impazziti. Avete dimenticato le leggi di nostro padre Adamo? Fermatevi finché siete in tempo. Tornate a invocare il nostro Creatore. Andiamo a chiedere perdono a Dio con i nostri sacrifici. Se non ritorniamo sulla retta via, Dio ci punirà. È già molto arrabbiato con noi. Ci farà morire tutti. Cancellerà tutti gli esseri viventi sulla terra».

Per un attimo nella locanda regnò un silenzio innaturale, poi Iered si alzò e chiese: «Qualcuno sa chi è questo pazzo? E qualcuno sa se per caso è stanco di vivere?».

«No, Iered», rispose il locandiere. «Non lo conosciamo. Ho sentito una ragazza, Lilith, che ha bisbigliato un nome. Credo che lo abbia chiamato Noè. Se è lui, ne ho sentito parlare nel villaggio. È un mezzo pazzo, uno che ripete sempre le stesse cose: che bisogna invocare Dio, che bisogna offrirgli primizie, fare i sacrifici e tante altre stupidate simili. Va dicendo che la fine del mondo è vicina, che siamo dei poveri peccatori e altre frottole del genere. Però, se si chiama Noè, che vuole dire "quieto", non dovrebbe farci paura».

«Ah, ho capito», rise Iered. «È anche lui un profeta, uno di quei menagramo che credono in un Dio che non c'è e che minaccia guai a non finire. Li ho sentiti parlare in questo villaggio quando siamo arrivati. Ora però non ci sono più tipi del genere. O li abbiamo uccisi o si sono ravveduti e credono nei nostri dèi».

Iered si diresse verso Noè che stava sulla soglia della taverna con un'espressione alterata dall'ira. Quando Iered gli si avvicinò impugnando la spada, Noè non manifestò il minimo cenno di turbamento o di paura.

«E allora, Noè?», rise ancora Iered. «Come osi disturbarci mentre ci divertiamo? Come ti permetti di rimproverarci? Che cosa vuoi da noi? Rispondi prima che ti ammazzi».

«Avete contaminato il mio popolo. Il popolo figlio di Adamo. Avete reso la corruzione una cosa normale anche in questo villaggio fino a ieri timorato di Dio. I figli di Caino si sono mescolati a noi e ora tutta l'umanità è corrotta. Avete corrotto anche i nostri figli e le nostre figlie». Poi Noè guardò Iered con gli occhi sbarrati dall'ira: «Vai dal tuo capo e digli che Dio sterminerà dalla terra l'uomo che lui ha creato e con l'uomo farà morire anche gli animali».

Non poté concludere la frase: Iered gli sferrò un violento pugno al viso.

«Taci, maledetto, invoca il tuo Dio, stai per morire!», disse puntandogli alla gola la punta della spada. «Sei pazzo, non sai di cosa stai parlando! Perché ora non chiami Dio a salvarti?».

«Il Signore è la mia forza e mi soccorrerà», rispose Noè inchiodato al suolo. «Sei tu che lo devi temere».

«Il Signore? Dio? Ma se tutti sanno che il vostro Dio non esiste. Non è vero, amici?», urlò agli altri avventori che risposero con un applauso e con risate. «Hai visto?», riprese rincuorato. «Ci credi solo tu. Sai in cosa credo io? Adesso te lo faccio vedere!».

Corse verso Ruth, la fece scendere dal palco e la trascinò verso Noè che stava appoggiato ansimante allo stipite della soglia.

«Ecco, pazzo! Io credo in questa», e mostrò la spada, «e in questa», e baciò Ruth allungando la lingua.

Un uragano di risate accolse quelle parole: «Bravo, Iered! Tu, sì, che sei un vero uomo! Toglilo dai piedi e continuiamo a divertirci. Di' a Ruth e alle ragazze di riprendere a ballare per noi».

Ma Iered non rispose. D'un tratto divenne pallido come un cadavere. Cominciò a barcollare e dovette appoggiarsi alla parete per non cadere. Ruth gli si accostò per mormorare qualcosa, ma egli la respinse bruscamente.

Noè lo guardò fisso negli occhi. Poi uscì dalla taverna e svanì nell'oscurità per tornare barcollando alla sua tenda. Dormivano tutti e, se pure a fatica, trovò il suo posto accanto a Vesta. Stava per chiudere gli occhi quando una voce lo chiamò: «Noè...». Si sedette perplesso. «Noè...». Si guardò attorno. «Noè...». Scattò in piedi e, per il timore che Vesta o qualcun altro sentisse, uscì. Una folata di vento freddo lo investì. «Noè...». Guardò il cielo. La luna era oscurata e le poche stelle avevano perduto la lucentezza. «Noè ascolta...», la voce diventò più forte. Noè capì che era Dio e tremò sentendo che le gambe non riuscivano a reggere il peso del suo corpo. "Ha visto il mio fallimento", pensò e il tremore lo costrinse a inginocchiarsi. Incrociò le mani, alzò gli occhi al cielo, scoppiò a piangere e gridò disperato: «Dio ti chiedo perdono. Non sono stato capace di riportare sulla strada del bene i miei fratelli...».

«Noè», la voce di Dio divenne più dolce. «Tu sei un uomo giusto. Per questo ascolta quanto sto per dirti. Ho deciso di sterminare dalla terra l'uomo che ho creato e con l'uomo anche tutti gli altri esseri viventi...».

«Signore, ti prego, fai morire me, ma salva i miei figli, le loro mogli e mia moglie Vesta. Loro sono buoni. Hanno sempre invocato te. A te hanno offerto le primizie e hanno fatto sacrifici. Non puoi farli morire».

«Noè, ascolta», la voce di Dio a Noè apparve più serena. «Lo so, per questo ti spiegherò quello che devi fare. Ho deciso di distruggere tutti gli uomini malvagi e tu e la tua famiglia non siete malvagi. E allora io manderò sulla terra il diluvio di acque per distruggere sotto il cielo ogni carne in cui c'è alito di vita. Quanto esiste sulla terra perirà. Ma con te io stabilisco la mia alleanza. Costruisci un'arca di legno di cipresso. Dividila in tanti scomparti e spalmala di bitume, dentro e fuori».

«Signore», disse angosciato Noè. «Non so che cosa sia un'arca, né so come costruirla».

Per un attimo a Noè parve di sentire un sospiro spazientito. Poi la voce di Dio continuò: «Ecco come devi farla. L'arca avrà trecento cubiti di lunghezza, cinquanta di larghezza e trenta di altezza. Farai nell'arca un tetto e a un cubito più sopra la terminerai. Da un lato metterai la porta dell'arca. La farai a piani: inferiore, medio e superiore. Tu entrerai nell'arca. Porterai i tuoi figli, tua moglie e le mogli dei tuoi figli. Poiché in questa generazione io ti riconosco come uomo giusto».

Devi sapere lettore, che, al tempo della nostra storia, l'unità di misura era il cubito e corrispondeva a circa cinquantaquattro dei nostri centimetri. Per questo l'arca che Dio ordinò a Noè era una specie di palazzo galleggiante a quattro piani o, se vuoi, una nave di queste misure: centosessanta metri di lunghezza, ventisette metri di larghezza e sedici metri di altezza. Il tetto doveva essere soltanto di mezzo metro. Una sola porta su uno dei due lati. E in alto una finestrella. L'arca, secondo le disposizioni di Dio, doveva essere ricoperta "dentro e fuori di bitume", di pece, insomma, il tipico prodotto della Mesopotamia.

Un lampo illuminò a giorno il volto tumefatto di Noè. Era l'alba e Noè si fermò a riflettere, inginocchiato, con la testa fra le mani, finché alzò gli occhi al cielo e mormorò: «Sì, come vuoi». Aveva deciso di ubbidire a Dio. Nella sua mente erano ben impresse le disposizioni ricevute. Salì deciso su un altopiano e cominciò a camminare: "Mi ha detto: trecento cubiti di lunghezza". Noè contò i suoi passi. "Ecco trecento cubiti arrivano qui". Prese un pezzo di ramo e lo ficcò nella terra. "Questa è la lunghezza. Il Signore ha poi detto che la larghezza deve essere di cinquanta cubiti". Noè iniziò dal ramo e contò i passi. "Uno... due... tre... e cinquanta cubiti", e infilò nella terra un altro ramo. Fece lo stesso con gli altri lati e con la zappa tracciò i segni, disegnando un grande rettangolo. «Noè», sentì

Vesta che lo chiamava. «Sono qui», rispose con la voce che era tornata serena.

Vesta lo trovò sudato per la fatica. «Noè, che ti succede?», domandò allarmata.

«Chiama i nostri figli e le loro mogli», rispose Noè continuando a segnare le tracce.

Vesta, abituata a obbedire senza chiedere, corse a chiamare i figli e le loro mogli. Arrivarono assonnati e di malumore. Sem, il primogenito, comparì per primo. Vide il padre al centro del rettangolo e corrugò la fronte: «Padre, che succede di così importante?».

Noè lo zittì con l'indice puntato sulla bocca. Gli altri si misero in cerchio. «Figlioli, ascoltatemi. Dio questa notte mi ha parlato».

«Dio ti ha parlato?», domandò incredulo Cam.

«Sì, questa notte. E mi ha comunicato la tragedia che sta per abbattersi sull'umanità», si fermò. Vide l'angoscia nel volto di tutti.

«Quando?», domandò Vesta coprendosi il volto con le mani mentre gli altri si stringevano a lei timorosi.

«Ma Dio è misericordioso», continuò Noè senza badare al loro turbamento. «E ha pensato di salvare noi».

«Tutti?», domandò Iafet sollevato.

«Tutti. Ma per salvarci dal diluvio che distruggerà ogni cosa dobbiamo costruire un'arca».

«Un'arca?».

«Sì, un'arca grandissima. Quanto tutto questo spazio che vedete segnato».

«Così grande? Ma non ci riusciremo mai. Sappiamo a

mala pena costruire una zattera. Ma un'arca... Poi così grande», disse perplesso Cam.

«Moriremo anche noi», si disperò Vesta.

«Dobbiamo avere fede in Dio. Mi ha spiegato come fare», disse questa volta deciso Noè. «Ora non perdiamo tempo in chiacchiere, mettiamoci subito al lavoro. Dio non mi ha detto quando scatenerà l'inferno su questa terra. Mi ha solo ordinato di prepararmi. Cominciamo a tagliare quanti più tronchi possibili. Devono essere di cipresso. Tu, Sem, che sei il più forte tra di noi, occupati di questo. Cam, tu procura il bitume. Tanto... Mi raccomando. Svuota tutta la Mesopotamia se è necessario. Iafet invece tu starai con me. Mi aiuterai a costruire l'arca».

Poi Noè si rivolse a Vesta e alle nuore: «Tu e le donne procurate quanto più cibo potete e tanta acqua. Cercate il cibo in tutta la campagna. Procurate anche tanta erba e tanto foraggio. Se Dio lo vorrà, porteremo con noi anche qualche animale. Ora, figli miei, basta parlare. Mettiamoci al lavoro: il tempo scorre veloce».

Noè e la sua famiglia lavorarono notte e giorno. E non passarono inosservati. La gente dei villaggi vedeva le donne che accumulavano ogni genere di cibo e non riusciva a capirne il motivo. Molti andarono a spiare che cosa stessero preparando. Quando videro, non capirono e i commenti erano sciocchi: «Sono proprio dei pazzi. C'è il vecchio e i suoi figli che tagliano tronchi a dozzine», disse uno che era riuscito a salire sull'altopiano dove Noè lavorava con la sua famiglia. «Li segano, li piallano e li incatramano insieme».

«Sì», commentò un altro, «pare che vogliano costruire un'arca».

«Un'arca?», domandò un ragazzo. «Andiamo a vedere».

L'arca cominciava a prendere forma. Noè su una scala metteva a posto i tronchi che Sem gli portava e Iafet incatramava. La gente incuriosita, quando capì quel che stavano costruendo, cominciò a deriderli: «Dove volete navigare, sui monti?».

«Non abbiamo mai visto uomini più pazzi di voi».

«Soltanto un folle come te può pensare di costruire una nave su una collina».

«Noè, quando sarà pronta, invitaci a navigare tra i monti».

«State calmi», disse Noè ai figli e fermò Cam che dei tre era il più irruento. «Non ascoltate quello che dicono. Continuiamo a lavorare».

Dell'arca sentì parlare anche Lamec. «Chi è questo pazzo che sta costruendo un'arca sulla terraferma?», domandò curioso al figlio.

«Si chiama Noè», rispose Iered. «È il nipote di quel vecchio che il giorno in cui arrivammo voleva impedirci di entrare in questo villaggio».

«Ah, ricordo. Si chiama Matusalemme, un vecchio pazzo».

«Si chiamava... È morto. Ora il suo posto nella famiglia è stato preso dal nipote, Noè. Lo chiamano patriarca. E io ho avuto già modo di conoscerlo. Una sera è capitato nella taverna. Voleva convertirci tutti al suo Dio. Minacciava tragedie, catastrofi se non lo avessimo ascoltato. Per zittirlo gli ho anche dato un pugno e lo avrei ucciso, se non fosse stato per Ruth che mi ha fermato».

«Eh, Ruth: gli uomini vuole ucciderli lei sfinendoli di piacere», commentò Lamec con ironia. «Comunque voglio andare a vedere».

Lamec e Iered arrivarono con un nutrito seguito e si rivolsero a un abitante del villaggio che era lì a osservare da qualche tempo.

«Ehi, tu! Si può sapere che cosa sta succedendo qui? Chi sono quei pazzi? Cos'è quell'ammasso di legname? E quel via vai di donne? Sono tutte belle in carne: non hanno null'altro da fare che portare ceste cariche di erba e frutta?».

Il giovane prima lo fissò impaurito, poi, dopo avere visto che era Lamec, rispose: «Non farci caso, signore. È Noè. Un pazzo. Da giorni e giorni va dicendo in giro che la fine del mondo è vicina. Dopo la morte del nonno, è diventato ancora più pazzo. Dice che presto ci sarà un diluvio e che ci ammazzerà tutti. Così ha deciso di costruire un barcone per salvarsi con la sua famiglia».

Iered prima sorrise beffardo, poi, invaso da un'ira improvvisa, urlò: «Noè, porti sfortuna con questi discorsi. Perché non ti ho ammazzato quella sera?».

Tentò di salire i pioli della scala per raggiungere Noè con la spada sguainata, ma scivolò e cadde sulla sua stessa lama che gli spaccò il cuore.

«Porti proprio sfortuna, Noè», urlò Lamec girando con il piede il corpo senza vita di Iered, con durezza, senza dolore e senza pietà. Poi si rivolse ai suoi uomini: «Andiamocene. Sono convinto anch'io che sia pazzo, ma è inoffensivo». Salì sul suo cavallo e si allontanò.

Noè e i suoi familiari lavorarono notte e giorno, si riunivano soltanto al tramonto per mangiare velocemente. Ormai l'arca era quasi finita, le provviste con il cibo e l'acqua erano state già sistemate in grandi contenitori. Ma la grande pioggia non arrivava e una certa inquietudine cominciò a manifestarsi nella famiglia. Una sera Cam domandò: «Padre, sei proprio sicuro che era la voce di Dio?».

«Il cielo è limpido», sottolineò Sem. «Non c'è neanche una nuvola».

Noè finì di mangiare i fagioli nella ciotola. E, come se non avesse sentito, disse a Iafet: «È rimasto ancora un secchio di bitume e, prima di andare a dormire, spargilo sulla porta di entrata. Con questo avremo finito. Sem e Cam, anche voi: prima di andare a dormire, salite sull'arca e pulitela dai pezzi di tronco che sono dentro».

Quando i figli si allontanarono, Vesta si avvicinò al marito: «Perdonali, sono sfiniti, ma stai tranquillo, hanno fiducia in te».

Noè questa volta sorrise, accarezzò la mano della moglie con tenerezza. «Siamo tutti stanchi», sospirò. Poi guardò fiero l'arca che troneggiava immensa sulla collina. «Abbiamo fatto un bel lavoro. Dio può essere contento. Ora andiamo a riposare». Ma prima di addormentarsi, alzò gli occhi al cielo e mormorò: «Tutto è pronto, Signore».

Nella notte Noè fu svegliato da un vento impetuoso che era entrato vorticosamente nella tenda. Poi sentì ancora quella voce tonante: «Noè». Si alzò di scatto dal giaciglio, spaventato: «Dio, sei tu».

La voce di Dio acquistò un tono imperativo che non ammetteva repliche. Noè si inginocchiò e ascoltò con gli occhi verso l'alto per vedere. Ma non vide, sentì soltanto: «Noè, entra nell'arca con tutta la famiglia perché ti ho visto giusto dinanzi a me in questa generazione. Di ogni animale mondo prendine con te sette paia, il maschio e la sua femmina; degli animali che non sono mondi un paio, il maschio e la sua femmina. Anche gli uccelli mondi del cielo, sette paia, maschio e femmina, per conservare in vita le razze su tutta la terra. Perché tra sette giorni farò piovere sulla terra per quaranta giorni e quaranta notti: sterminerò dalla terra ogni essere che ho fatto».

Noè rimase fermo in ginocchio sperando di sentire ancora la voce e, nell'attesa, sentì uscire l'angoscia che da giorni aveva avvolto il suo cuore. Respirò profondamente, come se finalmente si fosse liberato di un peso dentro che pensava volesse ucciderlo, non ebbe più dubbi, si sentì sicuro, sorrise convinto che Dio lo stava vedendo e corse a svegliare i familiari. «Presto, presto. Il Signore ha ordinato di entrare nell'arca. Sem, Cam, Iafet svegliatevi e svegliate le vostre mogli».

«Ma, padre, è notte, aspettiamo domani».

«No, Dio ha detto di entrare adesso, non ha detto domani. Abbiamo sette giorni di tempo per organizzare tutto. Stanno per arrivare gli animali. È giunta l'ora».

Noè entrò nell'arca con tutta la famiglia. Si sistemarono sul ponte tra il pianoterra e il piano superiore. Vesta con le mogli dei figli preparò i giacigli di paglia per la notte. Noè e i figli sulla soglia aspettarono l'arrivo degli animali.

«Sem», disse Noè. «Gli animali feroci e quelli grandi e grossi sistemiamoli al pianoterra».

«Padre, ma sono feroci», ribatté preoccupato Sem.

«Non temete, non ci faranno del male. Se Dio li fa salire, è perché sa che saranno tranquilli. Ecco, guardate là in fondo, quel polverone: stanno arrivando».

Arrivò per prima una coppia di elefanti. Noè li accarezzò e loro entrarono tranquilli. «Venite con me», disse Sem, e lo seguirono. Arrivarono lentamente gli altri animali: le giraffe, i cammelli, i leoni, le tigri.

Vennero da ogni parte. «Come se fossero stati radunati e spinti da qualcuno», commentarono. «Come avranno fatto?».

«Li ha portati qui Dio», rispose sicuro Noè.

Per ultimi arrivarono gli animali domestici: le pecore, i buoi, le oche, le galline, i cani, i gatti. Dopo tre giorni c'erano tutti e nell'arca si respirava l'aria di una vita pulita, serena, allegra: le donne preparavano il cibo, gli uomini mantenevano l'ordine e la pulizia, gli animali si mescolavano e si annusavano giocosi, i feroci con i mansueti. I cani seguivano gli uomini passo passo senza mai stendersi per riposarsi; i gatti stavano accucciati più in disparte e osservavano con occhi attenti.

Gli abitanti del villaggio si recarono allarmati da Lamec. «Siamo in pericolo», dissero. «Non riusciamo a capire che cosa sta succedendo, ma tutti quegli animali feroci potrebbero uscire dall'arca e arrivare nel nostro villaggio, entrare nelle nostre case e sbranarci. Quel Noè è uno stregone. Come ha potuto fare arrivare tutti quegli animali? È un uomo pericoloso, altro che pazzo».

«Lamec», intervenne un altro. «Accadono cose strane. In quella specie di arca gli animali feroci stanno tranquilli accanto agli uomini e agli animali mansueti. Sembrano stregati anch'essi».

«Ora basta», urlò Lamec. «Per la sicurezza di questo villaggio ucciderò questo Noè e la sua famiglia. E poi bruceremo l'arca con tutti gli animali».

«Sì, hai detto bene, Lamec. Uccidiamoli tutti, uomini e animali. Bisogna ammazzare quel vecchio stregone e bruciare quella maledetta arca».

Sul ponte dell'arca, intanto, pregavano. «Dio ci ha aiutato», disse Noè. «Siamo riusciti a finire in tempo il nostro lavoro e gli animali sono tutti al sicuro. Abbiamo cibo in abbondanza, ma ci aspettano giorni tremendi».

Poi fissò lo sguardo verso l'infinito e i suoi occhi si inumidirono pensando alle tombe dei suoi antenati che sarebbero state travolte dall'acqua. Fu solo un attimo, asciugò gli occhi con la mano, sospirò profondamente e ordinò: «Entriamo nell'arca. Siamo nelle mani di Dio. Ormai soltanto lui può proteggerci. Noi dobbiamo fare solo due cose: pregare ed essere casti».

«Casti?», domandò stupito Cam.

«Sì, Dio lo chiede e noi gli offriremo questo sacrificio. Ci manterremo casti fino a quando questa sventura che si sta abbattendo sull'umanità finirà».

«Che assurdità, padre», insistette Cam.

Intervenne Vesta: «Smettila, Cam. Da quando si discute una decisione di vostro padre? Se ha detto che dovete rimanere casti, sarete casti».

Il cielo divenne nero improvvisamente. La pioggia cominciò a scendere lenta. «Ecco, è l'ora», disse Noè sicuro e ordinò di chiudere la grande porta dell'arca.

L'avevano appena chiusa quando arrivarono circa cinquanta uomini guidati da Lamec affannati e armati.

«Sbrigatevi!» urlò Lamec. «Salite su quella maledetta arca, uccidete Noè e i suoi figli e poi bruciate tutto».

Tentarono di arrampicarsi sull'arca ma il legno sembrava ricoperto da una sostanza che faceva scivolare le mani. «Lamec, questa è una fortezza», esclamò uno dei capi. «È impossibile abbatterla».

«E allora usate le frecce con il fuoco», ordinò Lamec.

Gli uomini eseguirono l'ordine ma la pioggia spense il fuoco e subito dopo lampi impressionanti squarciarono il cielo. Il fragore dei tuoni che seguirono fu tale che la terra sembrò scossa da un terremoto, l'acqua cominciò a precipitare dal cielo con violenza e tutti i guerrieri scapparono terrorizzati.

«Dove andate, vigliacchi», urlò Lamec ma nessuno lo ascoltò. Restò solo lui a tentare di arrampicarsi sull'arca, gridando come se fosse impazzito, finché un fulmine lo trasformò in una torcia umana.

L'acqua diventò furiosa e la terra si frantumò per inghiottirla insieme a tutto ciò che trascinava: capanne, alberi, animali, uomini, donne, bambini.

I fiumi e i mari si sollevarono con onde più alte delle montagne che improvvisamente scomparvero insieme alle isole, le rocce, i sentieri, le città. Tutto fu acqua e tutto fu mare.

L'arca intanto, con tutto il suo carico, galleggiava tranquilla sui flutti, mentre dentro arrivavano le urla, i rumori, i boati, gli scossoni della sventura che si era abbattuta fuori.

Dentro era silenzio. Stavano impietriti dalla paura e dal dolore, sentendosi quasi in colpa di essere stati scelti per la salvezza.

Perfino gli animali stavano quieti, distesi, attenti, sospettosi che quella tempesta potesse travolgerli all'improvviso. Era Noè a rompere il silenzio di tanto in tanto invocando: «Dio, parlami: dimmi che sta succedendo, dimmi come posso togliere la paura ai miei figli e ai loro figli».

Dio guardava dall'alto l'arca galleggiare nella tempesta, ma non aveva niente da aggiungere. E tacque, lasciando nello sgomento Noè finché decise di sollevarlo e di risvegliarlo dall'incubo. Infatti, sorprendendo tutti, come guidato da una forza esterna al suo cervello, Noè improvvisamente decise di riportarli alla vita: «Basta, il viaggio sarà lungo. Dobbiamo organizzarci. Che ognuno torni ai suoi compiti».

Sem si sistemò al piano inferiore: badò agli animali grandi e feroci. Cam, invece, occupò il piano intermedio con gli animali domestici: pecore, maiali, buoi, cani e gatti. Iafet si occupò degli uccelli che erano al piano superiore: passeri, civette, corvi e aquile.

«Ma quando finirà di piovere?», domandò Vesta a Noè. «Quando metteremo piede di nuovo sulla terra?».

«Dio ha detto: "Pioverà quaranta giorni e quaranta notti"», rispose Noè. «Il tempo non è passato».

«Ma tutta l'acqua dove finirà?».

«Vesta, dormiamo ora, sarà Dio a farcelo capire».

Piovve per quaranta giorni e quaranta notti poi di colpo l'acqua cessò di cadere e le nuvole nere si diradarono. «Ecco, è tutto finito», annunciò Noè non sentendo più rumore dall'esterno e capendo che l'arca si era fermata e non galleggiava più. Tutti interruppero il loro lavoro e restarono impietriti ad aspettare quel che sarebbe successo. Nemmeno gli animali si muovevano. Nessuno osava fare domande. Dio li osservò soddisfatto di come si erano comportati e decise che era il momento di farli uscire. Mandò sulla terra un vento veloce e impetuoso, che in un baleno spazzò via tutti i detriti e lentamente incominciò ad abbassare le acque per riformare la terra e il mare.

Fu Cam a rompere il silenzio dentro l'arca. «Padre, il cibo sta per finire. È il momento di tentare di uscire».

«Se è il momento ce lo deve annunciare Dio», sospirò Noè che, deciso, salì fino al tetto dell'arca, prese un corvo, aprì la finestrella e lo liberò. Il corvo volò fuori ma dopo poco tornò. «C'è ancora acqua su tutta la terra, se è tornato», disse Noè sconsolato. «Aspettiamo ancora».

L'arca restò arenata sul monte Ararat. Erano passati sei mesi e Cam tornò a protestare: «Siamo fermi. Abbiamo toccato la terra. Che cosa aspettiamo ancora, padre? Dalla finestrella si vedono il sole e la luce».

«Vedi il sole ma c'è ancora acqua. Solo quando si sarà ritirata completamente, usciremo».

Il grido di Iafet una mattina svegliò tutti: «Ora si vede solo la terra». Noè raggiunse Iafet sul tetto, si affacciò alla finestrella e con un sorriso vide che la terra era asciutta.

Era il diciassettesimo giorno del settimo mese della loro avventura. Noè liberò una colomba. Passò poco tempo e la colomba tornò. «Non ha trovato dove appoggiare le zampe», commentò Noè. «Le acque non si sono ritirate completamente».

Noè aspettò ancora sette giorni e liberò di nuovo la colomba che finalmente tornò con una foglia d'ulivo nel becco. Capirono che la terra era tornata rigogliosa di piante e di cibo: finalmente asciutta.

Noè e i suoi caddero in ginocchio e per sette giorni ringraziarono Dio con la preghiera aspettando la sua voce che finalmente annunciò: «Esci dall'arca, Noè. Tu e tua moglie, i tuoi figli e le mogli dei tuoi figli con te. Tutti gli animali d'ogni carne che hai con te, uccelli, bestiame e tutti i rettili che strisciano sulla terra, falli uscire con te, perché possano diffondersi sulla terra, siano fecondi e si moltiplichino su di essa».

«Mi ha parlato. Dio mi ha parlato», gridò Noè correndo verso la porta. Un'esplosione di gioia invase l'arca: piangendo per l'emozione, tutti si abbracciarono e alzarono verso il cielo canti di ringraziamento. «Dio mi ha detto che possiamo uscire», annunciò Noè. «Aprite: escano prima gli animali», ordinò.

Gli animali feroci e i mansueti furono spinti dagli uomini verso l'esterno e incominciarono a uscire in ordine, in fila, in silenzio, la pecora dietro l'elefante, il gatto dietro la tigre, il cane che abbaiava alla tartaruga, lenta nel suo strisciare, per incitarla ad affrettarsi.

«Ora tocca a noi uscire», dispose Noè facendo un passo avanti e invitando gli altri a seguirlo.

Vesta e le donne invece indietreggiarono. «Che troveremo?», domandarono stringendosi le une alle altre.

«Abbiamo paura. Nell'arca, anche sotto il diluvio, anche vicino agli animali feroci, ci sentivamo sicuri. Fuori che ci aspetta?».

«Sarà Dio a stabilirlo. Affidiamoci a lui», disse con emozione Noè uscendo. Uno a uno lo seguirono in silenzio, guardando intorno con occhi sgomenti che scoprivano terra, monti, laghi, fiumi, campi: e tutto sembrava più bello, più pulito con l'aria che sapeva d'erba. Noè notò una vallata rigogliosa e decise: «La nostra nuova vita inizierà lì. Ora aiutatemi a innalzare un altare».

«Non maledirò più la terra a causa dell'uomo perché l'istinto del cuore umano è incline al male fin dall'adolescenza, né colpirò più ogni essere vivente come ho fatto», improvvisamente la voce di Dio echeggiò nella vallata, non più dura, imperativa, arrabbiata, ma per la prima volta amabile, serena, dolce.

Noè finalmente si sentì rassicurato e si inginocchiò mentre ascoltava Dio: «Noè, ti prometto che, finché durerà la terra, seme e messe, freddo e caldo, estate e inverno, giorno e notte, non cesseranno. Ora siate fecondi e moltiplicatevi e riempite la terra. Il timore e il terrore di voi sia in tutte le bestie selvatiche e in tutto il bestiame e in tutti gli uccelli del cielo. Quanto striscia sul suolo e tutti i pesci del mare sono messi in vostro potere. Tutto quanto si muove e ha vita vi servirà da cibo: vi do tutto questo come vi ho già dato le verdi erbe. Non mangerete la carne con il suo sangue. Del sangue vostro, ossia della vostra vita io domanderò conto; ne domanderò conto a ogni essere vivente e domanderò conto della vita dell'uomo all'uomo, a ognuno di suo fratello. Chi sparge il sangue dell'uomo, dall'uomo il suo sangue sarà sparso, perché a immagine di Dio l'uomo è stato fatto. E voi, siate fecondi e moltiplicatevi, siate numerosi sulla terra e dominatela. Quanto a me, ecco io stabilisco la mia alleanza con i vostri discendenti dopo di voi; con ogni essere vivente che è con voi, uccelli, bestiame e bestie selvatiche, con tutti gli animali che sono usciti dall'arca. Io stabilisco la mia alleanza con voi: non sarà più distrutto nessun vivente dalle acque del diluvio, né più il diluvio devasterà la terra».

Un lampo seguito dal tuono li obbligò ad alzare gli occhi al cielo dove apparvero strisce colorate. E Dio spiegò: «Questo è il segno dell'alleanza, che io pongo tra me e voi e tra ogni essere vivente che è con voi per le generazioni eterne. Il mio arco pongo sulle nubi ed esso sarà il segno dell'alleanza tra me e la terra. Quando radunerò le nubi sulla terra e apparirà l'arco sulle nubi, ricorderò la mia alleanza che è tra me e voi e tra ogni essere che vive in ogni carne e non ci saranno più le acque per il diluvio, per distruggere ogni carne. L'arco sarà sulle nubi e io lo guarderò per ricordare l'alleanza eterna tra Dio e ogni essere che vive in ogni carne che è sulla terra».

Noè e la sua gente non riuscirono a staccare gli occhi da quella straordinaria visione.

Lettore, la visione fu il primo arcobaleno della storia.

Intanto Dio con voce soddisfatta ripeté: «Questo è il segno dell'alleanza che io ho stabilito tra me e ogni carne che è sulla terra».

Il primo a nascere, dopo pochi mesi, sulla nuova terra fu Canaan, figlio di Cam. E gli anni che seguirono furono di duro lavoro, ma Noè con la sua famiglia riuscì, seppure con fatica, a rendere fertile la terra.

Un giorno Noè piantò una vigna. Quando raccolse i grappoli dell'uva li mangiò, ne gustò il succo e invitò i figli ad assaggiarlo. Ne bevvero in abbondanza fino a sentirsi storditi e Cam, il più ubriaco di tutti, cominciò a parlare come se il cervello non potesse più controllare la parola. E rivelò d'un fiato: «Sapete: Canaan, il mio primogenito, lo abbiamo concepito nell'arca. Sì, durante il diluvio».

«Nell'arca?», domandò Noè ritrovando il senno che il succo d'uva sembrava avergli fatto perdere. «Ma se avevamo promesso a Dio di essere casti. Non posso credere che tu e tua moglie non abbiate rispettato il mio ordine. Tu, Cam, hai fatto questo? Tu ti sei accoppiato con tua moglie. Mentre l'umanità veniva distrutta da Dio, voi due pensavate al piacere?».

Noè, pieno di rabbia e di delusione, si ritirò nella sua tenda. Il dolore, che quella rivelazione gli aveva procurato, fu enorme.

Vide l'anfora piena di succo d'uva e ne bevve in quantità. Il calore lo invase, lo fece sudare, gli tolse la ragione e si tolse la tunica, rimanendo nudo. Poi barcollò, cadde a terra e si addormentò sfinito. «Padre, che ti succede?», disse Cam entrando nella tenda spaventato dal tonfo della caduta. Vide Noè nudo e scoppiò in una sonora risata. «Vieni, moglie, vieni a vedere mio padre come si è ridotto bevendo quell'uva. È crollato a terra tutto nudo».

La moglie di Cam non entrò, ma l'urlo fece correre Sem e Iafet, che, senza guardare, coprirono il padre con il mantello.

Il giorno seguente Noè si rese conto che il succo d'uva aveva il potere di inebriare il cervello e di cancellare la ragione. Si scusò con la moglie: «Perdonami. Non conoscevo le proprietà diaboliche di quella bevanda».

Poi, quando seppe che Cam lo aveva visto nudo e lo aveva deriso, gli disse: «Non posso maledire te perché il Signore ti ha benedetto insieme con tutti noi. Ma è una grave colpa non essere rimasto casto nell'arca. E allora maledico il tuo primogenito Canaan e renderò diverso ai tuoi discendenti il colore della pelle». Si alzò in piedi: «Sia maledetto Canaan! Schiavo degli schiavi sarà per i suoi fratelli! Benedetto il Signore, Dio di Sem, Canaan sia il suo schiavo! Dio dilati Iafet ed egli dimori nelle tende di Sem, Canaan sia suo schiavo!».

La maledizione atterrì Cam che inveì contro il padre. «Allora, giacché mi hai maledetto e hai reso mio figlio Canaan schiavo dei miei fratelli, io lascio questa terra e lascio te, padre». Poi si rivolse ai fratelli: «Poiché non avete risposto nulla alla maledizione che ha lanciato verso mio figlio, fra di noi non ci sarà pace».

Sem e Iafet, sconvolti, dissero al padre che sarebbero andati via anche loro: «Con i nostri figli cercheremo altre terre e a esse daremo un nome con i nostri nomi».

«Se è questa la vostra decisione, la rispetto», disse Noè. «Ma prima, grazie all'autorità che Dio mi ha concesso, darò a ognuno di voi una parte di terra dove vivere e che dominerete. Nella terra dove andrete, ognuno di voi parlerà la propria lingua e avrà i propri costumi».

Chiamò intorno a sé i tre figli. «Sem», disse, «poiché ti sei dimostrato il più devoto a Dio, concedo a te e alla tua discendenza la terra che va da Mesa in direzione di Safar, fino alle montagne dell'Oriente». Sem si inginocchiò e così fecero anche i figli Elam, Assur, Arpacsad, Lud e Aram. «Grazie, padre. Ora benedicici».

«A te, Cam, poiché la passione nell'arca ti ha accecato, consegno il Meridione. È una terra assolata, la peggiore: ci vorrà molto sudore per lavorarla». Cam, senza dire nulla, poiché era già pronto, si allontanò con Canaan e gli altri figli: Cus, da cui discenderanno gli etiopi, Mizraim, da cui discenderanno gli egizi, e Put verso il Meridione.

Infine Noè parlò a Iafet: «A te do il Settentrione e tutte le isole del mare».

«Grazie, padre», Iafet si inginocchiò. «Dammi ora la tua benedizione e dalla ai miei figli». Gomer, Magog, Madai, Iavan, Tuval, Meshech e Tiras si inginocchiarono e il patriarca li benedì.

«Andate e popolate la terra», disse Noè mentre le lacrime gli rigavano il volto per il dolore di perderli. «Siate giusti e pii».

Lettore, Noè a Sem affidò la Mesopotamia con la Siria, l'Armenia e l'Arabia; a Cam affidò l'Africa e a Iafet le isole e le coste del Mediterraneo.

Nel luogo, sulla cima del monte Ararat, dove Noè aveva iniziato la nuova vita dell'uomo, restò soltanto l'arca.

Noè aveva novecentocinquanta anni. Era stanco, le gambe non reggevano più il peso del suo corpo, le ossa rompevano il fine strato di pelle da cui erano ricoperte. Dio pensò di averlo fatto vivere abbastanza e gli fu grato perché Noè aveva sempre eseguito i suoi ordini, aveva procreato tre figli che con i loro figli avrebbero potuto popolare la nuova terra donata dopo il diluvio, aveva purificato gli animi e cancellato i peccati e la corruzione. Così Dio ritenne che fosse giunto il momento di premiarlo e di chiamarlo accanto a sé. E lo fece morire. Diede il tempo a Vesta per seppellirlo e poi ebbe pietà del dolore di lei, che pure aveva vissuto tanto dividendo le fatiche con Noè. Volle presto accanto a sé anche lei e la fece morire.

8

Negli anni che seguirono i figli e i nipoti di Noè popolarono le terre che erano state loro assegnate. Il più forte e il più abile, ma anche il più corrotto, si dimostrò Nimrod, il figlio di Cam, che aveva sposato Semiramis, donna astuta e ambiziosa. Fondarono insieme la città di Babele e poi altre ancora, Uruch, Accad, Sennaar, Ninive, Recobot-Ir, Calach, e infine Resen nella Mesopotamia.

«Sei ormai un uomo potente, Nimrod. Anzi sei il più potente della terra», disse Semiramis. «Ormai tutti parlano una sola lingua. Puoi considerarti un dio, anzi, sei più potente di Dio».

«Allora fai costruire gli altari per me e comunica a tutti che mi dovranno adorare», disse superbo Nimrod. Poi guardò il cielo, vide le nuvole che minacciavano pioggia e pensò alla storia dell'arca e continuò: «Distruggi ogni cosa che ricordi il diluvio. Sugli altari poni i nostri idoli di legno e di pietra e al centro fai mettere me. Il Dio dei miei avi verrà dimenticato. Non può esistere un Dio che distrugge l'umanità. Vendicherò io i miei avi e sfiderò il loro Dio arrivando fino al cielo. Parlerò al mio popolo».

«Prima però devi eliminare i figli dei tuoi fratelli Sem e Iafet», gli rammentò Semiramis. «I tuoi cugini sono i soli rimasti a credere nel Dio Creatore e c'è ancora un popolo numeroso che crede alle loro parole».

«Li distruggerò, domani stesso marcerò contro di loro», concluse e scatenò contro i cugini una grande guerra che finì solo quando li ridusse in schiavitù insieme ai loro popoli.

Poi parlò al suo popolo: «Vi ricordate quando noi, figli di Cam, fummo maledetti da Noè a essere schiavi per sempre di Sem e Iafet e dei loro discendenti? Ora sono i loro figli a essere i nostri schiavi. E allora vi chiedo dov'è adesso il loro Dio? Quel Dio che quell'inetto di Sem continuava a supplicare? Quel Dio che avrebbe dovuto difenderli? Noi li abbiamo sconfitti, e dunque se quel Dio era con loro, abbiamo sconfitto anche lui. E dov'è? È scappato vilmente perché temeva e teme la nostra collera? Dove si può essere nascosto per evitare di conoscere la nostra vendetta? Dicono che abiti in cielo... Ebbene, mio popolo, noi, ammesso che esista, saliremo lassù a prenderlo per punirlo e fargli gustare il sapore della nostra rabbia! Noi non possiamo amare un Dio che conosce solo odio e uccide gli uomini come ha fatto con il diluvio. Noi crediamo negli dèi che ci hanno aiutato a vincere e in essi riporremo la nostra fede!».

Nimrod fece un cenno e subito furono trasportati accanto a quattro troni alcuni idoli di pietra e di legno, scolpiti in modo che avessero un'espressione feroce. Uno di essi riproduceva rozzamente le fattezze di Nimrod e nella piazza si levò alto un urlo: «Viva re Nimrod, padrone di tutte le terre e nostro dio!».

Nimrod, gonfio d'orgoglio, a sua volta elevò nell'aria un

urlo ancora più alto: «Grazie, mio popolo! Ora godi le gioie che ti meriti. Banchetta con le carni che ti ho portato! Bevi il succo dell'uva delle mie botti! Violenta le prigioniere che sono tue schiave e abbi fiducia in me! Da domani scenderemo in guerra...», e, dopo una lunga pausa, fece esplodere la folla in un grido di furore delirante contro Dio.

Seguirono lunghi giorni di studio e di lavoro per capire come si potesse fare guerra a Dio, dal momento che era invisibile. Finché un giorno Casluch, l'architetto di corte, espose la sua idea: «Dal momento che quel Dio se ne sta tranquillo nel suo rifugio in cielo, saremo noi ad andare a scovarlo».

«E come riusciremo in questa impresa?», domandò curioso Nimrod.

«Costruiremo, qui a Babele, una torre con grandi scalinate che raggiungeranno il cielo e permetteranno alle nostre armate di misurarsi con quelle del Dio dei pavidi. Non ve lo nascondo: sarà un lavoro immenso e, una volta portato a termine, avremo realizzato la costruzione più alta mai compiuta dall'uomo. I nostri eserciti potranno salire a combattere fino in cielo».

Nimrod approvò compiaciuto e si rivolse ai suoi generali: «Bene, ognuno di voi si metterà agli ordini di Casluch. Lui vi dirà quello che si deve fare. Una cosa sia chiara: tutti voi dovrete dedicarvi anima e corpo a questa impresa. Dovrete fare in fretta e non ammetterò ritardi: chi ne sarà responsabile, dall'ultimo degli schiavi al più autorevole dei miei consiglieri, pagherà con la vita. Io sono Nimrod, l'unico padrone del mondo, e non tollero che si possa credere che nei cieli si nasconda un essere che dice, o tenta di fare credere, di essere più potente di me!».

Nimrod si alzò dal trono e, dopo aver salutato con un breve cenno della mano, rientrò nel suo palazzo.

Iniziarono così i lavori per costruire la torre di Babele e proseguirono per anni con violenze e angherie: Nimrod si rammaricava di più per un mattone finito rotto che per la morte di decine e decine di persone.

Oltre i muratori schiavi, perfino i liberi cittadini si gettarono anima e corpo in quell'impresa e giunsero al punto di incidere il proprio nome su ogni mattone che avevano fabbricato, incitando gli altri. «Venite, costruiamo la torre con la cima che toccherà il cielo, e scriviamo il nostro nome per lasciarlo alla storia. Diamo l'assalto al cielo! Andiamo a stanare il Dio degli sconfitti e dei vili!».

Alcuni, dopo avere scagliato nugoli di frecce verso l'alto, dicevano che erano ricadute al suolo sporche di sangue. «È il sangue dei soldati di Dio, di coloro che si fanno chiamare angeli», gridarono.

Dio, nel frattempo, osservava ogni azione di quegli uomini folli e scuoteva la testa, ma, memore dell'alleanza che aveva stabilito con Noè e i suoi figli, decise di non annientarli, e di punirli invece in un altro modo. Raccolse attorno a sé i suoi settanta angeli e disse: «Ecco, essi sono un unico popolo e hanno un'unica lingua», li informò indicando la torre che ormai si levava alta più di duecento cubiti dal suolo. «È l'inizio della loro opera, e quel che vogliono costruire è impossibile. Ma puniremo la loro arroganza. Scendiamo dunque sulla terra e confondiamo la loro lingua, così che uno non comprenda più la lingua dell'altro».

Un giorno Nimrod arrivò a controllare la torre. Salì in cima e ordinò al suo valletto: «Dammi il mio arco». Infilò la freccia con la punta in oro e la scoccò. La freccia superò le nuvole. In quel momento si udì un boato e tutti, spaventati, smisero di lavorare per guardare il cielo improvvisamente nero. Nimrod si infuriò, afferrò uno schiavo, lo schiaffeggiò e ordinò: «Tu, continua, i lavori non devono fermarsi per nessun motivo».

L'uomo rispose in una lingua che a Nimrod risultò incomprensibile. Nimrod afferrò allora un altro schiavo e lo spinse verso un masso. «Prendilo e portalo su».

Anche questo parlò in una lingua sconosciuta. Scoppiò il caos. Nessuno più comprese quello che diceva l'altro. Anche nelle case, nelle strade di tutta Babele nessuno riusciva più a farsi capire dal parente o dal vicino. Ci furono tumulti, delitti, lotte feroci di tutti contro tutti. E così, a poco a poco, tutta quell'immane popolazione della grande città, quella gente che aveva cercato di innalzarsi al cielo, illusa di poter sconfiggere Dio, si disperse nei quattro angoli della terra.

La torre fu avvolta dalle fiamme e precipitò. I grandi massi e le macerie travolsero uomini e case. Re Nimrod si salvò ma restò ferito. Si alzò sanguinante e vide che la torre non esisteva più. «Ricostruitela», ordinò folle di rabbia. «Ricostruite tutto quello che è stato abbattuto». Ma nessuno poté ubbidire al suo ordine perché le sue parole non furono comprese.

Re Nimrod, terrorizzato e annientato, continuò a vagare come un folle tra le rovine di quella che doveva essere la prova della sua potenza, mormorando frasi senza senso.

Uno schiavo lo vide e lo riconobbe. Lo aggredì e lo uccise. Poi tagliò a pezzi il suo corpo e lo sparse per i campi.

Dopo la ribellione di Nimrod, Dio lasciò passare molto tempo prima di guardare con benevolenza gli uomini, ma fermò la confusione delle lingue cosicché potessero tornare a capirsi fra di loro. Però, attese per dieci generazioni che nascesse un uomo con cui potesse di nuovo parlare. E un giorno lo trovò in un discendente di Sem, il primogenito di Noè. Si chiamava Abramo, figlio di Terach. Era di Ur dei caldei, una delle città che avevano conosciuto l'arroganza di Nimrod.

Abramo era un ricco pastore nomade. Viveva con l'anziano padre Terach, la bellissima moglie Sara e il nipote Lot, figlio del fratello Aran, morto per un colpo improvviso. «Starai con me finché vorrai», aveva detto un giorno Abramo a Lot. «Sara è sterile e io ti tratterò come un figlio».

Terach un giorno riunì la famiglia: «Figli miei», disse. «Ho deciso di lasciare Ur per cercare una terra più fertile e accogliente. Qui non c'è più erba per i nostri pascoli».

«Padre», domandò Abramo, «ma dove andremo? Qui ci sono le nostre cose».

«Ogni posto sarà migliore di questo. Ci sposteremo al sud. Non voglio avere alcun legame con questa terra che ha conosciuto la violenza e la corruzione di Nimrod. Con questa gente era già difficile capirsi prima, poi, dopo la confusione delle lingue, è diventato ancora più difficile convivere».

Fu un lungo viaggio. La carovana attraversò le immense pianure della Mesopotamia percorse dai due grandi fiumi: l'Eufrate e il Tigri. Poi seguì il corso dell'Eufrate e arrivò a Carran, una città commerciale sul fiume Balikh, un suo affluente.

Terach vide che la regione era abitata da pacifici agricoltori, decise di porre lì le tende e con la sua famiglia rese la regione fertile e rigogliosa.

La famiglia aumentò. «La moglie di Lot sta partorendo», annunciò Sara con voce triste ad Abramo. «E noi ancora non abbiamo figli».

«Stai tranquilla, vedrai che avremo un figlio anche noi».

«Ma io sono sterile... sterile, Abramo», scoppiò a piangere Sara con la disperazione che le soffocò un grido in gola.

«Sara... Sara...», l'abbracciò Abramo alzando gli occhi al cielo per invocare da Dio un aiuto che non arrivò.

«Al villaggio pregano la dea della fertilità, dicono che è prodigiosa», balbettò Sara senza osare guardarlo.

«Sara, che dici? Le dee e gli dèi non esistono», si arrabbiò Abramo che poi trovò la forza di calmarsi e dolcemente aggiunse: «In cielo c'è un solo Dio, quello dei nostri padri ed è lui che guida le nostre vite. Sarà lui a stabilire quando e se avremo un figlio. Qui hanno un dio per questo, un dio per quello. C'è il dio della fertilità, quello della pioggia, quello del sole e quello del freddo. E ora anche tu hai dubbi», si lamentò Abramo che sconsolato andò a distendersi per dormire.

Era in un sonno profondo quando sentì, per la prima volta, dopo averla tanto implorata, la voce di Dio: «Abramo... Abramo... parti dal tuo paese, dal tuo parentado, dalla casa di tuo padre e vai nel paese che io ti mostrerò. Io farò di te un popolo grande, ti benedirò, renderò glorioso il tuo nome e tu sarai una benedizione. Benedirò coloro che ti benediranno e maledirò coloro che ti malediranno, e in te si diranno benedetti tutti i popoli della terra».

«Dio, ma come?», balbettò Abramo. «Io mi sforzo di predicare la tua legge e tu mi imponi di abbandonare mio padre. Che cosa dirà mai la gente di me?».

«Abramo, Abramo», continuò Dio, «non preoccuparti di quanto può dire la gente, ma rispetta invece la mia volontà. Dirigiti dunque verso meridione, la mia mano guiderà i tuoi passi e io tornerò a parlarti quando avrai raggiunto la meta. Non preoccuparti di tuo padre. Egli si spegnerà in tarda età qui a Carran e non conoscerà più alcun affanno o dolore. Mettiti subito in cammino: ti attende una lunga missione che compirai nel mio nome e io sarò sempre al tuo fianco. Ricordati che ti ho benedetto».

Abramo aveva settantacinque anni, ma Dio lo manteneva ancora forte come una quercia, anche se i suoi capelli e la sua barba erano già bianchi e la sua pelle era già un insieme di sentieri che si incrociavano, facendolo apparire un vecchio. La mattina riunì la sua famiglia e, con voce sicura, disse: «Lo so, quanto sto per dirvi è difficile da capire. Ma questa notte Dio mi ha parlato in sogno».

«Abramo, sei ubriaco?», lo interruppe il padre Terach. «Dio ti ha parlato mentre dormivi? Ma quale Dio, quale Dio? Qui ne abbiamo tanti di dèi. Nel laboratorio di tuo fratello Naor troverai tante statue. A te serve quello della fertilità, visto che alla tua età non hai ancora un figlio».

Abramo aspettò che Terach finisse il suo sfogo: «Lo so, padre, è difficile capire. Ma io so quello che dico. Il Dio che mi ha parlato è il Dio dei nostri padri, quello che ha salvato Noè dal diluvio. E io lo ascolterò».

«Ma che cosa ti ha detto Dio?», domandò questa volta con tono più pacato Terach.

«Mi ha detto che c'è per noi una terra: ci darà prosperità e ci farà diventare un grande popolo. Per questo ho deciso di partire verso meridione come mi ha ordinato. Chi lo desidera, è libero di seguirmi».

Abramo prese per mano Sara e si avviò verso la sua tenda. «Prepariamo le nostre cose», le disse. Sara non osò ribattere e, anche se con passo incerto, lo seguì.

«Abramo, vengo anch'io con te. E verranno anche mia moglie e le mie due figlie», disse invece sicuro Lot, il nipote.

«Bene, figliolo. Non immagini quanto mi rendi felice. Raduna tutti gli uomini e le donne che vogliono seguirci e le greggi che mi appartengono. Andremo via con i nostri beni e le persone a noi soggette».

La carovana partì tre giorni dopo diretta a sud. Per lunghi giorni di faticoso cammino, attraversarono monti, vallate, fiumi. Il viaggio fu faticosissimo e mise a dura prova uomini e armenti. Attraversarono il deserto e una tempesta di sabbia rischiò di sommergerli. «Soltanto un Dio superiore a ogni cosa può farci superare questi ostacoli», confidò Abramo a Sara.

«Vorrei avere la tua fede», disse Sara stringendosi a lui: «Ma a volte ho dei dubbi».

Abramo le accarezzò i capelli e la baciò sulla bocca con trasporto come se lo facesse per la prima volta. «Ti amo», le disse. «Anch'io», sorrise lei accarezzandogli la lunga barba bianca.

Passarono dall'Arabia, toccarono le coste del Mediterraneo, da Ugarit e Gebal. Poi, dopo avere attraversato Damasco, proseguirono fino alla terra di Canaan, e giunsero a Sichem, dove si accamparono.

All'alba un grido di Lot fece accorrere tutti. «Venite da questa parte». Da una collina videro una terra rigogliosa: c'erano frutti di ogni genere e fiori colorati che formavano giardini tra piante altissime. Colpito da quello splendore, Abramo mormorò alzando gli occhi al cielo e aspettando un segnale: «Come sarei felice se potessi abitare in questa terra», pensò.

La stessa notte Dio volle parlargli per guidarlo perché lo considerava buono, generoso e meritevole: «Volgi lo sguardo a settentrione e a mezzogiorno, a oriente e a occidente. Sarà questa la terra che io darò alla tua stirpe».

Abramo ordinò di innalzare subito un altare in onore di Dio e poi, dopo avergli reso grazie, proseguì con la sua gente il viaggio fino a raggiungere a occidente le montagne di Betel, dove innalzarono un altro altare, e poi a oriente, dove fecero lo stesso, e infine raggiunsero il Negheb, e lì si fermarono. «Siamo arrivati!», disse felice Abramo. «Piantiamo qui le nostre tende. È questa la terra che Dio ci ha promesso».

«Ma non conosciamo la zona», obiettò Lot. «Potrebbero esserci i predoni».

«I nostri uomini e noi stessi sapremo difenderci e poi sarà Dio a proteggerci. Soltanto lui sa che cosa potrà succederci. Dio ci ha detto di fermarci e ci fermeremo».

L'afa del sole era opprimente. Abramo si recò nella tenda per refrigerarsi un po'. Vide Sara che, protetta da un velo trasparente che divideva l'ingresso dall'angolo dove dormivano, si rinfrescava la fronte, le ascelle e il seno. Aveva la tunica calata fino ai fianchi. Abramo chiuse delicatamente dietro di sé la tenda e scostò il velo. Sara si girò sorpresa e tentò di coprirsi il seno abbondante, nonostante l'età avanzata. «Abramo, sei tu? Mi hai fatto spaventare».

Abramo la guardò. Sara era ancora bellissima. Pur provata e stanca per la fatica del viaggio e l'angoscia del futuro, le sue forme erano perfette. I suoi grandi occhi neri erano incorniciati da lunghissimi capelli e dalla frangia che le copriva la fronte.

«Mi trovi sciupata?», Sara domandò ansiosa.

«Penso che tu sia sempre molto bella», rispose Abramo e allungò la mano per accarezzarle il viso.

Lei gliela baciò e lui, incoraggiato, le aprì le braccia e scoprì il suo seno stupendo. Glielo accarezzò e Sara chiuse gli occhi mentre un fremito le invase la pelle.

«Moglie mia», disse Abramo spingendola a distendersi sul giaciglio.

«Abramo, mio sposo».

Lui le si stese accanto e l'amò con il desiderio della prima volta. Si alzarono quando il sole era al tramonto. «Devo accendere la fiammella», disse Sara alzandosi di scatto. «Ho sentito la voce di Lot».

«Va bene, va bene, mi alzo».

«Abramo, vorrei tanto darti un figlio, ma gli anni passano e la mia bellezza si allontana. Perché non chiedi a Dio di aiutarmi?».

«Gliel'ho chiesto, Sara. Tante volte. Non mi risponde», si amareggiò Abramo. «Se non vuole che abbiamo figli, c'è una ragione. Dobbiamo accettare. Lo so, è dura. Ma resta tranquilla, la tua bellezza non sfiorirà mai. E se e quando lui vorrà accontentarci, io ci sarò».

Ma la loro tranquillità durò ben poco. Infatti una terribile carestia si abbatté sulla terra di Canaan: la gente moriva di fame e di stenti e anche le greggi e gli armenti furono decimati. Abramo capì che non poteva trattenersi lì: erano giunti da poco e gli abitanti della regione di Canaan, i cananei, in quel tremendo frangente, mormoravano che era per colpa di Abramo e della sua tribù se quella terra meravigliosa si era all'improvviso inaridita. «Signore mio Dio, sono qui perché tu me lo hai ordinato», si lamentò Abramo. «Perché ora mi spingi ad andarmene? Il mio popolo ha creduto in me. E io invece l'ho portato a morire».

Dio non rispose al suo appello e così Abramo decise di partire per l'Egitto.

«Come puoi credere al tuo Dio se ci sta costringendo a lasciare questo paradiso?», disse Lot.

«Ci stai portando in una terra dove credono in tante

divinità. Perfino il Faraone per loro è un dio», lo rimproverò anche Sara.

Attraversarono il deserto. Molti morirono lungo la strada. Anche Abramo crollò sfinito. Sara corse a tirarlo su. «Che cosa ho fatto? Sto facendo morire la mia gente», disse mentre si dissetava.

«Resisti, non abbatterti».

Si unirono a una carovana di mercanti diretta in Egitto, e, dopo un paio di settimane, entrarono nella terra del Grande Fiume, che si chiamava Nilo ed era venerato come una divinità. Un mercante si avvicinò ad Abramo e disse: «Sta' attento, amico! Tua moglie è bellissima e può suscitare desideri lussuriosi in parecchi uomini che, oltretutto, non esiterebbero a ucciderti per averla. Dammi retta. Nascondila in una cassa che contiene merce da vendere. Se dovessero scoprirla, devi dire che è tua sorella. C'è anche il Faraone che ha la passione per le donne belle come tua moglie. Paga perfino chi gliele fornisce».

«Ma non esistono leggi?».

«Oh, sì. C'è perfino una legge che dice che un uomo non può prendere la donna che è già impegnata con un altro uomo».

«E allora?».

«Il Faraone uccide l'altro uomo e si prende la donna. Come vedi la legge la rispetta. Perciò devi dire che lei è tua sorella, altrimenti, per averla, ti uccideranno».

Abramo guardò Sara: «Andiamo, torniamo indietro», le disse prendendola per mano. «Non possiamo rischiare».

Sara con il capo e il volto coperto dal cappuccio della

tunica, si scostò da lui e aprì una cassa piena di pelli. Ne sollevò alcune e con esse si coprì dopo essersi sistemata nella cassa. Prima di abbassare il coperchio chiamò: «Abramo, un bacio. Starò nascosta in questa cassa. Succederà quello che il tuo Dio ha deciso che succeda. Se ci sarà pericolo, dirai che sono tua sorella».

«In fin dei conti, lo sei veramente», sorrise Abramo coprendola con le pelli. «Non dimenticare che abbiamo lo stesso padre anche se non la stessa madre».

Ricordi lettore? Si erano sempre uniti anche fra consanguinei, altrimenti la terra non si sarebbe popolata, come Dio voleva. Leggerai che, solo più avanti nella vicenda, questo non sarà più permesso.

Dunque proseguirono il viaggio e, al confine, un manipolo di soldati del Faraone li fermò per un controllo. «Chi sei?».

«Vengo da Ur dei caldei», rispose Abramo con fierezza.

«Ho detto chi sei, non da dove vieni», gli risposero sprezzanti.

«Mi chiamo Abramo e questa gente appartiene a me. Vorremmo fermarci qui per un po'. Vendiamo lana. Lana purissima delle nostre pecore e procuriamo tuniche e pellame. Abbiamo animali con noi, pecore e qualche mucca, ne abbiamo perduti tanti durante il viaggio».

Abramo parlava e il soldato osservava attentamente le casse. «Che fate?», disse uno che sembrava il capo rivolgendosi ai soldati. «Vi perdete in chiacchiere invece di controllare? Avanti, aprite queste casse e vediamo che cosa contengono».

«Soltanto stoffe. Soltanto pelle», disse pallido Abramo prendendo le prime cose che gli capitavano.

«Idioti», l'ufficiale rimproverò i soldati, «volete che il Faraone vi affidi oggi alle cure del dio Anubi, il nostro dio dei morti, per farci entrare nel regno delle tenebre? Volete fare passare questa gente senza riscuotere l'imposta dovuta al nostro Faraone? Tu, Maat», disse rivolgendosi all'altro ufficiale, «dai un'occhiata a questo branco di ladri», e indicò Abramo, «e guai a te se lasci entrare nel nostro paese soltanto un chicco di grano senza tassarlo come devi!».

Poi si rivolse ad Abramo con tono irato: «Tu, sciacallo del deserto! Dove credi di andare?».

«Mio signore», rispose, «ma ho già superato tutte le ispezioni e poi non ho nulla di prezioso».

«Lo vedo benissimo che sei un morto di fame o uno che fa finta di esserlo. Scommetto che vieni da Canaan dove mi dicono che la gente non ha da mangiare... Non da Ur come affermi. Forse dici la verità, ma forse no. Dimmi un po', pezzente, cosa c'è dentro quella cassa? È tua, vero?».

«Sì, mio signore», rispose Abramo cercando di essere disinvolto. «Ma non preoccuparti, dentro c'è solo un po' d'orzo che serve per sfamarmi».

«Senti, senti. E così cerchi di fare il furbo», gli rispose beffardo l'ufficiale. «Secondo me invece nascondi un carico di grano».

«Va bene, è grano; e sono pronto a pagare il dazio dovuto per il grano», mentì Abramo.

L'ufficiale scoppiò a ridere: «E invece io dico che dentro c'è un carico di pepe! Cosa mi dici adesso?».

«E pepe sia», rispose Abramo. «Ditemi quanto devo pagare per il pepe e lasciatemi passare, ve ne prego».

«Apri subito quella cesta!».

«Mio signore, perché vuoi perdere il tuo tempo? Io...».

«Tu niente, idiota! Se desideri vedere l'alba di domani apri subito quella cesta!».

Abramo si guardò attorno sperando in un aiuto. Poi rassegnato, aprì la cesta, i soldati sollevarono le pelli e Sara apparve in tutto il suo splendore. I soldati rimasero per un attimo in silenzio, poi l'ufficiale Maat disse: «Altro che orzo! Questa donna vale tanto oro quanto pesa. Non ne ho mai vista una tanto bella, fa impazzire solo a guardarla. Signore», disse rivolgendosi al comandante, «perché non te la godi tu questa notte e poi la passi a noi altri? È molto tempo che siamo di guardia in questo posto isolato ed è giusto che...».

Un violento colpo di staffile lo raggiunse in pieno viso facendolo crollare al suolo. «Tu, Maat, sterco di cammello, figlio di molti padri, osi farmi una proposta del genere?», urlò il comandante. «Non lo sai che tutto quello che attraversa la frontiera è soggetto alla volontà del Faraone?». Poi si rivolse a un altro ufficiale: «Portiamo questi due dal Faraone. Sarà il nostro regalo per il suo insediamento sul trono. E tu, pezzente, preparati a morire per fare un piacere al Faraone e anche a tua moglie», aggiunse con un ghigno.

«Non è mia moglie! Non è mia moglie!», urlò Abramo. «È mia sorella!».

«Moglie, sorella, cugina, figlia, a me non importa. Spero soltanto che il Faraone paghi bene questa preda che gli sto portando».

Abramo e Sara, con il cuore colmo di disperata paura, trascinando i piedi sotto gambe tremanti, giunsero, insieme con i soldati che li scortavano, nella reggia del Faraone a Tanis.

«Fatemi vedere che cosa mi avete portato», disse il sovrano andandogli incontro.

Il Faraone era seduto su un grande trono con i braccioli dorati. Indossava la tunica; e i suoi capelli neri, troppo neri per non essere una parrucca, erano cinti da una frangia dorata; al collo aveva una collana di diamanti e rubini e ai polsi bracciali d'oro zecchino.

Appena vide Sara entrare nella sala, il Faraone non riuscì a frenarsi e le andò incontro: «Sei la più bella dei mortali. Splendida. Non ho mai visto una donna più bella di te».

Le girò attorno per ammirare il suo corpo. Con un cenno allontanò i soldati. Poi guardò Abramo: «Quanto a te, che sei suo fratello e ne sei il padrone, avrai la tua ricompensa. Vai dallo stalliere della reggia e fatti consegnare le pecore, tante quante ne vorrai. Lo stesso farai anche con le vacche e con i buoi. Carica di cibo i tuoi carri. Dirò inoltre al mio consigliere di autorizzarti a pascolare i prati che mi appartengono». E lo cacciò mentre Sara fu presa dalle ancelle e introdotta nelle stanze private del Faraone.

Le schiave si occuparono di lei. La spogliarono, la lavarono nella vasca dorata del Faraone e, dopo averla cosparsa di profumi, le fecero indossare una tunica leggerissima sul corpo nudo. «Ora ti lasciamo. Sei pronta per il Faraone», disse una delle donne. «Se hai bisogno, chiama me.

Io sono Agar e da oggi il Faraone mi ha nominato tua schiava».

«Che succederà ora?», tremò Sara.

«Non lo so. È la prima volta che mi capita di preparare una donna per il Faraone. Non è sicuro che ti cerchi questa notte. Possono passare giorni e anche mesi prima che lui lo faccia. Comunque mi hanno riferito che il Faraone è un uomo gentile. Si crede anche bello e pensa che sia facile per una donna innamorarsi di lui. Se non opponi resistenza quando ti cercherà, succederà quello che accade tra un uomo e una donna. Ora, padrona, ti devo lasciare sola. Le usanze del Faraone dicono che la futura sposa deve prepararsi all'incontro con il divino sovrano pregando per il suo arrivo».

Sara restò sola con la sua disperazione e gli occhi sbarrati nel vuoto. Si affacciò alla finestra, cercando una strada per fuggire. L'emozione le invase il cuore e la paura aumentò quando vide che, nascosto tra le piante, c'era Abramo: non aveva voluto lasciarla e stava studiando il modo di liberarla.

Sara sentì un rumore in fondo alla sala e vide che il Faraone stava entrando. Si allontanò dalla finestra temendo che Abramo venisse scoperto e istintivamente incrociò le braccia sul seno per coprire quello che poteva intravedersi. Con un cenno, il Faraone la invitò a sedersi. Ma Sara restò in piedi con gli occhi fissi nel vuoto. Sentì su di sé lo sguardo del sovrano mentre le diceva: «Hai visto dove vivo? Questo sarà tuo. Appena ti ho visto ho desiderato farti mia sposa. Per questo sono stato generoso con tuo fratello. Non rimpiangerà di averti lasciata a me. Ora siediti qui. Voglio conoscerti. Non avere paura di me. Non succederà nulla che tu non voglia».

Il Faraone le prese la mano e gliela accarezzò mentre parlava. Sara la ritrasse di scatto, lui sorrise e si alzò: «Saremo amici», disse andando verso la porta. «Se vorrai essere qualcosa di più basta che tu me lo faccia capire. Con piccoli gesti...», aggiunse e uscì con un sorriso sicuro della vittoria.

Fuori Abramo restò ad aspettare. Lot lo raggiunse: «Qui attorno è pieno di guardie. Zio Abramo, andiamo. Non possiamo fare più nulla per Sara».

«Starò qui finché non tornerà. Dio non può permettere che io la perda».

«Ma Sara ora appartiene al Faraone: è il sovrano di questo paese», fu deciso Lot.

«Sara è mia e solamente mia», urlò Abramo, mentre Lot gli copriva la bocca per non fare sentire la sua voce. «Meglio morire che vivere senza di lei», abbassò il tono Abramo. «Ora lasciami solo. Godetevi quello che, grazie al sacrificio di Sara, abbiamo ottenuto: le pecore, i buoi, i pascoli. Io starò qui ad aspettarla e a pregare», aggiunse ordinando a Lot di andarsene.

Il Faraone chiamò Sara nella sua camera. Si era liberato di tutti i paramenti ufficiali e indossava soltanto una tunica. Si era preparato per l'incontro e lei, quando si avvicinò, sentì un profumo intenso che per un attimo la stordì.

«Mia splendida donna», disse il Faraone andandole incontro, «la tua bellezza diventa ancora più grande con il passare delle ore. Ho detto ai miei dignitari di corte di preparare il nostro matrimonio. Sarà un giorno indimenticabile per noi e per tutto il mio popolo».

Il Faraone prese con vigore il suo braccio e la trascinò vicino al suo torace. «Perché tremi?», le chiese sfiorandole il viso. «Sarà bello stanotte. E domani avrai tutto quello che mi appartiene. C'è qualcosa che desideri?».

Sara si svincolò e trovò il coraggio di parlare: «Voglio solo tornare dalla mia gente».

Il Faraone la guardò con occhi duri e freddi. Il furore gli aveva stravolto il volto. Si versò da bere, ma non bevve e gettò il calice per terra con violenza. Sara tremò, pensò di venire uccisa. «Non ho bisogno di te. Io sono il Faraone: ho tutte le donne che desidero. E tutte bellissime. Il mio potere è quello di avere tutto. Anche te. Vai adesso, ritorna nelle tue stanze».

Durante la notte il Faraone fu colpito da una febbre violentissima. «Sto male», urlò, ma nell'urlo la sua voce si soffocò nella gola. «Un medico. Fate venire un medico. Dov'è il medico? Sto male. Sto male», mormorò in preda al delirio. Il medico lo visitò, la febbre era altissima. Ma ciò che lo preoccupava erano le strane macchie rossastre che erano comparse sulla fronte e poi via via su tutto il corpo.

In quel momento arrivò una guardia. «Divino Faraone, tutta la tua famiglia è stata colpita da una epidemia: macchie rosse su tutto il corpo. Un potere divino vi sta colpendo».

«Ma se io sono un dio», trovò ancora la forza di urlare.

«Ma forse è un dio più forte. Un dio sconosciuto che viene da lontano».

Un'altra guardia annunciò: «Divino Faraone, gran parte del popolo si è ammalato. Molti hanno i tuoi stessi segni sul viso e sul corpo».

Il Faraone corse allo specchio: i segni sul volto erano diventati pustole rossastre e puzzolenti. «Soltanto un dio straniero può avermi colpito. Un dio che non mi conosce».

«Forse il dio di quello straniero che oggi ti ha lasciato la sorella», commentò un alto dignitario.

«Sì, sì, i miei problemi sono nati dopo che quella donna non ha voluto gettarsi tra le mie braccia. Conducetela qui. E conducete qui anche suo fratello».

Sara entrò. «Donna, avvicinati. Chi sei veramente? Sei stata tu con la tua arte malefica a ridurmi così?».

«Non sono state le arti magiche a ridurti così, ma il mio Dio», fu decisa Sara.

«Il tuo Dio? E chi è il tuo Dio?», sobbalzò il Faraone.

In quel momento entrò, spinto dai soldati, Abramo.

«È il Dio dell'Universo», disse Abramo con voce profonda e solenne. «È lui che dopo avermi parlato, mi ha fatto arrivare sin qui».

«Se ti ha portato qui, è stato anche perché io possedessi tua sorella, non è così?».

«Non è mia sorella, è mia moglie».

«Tua moglie? E perché mi hai mentito?». Lo sguardo del Faraone si perse nel vuoto. «È vietato prendere la donna di un altro uomo. Perché mi hai detto che è tua sorella?».

«Perché tu non commettessi un altro delitto più grave: quello di uccidermi».

«Lo farò adesso e ucciderò anche lei».

In quel momento anche l'ufficiale crollò a terra in preda a forti brividi di febbre e, con lui, il medico e i dignitari di corte. In piedi restarono soltanto Abramo e Sara.

«Faraone, ho dimenticato di riferirti una cosa molto importante. Il mio Dio ha detto che benedirà chi mi benedice e maledirà chi mi maledice. Quindi stai attento a quello che fai. Se ci farai del male, la maledizione del mio Dio cadrà su di te», fu deciso Abramo.

«Portateli via», urlò il Faraone in preda al terrore. «Anzi, non voglio più avere a che fare con loro, né sentire parlare del loro Dio». Poi si rivolse ancora ad Abramo: «Voi potete andarvene quando volete e conservare tutto quello che vi ho donato. Tornate nel vostro paese e pregate il dio nel quale credete di allontanare la piaga della peste dalla mia casa. E tu, donna, portati pure la mia schiava: è il mio dono d'addio».

Abramo e Sara, il giorno seguente, accompagnati da Lot e dalla moglie di Lot e dalle sue due figlie, con le ricchezze che il Faraone gli aveva donato, si misero in viaggio alla testa di una lunga carovana scortati dai soldati fino ai confini dell'Egitto.

Quando gli egiziani li lasciarono soli, Abramo parlò al suo popolo: «Dio ci ha salvato ancora una volta».

«Hai parlato con lui, te lo ha detto?», lo interruppe uno tra la folla e altri fecero eco con la stessa domanda.

«No, non mi ha parlato», fu sicuro Abramo. «Però ci ha fatto ritrovare ricchezza a sufficienza. Gli egiziani ci hanno donato greggi e armenti in salute. Il peggio è passato. Dio ci ha messo alla prova per farci capire che, se non viviamo secondo la sua volontà, ci abbandona. Siamo il popolo che ha scelto per portare avanti ciò che ha creato. Siamo il popolo eletto». Abramo questa volta urlò per farsi sentire anche dai più lontani. «Ora possiamo tornare nella terra che ci aveva promesso, a Canaan. Non sarà più tempo di carestia. Con quello che abbiamo, possiamo ricominciare».

Nessuno osò contraddirlo e tutti insieme, in una lunga carovana, stanca ma silenziosa, convinti di un futuro migliore, tornarono a Betel, il luogo dove c'era l'altare che Abramo aveva costruito mesi prima. Sara aveva portato con sé Agar, la schiava che il Faraone le aveva donato e che la serviva con fedeltà.

Abramo per lavorare con più profitto la terra, divise le sue ricchezze con Lot. «Possiamo controllarle meglio», disse Abramo. «I tuoi uomini lavoreranno la tua parte e i miei la mia parte».

Ma la pace durò poco. Un giorno scoppiò una grande rissa tra gli uomini di Abramo e quelli di Lot. Si accusarono a vicenda di fare pascolare le loro greggi nei prati che erano di proprietà dell'uno o dell'altro padrone.

Lot si avvicinò allo zio e gli disse: «Dobbiamo separarci. Non possiamo continuare a litigare. Non c'è abbastanza terra da lavorare né abbastanza verde per il nostro bestiame. Mi dispiace, andrò via con la mia famiglia e i miei uomini».

«Va bene, se così hai deciso, così sia», accettò Abramo. «Voglio che non vi sia discordia tra me e te, tra i miei mandriani e i tuoi, perché noi siamo fratelli. Non sta forse davanti a te tutto il territorio? Separati da me. Se tu vai a sinistra, io andrò a destra; se tu vai a destra, io andrò a sinistra».

Erano sulla cima di una collina e Lot contemplò la valle

del Giordano: era verde, ricca di acque e ben coltivata. «Io andrò là», disse indicando la pianura lontana. «Sulla riva del Giordano. È un bel luogo irrigato da ogni parte dal fiume e ci sono belle città, come Sodoma e Gomorra. Io venderò lana, pelli e vestiti».

«Certo», annuì Abramo. «Cerca solo di stare attento, a te e alla tua famiglia. Non tutte le città sono tranquille. Noi siamo gente di pascolo. Amiamo vivere all'aperto. Le città spesso nascondono insidie. Promettimi di non entrare nella città. Accampati fuori le mura. Ma ora vai, spero che troverai quello che cerchi».

Abramo lo abbracciò piangendo. Quando Lot si allontanò, sentì la mano di Sara sulla sua spalla. «Mi mancherà: è mio nipote, figlio di mio fratello, ma è come se fosse mio figlio», mormorò.

Sara sentì le sue parole e gli occhi si inumidirono: «Mi dispiace», disse asciugandosi gli occhi. «Passano gli anni e ancora non riesco a darti un figlio. Eppure ci amiamo con passione. Abramo sarò sterile per sempre: comincio ad accettare questa realtà».

«Non disperare, Sara, aspetteremo», e fu Abramo ad abbracciarla e a consolarla.

Lot, nel frattempo, proseguì il viaggio lungo la valle del Giordano e si accampò fuori dalla città di Sodoma. «La gente qui è diffidente», spiegò alla moglie e alle due figlie. «Ci faremo apprezzare con i nostri prodotti e poi saranno loro a farci entrare».

Abramo restò a Betel. Era un posto tranquillo, poté lavorare la terra, fare pascolare gli animali e, soprattutto, pregare. E un giorno, mentre portava le pecore al pascolo, sentì un tuono rumoroso come un boato e subito dopo una voce: riconobbe subito Dio. «Abramo... Abramo, alzati in piedi e da questo colle spingi lo sguardo verso il settentrione e il meridione, verso l'oriente e l'occidente». Abramo si alzò e guardò. «Come ti ho già detto, tutta la terra che vedi, io la darò a te e alla tua discendenza per sempre. Renderò la tua discendenza come la polvere della terra: se uno può contare la polvere della terra, potrà contare anche i tuoi discendenti. Alzati, dunque, non fermarti: percorri il paese, in lungo e in largo perché io lo darò a te». Dio non disse altro e Abramo cercò con lo sguardo smarrito ancora la sua voce, che non si fece più sentire. Poi radunò le greggi e con il cuore in gola scese giù per la vallata.

La Terra Promessa da Dio ad Abramo e ai suoi discendenti, lettore, secondo gli storici, è la regione dell'Asia occidentale delimitata a ovest dal Mar Mediterraneo, a nord dal Libano, a est dal deserto della Siria e a sud dal deserto del Negheb e dall'Egitto. Prima dell'arrivo di Abramo era occupata da popoli diversi: c'erano i cananei, da cui deriva il nome di "Terra di Canaan", c'erano i filistei, gli evei, i gebusei che furono i fondatori della città di Gerusalemme. La Terra Promessa da Dio ad Abramo, allora come oggi, è il territorio più basso del livello del mare, ed è chiamata depressione del Giordano, dal nome del fiume che vi scorre. All'estremo meridione di questa conca si trova il Mar Morto, lo specchio d'acqua con la più alta densità di sale.

«Dio non mi hai mai tradito», disse Abramo parlando con gli occhi rivolti verso il cielo. «Mi hai anche detto: percorri la terra in lungo e in largo, perché io la darò a te e lo farò».

Chiamò Sara e tutti i suoi uomini e si preparò a partire.

Arrivarono in una località chiamata le Querce di Mamre, vicino a Ebron, e lì Abramo, affascinato dalla bellezza del posto, decise di stabilirsi e piantò la sua tenda.

Abramo però era triste. Aveva trovato la Terra Promessa da Dio, i pascoli erano verdi, il clima tiepido, la campagna ricca di frutti, eppure non riusciva a essere sereno. C'era un tarlo che lo affliggeva. Una sera, mentre tutti dormivano, Abramo restò sveglio. "Sarà un'altra notte di tormento", pensò mentre si girava e rigirava nel giaciglio. "Dio, continua a dirmi che qui il mio popolo diventerà grande e che queste terre saranno per sempre mie e dei miei discendenti. Ma come è possibile se sono senza figli? Perché mi illude?". Abramo rivolse questo grido al cielo e Dio sentì. Un tuono annunciò la sua voce: «Abramo... Abramo».

Abramo non sentì la voce e continuò: «Dio, tu non hai dato frutto al mio seme».

«Abramo, ascolta», la voce di Dio fu più tonante. «Abramo, il tuo seme io lo moltiplicherò, come i granelli di sabbia, e chi riuscirà a contare i granelli di sabbia riuscirà anche a contare i tuoi discendenti».

«Ma Sara è sterile ed è già avanti negli anni e non mi ha dato figli», si emozionò Abramo non riuscendo a trattenere le lacrime, che erano ruscelli tra le rughe profonde della sua pelle.

«Abramo, guarda il cielo e conta le stelle, se puoi contarle, tanta sarà la tua discendenza».

Abramo cominciò a contare le stelle, colmo di speranza: una... due... venti... cento..., finché si addormentò, per la prima volta sereno, dopo tanto tempo.

9

Intanto Lot fuori dalla città di Sodoma stava sistemando le tende e gli armenti quando sentì voci allarmanti: «C'è la guerra, c'è la guerra».

«Che sta succedendo? Parlate!», domandò Lot a un mercante che trascinava due asini carichi di merce.

«Stanno per arrivare. Quattro re provenienti dall'Oriente hanno dichiarato guerra ai re della valle di Siddim: ai re di Sodoma, Gomorra, Adma, Seboim e Bela. Sono i re che governano queste città lungo il Giordano. Ci sarà una carneficina tra qualche giorno. Ma vinceremo, siamo cinque re contro quattro».

Lot pensò di spostare le sue tende ma l'esercito uscì dalle mura e non glielo permise. «Affronteremo i nemici in campo aperto», spiegò un ufficiale del re Bera di Sodoma. «Almeno la città si salverà. Ci uniremo ai soldati degli altri re: Birsa, re di Gomorra, Sineab, re di Adma, Semeber, re di Seboim e Soar, re di Bela. Sono nostri alleati e insieme vinceremo».

Invece non vinsero. Gli scontri furono feroci e sanguinosi. Alla fine, incalzati dal re di Elam, Chedorlaomer, i sovrani di Sodoma e di Gomorra si arroccarono nella valle di Siddim, sulle rive del Mar Morto e tentarono la controffensiva, facendo però un errore madornale. L'esercito si trovò accerchiato dalle migliaia e migliaia di soldati dei re d'Oriente. Alle loro spalle c'era il mare e ogni via di fuga fu quindi preclusa. Fu una strage: la terra e le acque del Mar Morto divennero rosse di sangue. Nel silenzio della morte, rotto soltanto dal lamento dell'agonia dei feriti, si udì improvvisamente l'urlo di re Chedorlaomer: «Uccideteli tutti». I soldati, schiumanti di rabbia e di ferocia, si scatenarono e si abbandonarono a una terribile carneficina.

Chi scampò alla morte, fu preso prigioniero. Tra questi ci furono anche Lot e la sua famiglia sorpresi fuori dalle mura della città. La sorte che li attendeva era la schiavitù.

Intanto, lontano, in un tardo pomeriggio tranquillo, al villaggio di Mamre, Abramo, dopo avere lavorato tutto il giorno nei campi, stava discutendo il piano dei lavori da fare il giorno dopo, quando d'un tratto la quiete dell'accampamento fu turbata da un uomo a cavallo.

«Abramo! Abramo!», gridò. «È terribile. Lot e la sua gente sono stati fatti prigionieri».

Abramo si alzò e fissò in volto quell'uomo coperto di polvere, sudato e in preda al terrore. Lo riconobbe: era un uomo di Lot. «Calmati! Disperarsi ora non serve a nulla. Spiegami che cosa è successo!».

«Le forze di Chedorlaomer hanno sconfitto gli eserciti dei cinque re. Poi hanno fatto prigionieri tutti i sopravvissuti: Lot e la sua famiglia sono tra essi. Vogliono venderli come schiavi. Ora li stanno portando verso Damasco per poi proseguire verso i loro paesi».

«Quando è successo?», domandò Abramo.

«Tre giorni fa. Io sono riuscito a scappare. È stato Lot a dirmi di venire sin qui a informarti».

Abramo si guardò intorno. Guardò la sua gente, i pascoli e la campagna già rigogliosi. «Non avrà mai pace questa terra che ci è stata promessa?», si domandò ad alta voce.

Sara lo guardò supplichevole. «Che cosa possiamo fare, Abramo? I nostri uomini sono questi», disse Sara indicando la gente che si era radunata. «E non sanno combattere».

«Ma non posso permettere che il sangue mio, mio nipote, venga trascinato in catene come schiavo», rispose deciso Abramo. «Dio non mi ha mai abbandonato. Confiderò in lui».

Convocò la sua gente, la informò di quanto era accaduto e poi disse: «Io partirò all'inseguimento delle forze di re Chedorlaomer. Chi è disposto a seguirmi?».

All'inizio solo pochi si schierarono subito al suo fianco. E allora Abramo gridò: «Chi vuole unirsi a me mi segua. Io vado a liberare Lot e la sua famiglia». Seppure incerti e preoccupati, lentamente, uno a uno anche gli altri uomini si accodarono. Si avvicinarono anche altri uomini che facevano parte di un villaggio vicino: erano il capo della tribù degli amorrei e i suoi fratelli Escol e Aner.

Fuori dal villaggio si contarono. «Siamo trecentodiciotto», disse il fedele servo di Abramo, Eliezer. «A sentire l'uomo di Lot, quelli sono molti di più».

«Ce la faremo. Sono certo. Giocheremo sull'ebbrezza della loro vittoria», li rassicurò Abramo.

«Che cosa vuoi dire, Abramo? Non capisco», disse Eliezer.

«Voglio dire che la gioia della vittoria fa perdere ogni prudenza. Ecco: loro hanno vinto e staranno festeggiando. Loro avranno la pancia piena, noi avremo la disperazione. Attaccheremo il loro accampamento di notte, dopo i festeggiamenti. E stai tranquillo: li batteremo».

L'esercito dei re vincitori, con i trofei e i prigionieri, procedeva molto lentamente. La vallata del Giordano stretta tra due colline non permetteva alle truppe di ammassarsi. Per alcuni tratti dovettero procedere in fila indiana e con estrema lentezza. Non fu difficile per Abramo e il suo esiguo esercito raggiungerli, lungo la strada che portava a Damasco.

I re, con la maggior parte dei soldati, proprio quel giorno avevano deciso di andare avanti e di lasciare solo una guarnigione di soldati per i prigionieri. «Ormai qui non può accadere nulla», aveva detto Chedorlaomer agli altri re. «Gli impegni di corte ci attendono. Proseguiremo più spediti se scioglieremo in parte i nostri eserciti. Del resto bastano poche truppe per tenere a bada i prigionieri con i carri carichi del bottino».

Partiti i re e molti comandanti con gran parte degli eserciti, tra gli uomini rimasti a guardia dei prigionieri e dei carri la tensione si allentò: «Comandante, qui è tutto tranquillo», riferì una staffetta che era stata mandata in giro per controllare i dintorni.

«Allora fermiamoci qui per la notte e festeggeremo la vittoria approfittando dell'assenza dei nostri re», disse il comandante della guarnigione.

Mentre i soldati preparavano l'accampamento, il comandante prese una sacca in cuoio e bevve un lungo sorso di vino e non riuscì a trattenere un sospiro: «Abbiamo fatto un ottimo lavoro», si disse soddisfatto. «Ci meritiamo una bella serata prima di arrivare». Poi si rivolse alla sua truppa: «Faremo baldoria. Musica e balli. Divertitevi, sì, divertiamoci. Tra i prigionieri ci sono donne bellissime. Approfittatene. Hanno da insegnarvi molte cose. A Sodoma e a Gomorra gli uomini e le donne non facevano altro che accoppiarsi».

«Non chiediamo di meglio», dissero beffardi i soldati. E subito corsero a scegliere le donne con cui passare la serata e la notte. Aprirono gli otri di pelle colmi di vino e sul fuoco misero la carne migliore.

Dalle alture delle colline gli occhi attenti di Abramo e i suoi uomini spiavano ogni loro mossa.

«Hai visto, Abramo? Avevi ragione tu. Si sono fermati per riposare. Credono che questa valle li protegga e invece sarà la loro tomba».

«Sì, Eliezer. Sarà la loro fine, anche se mi ripugna spargere sangue umano».

«Lo so, lo so. Non è mai giusto uccidere, ma gli uomini dei cinque re hanno esagerato. Non si sono accontentati di vincere, hanno voluto umiliare gli sconfitti».

«Hai ragione, Eliezer. Del resto Dio ha detto a Noè: "Chi sparge il sangue dell'uomo dall'uomo il suo sangue sarà sparso", ma non vorrei mai essere giunto a questo punto. Sia fatta sempre la sua volontà», mormorò Abramo che poi spiegò il suo piano: «Noi siamo in tutto trecentodiciotto e loro ci sovrastano per numero, ma Dio li ha accecati e si credono al sicuro. Tu, Eliezer, ti occuperai di fare franare i massi dalla collina. Poi al mio segnale tu,

Obi, con centocinquanta arcieri attaccherai da occidente. Da sud arriveremo noi. Con una mano stringete la spada e con l'altra tenete una fiaccola accesa, saremo in pochi ma sembreremo cinque volte di più».

«Sì, Abramo! Quando dobbiamo cominciare?».

«Lasciamoli divertire. Vedi, sono così tranquilli che non ci sono sentinelle. Stanno intorno ai fuochi intenti a bere e a mangiare. State attenti ai prigionieri. Tra di loro ci sono Lot, la moglie e le figlie».

Come Abramo aveva previsto, dopo la festa i soldati crollarono per il sonno e per il vino. Quando non si sentì più né un rumore né un gemito, Abramo scoccò una freccia con la punta incendiata verso la tenda del comandante. Era il segnale. Il piccolo esercito di Abramo attaccò in silenzio e sorprese i soldati nel sonno, senza incontrare resistenza.

Gli uomini di Chedorlaomer caddero nella trappola: gli ordini del loro comandante si incrociarono confusi, nessuno seppe che fare. Prima che si disperdessero, il comandante raccolse un gruppo numeroso di uomini a cavallo e li condusse verso l'uscita della valle, ma, appena vi arrivarono, furono fermati da una pioggia di frecce e dai massi lanciati su di loro dai due fianchi della collina.

Ai soldati dei cinque re non restò che un'unica via di uscita astutamente lasciata da Abramo: quella diretta a oriente, nella regione da dove erano arrivati. Li inseguirono fino a Hoba vicino alla città di Damasco. Poi Abramo, recuperato tutto il bottino, ordinò: «Basta ora. Lasciateli fuggire. Pensate ai prigionieri».

Alla vista dei nuovi uomini, i prigionieri si strinsero in

cerchio insieme alle donne e ai bambini temendo di essere caduti in una imboscata. Dal fondo arrivò una voce: «Abramo, Abramo...», era la voce di Lot che cercava di farsi largo tra la folla seguito dalla moglie e dalle due figlie. «È mio zio... È Abramo... Sì, mio zio...».

«Lot, mio caro Lot, figlio mio», Abramo lo abbracciò. Poi si staccò e l'abbracciò di nuovo e poi di nuovo ancora... «Ora riposatevi», disse abbracciando la moglie di Lot e le due figlie. «Poi deciderete se stare con noi o continuare la vostra vita lontano da noi. Siete liberi».

«No, zio», disse subito Lot. «Noi resteremo a Sodoma. Abbiamo la nostra casa e i nostri affari. Lavoriamo duro ma guadagniamo bene. Resterò».

Abramo lo guardò con severità: «Lot, fai come vuoi: sei libero come gli altri di scegliere che cosa fare. Riprendetevi i vostri beni».

In quel momento arrivò il re di Sodoma, Bera, scampato alla carneficina. «La città di Sodoma ti ringrazia Abramo», disse. «Le ricchezze che hai recuperato sono tue. Lasciami soltanto i miei cittadini».

«Tu sei malvagio, Bera, per questo io da te non voglio né un filo d'erba né un legaccio di sandalo. Niente prenderò di ciò che ti appartiene. Sono venuto qui soltanto per salvare mio nipote Lot». Poi si rivolse ai suoi uomini: «Torniamo al nostro villaggio: le nostre mogli e i nostri figli sono in pena. Andiamo a rassicurarli. Prima però ringraziamo Dio».

Dopo i sacrifici, Abramo rientrò con i suoi uomini nel villaggio di Mamre. Sara gli corse incontro gridando il suo nome a gran voce, seguita dalla sua schiava Agar. «Finalmente sei tornato», disse Sara in lacrime. «Sono stata in pena per te...». Abramo troncò le sue parole chiudendole la bocca con un bacio e la tenne stretta a sé a lungo.

Lungo la strada che li portava al villaggio, Abramo raccontò a Sara ciò che era successo. «È finito tutto bene», disse. «Mi rattrista soltanto che Lot sia tornato a Sodoma. Ho cercato di dissuaderlo ma non mi ha ascoltato. Spero che, dopo quello che è successo, gli abitanti di quella città si ravvedano».

Arrivarono alla tenda. Prima di chiudersi dentro con Sara, Abramo si girò verso i suoi uomini. «Grazie», disse. «Grazie per la fedeltà che mi avete dimostrato».

Li salutò con il braccio alzato ed entrò nella tenda.

Sara lo aspettava già pronta: «Hai pensato a me in questi giorni?», gli domandò affettuosa mentre Abramo si toglieva la tunica per lavarsi.

«Puzzo come un capra», disse lui. «Certo che ho pensato a te. Sei il mio chiodo fisso».

«Mi desideri sempre? Mi trovi ancora bella?».

«Perché mi fai queste domande?».

«Perché in questo ultimo periodo ti ho visto assente. Come se mi evitassi. Ogni occasione era buona per starmi lontano. Anche questa guerra...».

«Ma è stato per salvare Lot... Sai, per me è come un figlio».

«Sì, un figlio che non ha avuto nessuna esitazione a lasciarti ancora una volta. La verità è che vedi in lui il figlio che non riesco a darti, non è così? La colpa è mia, lo so».

Abramo la interruppe e si sdraiò accanto a lei. «Non parlare così. Tu sei mia moglie e io ti amo». Accarezzò le sue labbra semiaperte e fece scorrere la mano ad accarezzare il seno turgido e prosperoso. «Il figlio potrebbe arrivare se noi continueremo ad amarci così».

Sara chiuse gli occhi e rispose alle sue carezze.

La vita nel villaggio tornò tranquilla. Ma nonostante tutto, Abramo, anche se non ne parlava mai, era tormentato dalla mancanza di un erede e una sera decise di discuterne con la moglie: «Sara», iniziò con imbarazzo. «Dal momento che non ci è concesso di avere un figlio, ho deciso di nominare mio erede Eliezer di Damasco. Da quando è entrato nella nostra famiglia mi è stato sempre fedele, mi ha seguito ovunque, condivide le mie idee».

«Ma, Abramo, perché non aspetti che...».

«Aspettare che cosa, Sara? Guardiamo in faccia la realtà. È inutile continuare a illuderci. Domani annuncerò alla mia gente questa decisione». Abramo era amareggiato, deluso, irritato. Baciò teneramente Sara sulla fronte e si alzò: «Io vado a dormire fuori della tenda. Voglio stare da solo», disse lasciando Sara in un pianto disperato, senza più speranze.

Abramo respirò a lungo l'aria della notte: era fresca e frizzante. Si avvolse nel mantello, raccolse un po' di fieno, vi si sdraiò sopra, ma la voce di Dio, preceduta dal tuono che ormai gli era familiare, lo fece sobbalzare.

«Non temere, Abramo. Vivi sereno. Io sono il tuo scudo; la tua ricompensa sarà molto grande».

«Signore Dio, che cosa mi darai?», si lamentò, questa volta deciso, Abramo. «Io me ne sto per morire senza figli e l'erede della mia casa sarà Eliezer, il mio servo di Damasco, dunque un servo sarà mio erede».

«No, non sarà costui il tuo erede, ma uno nato dalle tue viscere», lo rassicurò Dio con una voce che però sapeva di rimprovero: «Guarda il cielo e conta le stelle, se riesci a contarle. Te l'ho già detto una volta, fallo ancora. Tale sarà la tua discendenza».

«Mio Signore, vuoi dirmi che avrò tanti figli da non riuscire a contarli?».

Dio non rispose e Abramo insistette ansioso: «Allora, avrò un figlio, Signore? Tutto mio?».

Un soffio di vento piegò le cime degli alberi. Abramo insistette: «Un figlio che potrò stringere tra le braccia? E che mi chiamerà padre?».

La voce continuò: «Io sono il Signore che ti ha fatto uscire da Ur dei caldei per darti questa terra affinché tu la possegga».

«Signore, mio Dio, come potrò sapere che avrò il possesso di questa terra?».

«Prendi una giovenca di tre anni, una capra di tre anni, un ariete di tre anni, una tortora e una colomba e sacrificali per me».

Abramo andò a prendere gli animali chiesti da Dio, li divise in due e collocò ogni metà di fronte all'altra. Non divise però gli uccelli e aspettò di sentire ancora la voce di Dio mentre scacciava gli uccelli rapaci che tentavano di mangiare il corpo degli animali da sacrificare.

Il sole stava tramontando, quando per la stanchezza Abramo crollò in un profondo torpore. La voce di Dio si fece sentire di nuovo. «Sappi fin d'ora che la tua progenie dimorerà come straniera in una terra non sua, in Egitto, e ivi sarà come schiava, e verrà oppressa per quattrocento anni; ma io castigherò il popolo del quale sarà stata schiava: poi se ne partiranno con grandi ricchezze. E tu te ne andrai in pace ai tuoi padri, e sarai sepolto in buona vecchiaia. I tuoi discendenti ritorneranno qui alla quarta generazione, perché fino al presente l'iniquità degli amorrei non ha raggiunto ancora il suo culmine».

Lettore, devi sapere che gli amorrei erano un popolo semitico originario della Siria. Nel secondo millennio avanti Cristo, invasero la Mesopotamia per fondersi con i sumeri costituendo così il primo impero babilonese. Sotto il governo del re Hammurabi, si estese dall'estremo Elam fino alla costa siropalestinese, scontrandosi con le altre potenze mediorientali come gli ittiti, i cassiti e gli egiziani.

Abramo intanto si svegliò terrorizzato. Nelle parole che aveva sentito c'era tutta la sua storia futura e quella del suo popolo. «Mio Dio, succederà tutto questo?», domandò.

In quel momento, mentre la notte calava, una fiamma ardente attraversò i corpi senza vita degli animali che erano lì in offerta per il sacrificio e poi Dio parlò ancora e segnò l'alleanza con Abramo: «Alla tua discendenza io do questa terra, dal fiume d'Egitto al grande fiume Eufrate, il paese dove abitano i chenei, i chenizei, i cadmonei, gli ittiti, i ferizei, i refaim, gli amorrei, i cananei, i gergesei e i gebusei».

La mattina dopo Abramo tornò nella tenda da Sara. Era sereno, sollevato. Sara gli chiese che cosa gli fosse accaduto per renderlo così tranquillo: «Sara, ho passato una notte strana. Straordinaria, però. Ho bisogno di confidarmi con te. Dio mi ha parlato a lungo e mi ha rivelato cose che accadranno fra anni e anni».

«Dimmi, Abramo, dimmi».

«Mi ha confermato che avrò un figlio e mi ha raccontato la storia del mio popolo. Mi ha detto che sarà fatto schiavo per quattrocento anni in un paese straniero, ma che poi sarebbe tornato nella sua terra».

«Abramo, il Signore ti ha detto che avrai un figlio. Ma non ti ha parlato anche di me?». Sara non aveva sentito altro. Solo la parola "figlio".

«No, no... a dire il vero».

«Niente? Proprio niente...».

«No, Sara».

«E allora Dio ha già deciso».

«Che cosa, Sara?».

«Ha deciso di farmi essere sterile». Sara lanciò per l'ira la cesta che aveva in mano. «Sì, ha deciso, ha deciso. Allora adesso decido io. Senti Abramo, tu sei per me un ottimo marito; la tua gente ti rispetta; Dio è stato sempre al tuo fianco. Non è giusto che tu per colpa mia non possa avere un figlio».

«Sara...».

«Guarda, ho riflettuto molto sulle tue parole di ieri e ho preso una decisione. Rinuncia a nominare tuo erede Eliezer. Sarà un figlio tuo l'erede».

«Ma, Sara, che cosa dici?».

«Ascolta. Ho scelto per te la più bella delle mie schiave: Agar, quella che mi ha donato il Faraone. È bella, giovane, educata. Ecco, poiché il Signore mi ha impedito di essere madre, unisciti alla mia schiava, forse potrò avere figli attraverso lei».

«Ma che dici, Sara? Io con un'altra donna? Mai... Mai... Come puoi chiedermi questo?».

«Non sarà un tradimento il tuo!», disse ancora più decisa Sara, interrompendo Abramo e ponendogli la mano sulle labbra. «La tua sarà la decisione responsabile di un capo che vuole avere un figlio anche per il bene del suo popolo. Sono io che ti autorizzo, non sei tu a tradirmi».

«Ma, Sara, sei sicura?».

«Sono io che ti faccio questa proposta».

Abramo rimase senza parole. Lasciò Sara e andò a bagnarsi il viso. Le parole della moglie lo avevano sconvolto: "Come è possibile che abbia pensato questo? L'avrò offesa? Avrò commesso qualche gesto che le ha fatto pensare che non mi piace più? L'ho trascurata?". Tutte domande che avevano solo una risposta: "E allora? È tutta colpa di questa terra. Sono passati dieci anni da quando siamo a Canaan, tutti hanno avuto figli, soltanto lei no. Ma forse ha ragione. Ma forse non dipende da lei, dipende da me. Sì, può dipendere da me. È giusto che lo sappia anche Sara. Aspettare non serve più. È meglio sapere".

Abramo si asciugò il viso e tornò dalla moglie. «Va bene, Sara. Faremo come tu dici».

In quel momento Sara vide Agar, l'egiziana, che rientrava con l'anfora piena d'acqua. «Agar, Agar, vieni qui», la chiamò. Lei si avvicinò: «Agar, seguimi, devo parlarti».

Agar lasciò l'anfora vicino alla tenda. Il tono della voce della padrona le fece venire l'ansia: «Che cosa c'è, padrona?», le disse subito. «Ho fatto qualcosa di sbagliato? Non sei più contenta di me? Vuoi cacciarmi? Mandarmi via?».

«Calmati Agar. Niente, niente di tutto ciò. Ma sto per chiederti qualcosa di grande per me. Un sacrificio. Enorme...».

«Padrona, dimmi qualsiasi cosa che possa alleviare le tue sofferenze. Qualsiasi cosa, padrona, mi chiederai, la tua Agar la esaudirà».

Sara volle togliersi subito quel peso: «Agar, questa notte dormirai con Abramo. Devi dargli un figlio. Quando nascerà, lo partorirai seduta sulle mie gambe. Partorirai tu ma sarà come se partorissi io».

«Ma, Sara, mia padrona... Perché?».

«Non dire nulla, va'. Fai come ti ho detto: entra nella tenda. La mia. Preparati. Abramo ti troverà lì. Vai. Unisciti a lui. Sono io che te lo ordino».

Agar era sconvolta ma non osò dire nulla. Guardò Sara. Poi guardò la tenda dove era entrata tante volte ma soltanto per metterla in ordine. Questa volta doveva invece entrare per dare un figlio ad Abramo, al suo padrone. Cominciò a pensare a lui. Non l'aveva mai visto con gli occhi della donna che guarda un uomo, ma soltanto con gli occhi di una schiava.

Agar entrò nella tenda. Sapeva che cosa doveva fare per prepararsi a un incontro d'amore: l'aveva visto fare nelle stanze del Faraone. Nella tenda non c'era la vasca con il marmo prezioso della reggia. Non c'erano per lei le ancelle per lavarla, per truccarla e profumarla. C'erano soltanto un'anfora e un catino. Ma lei, mentre si lavava, immaginò di essere stata la prescelta del Faraone per una notte, e che il Faraone, per lei e per quella notte, era Abramo.

Si tolse i sandali, fece scivolare la sua tunica ruvida dalle spalle e dal seno. "Chissà come sono?", si domandò. Non si era mai guardata nuda con gli occhi attenti. Aveva osservato nude però le sue padrone. E da loro aveva capito che cosa poteva piacere a un uomo. Si lavò con cura tutto il corpo. Si spalmò la crema aromatica di Sara e poi si distese sul giaciglio e aspettò ripensando alla sua vita.

Quando nacque nella fattoria del padre in un villaggio poco distante dalla reggia del Faraone, la chiamavano principessa. Era felice, libera, bella: si distingueva dalle altre bambine perché aveva la carnagione chiara. I capelli erano ramati, lunghi, e incorniciavano i suoi occhi azzurri come il mare che aveva visto soltanto una volta. «È il Mare Mediterraneo», le spiegò il padre. «Qui si ferma il nostro fiume Nilo. Il dio Nilo ci dà la vita. Fa crescere le piante e ci offre la sua acqua». Fu una giornata meravigliosa. L'ultima bella giornata della sua vita. Aveva dieci anni. Quando tornò dal mare, la fattoria non c'era più. Era tutta fumo. «Mia moglie, mia moglie», urlò disperato il padre mentre alcuni uomini cercarono di trattenerlo. «Fatemi passare. Dov'è mia moglie?», pianse disperato. Dietro di lui arrivò Agar e la voce del padre le anticipò l'orrore che poi anche lei vide con gli occhi sbarrati in cerca della madre che era lì, a terra, in un lago di sangue e con il corpo violato. Agar fu presa e portata via in braccio. «La mamma sta bene. Non soffre», le disse la donna che l'aveva curata sin dalla nascita. Agar non parlò più per molto tempo, ma sentì tutto: la disperazione del padre e le parole di conforto della gente. Con il tempo si riprese, ma l'immagine della madre uccisa e violentata le rimase per sempre nella mente. I dolori non finirono. Il padre cercò di risistemare la fattoria. Chiese un prestito al Faraone che gestiva le casse: dava e pretendeva. Al padre, il sovrano prima dette ma poi pretese una somma dieci volte superiore. Lui non poté pagare e un giorno arrivarono le guardie del Faraone a pretendere quanto gli doveva. «Non ho tutto questo denaro», disse. «Abbiate pazienza. Dite al dio Faraone di avere pazienza. Se è un dio, come dice, non può volere il mio male. Ho soltanto bisogno di un po' di tempo. Ce la farò».

«Basta. Il Faraone ha aspettato già troppo», risposero insolenti le guardie.

«Portate via tutto quello che ho: il mio letto, i miei mobili, tutto».

«Queste miserie di mobili vanno bene per il fuoco. Ma se non puoi darci altro, prenderemo tua figlia. Sì, tua figlia. Lei in cambio del prestito: sarà il pagamento».

«No, Agar, no. Mia figlia no, è soltanto una bambina», si disperò. Ma un soldato gli dette un pugno e gli spaccò le labbra. Agar vide il sangue del padre, ricordò quello della madre e svenne. Si svegliò e sentì la voce dei suoi rapitori che dicevano: «Tiriamola su, non possiamo presentarla in questo stato al Faraone. Penserà che siamo stati noi a farle del male. Invece non l'abbiamo toccata. Anche se sarebbe stato bello fare qualcosa con lei».

«Anch'io un pensiero l'ho fatto. È bella», disse un altro.

«È soprattutto fresca e giovane», rise un altro ancora.

Agar fu portata dal Faraone che la osservò a lungo, le

toccò il seno appena spuntato e le accarezzò le ginocchia attraverso la tunica. «Sei fresca», le disse. «Puoi aspettare. E io posso aspettare che tu cresca».

Lo rivide qualche tempo dopo. Un giorno il Faraone la fece chiamare. "Questa volta è la fine", pensò lei. Invece davanti al Faraone c'era una donna: era Sara. «Sarai la schiava di questa donna», le disse senza neppure guardarla.

E ora Agar era lì, distesa sul giaciglio della sua padrona pronta a unirsi ad Abramo per dargli la sua verginità e un figlio.

Agar non era triste però. Abramo le era sempre piaciuto. Aveva ammirato la sua forza comprendendo le sofferenze che aveva patito mentre Sara era prigioniera del Faraone. Ammirava soprattutto la forza della sua fede in un dio per lei sconosciuto.

I suoi pensieri si fermarono quando sentì il fruscio della tenda che si aprì. Attraverso il grande velo che divideva lo spazio del giaciglio, intravide la sagoma di Abramo. Agar cominciò a tremare. «Sara», Abramo chiamò la moglie. «Sara». Nessuno rispose.

«Sara, perché non rispondi? Eppure ti sento che sei qui. Forse dormi?». Abramo spostò il velo e vide Agar. «Tu qui?», domandò con sorpresa ed emozione, non immaginando che la moglie avesse già attuato il suo piano. Poi spense la fiammella della lucerna. "Che strano, mi batte il cuore", pensò. "Eppure sono già avanti con gli anni. Ma lei è così giovane. Come posso unirmi a una donna così giovane?".

È una schiava, si giustificò. Si spogliò e senza lavarsi si

distese al buio accanto a lei. La sentì fremere, per lei era il piacere, ma lui pensò che avesse paura. «Non ti farò del male. Ho bisogno soltanto di un figlio».

«Sì... Sì, un figlio», ripeté Agar per tranquillizzarlo e per tranquillizzarsi. Abramo la toccò pensando a Sara, le sue carezze si fecero audaci e Agar, sentendo in quel momento di amarlo, rispose con innocente desiderio. Fu lei ad attirarlo dentro di sé reprimendo così la sua ritrosia di uomo fedele.

Si amarono a lungo, e più volte, durante la notte e fino all'alba. Abramo la amò pensando a Sara. Agar lo amò pensando a lui.

Quando Abramo finì e si alzò, lei restò stordita, per godere ancora in silenzio di quegli attimi di amore. Quando Abramo uscì dalla tenda, Agar ritornò in sé e riprese il suo ruolo di schiava: sistemò il giaciglio, lo accarezzò e tolse i segni del suo incontro d'amore. Poi riordinò come sempre la tenda. Ma non era più come prima. Si sentiva diversa.

Quando, due mesi dopo, annunciò di essere incinta, Sara le impedì di fare i lavori da schiava e fu felice di assisterla. «Per me sei come una sorella», le ripeteva. «Io mi sento in attesa come te. Non vedo l'ora che nasca».

Acconsentì anche quando Agar una sera le disse se poteva fermarsi a dormire nella tenda. «Ho paura di stare sola la notte», spiegò.

Sara restò un attimo pensierosa.

«Mi metterò qui, davanti all'ingresso», fu decisa Agar.

«Ma che cosa dici?», la zittì Sara. «Dormirai qui, sul

mio giaciglio. Starò io all'ingresso. Abramo dormirà fuori, nell'ovile».

Più passavano i giorni e si avvicinava il momento del parto, più le richieste di Agar erano frequenti. Anzi, con Sara diventò arrogante: le dava ordini e le diceva come soddisfare le sue richieste. Sara ubbidiva e si comportava come la sua schiava, pensando così di fare crescere in salute il bambino. Un giorno un'amica l'avvicinò: «Sara, ma come puoi permettere che quella schiava ti tratti così? L'altro giorno ha avuto l'ardire di affermare che dopo il parto sarà lei la moglie di Abramo. "Ormai è tutto deciso", ha detto Agar. "Quando nascerà il bambino, io prenderò il posto di Sara. Tanto ormai già dormo nel suo letto. Con l'arrivo del bambino, Abramo dormirà con me e per sempre"».

Sara ascoltò e sopportò, ma non sopportò quel che le disse un'altra amica qualche giorno dopo: «Sara, è una vergogna quello che dice la tua schiava. Ha detto che tu sei una mezza donna. Sei vissuta per anni accanto ad Abramo e non sei riuscita a dargli un figlio, mentre lei è rimasta incinta la prima notte. Se Abramo vorrà altri eredi, dovrà unirsi ancora con lei».

Quella sera Abramo trovò Sara in lacrime. Agar ancora non era rientrata. «Non si mangia stasera?», domandò cercando di scherzare. Poi si avvicinò e asciugò le sue lacrime.

«Perché piangi?».

«Perché sono una donna sfortunata».

«Per quale ragione, Sara? Che cosa ti sta succedendo? Fra poco Agar ci darà un figlio e sarà nostro figlio».

«Non sarà così Abramo. Non sarà così».

«Ma sei stata tu a dirmi: "Vai dalla mia schiava e forse in lei troverò i miei figli". Non è così?».

«Sì, è così. Ma allora pensavo che lei fosse una schiava fedele. Da quando aspetta un figlio, per lei non conto più nulla. Mi disprezza. Non capisce che l'offesa a me fatta, ricade su di te».

«Sara, tu sei mia moglie e lei resta la tua schiava. Fai di lei quello che vuoi».

In quel momento Agar arrivò. «Ho fatto tardi. Che cosa c'è da mangiare?».

«Il mangiare te lo andrai a trovare da sola», fu durissima Sara. «Mi hai tradito. Hai tradito la tua padrona e io non ti voglio più neppure come schiava. Partorirai come fanno le cagne perché tu hai dimostrato di essere tale. Allontanati da me e da questa gente. Torna in Egitto da sola con il fardello che hai nel ventre».

Sara chiuse dietro di sé la tenda e Agar vide che dentro c'era Abramo: aveva sentito e non era intervenuto.

Sconvolta e sorpresa per quelle parole inaspettate, uscì dal villaggio e si diresse verso il deserto pensando di arrivare in Egitto. Era un'impresa ardua per un uomo solo e impossibile per una donna incinta. Mentre si trascinava sfinita e stava per crollare, sulla via di Sur, Agar vide un'immagine che a lei sembrò un miraggio e scorse una sorgente d'acqua vicino. Un uomo circondato di luce si avvicinò e le parlò: «Agar, schiava di Sara, dove vai?».

«Fuggo dalla presenza di Sara, la mia padrona». Ma l'uomo luminoso le ordinò: «Ritorna dalla tua padrona e restale sottomessa. La tua discendenza sarà numerosa grazie a tuo figlio. Ecco, ascolta. Tu porti in te un figlio, lo darai alla luce e lo chiamerai Ismaele, perché il Signore ha ascoltato la tua afflizione. Egli sarà un uomo fiero e indomito come l'asino selvatico: la sua mano sarà contro tutti e la mano di tutti contro di lui e abiterà di fronte a tutti i suoi fratelli. Moltiplicherò infatti la tua discendenza e non si potrà contarla per la sua moltitudine».

Agar si sentì rinfrancata da quelle parole. «Ma chi sei tu? Sei forse il dio di Abramo? Quindi è vero quello che dice Abramo: cioè che tu parli all'uomo?».

La visione svanì e Agar si sentì di nuovo in forze, si rinfrescò alla sorgente e tornò da Sara.

«Perdonami, padrona», le disse. «Ho sbagliato: accoglimi ancora nella tua tenda».

Sara non rispose ma le sorrise e Agar capì che l'aveva perdonata.

Si rivolse poi ad Abramo: «Perdonami. Ho sbagliato a pensare di prendere il posto di tua moglie. Dio mi ha parlato e mi ha fatto capire tante cose. Io credo nel tuo Dio che da oggi è anche il mio».

«Siamo felici di riaverti con noi, Agar. Eravamo in pena».

Passarono pochi giorni e Agar ebbe le doglie. «Vieni, siediti sulle mie ginocchia», la supplicò ansiosa Sara. «Voglio soffrire con te». Agar si alzò la veste fino al seno e si sedette con le sue ginocchia aperte sulle gambe di Sara.

Fu come se partorissero insieme. Agar urlava per le doglie. Sara la incoraggiava: «Forza, spingi. Sì... Sì... Così. Prova ancora. Sta nascendo, coraggio... Spingi... Ancora... Spingi, spingi, spingi».

Un vagito sollevò il cuore di Abramo che, prendendo il

bambino, senza sapere ciò che l'uomo del miraggio aveva detto ad Agar, annunciò: «Lo chiamerò Ismaele: significa "Dio ascolta". E infatti Dio ha ascoltato le mie preghiere».

«Ismaele?», sorrise sorpresa Agar. «Ma come hai fatto a pensare di chiamarlo così? Dio quando mi ha parlato nel deserto mi ha suggerito questo nome. E tu come hai fatto a saperlo?».

Abramo sorrise: «A te lo ha detto e poi ha guidato me. Ora sai chi è il nostro Dio».

Abramo a ottantasei anni aveva avuto il sospirato erede. Era felice e andò a offrire un sacrificio a Dio.

10

Per congratularsi, dopo la nascita, furono molti a fare visita ad Abramo, arrivando anche da lontano. Fra essi ci fu anche il re di Salem, Melchisedek, il cui nome significa "re di giustizia". Una visita importante, lettore, per due motivi: perché Melchisedek aveva parlato con Dio, che gli aveva detto: «Tu sarai il mio sacerdote in eterno. Parlerai al mondo di me e benedirai al posto mio colui che crederà alle tue parole»; e perché era il fondatore della città di Salem, che sarebbe diventata Gerusalemme.

E, dopo l'incontro emozionante, arrivò anche la visita per Abramo più importante, la voce di Dio, che gli disse: «Ecco il mio patto con te. Diventerai padre di una moltitudine di nazioni. E ti renderò molto, molto fecondo; ti farò diventare nazione e da te nasceranno dei re. Stabilirò la mia alleanza con te e con la tua discendenza, di generazione in generazione, come alleanza perenne, per essere il Dio tuo e della discendenza dopo di te». La voce di Dio si fermò. Abramo pensò che avesse finito. «Signore...», mormorò. La voce di Dio lo interruppe: «Darò a te e alla tua discendenza dopo di te il paese dove sei straniero, ti darò tutto questo paese di Canaan in possesso perenne; e io sarò il vostro Dio. Da parte tua devi osservare la mia alleanza, tu e la tua discendenza».

Abramo congiunse le mani: «Allora dimmi, Signore, dimmi che cosa devo fare?».

Il silenzio era rotto soltanto dal cinguettio degli uccelli e dalle delicate onde di un ruscello poco distante. Ma improvvisamente anche gli uccelli si fermarono in silenzio sui rami degli alberi e il ruscello si arrestò restando immobile come se fosse uno stagno. E nel silenzio la voce di Dio si fece sentire ancora, più chiara e più solenne.

«Ogni maschio fra voi sia circonciso. Voi circconciderete la carne del vostro prepuzio e questo sarà il segno del patto fra me e voi; e nel corso delle vostre generazioni voi circonciderete ogni maschio all'età di otto giorni. Il maschio che non sarà circonciso sia reciso dal suo popolo: egli ha violato il mio patto». Dio tacque. Poi aggiunse: «Quanto a tua moglie Sara, che significa "regina", io la benedirò e anche lei ti darà un figlio».

"Sara, un figlio", pensò stupito Abramo.

Dio lesse il suo pensiero: «Sì, Abramo. Ti dico che Sara partorirà un figlio; la benedirò e da lei nasceranno re di popoli».

Abramo alzò il viso e non riuscì a trattenersi dal ridere: «Ma, Signore: a uno di cento anni come me, può nascere un figlio? E Sara all'età di novant'anni potrà partorire?».

Abramo aspettò la risposta. Poi, visto che non arrivò, domandò ancora: «Viva almeno Ismaele al tuo cospetto!».

Dio questa volta rispose deciso: «No, Sara, tua moglie, ti partorirà un figlio e gli porrai nome Isacco; e io stabilirò il mio patto con lui».

«Isacco, Signore?», si stupì Abramo. E pensò al significato del nome che era "risata".

«Sì, Isacco», confermò il Signore. E riprese: «Io stabilirò la mia alleanza con lui come alleanza perenne per essere il Dio suo e della discendenza dopo di lui. Anche riguardo a Ismaele io ti ho esaudito: ecco, io l'ho benedetto e lo renderò fecondo e lo moltiplicherò in modo stragrande: genererà dodici principi e lo farò diventare un popolo grande. Ma sarà con Isacco che io stabilirò la mia alleanza. Sì, con Isacco, il figlio che Sara avrà l'anno prossimo proprio in questo tempo».

Poi, così come era arrivata, improvvisamente, la voce di Dio svanì.

Abramo attese sperando che si facesse ancora sentire. "È andato via", pensò tristemente e si sentì indifeso. Poi tornò indietro cercando di ricordare tutto quello che Dio gli aveva rivelato. Era già mattino e il villaggio già viveva.

Abramo incontrò il suo servo fedele, Eliezer, e gli ordinò: «Riunisci tutti, uomini, ragazzi e bambini».

«Tutti, Abramo, anche i bambini?».

«Anche i bambini. E voi altri», ordinò agli uomini che gli erano davanti, «aiutate i vecchi e i malati maschi e radunateli tutti nella radura vicino all'altare. Devo parlare».

Eliezer e gli altri eseguirono. Abramo si recò nella sua tenda e chiese a Ismaele di seguirlo. Quando arrivò nella piazzetta dell'altare, i maschi del villaggio stavano arrivando alla spicciolata. Molti bambini erano ancora assonnati, i malati e i vecchi erano accompagnati dai più giovani. Quando ci furono tutti, Abramo appoggiandosi con la mano sulla spalla di Ismaele parlò: «Oggi per noi è un grande giorno. Questa notte ho parlato con il nostro Dio. E con lui ho stretto un grande patto. Noi saremo il popolo eletto perché ci ha dato tramite me la sua benedizione. Ha detto che ci darà questa terra: la Terra Promessa. Per questo, in segno di alleanza perenne tra il nostro popolo e Dio, ogni uomo sarà circonciso».

Un brusio fece seguito a quelle parole, mentre Abramo per primo si sottoponeva al rito.

«Tutti dobbiamo farlo», disse poi Abramo, che prese in braccio Ismaele e lo circoncise.

Dopo Ismaele toccò agli altri. Prima i bambini, poi i ragazzi, infine gli adulti. Tutti i maschi del villaggio si sottoposero alla circoncisione. Quando Abramo finì, si rivolse ancora alla folla davanti a lui. «Da oggi in poi tutti i neonati maschi si sottoporranno alla circoncisione agli otto giorni dalla nascita. Ed erigeremo, a ricordo di questo patto con Dio, un tempio».

Qualche tempo dopo, arrivarono alla tenda di Abramo tre uomini. Sembravano pellegrini: indossavano grandi mantelli e la testa era coperta dal cappuccio. Di due Abramo riuscì a vedere il volto: erano belli, giovani e gli occhi avevano una luce che a lui parve un raggio di sole. Del terzo invece sentì solo la voce e riconobbe la voce di Dio che tante volte gli aveva parlato. «Signore», si prostrò. «Mio Signore, se ho trovato grazia ai tuoi occhi, non passare oltre senza fermarti presso il tuo servitore. Permettimi che ti faccia portare un po' d'acqua».

«Sono venuto per te, Abramo».

«Per me, Signore...?». Abramo tremò pensando che l'emozione l'avrebbe fatto morire. «Io sono vecchio, mio Signore».

«Abramo, sii forte. Ti aspettano ancora altre prove».

Abramo si rincuorò e si rivolse a Sara e alle altre donne che erano con lei: «Abbiamo ospiti, portate dell'acqua perché possano lavarsi i piedi».

Poi pregò i tre pellegrini: «Benvenuti nella mia casa. Accettate un po' d'acqua e un po' di cibo per ristorarvi».

«Grazie, Abramo, ma i miei compagni hanno un compito duro da svolgere, per questo abbiamo fretta».

Abramo raccolse tutte le sue energie. Mentre i tre pellegrini si lavavano i piedi, corse nella tenda a prendere un boccone di pane. Poi a Sara ordinò: «Prepara tre focacce». Si precipitò dal pastore, e si fece dare un vitello e lo diede al servo. «Preparalo in fretta». Poi, quando fu tutto pronto, prese latte acido e latte fresco insieme alla carne di vitello e lo porse agli ospiti. «Sono felice, felice, felice», ripeté con entusiasmo. Poi la "voce" gli disse: «Dov'è Sara, tua moglie?».

«È là, nella tenda».

La "voce" era soave, calda, profonda. «Tornerò certamente da te fra un anno e Sara, tua moglie, allora avrà già un figlio».

Sara, nella tenda, sentì e scoppiò in una risata: «Che cosa dice quell'uomo? Sono così avanti negli anni che sono quasi avvizzita. E... anche Abramo è vecchio».

Quando uscì per portare il pane e l'acqua, l'uomo senza volto la redarguì: «Perché Sara hai riso?».

«Non ho riso», mentì Sara arrossendo.

«Hai riso, Sara», ribadì pacatamente il pellegrino. «E hai anche detto: "Potrei io avere mai figli, vecchia come sono?"». Poi insistette: «C'è forse qualcosa che il Signore Dio non possa fare? Quando verrà il momento, tornerò qui e tu Sara partorirai un figlio. Lo chiamerete Isacco proprio perché significa "risata"».

«Ora dobbiamo andare», disse ancora la voce.

I due pellegrini che erano con lui si allontanarono. Abramo li accompagnò e poi restò da solo a parlare con Dio, mentre dall'alto del colle contemplava Sodoma. «Signore, io e te vicini. Che bello, mio Signore, mio Dio, stare accanto a te. Non mi importa che io non veda il tuo volto».

«Non puoi vedermi, Abramo, perché soltanto gli angeli possono. Tu devi soltanto ascoltarmi. Se vedessi il mio volto, moriresti. Infatti lo vedrai quando io ti chiamerò a me e non sarai più uomo. Ti sto permettendo di vivere a lungo perché devi realizzare il compito che ti ho dato. Ma ora devo andare».

«Signore, ti prego, non lasciarmi. Resta ancora qui con me. Devo chiederti...».

«Che cosa, Abramo?».

«Perché ho dovuto sospirare tanto un figlio da Sara? E perché me ne hai fatto partorire uno da Agar?».

«Perché Sara non era pronta. Ho dovuto metterla alla prova. Ora la sofferenza l'ha cambiata, ora crederà in me se la farò partorire in tarda età. Da giovane non avrebbe saputo partorire con la consapevolezza che suo figlio avrebbe stretto un'alleanza con me. Anche il figlio di Agar è stata una prova che le ho fatto superare. Ora Sara è matura per la missione che ho deciso per lei. Ma adesso devo andare, Abramo».

«Permettimi di accompagnarti per un pezzo di strada», mormorò sconvolto dalle rivelazioni che aveva ricevuto.

«Accompagnami pure», disse la voce.

Durante il cammino Abramo cercò di chiedere tante cose, ma Dio non rispose. Però, prima di salutarlo, gli disse: «Sappi anche questo, Abramo. Il clamore delle colpe che giunge a me da Sodoma e Gomorra è grande, e il loro peccato è molto grave. Sì, io scenderò e vedrò se in realtà hanno fatto o no come il grido che è giunto fino a me: voglio constatarlo. E, se sono colpevoli, io li farò scomparire».

«No, Dio, tu veramente pensi di sterminare tutti, il giusto e l'empio?». Abramo aspettò una risposta che non arrivò. E allora insistette: «Dio, forse ci sono cinquanta giusti nella città. E tu davvero li vuoi sopprimere? E non perdonerai quel luogo per riguardo ai cinquanta giusti che vi si trovano?».

Rispose Dio: «Abramo, se a Sodoma troverò cinquanta giusti, per riguardo a loro perdonerò tutta la città».

Abramo si rinfrancò. «Signore, perdonami se ardisco parlare a te, io che sono polvere e cenere... Se a quei cinquanta giusti ne dovessero mancare cinque, distruggerai la città?».

«No, non la distruggerò se ne troverò quarantacinque».

Abramo percorse alcuni passi pensieroso. Poi si avvicinò ancora: «Signore, se ce ne fossero quaranta?».

«Abramo, per amore di quei quaranta non la distruggerò».

Abramo non ebbe più né vergogna né timore: «Signore, e se ce ne fossero trenta?».

«La risparmierò se ne troverò trenta».

«E se fossero venti?».

«Non la distruggerò per riguardo a quei venti».

«Mio Dio, perdonami se parlo ancora. Se ce ne fossero solo dieci di giusti?».

Con infinita pazienza Dio rispose ancora: «Abramo, per riguardo a quei dieci non la distruggerò». Finì di parlare e Abramo non lo vide più. «Dio, Dio, non mi lasciare», invocò. Poi si guardò attorno, non vide nulla e, sconsolato, ritornò alla sua tenda. «Sara, Sara», disse alla moglie: «chiudiamoci nella tenda e per un po' non usciremo». Poi chiamò il servo Eliezer: «Di' a un banditore di passare tra le tende del villaggio per raccomandare di non uscire dalle tende questa notte. Sta per verificarsi una catastrofe».

Intanto i due pellegrini, dopo avere lasciato il villaggio di Abramo quando era già il tramonto, erano arrivati a Sodoma. Lot, che si trovava fuori le mura, li vide proprio quando aveva appena finito di mettere in ordine la sua mercanzia: «Basta così per oggi», disse all'uomo che lo aiutava. «Finisci tu». L'uomo si inchinò e continuò ad arrotolare le pelli e a metterle in un cassone di legno.

«Siete stranieri, non è così?», domandò Lot ai due pellegrini.

«Non vogliamo acquistare nulla, buon uomo», disse uno dei due pensando li avesse scambiati per clienti.

«No, no, perdonatemi. Non voglio vendervi nulla. Vedete, abbiamo finito... Appena siete arrivati, ho provato un sussulto. Come se vi avessi già visto da qualche parte. Qui va e viene tanta gente. Forse vi sto confondendo con altri. Posso conoscere i vostri nomi?».

«Io sono Gabriele e lui è Raffaele», rispose il pellegrino. Lot fu colpito dai loro occhi. La loro luce era talmente intensa che lo costrinse ad abbassare lo sguardo.

«Faccio fatica a guardarvi, ma almeno i vostri nomi mi sono familiari», sorrise Lot. «Mio zio Abramo, da piccolo mi raccontava sempre la storia di alcuni arcangeli che insieme a Michele difesero Dio nella lotta contro Lucifero. Tra questi ricordo che c'erano appunto Gabriele e Raffaele. Forse siete voi?», scherzò.

«Sì, è proprio così», confermò il pellegrino ammiccando al compagno. Lot non ci fece caso, pensò che scherzassero: «Se non conoscete la città, posso accompagnarvi io e, se volete farmi cosa gradita, vorrei che veniste nella mia casa. Mia moglie e le mie due figlie vi prepareranno da mangiare. Vi laverete i piedi per riposarvi del viaggio e passerete la notte e poi domani mattina ve ne andrete per la vostra strada. Credete a me: non è prudente andare in giro di notte a Sodoma. Vedrete, passando per le strade, che cosa accade nella città già a quest'ora di sera, venite, venite!».

I due pellegrini lo seguirono e videro scene scandalose e raccapriccianti. Donne nude che si accoppiavano tra di loro per la strada. Uomini nudi che facevano lo stesso. Gruppi di uomini e donne che si accoppiavano tutti insieme. C'era chi bestemmiava e chi urlava il proprio piacere. «Qui adorano come dio un vitello d'oro, simbolo di corruzione, e si accoppiano perfino con animali», spiegò Lot facendo segno di allungare il passo.

Lungo il cammino, i due pellegrini raccontarono. «Siamo due mercanti provenienti dall'Egitto e diretti a Ghebal sulla costa del mare», disse Gabriele. «Lì ci attende la nostra carovana. Ma non vogliamo disturbare né te né i tuoi familiari. Abbiamo soldi abbastanza. La nostra borsa è piena di monete. Possiamo permetterci una locanda sicura».

«Per l'amor di Dio. Mettete sotto la tunica la vostra borsa. Guai se qualcuno dovesse adocchiarla», li avvertì Lot. «Sarebbe la fine: per voi e per me. Qui a Sodoma, credetemi, nella notte non c'è posto sicuro. Talvolta gli scalmanati entrano perfino nelle case».

Proprio mentre camminavano, una banda di giovinastri li circondò. «Dove li porti questi due bellissimi forestieri, Lot? Sei stato fortunato a trovarli. Hai deciso finalmente di sedurre degli uomini, come facciamo noi sodomiti?».

Lot cercò di tenerli calmi con un sorriso. «Sono miei ospiti», disse riparandoli con il suo corpo. «Miei cugini». Poi si girò verso i due pellegrini: «Su, andiamo. Avete visto come è la vita a Sodoma? E a Gomorra è ancora peggio».

«Ci può essere peggio di quello che stiamo vedendo?», commentarono i due pellegrini stringendosi più forte a lui.

Proprio in quel momento incontrarono una pattuglia delle guardie del re Bera che andava a chiudere la porta della città.

«Ehi, tu, chi sono questi due?», chiese con arroganza a Lot il comandante. «Sono con te? Ti ho visto parlare con loro».

«Oh, mio signore», rispose Lot. «Sono miei lontani cugini e sono venuti a portarmi notizie di mio zio Abramo».

«Ah, quel vecchio scemo. È ancora vivo? È grazie a lui

se qui in città non ti è accaduto nulla: né a te, né alla tua famiglia. Il re ha dato ordine di non disturbarti per gratitudine. Dopo i fatti accaduti durante la guerra contro Chedorlaomer, tuo zio poteva prendersi tutte le ricchezze di Sodoma e di Gomorra, invece non ha voluto nulla. Ha voluto soltanto liberarti. È stato proprio uno sciocco».

Lot guardò i due pellegrini, sorrise e salutò con un gesto la guardia. Arrivarono alla casa quando era già buio. «Abbiamo ospiti», urlò Lot appena si accertò che la porta dietro di loro fosse ben chiusa.

«Siamo arrivati», insistette. «Ehi, moglie, figlie mie, venite! Stasera abbiamo due ospiti: vengono dall'Egitto, hanno fame e passeranno la notte nella nostra casa».

Le tre donne si affacciarono. La moglie di Lot era bellissima, ma le sue figlie lo erano ancora di più: alte, flessuose, dai lunghi capelli neri e dagli occhi con il colore dell'erba quando è primavera. «Sono fidanzate», disse Lot con un certo orgoglio quando le presentò ai suoi ospiti, «a due dei migliori giovani della città».

Michele e Raffaele si tolsero allora il mantello. Erano alti, robusti, biondi. I loro occhi, turchini come il cielo, brillarono ancora di più alla luce delle lanterne.

Le due figlie di Lot vennero subito colpite dal loro fascino: «Hai visto come sono belli?», commentò con gli occhi radiosi la primogenita. «Sono bellissimi», approvò l'altra. «Mai visti uomini così belli. Sembrano angeli».

Si misero a tavola. Lot si stupì quando, nel rendere grazie a Dio, i due uomini non solo pregarono con lui, ma lo fecero alzandosi in piedi come i soldati quando passa in rassegna il comandante. Gli ospiti fecero onore al cibo, ma, quando stavano per ritirarsi per la notte, sentirono bussare violentemente alla porta. «Lot, Lot, apri. Dove sono quei due giovani che sono entrati da te questa sera? Portaceli fuori, vogliamo accoppiarci con loro e divertirci. Sono due bocconcini buoni per il nostro piacere».

Lot, per evitare guai alla famiglia, uscì chiudendo il battente della porta dietro di sé. «Allora, Lot, chi sono questi tuoi cugini? Le guardie hanno detto che, oltre a essere belli, hanno anche sacche piene di denaro. Dai, Lot, facci divertire. Lo faremo insieme a te».

«No, fratelli miei, non fategli del male! Sentite», disse, «io ho due figlie che non hanno ancora conosciuto uomo; lasciate che ve le porti fuori e fate con loro quello che vi piace, però non fate nulla a questi uomini, perché sono ospiti della mia casa e io li difenderò con la vita».

«Stai tranquillo, vogliamo essere ospitali anche noi», sghignazzarono quelli, «e li faremo divertire con il piacere che i nostri muscoli gli daranno».

«Lasciateli stare. Prendete me, le mie figlie, mia moglie. Sapete che per la mia legge l'ospite è sacro».

Gli uomini di Sodoma non si controllarono. Spinsero via Lot e stavano per entrare nella casa. Gabriele e Raffaele apparvero sulla soglia. Senza pronunciare una sola parola, afferrarono Lot, lo trascinarono dentro e poi protesero le mani verso la folla. Nello stesso momento un fulmine entrò nella casa. Per un lungo istante regnò un silenzio irreale, al quale però seguirono urla di dolore. «Sono cieco, sono cieco».

«Aiuto, non vedo più». «Anche io... Aiutatemi, non vedo». Tutti gli uomini davanti alla porta diventarono ciechi all'improvviso. Gli altri, in preda al panico, si dispersero.

E fu allora che i due pellegrini rivelarono a Lot: «Siamo due angeli del Signore», disse Gabriele. «Io ho il compito di distruggere le città che sono cadute in preda al peccato: Sodoma, Gomorra, Adma, Seboin, Soar. Lo farò stanotte. E di queste città non resterà pietra su pietra. Hanno offeso troppo le leggi di Dio».

«Io, invece, Lot», disse a sua volta Raffaele, «ho il compito di salvare te e la tua famiglia. Vi scorterò fuori dalla città. E nessuno oserà levare la mano su di voi. Avete persone care da salvare? Avanti, chiamatele tutte e portatele fuori da Sodoma. Per questa città è finita. Scomparirà».

Lot terrorizzato uscì a chiamare i due futuri generi. «Forza, uscite, dobbiamo lasciare la città perché il Signore Dio sta per distruggerla».

«Ma che dici, Lot, sei ubriaco? Le tue figlie ci hanno detto che hai ospiti. Hai alzato il gomito con il tuo vino, eh!».

«Presto, presto... venite».

«È proprio impazzito», dissero i due giovani e chiusero la porta.

Lot indugiò, ma Raffaele lo prese per un braccio e lo tirò. «Non c'è più tempo. Dovete andare via».

Lot e la sua famiglia uscirono dalla città insieme ai due angeli di Dio. Poi Raffaele ordinò: «Dirigetevi verso la collina. Non fermatevi lungo la valle ma salite, più in alto che potete per non essere travolti dalle fiamme. Per questa città non c'è più nulla da fare. L'ira del Signore sta per scatenarsi. Voi correte e fate bene attenzione: non voltatevi mai, lo ripeto: mai. Non giratevi a guardare dietro di voi, se lo farete, sarete distrutti».

Avevano appena superato le porte della città quando alle loro spalle la terra cominciò a tremare impetuosamente. Dal cielo cadde una fitta pioggia di fuoco e di zolfo. Le strade si aprirono e inghiottirono case, persone e animali. Alte fiamme distrussero ogni forma di vita e ogni albero. Ai fuggiaschi arrivarono da lontano le grida dei peccatori che, colpiti dalla distruzione, morivano, mentre stavano ancora, uomini e donne tutti insieme, legati dal piacere proibito che avevano cercato.

«Presto, fate presto», disse ancora Raffaele.

«Poiché ci stai salvando, lasciaci dire che qui vicino c'è una piccola città, Soar: se la risparmi, vado a rifugiarmi con la mia famiglia lì», implorò Lot.

Raffaele si impietosì. «Va bene, dirò a Dio, che mi hai supplicato di salvare quella piccola città. Ma ora correte e non voltatevi mai».

Appena si furono allontanati, una nuova pioggia di lampi e di fulmini, cadde su tutta la zona. La tempesta di fuoco e il terremoto diventarono ancora più violenti e una nuvola di fumo raggiunse anche il gruppo dei fuggiaschi.

Lot si affrettò verso Soar. Sua moglie gli stava vicino ansimando per la fatica. La lunga veste impacciò il suo passo, il fragore di un tuono la terrorizzò spingendola a voltarsi indietro. Vide il fumo, le fiamme, le strade che si aprivano, le case che crollavano e i corpi di uomini e donne che volavano in alto e poi cadevano. Improvvisamente i suoi occhi divennero immobili come tutto il corpo. Emise un profondo sospiro e poi non si mosse più. Così, in piedi, con la testa rivolta verso Sodoma, si trasformò in una statua di sale: l'avvertimento di Gabriele era diventato realtà. Lot e le due figlie, non essendosi mai voltati indietro, si accorsero che non li aveva seguiti soltanto quando furono al sicuro. La cercarono a lungo. Poi sprofondarono nel dolore. Le figlie furono tentate di tornare indietro a cercarla, ma Lot le trattenne: «Ricordate le parole dell'angelo. Se lo fate, morirete. Dobbiamo rassegnarci».

Con il cuore dilaniato dalla ferita, entrarono nella cittadina di Soar, il cui nome significa "poca cosa, un nulla". Vi abitava infatti pochissima gente: parlava una lingua incomprensibile e li accolse con diffidenza. Lot, dopo essere riuscito con fatica a recuperare un po' di provviste, preferì andare ad abitare in una grotta su una montagna lì vicino. «Meglio stare lontani, in questo momento, da persone che non si conoscono», si raccomandò con le figlie. «Questa gente non sa che è salva grazie a noi e però ci guarda con sospetto».

Per giorni Lot e le due figlie ebbero paura a uscire dalla grotta. Nelle loro orecchie rimasero a lungo impresse le urla e i rumori della catastrofe. Le fiamme si erano spente ma il fumo e il fetore delle città distrutte li avvolsero per giorni, portati dal vento. Il loro rifugio però era isolato e, con il passare dei giorni, la noia per le due giovani figlie di Lot diventò sempre più difficile da sopportare: lettore, il loro nome non si è mai saputo. La Bibbia le indica solo con "la minore" e "la maggiore". Noi le abbiamo chiamate Acsa e Micol.

«Sono stanca di questa vita», disse una mattina Acsa, la maggiore, alla sorella Micol. «Non succede nulla. Tutti i giorni sono uguali. Ci svegliamo all'alba, nostro padre coltiva il pezzo di terra, noi prepariamo il cibo. Si mangia e si dorme. Sempre così: e passano i giorni senza che accada nulla».

«Sembra quasi di essere tornati alle origini del mondo», ribadì Micol. Al tempo dei nostri progenitori Adamo ed Eva».

«Ma almeno loro si accoppiavano», ribatté con tono serio Acsa. «Hanno avuto figli. Ma anche noi abbiamo diritto di prolungare la nostra stirpe. Qui però per noi non c'è nessun uomo. L'unico uomo è nostro padre».

«Perché non lo facciamo con lui?», disse tutto d'un fiato Acsa.

«Con nostro padre?», si stupì Micol.

«Sì, con lui. Se è l'unico uomo qui, ci accoppieremo con lui. Del resto i nostri antenati, per moltiplicarsi, si accoppiavano tra di loro, i padri con le figlie, le madri con i figli, le sorelle con i fratelli. E, come loro, anche noi dobbiamo arrangiarci se vogliamo dei figli».

«Ma nostro padre vorrà?», si chiese preoccupata Micol. «Io di certo non glielo chiederò».

«Facciamo così», Acsa fece cenno a Micol di avvicinarsi temendo che Lot potesse sentire. «Questa sera dopo avere mangiato, faremo bere a nostro padre molto vino. Organizzeremo una gara per scoprire chi sopporta di più il vino. Noi fingeremo di berlo e invece berremo acqua. Quando si sarà ubriacato e sarà crollato dal sonno, io andrò da lui».

Tutto andò come le due sorelle avevano organizzato. «Ho mangiato e bevuto proprio tanto», disse Lot massaggiandosi il ventre. «Ho proprio due brave figlie». Acsa si avvicinò al padre e gli dette un bacio all'angolo della bocca. «Giochiamo un po' padre», disse vezzosa. «Vediamo chi fra di noi tre sopporta di più questo buonissimo vino».

Micol riempì il bicchiere del padre con il vino e mise nel suo boccale e in quello della sorella l'acqua. «Alla nostra salute», disse Lot tracannando il suo vino. «Alla nostra salute», ripeterono le giovani alzando il loro boccale. Il gioco fu ripetuto fino a quando stanco, sfinito e barcollante, Lot si addormentò a peso morto sul suo letto.

Acsa si spogliò e si distese accanto a lui. In quel momento dimenticò chi fosse e lo considerò soltanto un mezzo per avere un figlio. Lo chiamò più volte semplicemente Lot: mentre lo spogliava, mentre lo accarezzava, mentre lo possedeva. Lo amò tutta la notte con un pensiero fisso: "Avrò un erede anch'io. La famiglia non finirà con me".

Prima dell'alba, mentre ancora Lot dormiva, Acsa si alzò, si vestì e si distese, come se nulla fosse accaduto, sul suo giaciglio.

Micol la svegliò di buon mattino: «Come è andata, Acsa?».

«È stato bello, Micol. Per la prima volta ho avuto un uomo e forse dentro di me porto già un figlio. Devi provare anche tu, Micol. Facciamogli bere vino anche questa sera e poi andrai tu a stenderti accanto a lui. Lo faremo fino a quando non avremo la certezza di essere incinte e di avere una discendenza».

La sera, dopo avere mangiato, Micol disse a Lot: «Padre, ieri ci siamo molto divertiti a giocare con il vino. Tu hai dormito, per la prima volta da quando siamo scappati da Sodoma, tranquillo e senza incubi. Anch'io e Acsa ci siamo divertite e non abbiamo più pensato alle cose brutte che ci sono capitate. Giochiamo ancora come ieri e facciamolo ogni sera».

Anche quella notte il piano di Acsa e Micol riuscì perfettamente. Lot, ubriaco, si fece accompagnare da Micol. Barcollò e, come la sera precedente, piombò addormentato sul suo giaciglio come un sasso in uno stagno.

Micol aspettò qualche minuto, poi fece come la sorella la sera prima. Si spogliò, toccò il suo seno grande e sodo, si distese accanto al padre e lo chiamò Lot, imitando la voce della madre. «Lot, Lot, amore mio. Sono tornata, sono qui accanto a te e voglio amarti». Lot, ubriaco, sentì la voce e, sia pure nel sonno, si mosse come se la moglie perduta fosse accanto a lui.

Passarono i mesi e sia Acsa sia Micol restarono incinte nello stesso periodo. Lot si meravigliò e chiese spiegazioni. «Li abbiamo concepiti con i nostri fidanzati di Sodoma prima della distruzione», mentirono. Lot credette e non si stupì neppure quando la maggiore, Acsa, chiamò il figlio Moab, che significa "uscito dal padre".

"Lo ha fatto per onorarmi", pensò.

Lettore, devi sapere che dall'amore incestuoso di Acsa iniziò la stirpe dei moabiti, una tribù che si stanziò in seguito a ovest del Mar Morto. Micol, a sua volta, chiamò il figlio Ammon, che significa "figlio del mio parente" e da lui discesero gli ammoniti, che si stabilirono a nord dello stesso mare.

11

Intanto, nella terra di Canaan, Abramo viveva giorni agitati. «Pensa, Eliezer, a Sodoma non c'erano neppure dieci persone giuste», si lamentò con il fedele servo. «Gli abitanti erano tutti corrotti. Il fetore della loro corruzione è arrivato dalla loro terra nelle mie narici. Voglio allontanarmi il più possibile da quella città. Leviamo le nostre tende e dirigiamoci verso il Negheb».

E così senza perdere tempo, Abramo ordinò di partire.

Marciarono per giorni attraverso l'interno della regione. Nonostante incontrassero molte carovane, nessuna osava avvicinarsi. "Hanno paura di noi", pensò Abramo. Di tanto in tanto qualche uomo a dorso di un asino o di un cammello li osservava dalle alture incuriosito.

Il malumore però serpeggiava tra il suo popolo.

Nessuno, infatti, capiva il motivo di quel viaggio faticoso attraverso il deserto, deciso in fretta e furia, senza una ragione logica. Il malumore aumentò ancora, quando Abramo diede l'ordine di fermarsi: «Fratelli, intorno a noi c'è il deserto, ma qui come vedete c'è un'oasi. Siamo nella regione del Negheb, di re Abimelec. Qui siamo giusto a metà strada, tra le città di Kades e Sur. Pianteremo le tende e vivremo, se Dio lo vorrà, tranquilli».

Eliezer zittì il mormorio generale di scontento: «Abramo ha sempre avuto ragione e io non ho motivi per dubitare di lui...».

Anche Sara fu perplessa di quella decisione. «Dimmi, Abramo, perché questo viaggio? Il popolo ti segue, d'accordo, ma questa volta credo proprio che non ti capisca. È stato ancora Dio a suggerirti di partire?».

Abramo fece un lungo sospiro, la prese sottobraccio e le si rivolse con dolcezza: «Tu sai, Sara, quello che è successo a Sodoma e alle altre città vicine. I viaggiatori e i mercanti mi hanno portato notizie inquietanti e si chiedono come mai solo Lot e le sue figlie si siano salvati. Ho creduto che fosse meglio stare per un po' di tempo lontani, anche se stranieri in un'altra terra. Qualcuno poteva credere a chi dice che siamo coinvolti nella distruzione di Sodoma e Gomorra. E, se fossimo rimasti, altre città avrebbero potuto aggredirci per vendicare quelle distrutte da Dio. Io devo proteggere il nostro popolo e soprattutto te. Ricordati che il Signore ha detto che entro un anno avrai un figlio...».

«Ci credi ancora, Abramo?».

«Ci credo. Come posso non credere dopo tutto ciò che è accaduto? Sara, io conoscevo il tragico destino di Sodoma e di Gomorra. Volevo salvarle, ma non ci sono riuscito. Ed è successo tutto come Dio mi aveva detto. Vuoi allora che io non creda che arriverà un figlio tutto nostro? Ricordi quel forestiero incappucciato che ti ha detto che sarai madre? Tu sai chi era quell'uomo?».

«Dio», esclamò Sara.

«Sì, proprio lui».

«Ecco perché non sono riuscita a vedere il suo volto. E pensare che ho riso per le sue parole».

«Ti ha perdonato. E poi aveva altro cui pensare quel giorno».

Sara restò per qualche attimo in silenzio, pensierosa. Poi disse ad Abramo: «In questa terra governata da re Abimelec non parlare di Dio. Non dire che siamo il popolo eletto. Sono discorsi che ci fanno odiare».

«Non sta a noi giudicare l'opera di Dio, Sara. Dobbiamo solo seguire la sua volontà».

Abramo e il suo popolo, dopo avere sostato all'oasi che si trovava tra Kades e Sur, si spostarono ancora più a nord e raggiunsero Gerar: sulla città regnava Abimelec, il re dei filistei, popolo che affermava di provenire dall'isola di Creta e che sosteneva di discendere direttamente dal secondogenito di Noè, Cam.

Ai filistei piacevano molto le donne di Canaan, che reputavano particolarmente passionali. «Molte di loro hanno abitato a Sodoma e a Gomorra. Sono donne facili», erano le voci che circolavano tra gli uomini di re Abimelec. E così, quasi subito cominciarono risse e tumulti perché i filistei volevano molestare le più belle dell'accampamento. All'inizio tutto si risolse con qualche lite, ma un pomeriggio numerosi uomini decisero di fare razzia di donne e le guardie a cavallo di Abimelec dovettero intervenire.

«Basta con questi disordini», disse un giorno re Abimelec al comandante della guardia di nome Picol. «Portatemi qui il capo di questi cananei».

L'ufficiale si presentò ad Abramo e gli ordinò di seguirlo. «Il re Abimelec ha deciso di parlarti!». Poi, abbassando il tono della voce, aggiunse: «Non avere paura: nessuno farà del male alla tua gente. I miei uomini rimarranno di guardia qui fino al tuo ritorno».

«Grazie, mio signore. Ti seguo e...».

Sara comparve improvvisamente al suo fianco e disse con tono risoluto: «Vengo anch'io con te. Non ti lascio solo!».

«Ma, Sara, non complicare le cose», sussurrò Abramo. «Devo vedere il re e...».

«Re o non re, io vengo con te. Finora siamo rimasti sempre insieme e adesso che non hai più il vigore di un tempo, non ti lascerò certo da solo».

«E va bene», rispose Abramo rassegnato. «Ricordati però di dire che sei mia sorella, come abbiamo fatto in Egitto». Poi si rivolse all'ufficiale: «Signore, lei è la più autorevole delle donne che mi seguono e vorrebbe sentire quello che ha da dirci il re».

«Va bene», ribatté l'ufficiale. «Avanti, sbrighiamoci!».

Quando arrivarono al palazzo, furono subito introdotti. «Chi siete?», domandò Abimelec.

«Io mi chiamo Abramo e lei è mia sorella Sara. Veniamo da Sichem, il nostro villaggio si trova alla Quercia di Mamre, nella regione di Canaan... Siamo pastori...», rispose Abramo, ma l'attenzione del re fu tutta per Sara. "Non ho mai visto una donna così bella. Anche se è avanti negli anni, ha il portamento di una dea", pensò. Abramo finì di parlare. «E allora, mio signore? Possiamo andare?».

«Va bene, va bene», rispose Abimelec. «Ti concedo di rimanere sulla mia terra per qualche tempo. Ma dimmi ancora: chi è questa donna?».

«Si chiama Sara ed è mia sorella, signore».

«È proprio così?», si rassicurò il re guardando Sara.

«E lui è mio fratello», intervenne Sara.

«Tua sorella? Perfetto», approvò Abimelec. Poi si alzò e amichevolmente gli disse: «Poiché ho sempre sognato di sposare una cananea, sposerò te».

«Ma, mio signore, in verità le nostre origini sono di Ur dei caldei, non di Canaan», intervenne Abramo preoccupato.

«Non abusare della mia pazienza. Ho deciso così. E così sarà. Questa è la mia terra. Voglio tua sorella come moglie. Farò preparare immediatamente il banchetto nuziale. Vedrai, "pastore di un popolo", ti sei definito così, no? Riceverai una bella ricompensa. E adesso basta; torna dalla tua gente. E portagli questa bella notizia: "Re Abimelec ha scelto come sposa una cananea"».

Abramo, dopo avere guardato Sara, che, con gli occhi smarriti, non era riuscita a dire una parola, uscì dal palazzo e tornò all'accampamento.

Come le usanze imponevano, la sposa restò chiusa nelle sue stanze a meditare e a prepararsi al difficile ruolo di sposa del re. Nessuno poté incontrarla e soltanto un'ancella si occupò di lei.

La cerimonia fu fastosa e il banchetto che seguì superbo. Sara indossò un abito stupendo, di colore verde ricamato con fili d'oro. Sui lunghi capelli le misero un velo anch'esso verde lungo fino ai piedi. Sulla fronte un diadema tempestato di pietre preziose simbolo della regalità. «È un dono del re», le disse l'ancella mentre la vestiva. Sara non rispose. Il suo pensiero era per Abramo e per quello che avrebbe fatto per liberarla. Per tutta la serata non aprì bocca e non toccò cibo. A un certo punto Abimelec, irritato per il suo atteggiamento, le disse bruscamente: «Adesso le ancelle ti condurranno nel mio appartamento. Preparati per la notte», e scoppiò in una risata sgangherata.

Sara si alzò e, sempre in silenzio, si avviò accompagnata dalle ancelle verso l'appartamento privato del re.

Il banchetto durò ancora un poco: Abimelec continuò a bere, poi, completamente ubriaco, crollò addormentato.

Dio gli apparve in sogno e gli parlò: «Ecco, stai per morire a causa della donna che hai preso; lei appartiene a suo marito».

Abimelec, terrorizzato, gli rispose: «Mio Signore, vuoi fare morire anche chi è innocente? Quell'uomo mi ha detto: "È mia sorella". E anche lei ha detto: "È mio fratello". Ho fatto tutto questo con retta coscienza e mani innocenti».

«So bene che hai agito così con retta coscienza», rispose Dio. «E ti ho anche impedito di peccare contro di me: perciò non ho permesso che tu la toccassi. Ora restituisci la donna a quest'uomo, perché è un profeta».

«Profeta?», lo interruppe stupito Abimelec. «Quel pastore è un profeta? Cioè ha un rapporto privilegiato con te?».

«Sì, è così. E per questo pregherà per te e tu vivrai. Ma se tu non la restituisci, sappi che meriterai la morte con tutti i tuoi». E aggiunse: «Ricorda anche che, per adesso, ho fatto diventare tutte le donne e gli uomini della tua casa sterili e impotenti».

Abimelec stava per replicare quando le urla di alcuni servi lo ridestarono bruscamente.

«Signore, signore! Stanno accadendo cose terribili!», gridarono come impazziti. «Non riusciamo più ad accoppiarci. Gli uomini sono diventati tutti impotenti».

Arrivò una guardia: «C'è un uomo gigantesco che si aggira per la città uccidendo con una spada tutti gli esseri che gli capitano a tiro. E poi guarda il tuo viso e le tue mani: sono coperte di pustole e lo stesso è capitato a tutto il popolo di Gerar!»

«Calmi! State calmi!», urlò Abimelec. «Andate a prendere il pastore cananeo, Abramo, al suo accampamento e portatelo immediatamente qui a palazzo. E tu», ordinò all'ancella di Sara, «vai a prendere quella donna nella mia stanza nuziale. Trattala con il massimo rispetto».

Quando Abramo arrivò, Abimelec gli corse incontro: «Che colpa ho commesso contro di te perché tu mi abbia esposto a un peccato così grande, come quello di farmi sposare la donna di un altro uomo? Perché non mi hai detto che è tua moglie? Tu hai fatto a mio riguardo azioni che non si fanno. A cosa miravi agendo in questo modo?».

«Quando sono arrivato in queste terre, io mi sono detto: certo non avranno il timore di Dio», rispose Abramo con fermezza, «e mi uccideranno a causa di mia moglie. Inoltre ella è veramente mia sorella, figlia di mio padre, ma non figlia di mia madre, ed è divenuta mia moglie. Quando Dio mi ha ordinato di lasciare la casa di mio padre, io le dissi: "Questo è il favore che tu mi farai: in ogni luogo dove noi arriveremo dirai di me: è mio fratello"».

Re Abimelec scosse il capo: quella storia non lo convinceva, ma la pestilenza che infuriava nella sua terra lo fece decidere. Come già aveva fatto molti anni prima il Faraone, anche Abimelec fu perentorio: «Allontanatevi dalla mia presenza. Prendete le greggi e gli armenti che volete, schiavi e schiave. Poi tu, Abramo, scegli pure il mio territorio e vai ad abitare dove più ti piace. E in più, ecco per te mille pezzi d'argento». Poi si rivolse a Sara: «Per te sarà come un risarcimento per le sofferenze che ti ho fatto patire. Così tu sei stata risarcita in tutto».

Abramo ringraziò il re e pregò il Signore, che guarì subito Abimelec e il suo popolo. Le donne tornarono fertili e gli uomini tornarono virili. Poi Dio ordinò al suo popolo di allontanarsi da Gerar e Abramo si spostò verso sudest, un luogo dove c'erano molti pozzi d'acqua e lì si stabilì.

Qualche mese dopo, la levatrice si sporse dalla tenda di Sara e urlò: «Susanna! Porta subito un'anfora con l'acqua! Ho bisogno di aiuto».

Come Dio aveva annunciato, Sara stava per partorire il suo primo figlio.

Le sue doglie continuarono tutto il giorno e tutta la notte e Abramo temette di impazzire. A ogni donna che usciva dalla tenda chiedeva notizie. «Ancora niente?». «Sta soffrendo», erano le risposte. «Che cosa ci si poteva aspettare? Un figlio a novant'anni. Bisogna essere pazzi per fare un figlio a questa età», commentavano con rimprovero altre.

Abramo si allontanò per non sentire. Lungo la strada incontrò Agar che stava lavando i panni di Ismaele. Si avvicinò: «Agar», le disse. «Vai da lei. Ho paura. Forse tu puoi aiutarla. È da più di un giorno che soffre. Forse vederti vicina potrebbe aiutarla a partorire. Quando è nato Ismaele, lei ha aiutato te, ricordi?».

«Adesso ti rivolgi a me?», rispose Agar con durezza. «È da anni che non mi parli. Un giorno ti ho chiesto la benedizione per Ismaele, non hai voluto dargliela e ora chiedi il mio aiuto. Che tua moglie si arrangi da sola, come ho fatto io in tutti questi anni».

«Ma, Agar, io sono stato e sono un buon padre per Ismaele».

«Sì, per Ismaele. Ma per me che cosa sei stato? Mi hai trattato come una cagna. Mi hai usato e poi gettato via».

«Ma Agar...», Abramo fu sorpreso dalla reazione, ma, proprio mentre stava per rispondere, sentì un vagito. «È nato», disse Agar sconsolata. «Va' da lei».

Abramo percorse di corsa il viottolo che portava alla sua tenda. «È nato», disse. «È nato».

«Questo è tuo figlio», gli sorrise la levatrice porgendogli il bambino. «Sara, a novant'anni, ti ha dato un figlio maschio, quello che tanto aspettavi. Per te e per tutti noi, è un giorno di grande gioia».

Abramo prese in braccio il figlio. La sua gioia fu incontenibile, quando lo sollevò al cielo. «È mio figlio. È mio figlio». Poi lo strinse al suo cuore e lo cullò. Si avvicinò a Sara e glielo mise accanto, sul seno. «Sara, è bellissimo». Abramo si accorse che piangeva.

«Sara, perché queste lacrime?».

«Perché sono stata stolta a dubitare di Dio e a ridere delle sue parole. Sei felice, ora, Abramo? Le tue tristezze, le tue insicurezze finiranno finalmente! La tua discendenza è arrivata».

«Sì, sono felice, grazie a Dio e grazie a te». Poi Abramo si rivolse alla folla che fuori dalla tenda aspettava di entrare. «È mio figlio», gridò. «Il suo nome è Isacco».

Le prime a entrare furono le donne del villaggio: «Chi avrebbe mai detto ad Abramo che avrei allattato un figlio?», scherzò Sara. «Eppure gli ho partorito un figlio nella sua vecchiaia».

Quando Isacco ebbe otto giorni, Abramo organizzò la circoncisione. «È la prima festa di Isacco», disse a Eliezer. «Voglio che tutto il villaggio sia presente. Porta davanti all'altare il mio popolo».

Il fedele servitore corse, ma Abramo lo fermò: «Eliezer».

«Sì, Abramo».

«In prima fila voglio la mia famiglia: Sara, Ismaele e... Agar. Sì, anche Agar».

Abramo rimase ad aspettare che Isacco fosse preparato. Come fu lavato e vestito, lo prese in braccio, si sedette su uno sgabello e lo cullò tra le braccia cantandogli una nenia.

Quando la gente del villaggio arrivò, Abramo restò in piedi a osservarla. Vide che Agar e Ismaele avevano obbedito al suo ordine: erano accanto a Sara e ne fu contento. Poi alzò Isacco verso il cielo e urlò con quanta voce aveva: «Questo è mio figlio Isacco! E, come tutti i nostri bambini, ora sarà circonciso. Poi ci sarà grande festa per tutti. Siete tutti invitati al banchetto per festeggiare la sua alleanza con il Signore. Una cosa sola vi chiedo: pregate Dio perché accordi a Isacco la forza che sarà necessaria per essere un uomo coraggioso».

Un "evviva" si levò dalla folla. Abramo chiamò vicino a

sé Sara e, nel silenzio totale, circoncise Isacco. Il pianto di dolore del bambino fece capire a tutti che il rito era finito. «Ora date inizio alla festa», disse Abramo alzando al cielo ancora una volta Isacco. «Divertitevi omaggiando lui».

Poi lasciò il bambino tra le braccia di Sara, salutò con un cenno della mano e rientrò nella tenda.

Passarono gli anni, Ismaele e Isacco crebbero insieme nonostante le loro madri si ignorassero, e si volevano bene. Ismaele era bravo nell'arco e nella lotta. Isacco ne fece il suo modello di riferimento. «Padre, Ismaele è proprio forte», diceva quando, rientrando a casa, raccontava entusiasta le prodezze del fratello.

«Sono proprio figli eccezionali», si confidò una sera Abramo con Sara. «Sembra quasi che Dio li abbia voluti diversi. Tanto Ismaele è forte, coraggioso, amante delle avventure, tanto Isacco è tranquillo, riflessivo. Uno è guerriero, l'altro è già capo di un popolo. E mi assomiglia. Come me, ama il gregge e gli armenti».

Quando Abramo riuniva i due figli nei suoi discorsi, Sara cercava di spostare il dialogo soltanto su Isacco o lo troncava con "Buonanotte, ora dormiamo".

Una sera, Sara vide rientrare Abramo senza Isacco. Aspettò, ma, vedendo che il figlio non arrivava, domandò allarmata: «E Isacco? Dov'è Isacco?».

«Isacco? È con Ismaele che l'ha voluto con sé al pascolo. Si vogliono bene. E Isacco, da Ismaele, ha tanto da imparare».

Sara si intristì. «Che c'è, moglie?».

«Non sono tranquilla, Abramo. E non essere tranquilla, alla mia età, fa male».

«Sei preoccupata, perché?».

«Ho paura di tutto. Ho paura che Isacco, l'unico nostro figlio, muoia. Ho paura che gli accada qualcosa. E poi quale sarà il suo futuro?».

«Futuro? Che cosa ti preoccupa del futuro di Isacco?».

«Non voglio che il figlio di una schiava sia erede insieme con mio figlio Isacco. E poi stanno crescendo troppo vicini. Adesso vanno insieme anche al pascolo».

«Ma, Sara, Ismaele insegna a Isacco sempre qualcosa di nuovo ogni giorno. Quando tornerà, nostro figlio saprà trattare il bestiame meglio di un mandriano».

«Insomma, Abramo, non voglio. Non voglio. Ismaele fa tutto ciò che gli dice sua madre, la schiava egiziana. Un giorno potrebbe dirgli di uccidere Isacco. Non mi fido di lei. Non mi fido da quando mi ha tradito».

«Sara, perché questo tuo risentimento?».

«Possibile che tu non veda? Ogni volta che quella schiava parla di Isacco, lo fa per schernirlo. "Isacco sei proprio un incapace"; "Isacco, guarda quanto è forte Ismaele"; "Guarda quanto è bello Ismaele". Insomma, Ismaele di qua, Ismaele di là, lei ha solo occhi e parole buone per Ismaele. Mai per Isacco».

«Sara, ma Ismaele lo abbiamo voluto noi: io e te. È come se fosse tuo figlio. Il giorno che è nato, è stato come se lo avessi partorito tu».

«No, è figlio della schiava. L'hai guardata quella donna? Ogni volta vedo nei suoi occhi rabbia, invidia, ambizione. Vuoi capire, Abramo, che noi siamo vecchi e presto saremo chiamati da Dio? E allora? Che cosa succederà di Isacco? Sarà in balia di Ismaele e di sua madre. No, no, mandali via, Abramo, se non vuoi che io muoia prima di vedere questa fine, caccia via quella schiava e suo figlio Ismaele».

«Sara, ma di che cosa hai paura? Isacco è stato scelto da Dio», tentò di rassicurarla. «Sara: lo ha scelto Dio», ripeté.

«Abramo, senza noi due, tu credi che Isacco riuscirà a ribellarsi alle decisioni di Ismaele e di Agar? Mandali via, Abramo, mandali via se ti resta ancora un po' di bene per me».

«Sara, ma io ti amo come il primo giorno».

«Allora difendi e proteggi nostro figlio! Cacciali via».

«Ismaele è sempre mio figlio, Sara, e io non voglio allontanarlo né da me né da sua madre».

Sara si girò dall'altra parte e finse di addormentarsi.

Abramo la sentì piangere per tutta la notte. All'alba del mattino dopo, dopo tanto tempo, sentì la voce di Dio. Per la gioia e l'emozione pianse a lungo.

«Dio, quanto mi sei mancato. Pensavo di non sentirti più».

«Abramo, perché temi questo? Io ti ho dato la mia benedizione e questo significa che sei il mio figlio prediletto. Non devi dubitare».

«Perdonami, Signore. È che mi sento talvolta così insicuro. Così solo. È difficile guidare un popolo. Ho paura di sbagliare».

«Abramo, Abramo, ti ho sempre detto che sono io il tuo scudo. Per questo io sono qui, per dirti di ascoltare la volontà di Sara. Ascolta la sua voce perché attraverso Isacco da te prenderà nome una stirpe».

«E Ismaele? Che ne sarà di Ismaele?».

«Abramo, non devi sentire dispiacere per Ismaele, né per la tua serva: in tutto quello che Sara ti dirà, ascolta la sua voce, perché da Isacco dovrà uscire la stirpe che porterà il tuo nome. Tuttavia anche dal figlio di questa serva io farò un popolo, perché egli è seme tuo».

Abramo si sentì rassicurato e liberato dall'incubo di potere prendere una decisione sbagliata. Aspettò che Sara si svegliasse. «Le tue parole di ieri sera vengono da Dio. Per questo Agar e il figlio andranno via domani», le disse deciso.

Quella stessa mattina Abramo chiamò Ismaele e gli parlò. «Dovete andare via. Tu e tua madre. Dio lo vuole», disse in lacrime.

«Non ti preoccupare, padre, perché io so come sopravvivere», disse il figlio asciugando il suo pianto. «E se Dio ha deciso così, faremo così».

Confortato dalle parole di Ismaele, Abramo prese una sacca di pane e un otre di acqua e li mise sulle spalle di Agar, che aveva il viso rosso di rabbia e il cuore gonfio di dolore: ma l'orgoglio le impedì di reagire e di gridare tutto il suo odio. A Ismaele Abramo regalò un bellissimo arco. «So che ne farai buon uso», gli disse mettendoglielo a tracolla. Ismaele e Agar si allontanarono. Abramo soffrì a vederli sparire dalla sua vista: e si girò per nascondere le lacrime.

Ismaele e Agar si incamminarono verso il deserto. «Andiamo in Egitto», disse Agar a Ismaele. «È la mia terra. Lì di sicuro nessuno ci caccerà più».

Ma, dopo qualche ora, sotto il sole torrido del deserto, sbagliarono la via e si smarrirono.

Agar, stordita e in preda a mille emozioni contrastanti, continuò a camminare senza una vera meta. A un certo punto si accorse che Ismaele non la seguiva più. Era a terra svenuto. E allora senza più forza implorò: «Perché, Dio ti accanisci contro di noi? Che cosa ti può avere fatto un innocente come mio figlio?». Trascinò Ismaele finché ebbe forza, poi supplicò: «Alzati Ismaele, non possiamo fermarci qui, nel deserto». Gli avvoltoi volavano sopra di loro in attesa che la morte li prendesse. Anche Agar si sentì mancare. Guardò il figlio a lungo e poi mormorò: «Non voglio vedere morire mio figlio». E, disperata, si allontanò.

Dio udì la sua disperazione e mandò un angelo a parlare con lei: «Che hai, Agar? Non temere perché Dio ha udito il lamento di Ismaele. Alzati, prendi tuo figlio e tienilo stretto, perché Dio farà di lui una grande nazione».

La figura svanì. Agar pensò che fosse stata soltanto una visione dovuta al caldo. Sentì anche tornare le forze. Si avvicinò a Ismaele e fu allora che vide affiorare dalla terra l'acqua freschissima di una sorgente. «È un pozzo che ci manda Dio», disse a Ismaele.

Quel pozzo, lettore, si trova ancora oggi nella regione di Qadesh, a un'ottantina di chilometri da Bersabea, ed è noto con il nome di Atta El-Roi, che significa "tu sei un Dio che vede".

"Non capisco", pensò Agar, mentre si dissetava insieme con Ismaele. "Dio, perché mi fai sopportare tutto questo? Ma, se vuoi così, sopporterò tutto ciò che tu mi manderai".

12

Intanto a Gerar, alla corte di re Abimelec, si vivevano giorni agitati perché arrivavano notizie allarmanti dalla Mesopotamia, la terra dei sumeri.

I sumeri, devi sapere, lettore, forti della propria civiltà, stavano espandendosi a dismisura e dalle città di Ur, di Akkad, di Uruk e di Eridu, dove erano nati, si erano spinti fino all'Egitto. Il re Shulgi si era impegnato in una serie di campagne militari che gli permisero di cancellare molti regni e di sostituire i re delle città conquistate con uomini suoi che diedero origine a nuove dinastie di sovrani. Durante le loro campagne di guerra, i sumeri fecero molti prigionieri che resero schiavi. Le donne erano poco considerate: se un marito moriva, la vedova andava sotto il potere e il controllo del padre o del fratello del suo ex marito e, se non li aveva, finiva sotto il controllo del figlio. I sumeri erano stati i primi a inventare la scrittura. Da quella pittografica, realizzata con disegni sulle pareti, erano passati alla scrittura cuneiforme. Le loro scuole erano molto severe. Gli allievi venivano obbligati a studiare duramente dall'alba al tramonto. Quanto alla religione, i sumeri cercarono di imporre le proprie divinità.

Temendo dunque il "pericolo dei sumeri", re Abimelec pensò di cercare un alleato in Abramo: «Questo pastore ha dimostrato di essere uno stratega», disse a Picol, il capo del suo esercito. «Con un manipolo di uomini ha sconfitto l'esercito del re di Elam, Chedorlaomer. Per questo ho pensato di averlo come alleato».

Così un giorno decise di fargli visita.

«Abramo, vengo da te in pace», gli disse congiungendo le mani in segno di saluto.

«O re dei filistei, sono qui ad accoglierti», disse Abramo aprendo le braccia e andandogli incontro con un grande sorriso.

E strinsero un'alleanza. Poi Abramo fece cenno al fido Eliezer di avvicinarsi: «Prendi alcuni capi del gregge e del bestiame», gli sussurrò in un orecchio. «Poi prendi anche sette agnelle ma tienile separate». Abimelec aspettò in silenzio, mentre Eliezer eseguiva l'ordine, e fu Abramo a parlare: «Abimelec, per suggellare questo nostro giuramento, ti regalo questi capi del gregge e questi buoi. Poi ti prego di accettare queste sette agnelle dalla mia mano come prezzo per il pozzo che io stesso ho scavato nella tua terra. Voglio che il pozzo sia ufficialmente mio. Per ricordare a tutti questa mia proprietà lo chiamerò Beer-Sheva, cioè "pozzo dei sette" e sarà per tutti la prova della nostra alleanza».

Abimelec fu soddisfatto. «Grazie, Abramo. Posso tornare a corte felice. Accetto le sette agnelle come pagamento del pozzo che da oggi ti appartiene. Stringiamoci in un abbraccio per suggellare questa mia visita».

Abramo, quando il drappello di Abimelec, sulla strada del ritorno, sparì all'orizzonte, chiamò Eliezer: «Questo pozzo sarà importante per la storia del nostro popolo», sancì. «A ricordo di questo grande giorno, pianteremo un albero di tamerice. Così, chiunque passerà da qui capirà che questa è una terra benedetta da Dio. E soprattutto capirà che è la nostra terra».

Nonostante l'alleanza, però Abramo era turbato dal rimorso di avere cacciato il figlio Ismaele, anche perché il piccolo Isacco gliene parlava sempre: «Padre, perché Ismaele non è più qui? Quando lo rivedrò?».

Le risposte di Abramo non erano mai convincenti. «È andato al pascolo», mentiva una volta. «È andato a caccia», mentiva un'altra volta.

Per distoglierlo dal pensiero di Ismaele, Abramo teneva impegnato Isacco con continue lezioni: gli insegnò come usare l'arco, come andare a caccia, come coltivare la terra. Gli insegnò anche la scrittura pittografica usando una tavoletta d'argilla e uno stilo. «Devi fare dei segni secondo ciò che vedi. Stai attento a ciò che ti dico. Guarda: lì ci sono due bambini. Con lo stilo devi tracciare sulla tua tavoletta due linee: uno e due. Se fossero tre, dovresti tracciare tre linee».

«Ma padre, come faccio a ricordare che quelle tre linee corrispondono a tre bambini?».

«Disegna vicino alle linee una testa: un cerchio rotondo e, se vuoi essere preciso, mettici dentro due puntini che ricordano i due occhi. Se invece vuoi fare capire che è un animale, per esempio un cervo, fai una linea e mettici vicino le corna».

Oltre che a scrivere, a tirare con l'arco, a cacciare, Abramo gli insegnò anche come leggere le stelle.

Ma un giorno Isacco alzò lo sguardo pensieroso e, con

una espressione angosciata, disse: «Padre... Ismaele... È morto... Non è vero?».

Abramo esitò.

«È morto?», insistette Isacco.

«Ma che dici? È partito... Con Agar... La madre...».

«Non tornerà mai... Più... Non è così?».

«Non dire mai... Mai. Isacco. Se Dio vorrà, lo rivedrai».

«Perché, perché lo hai fatto andare via, perché?».

Isacco si lanciò contro Abramo con rabbia: «Non doveva andare via... Non dovevi...». Poi corse nella sua tenda e pianse a lungo. Nemmeno Sara riuscì a calmarlo. «Madre, mi manca Ismaele. Perché è andato via? O è morto? Sì, è morto non è vero?».

«No, non è morto. È vivo. È andato via con la sua mamma», cercò di rassicurarlo Sara.

«E allora, lo rivedrò?».

«Se Dio vorrà, lo rivedrai».

«Allora, madre, preghiamo Dio di farlo tornare», disse Isacco con il viso sconvolto, bagnato dalle lacrime.

«Sì, preghiamo».

Intanto Agar e Ismaele, abbandonati e sfiniti nel deserto, grazie al refrigerio della fonte che scorreva dalla roccia, dormirono a lungo.

Agar, immersa nel dormiveglia, percepì occhi che la osservavano e si alzò di scatto: «Chi siete? Che volete?». Davanti c'era una folla di uomini. «Donna, non preoccuparti. Siamo amici. Vorremmo dissetarci anche noi a questa sorgente», disse uno che sembrava il capo.

Agar scosse Ismaele: «Svegliati, Ismaele. Svegliati». Il figlio saltò in piedi e afferrò il suo arco.

«No, ragazzo», gli disse l'uomo, «lascia stare l'arco, noi siamo amici. Siamo mercanti. La nostra carovana è diretta al Nord. Vogliamo soltanto bere». Poi guardò prima la madre, poi ancora il figlio: «Vedo che non avete molto con voi. Non vedo cibo. Se volete, potete aggiungervi a noi. Abbiamo da mangiare anche per voi».

Agar guardò l'uomo. Era la prima volta, dopo lungo tempo, che qualcuno non le parlava con arroganza. Anche Ismaele si tranquillizzò, si avvicinò a un gruppo di giovani e fraternizzò con loro. Era una carovana di mercanti di tappeti. «Mi chiamo Zoran e sono il capo della carovana», si presentò l'uomo che era rimasto vicino ad Agar. «Veniamo da molto lontano, dalla Caldea».

Agar rabbrividì. Era la regione dove era nato Abramo. «È una terra, che una volta era ricca e fertile, ma che adesso non offre più il benessere di una volta», spiegò Zoran dopo essersi dissetato. «Per questo ci stiamo dirigendo altrove. Ma voi, perché siete qui?».

Agar gli raccontò la sua storia e, quando finì, Zoran vedendo che aveva gli occhi umidi, rimase a lungo a guardarla in silenzio, cercò le parole per farle capire che comprendeva il suo dramma, ma non le trovò.

Non riuscì a parlare e, imbarazzato, si alzò per raggiungere i suoi uomini. «Questa donna», disse indicando Agar, «per noi sarà la principessa Agar: è la figlia di un re ucciso dai sumeri», mentì. Poi aggiunse: «Lei e il figlio Ismaele verranno con noi. Supereremo il deserto e ci dirigeremo verso la grande terra che il Mar Morto separa dall'Egitto. Preghiamo gli dèi che ci aiutino e ci proteggano».

Zoran era un uomo dal carattere chiuso, reso ancora più introverso dalla vita nomade, ma aveva modi gentili anche se decisi. Durante il viaggio, una sera si avvicinò ad Agar e le disse: «È da quando ti ho parlato il primo giorno che vorrei dirti una cosa: vuoi sposarmi?». Agar non osò rispondergli subito e provò una grande emozione perché, da quando era diventata una schiava, nessuno più si era rivolto a lei chiedendole rispettosamente qualcosa.

«Vuoi sposarmi, Agar?», ripeté la voce ancora più calda di Zoran. Lei non rispose ma si abbandonò tra le sue braccia gustando il calore di quel momento d'amore sempre desiderato e mai avuto. «Sì, lo voglio Zoran, lo voglio. Anch'io mi sono innamorata di te appena ti ho visto», disse d'un fiato. E in quell'abbraccio, Agar dimenticò il suo passato pieno di drammi.

Si sposarono e, il giorno dopo, la carovana partì. Gli uomini di Zoran con Agar e Ismaele oltrepassarono il deserto e arrivarono in una terra che, pur non avendo i verdi pascoli di Sichem, offriva ogni forma di benessere. Grazie alla loro abilità, da mercanti nomadi divennero un vero popolo. E dopo la morte di Zoran, fu Ismaele ad assumere il comando e così Agar gli consigliò di prendere in moglie una donna egiziana, figlia del capo della tribù locale dei Jurhum, signori di Mecca. Ismaele ebbe dodici figli: Nebaiot, Chedar, Adbeel, Mibsam, Misma, Duma, Massa, Cadad, Tema, Ietur, Nafis e Chedma. Furono dodici principi che dettero vita alla stirpe degli ismaeliti. "Proprio come ha detto Dio ad Abramo", pensò Agar stringendo tra le braccia il suo dodicesimo nipote. "Dio aveva annunciato: Ismaele diventerà una grande nazione da cui nasceranno dodici principi. E tutto si è avverato".

Lettore, Ismaele è considerato l'antenato illustre degli arabi del Nord.

Agar con Ismaele viveva giorni felici, mentre il turbamento e il rimorso continuavano a tormentare Abramo. "Come ho potuto cacciare mio figlio Ismaele?", si domandava arrovellandosi. "Che cosa farà senza di me? E sto per perdere anche Isacco; da quando ha capito che non rivedrà il fratello non mi parla più. E non parla più neppure con Sara".

Il mutismo di Isacco cominciò a essere preoccupante: tutti si accorsero che il ragazzo viveva in un mondo tutto suo e nel villaggio si cominciò a mormorare che aveva perduto la ragione.

Abramo continuava a invocare Dio per essere rassicurato, ma solo dopo molto tempo riuscì a sentirlo: proprio quando la sua angoscia aumentò e stava per trasformarsi in disperazione. «Abramo, Abramo...», chiamò Dio e la sua voce era severa, dura, imperativa.

«Eccomi... Signore», tremò Abramo inginocchiandosi, temendo che Dio fosse arrabbiato.

«Abramo», ripeté Dio deciso. «Prendi tuo figlio, il tuo unico figlio che ami, Isacco, va' nel territorio di Moria e offrilo in sacrificio su un monte che io ti indicherò».

«Signore... Non ho capito. Mi hai detto di offrirti in sacrificio Isacco?», si stupì Abramo che parlò balbettando, perché la sua mente rifiutava di comprendere quell'ordine.

Dio non rispose. Abramo sentì i denti battere con tale forza da procurargli dolore. «Mio Signore... Tu vuoi...». Poi un improvviso dubbio lo colpì. «Ma tu... Tu... Sei veramente il Signore mio Dio? Se lo sei non puoi chiedermi questo... No, non puoi... O mio Dio... Perché?». E scoppiò a piangere.

La voce di Dio non si fece più sentire. Abramo si torturò tutta la notte. Pianse finché trovò la forza di reagire. Poi si insinuò nella sua mente il pensiero che Dio volesse punirlo, ma non ne conosceva il motivo: "Non può essere che così", pensò. "Ho sbagliato, ho fatto qualcosa di male se adesso vuole togliermi il figlio che mi ha dato". Non pianse più e si sentì annientato. «Dio vuole le primizie in tutto», urlò per farsi ascoltare fino in cielo. «E come tutte le primizie anche i figli appartengono a Dio». E allora non ebbe più dubbi: sellò l'asino, chiamò il suo fedele Eliezer: «Dobbiamo andare sui monti», gli disse. «Vieni con me, portati un altro servo e carica l'asino con la legna». Poi svegliò Isacco. «Alzati, presto. Non svegliare tua madre. Dobbiamo andare sul monte per un sacrificio».

Isacco lo seguì e camminarono per tre giorni. Il terzo giorno Abramo vide il monte con la cima illuminata dal sole e capì che quello era il luogo scelto da Dio.

«Fermatevi qui con l'asino», disse a Eliezer e all'altro servo. «Io e Isacco andremo lassù sul monte per adorare Dio e poi torneremo».

Abramo caricò la cesta di legna sulle spalle di Isacco, prese la pietra focaia per accendere il fuoco, un coltello, e si avviò con il figlio verso il luogo scelto da Dio, camminando con la schiena curva e con le gambe stanche che barcollavano sotto il peso del suo corpo, invecchiato di colpo.

«Padre», disse Isacco che fino ad allora era stato in silenzio.

Abramo si stupì a sentire la sua voce dopo tanto tempo e si girò verso di lui, senza riuscire a sorridergli. «Figliolo, dimmi...».

Isacco continuò: «Padre mio, qui abbiamo il fuoco e la legna, ma dov'è l'agnello per il sacrificio? Lassù non ne troveremo».

«Isacco, non preoccuparti. Dio stesso provvederà all'agnello».

Quando raggiunsero la cima, Abramo costruì un altare e dispose la pira di legna. Poi guardò il figlio con gli occhi pieni di lacrime e di disperazione. Isacco, prima lo guardò con preoccupazione, poi con occhi velati dal dubbio, infine domandò con un sorriso rassegnato: «Sono io il sacrificio che Dio ti ha chiesto, vero?».

Abramo non rispose e voltò lo sguardo.

Isacco capì. «Allora sono io. Perché, padre?».

Abramo ancora non rispose e guardò in cielo sperando in una parola che lo svegliasse da quell'incubo.

Isacco sospirò. «E va bene. Se Dio ha deciso così, sono pronto. Fai ciò che devi fare, padre». E allungò le braccia per offrire le mani ai legacci. Poi si distese sopra la legna. Guardò per l'ultima volta Abramo e si lasciò abbracciare. Un abbraccio lungo, e tanti baci bagnati da lacrime. «Figlio... Figlio mio...». Isacco sorrise: «Non ho paura, se Dio mi vuole con sé. Ma mi dispiace lasciarti, padre». Abramo si staccò dall'abbraccio: «Chiudi gli occhi», disse. Afferrò il coltello, mirò dritto al suo cuore e alzò in alto il braccio per colpire. «Dio, faccio ciò che mi hai ordinato», gridò con un urlo disperato.

«Abramo, Abramo», la voce profonda di Dio lo fermò.

«Dio, eccomi», balbettò Abramo.

«Non fare del male a Isacco. Non abbassare la tua mano contro di lui e non fargli alcun male! Ora so che tu temi Dio, poiché non mi hai rifiutato neanche tuo figlio».

Il belato di un montone fece aprire gli occhi a Isacco che li aveva chiusi per non vedere il colpo mortale. «Padre, padre. Ecco il montone che Dio ci manda per l'olocausto. Non sono io il sacrificio che lui ti chiede», gridò.

«Sì, sì, figlio mio. È lui, è lui che verrà sacrificato», si agitò Abramo liberandolo dai legacci con il vigore che aveva ritrovato. Isacco corse a prendere il montone e Abramo scoppiò in un pianto questa volta di gioia. «Padre, accendi il fuoco», disse Isacco. «Dio aspetta questo sacrificio». Quando il montone fu ucciso, Isacco fece un profondo respiro: l'esperienza crudele lo aveva reso più sicuro. «Padre, riposati. Metterò in ordine tutto io. Riposati».

Abramo si sedette sulla grande roccia poco lontana per guardarlo muoversi, parlare, cantare. E in quel momento sentì ancora la voce di Dio: «Abramo, Abramo...».

«Tu, Signore... Ho sbagliato? Non ho ubbidito al tuo ordine? Vuoi ancora Isacco?». Abramo tremò.

«Abramo, hai dato a me una grande prova. Poiché tu hai fatto tutto questo e non mi hai rifiutato tuo figlio, il tuo unico figlio, io ti benedirò con ogni benedizione e renderò molto numerosa la tua discendenza come le stelle del cielo e come la sabbia che è sulla spiaggia. Perché tu hai obbedito alla mia voce».

Abramo e Isacco scesero dal monte sereni, raggiunsero i due servi e poi tornarono nell'accampamento dove Sara era stata per giorni in ansia.

La vita al villaggio riprese tranquilla, finché un giorno, ancora una volta Abramo dette ordine ai suoi uomini di prepararsi per un altro viaggio.

«Ci spostiamo ancora?», protestarono molti. Ma subito Eliezer, ormai considerato l'uomo di fiducia di Abramo, li zittì: «Se Abramo ha deciso così, avrà i suoi motivi».

«Andremo a Beer-Sheva», spiegò Abramo quando la carovana fu pronta per la partenza. «È un altro pezzo di terra che Dio ci ha dato ed è bene conoscerla».

Rimasero a Beer-Sheva per qualche tempo, ma poi il caldo torrido del deserto li spinse verso una terra più fresca, dove erano già stati; e arrivarono a Kiryat-Arba, cioè Ebron. «È questa la terra che Dio ha scelto per noi», disse Abramo guardando dall'alto di un colle tutta la pianura di Canaan.

«Ma non è terra nostra questa. Appartiene a Het e al suo popolo, gli ittiti», disse Eliezer.

«Eliezer, sei il solito uomo di poca fede. Se il Signore ci ha promesso questa terra, troverà anche il modo di donarcela».

Un grido li distolse da quei pensieri. «Abramo. Abramo... Sara...», urlò un uomo del villaggio.

Abramo capì subito e, quando arrivò alla tenda, i suoi occhi impietriti dal dolore non lasciarono uscire le lacrime: Sara era senza vita sul giaciglio, il viso pallido e disteso pareva sereno. «Dormi, amore mio», mormorò Abramo chinandosi ad abbracciarla. «Riposa, eri così stanca». Arrivò Isacco: «Madre», gridò chinandosi per abbracciare Sara, ma sentì invece l'abbraccio di Abramo che lo tratteneva. «Non così, non con questo impeto come se la stessi perdendo», disse Abramo. «Dio l'ha chiamata accanto a sé. Il suo corpo è qui, ma lei adesso è già più felice lassù».

«Padre, ma come faremo senza di lei?», Isacco scoppiò in un pianto convulso.

«Lavoreremo di più io e te. Tua madre ha avuto una lunga vita di sacrifici e di sofferenze. Dio non è mai stato generoso con lei. Ora ha avuto pietà e le ha aperto il regno dei cieli».

«Padre, il pensiero che non sarà più vicino a me però mi sconvolge».

«Lei ci sarà sempre, Isacco. Adesso più che mai. Devi avere fiducia in ciò che fa Dio».

Isacco restò in silenzio accanto al padre che gli accarezzava i capelli e gli baciava la fronte. «Tua madre è bella, anche da morta», mormorò Abramo.

«L'hai molto amata, padre?».

«Tanto, Isacco. E non ringrazierò mai abbastanza Dio per avermela data».

«Abramo devi dirci che cosa fare del suo corpo», li riportò alla realtà Eliezer con tono brusco. «Qui le usanze del luogo stabiliscono che i corpi dopo la morte siano bruciati».

«Non sarà bruciata. Il suo corpo non deve più soffrire», disse deciso. «Cercherò un luogo dove seppellirla.

Mi dicono che devo rivolgermi a Efron, figlio di Zocar l'ittita».

«Mia moglie Sara è morta a centoventisette anni», disse quando si trovò di fronte all'ittita e a tutta la sua tribù. «Sono stati centoventisette anni che ho vissuto sempre accanto a lei. L'ho vista nascere, l'ho vista crescere. Non ho mentito quando talvolta ho detto che era mia sorella. Sara è figlia di mio padre, ma non di mia madre. Per questo ho potuto sposarla. Abbiamo diviso tutto e lei è stata la mia fedele compagna, sempre. Per questo, chiedo a voi di concedermi un privilegio. So di essere forestiero e di passaggio, so che proprio per questo dovrei rispettare le vostre leggi. Ma vi prego, rispettate la mia età e il mio dolore. Concedetemi la proprietà di una tomba, di un sepolcro qui nella vostra terra, affinché possa deporre il corpo della mia sposa».

Gli ittiti lo ascoltarono in silenzio e poi Efron si fece avanti e parlò: «Ascolta, caldeo che vieni da Ur: tu sei fra noi un principe di Dio. Onora il corpo di tua moglie come meglio vorrai. Scegli pure il posto che preferisci. Nessuno di noi si opporrà perché tu possa innalzare il tuo sepolcro».

Abramo si alzò ancora, si inchinò davanti alla folla e tornò a parlare: «Se, come dici, avete acconsentito che io seppellisca mia moglie, e mi permettete di scegliere il posto, ti prego, cedimi la grotta che si trova a Macpela, vicino ai confini del tuo campo. Cedimela al prezzo che vale come mia proprietà in mezzo a voi».

Efron vide che gli sguardi di tutti erano su di lui. E così, senza tentennamenti, si rivolse ancora ad Abramo: «No, mio signore. Nessun prezzo. Quella spelonca che mi appartiene è già tua, te la regalo. Non solo: ti regalo tutto il campo che c'è attorno. Te lo regalo, adesso, qui, in presenza di tutto il mio popolo. Seppellisci pure tua moglie. E ti ringrazio di avere scelto quel mio terreno».

«Efron, caro, generoso figlio di questo popolo degli ittiti, ascoltami ancora», disse Abramo. «Io voglio pagarti il tuo campo. Non voglio che tu te ne privi senza ricavarne un guadagno. Dimmi il prezzo giusto e io sarò contento di seppellire mia moglie».

Un brusio si levò dalla folla. Gli sguardi, da Abramo, si spostarono su Efron: «Ascoltami: che cosa può aggiungere alla mia vita un pezzo di terreno che vale sì e no quattrocento pezzi d'argento? Che cosa vale quella cifra in confronto al piacere di farti un dono? Non preoccuparti, allora. Fai pure quello che vuoi di quella terra».

Senza più parlare Abramo fece segno a Eliezer di portargli la sacca con l'argento. Pesò i quattrocento pezzi e li consegnò a Efron. Un grande applauso sancì la compravendita. Così il terreno di Efron che si chiamava Macpela, di fronte alla terra di Mamre, e che comprendeva, oltre alla spelonca, tutto il campo e gli alberi fino ai confini intorno, divenne proprietà di Abramo.

Lettore, l'acquisto di quel terreno sancì il primo diritto di proprietà del popolo di Abramo a Canaan, nella terra promessa da Dio.

Sara fu così sepolta nella spelonca di Macpela, una fossa scavata nella pietra e poi coperta da un enorme sasso.

Alla sepoltura partecipò una moltitudine di gente. C'era anche una carovana proveniente dalla Caldea, la terra degli avi di Abramo, quella da cui egli era partito, per la volontà di Dio, alla ricerca della Terra Promessa.

Abramo ebbe così le notizie che aspettava da tempo. I suoi parenti si erano tutti sposati, qualcuno era rimasto vedovo e poi aveva avuto un'altra moglie, e tutti avevano dato vita a dinastie con prole numerosa.

«Figliolo, avvicinati», disse Abramo a Isacco. «Quest'uomo mi ha raccontato che mio fratello Nacor, ha avuto ben dodici figli. E questi hanno avuto già altri figli. La nostra ormai è una dinastia diffusa su tutta la terra».

«Mi piacerebbe conoscerli tutti, padre. Ormai il nostro è un vero e proprio popolo».

Abramo alzò gli occhi al cielo e disse: «Hai ragione, Isacco, le promesse di Dio stanno tutte diventando realtà».

Passò ancora altro tempo e Abramo cominciò ad avvertire il peso degli anni e a sentirsi debilitato sia nel fisico sia nel morale.

«Padre», gli disse Isacco. «Tu ormai passi la giornata tutto solo nella tua tenda. La notte per te è un incubo. Io sono costretto a stare lontano talvolta per giorni e giorni. Perché non scegli una donna del villaggio che ti possa fare da moglie, e che ti curi?».

«Ma figliolo! Tu mi stai dicendo di sostituire Sara, tua madre? Dovrei dividere il mio letto con un'altra donna?», si risentì Abramo.

«Padre, che male ci sarebbe? Allevieresti la tua solitudine. Ti manderò Chetura. È sola anche lei. Vi farete compagnia».

Chetura non era più tanto giovane ma era abbastanza

forte per occuparsi di Abramo e lo sposò, come Isacco aveva voluto. E Abramo da lei ebbe anche altri figli.

Il giorno in cui festeggiò il suo centosettantacinquesimo compleanno, Abramo, ormai sempre più stanco, convocò nella sua tenda il più caro dei servitori: «Eliezer, la mia vita ormai è alla fine», iniziò. «Tu sei stato il mio servitore più fedele, ma anche l'amico cui mi sono sempre rivolto per confidare i miei pensieri. Da qualche tempo, da quando a Macpela ho incontrato quella carovana proveniente dalla Caldea, ho una idea fissa nella mente. Tu sai tutto quello che accade nella mia tenda. Conosci i miei beni perché a te solo è stato permesso di gestirli. Ora, alla fine della mia vita, voglio chiederti un giuramento: non permetterai che mio figlio Isacco prenda per moglie una giovane di questo luogo. Voglio che sposi una donna che provenga dalla terra dei miei avi. Tu dovrai andare lì, al mio paese, e dovrai scegliere la moglie per Isacco».

«Signore, farò come tu mi ordini. Ma se la donna che dovessi scegliere non vorrà seguirmi? Dovrò portare Isacco in quel paese».

«Dubito che ciò avvenga. Il Signore Dio, che mi ha fatto arrivare qui, mi disse un giorno: "Io darò alla tua progenie questo paese". Quindi egli stesso ti aiuterà a prendere di là una moglie per Isacco. Se la donna non volesse seguirti, tu sarai sciolto da questo giuramento. Ma non devi mai neppure pensare di condurre là mio figlio. La nostra terra è qui».

Eliezer giurò: «Mio signore Abramo, porterò qui una moglie per Isacco. Giuro anche, qualora non volesse venire, di non portare Isacco lontano da questa terra».

Abramo, disteso sul giaciglio, accennò un sorriso di compiacimento. Poi con un filo di voce gli ordinò: «Prendi dieci cammelli, carica su di essi gran parte dei miei beni. Servitene durante il viaggio e poi offrili al padre della sposa in cambio della figlia. Eliezer... Di' a Chetura che deve lasciarmi. Voglio che vada via da questo villaggio con i figli che ha avuto da me. Isacco, quando non ci sarò più, non dovrà avere problemi».

Isacco vide Eliezer che caricava i cammelli. «Dove vai, mio buon Eliezer, con questi cammelli così carichi?».

«Parto, Isacco: vado lontano», fu evasivo Eliezer. La risposta incuriosì Isacco.

«Eliezer, dove stai andando?», e il tono fu così deciso che Eliezer dovette rispondere.

«Vado a cercarti una moglie».

«Una moglie, per me? Bella questa. Hai voglia di scherzare, Eliezer?».

«No, Isacco, tuo padre mi ha ordinato di andare nel paese dei caldei a trovare una giovane donna per te».

Isacco non aspettò che Eliezer finisse di parlare che era già nella tenda di Abramo. La sua ira si placò solo davanti al padre, ormai indifeso, con il respiro affannato e gli occhi chiusi. A Isacco parve stesse morendo. Abramo invece aprì gli occhi e sollevò leggermente la mano per fargli cenno di avvicinarsi. «Hai parlato con Eliezer?», disse.

«Sì, padre e mi ha...».

«Sì, sì, l'ho mandato io, Isacco. Tu devi...».

«Ma padre, vorrei scegliere io la donna che mi deve dare i figli».

«No, no, Isacco. Tu sei a capo del popolo eletto. Sarà Dio a scegliere per te».

«Ma se non mi piacerà?».

«Se non ti piacerà... Ma Isacco... Ti piacerà, ti piacerà. Dio farà in modo che ti piaccia».

Isacco non replicò, si affacciò dalla tenda e con un fischio attirò l'attenzione di Eliezer. Poi alzò il braccio e con il cenno della mano gli fece capire che era d'accordo: poteva partire.

Eliezer tornò qualche mese dopo portando con sé Rebecca, una bellezza statuaria con capelli nerissimi che scendevano giù per le spalle e con occhi pure nerissimi e vivaci. Era figlia di Betuèl, che era il figlio del fratello di Abramo, e di Milca. Ed era sorella di Làbano. Una famiglia, la sua, che aveva vissuto di lavoro e nel rispetto del prossimo.

Rebecca vide Isacco, per la prima volta, nella campagna prima di arrivare al villaggio. Parlava con la sua nutrice quando vide un giovane camminare pensieroso e subito sentì un sussulto al cuore. Fermò il cammello e chiese a Eliezer di aiutarla a scendere. «Chi è quell'uomo che passeggia e che ora viene verso di noi?», sussurrò curiosa.

«È lui. È il mio signore. È Isacco, il tuo sposo».

Rebecca restò turbata e subito si coprì il viso con il velo. «Non può vedermi così, oggi sono brutta», disse angosciata alla nutrice. «Non voglio che il mio futuro sposo mi veda così stanca per il viaggio».

Eliezer la presentò. «È Rebecca, figlia di Betuèl, nipote di tuo padre. È lei la sposa che arriva dalle tue origini, dalla tua stirpe come ha voluto tuo padre, e la donna che l'accompagna è la sua nutrice».

Isacco si avvicinò a Rebecca timidamente mentre notava compiaciuto la sua bellezza, che si intravedeva sotto il velo. "Assomiglia a mia madre", pensò e l'accompagnò nella tenda che era stata di Sara. «Qui sono nato io», disse. «E qui nasceranno i nostri figli».

«Forse», disse lei, «dovresti prima farmi conoscere tuo padre. Concedimi qualche minuto affinché mi renda presentabile».

Isacco uscì e la lasciò sola con la nutrice. L'aspettò e, quando lei comparve senza velo, arrossì per l'emozione. «Sei proprio bella», riuscì soltanto a dirle prendendola per mano e portandola da Abramo.

«Sara è tornata», fu felice Abramo pensando alla moglie scomparsa. «Sarai la nostra nuova regina».

Quella sera stessa Isacco raggiunse Rebecca nella sua tenda. La nutrice, prima di lasciarla sola, le aveva già spiegato tutto: «Vi dovete conoscere. Rebecca, da questa notte lui dormirà per sempre con te. Sarà il tuo sposo e tu lo renderai felice».

Per Rebecca era la prima volta sola con un uomo: «Mi farà male? Che succederà?», domandò.

«Stai tranquilla, piccola mia. Isacco sarà un buon marito e un buon amante per te».

Rebecca udì i passi di Isacco. La nutrice le dette un bacio, e le disse: «Spogliati nuda, stenditi sotto quella pelle», e uscì.

Isacco sollevò delicatamente il lembo della tenda. Il cuore gli batteva forte. Anche lui non aveva ancora conosciuto una donna. Cercò di calmarsi. Chiuse con cura la tenda alle sue spalle. La luce della lucerna illuminava il letto dove Rebecca era distesa. In silenzio, Isacco si mise accanto a lei sotto la grande pelle che la copriva. Sentì che era nuda e, come lui, anche lei tremava e aveva il respiro affannato. Si tolse la tunica e avvicinò il suo corpo nudo a quello di lei; e lo strinse, sentendo il calore della sua pelle che scottava toccando la sua. «Lo sai che sono innamorato di te?», le sussurrò facendosi ancora più stretto a lei.

Rebecca sorrise. «Così, subito?».

«Sì, sei bella come mia madre», rispose Isacco. «E l'amore che provavo per lei l'ho subito provato per te».

Allungò una mano ad accarezzarle prima i capelli, poi una guancia. Poi fece scorrere l'altra per accarezzarle il seno e il ventre. Sentì la pelle di Rebecca fremere al tocco delle sue dita. E si amarono.

Ma quella stessa notte in cui Isacco amò Rebecca, Abramo morì. Aveva centosettantacinque anni.

Isacco non pianse, perché aveva capito: «Grazie, Dio. L'hai fatto vivere finché avevo bisogno di lui. Ora che ho la mia famiglia, hai voluto premiarlo chiamandolo accanto a te e a mia madre Sara. Sì, qui era vecchio e stanco. Lassù sarà di nuovo felice. Grazie, Dio».

Il giorno della sepoltura giunsero al villaggio nei pressi del pozzo di Lacai-Roi, dove la tribù di Abramo si era stabilita, molti sovrani. Dalla lontana Arabia arrivò anche Ismaele alla testa di numerosi cavalieri. Dal regno di Elam, in Siria, arrivò Chedorlaomer, dal regno di Salem arrivò Melchisedec, da Gerar arrivò Abimelec. Perfino il Faraone mandò un suo emissario dall'Egitto.

Isacco e Ismaele si abbracciarono. «Sei cresciuto, Isacco», disse Ismaele. «Ti ho lasciato che eri ancora bambino».

«E tu sei sempre il mio grande e forte fratello».

Abramo, come aveva sempre sperato, fu sepolto accanto a Sara. Alla fine delle esequie, i sovrani omaggiarono Isacco. Alcuni vollero stringere una alleanza con lui e i suoi discendenti. Ismaele, prima di partire, lo abbracciò a lungo con grande affetto. «Un abbraccio ad Agar, tua madre», gli disse Isacco. «Senza rancore, Ismaele».

«Conta sempre su di me», confermò Ismaele. «Il nostro, anche se è diviso, è un unico popolo perché è nato da un unico padre: Abramo».

13

Isacco, come il padre Abramo, continuò a condurre una vita nomade, spostandosi nella terra di Canaan in cerca di acqua e di campagne fertili. Continuò anche a vivere in grandi tende realizzate con pelli di capra, resistenti alle intemperie, calde d'inverno e fresche d'estate.

Nel villaggio di Mamre a Lacai-Roi, vicino a Macpela, dove aveva deciso di stabilire il suo accampamento, al tramonto d'estate le tende improvvisamente si animavano. Le donne più anziane preparavano il fuoco per la cena, le più giovani andavano e venivano dal pozzo con l'acqua nelle anfore sperando di incontrare l'uomo da sposare.

Gli uomini si fermavano a chiacchierare negli spiazzi. I più anziani si sedevano sulla prima pietra davanti alla tenda a pensare o a parlare con mogli e figli.

Isacco, anche lui, dopo una giornata di lavoro sotto il sole infuocato, contemplava lo spettacolo di quel ritorno alla vita intorno alle tende nella tenue luce del tramonto, in attesa che Rebecca preparasse la cena.

Erano passati venti anni da quando si erano sposati e non era svanita la tristezza per quel figlio che tanto desideravano e che non arrivava. Quella sera, un venticello piacevole portava l'odore di rosmarino, di menta e di rucola assieme a suoni attutiti dalla distanza: muggiti, belati, latrati di cani, vocìo di pastori, tubare di piccioni e strida di uccelli, che volteggiavano nell'aria. Isacco, seduto a terra, teneva sulle gambe una tavoletta d'argilla e, in una mano, una cannuccia, che gli serviva da stilo, con la quale tracciava disegni che raffiguravano il diario della sua giornata.

«Isacco», lo distolse la voce di Rebecca. «C'è la minestra che ti aspetta».

«Finisco di scrivere e arrivo».

Rebecca uscì dalla tenda e gli si avvicinò cingendolo dalle spalle: «Che cosa scrivi?», domandò baciandogli i capelli.

«Tutte le cose che mio padre Abramo mi ha raccontato da quando sono nato. È importante che i nostri discendenti conoscano la nostra storia e la tramandino ai loro figli». Isacco sorrise, poggiò la tavoletta d'argilla a terra e si girò a baciarla. Poi ammise con un velo di rimpianto: «Vorrei essere colto come te. Purtroppo io faccio molta fatica: continuo a essere un semplice pastore ignorante. Non ho la tua cultura. Voi della Mesopotamia avete inventato questa scrittura "cuneiforme", ma sapessi come è difficile per me scrivere su queste tavolette che tuo padre Betuèl ti ha infilato nella sacca».

«Sei rimasto indietro. I mercanti che arrivano da Sumer scrivono ormai sui rotoli di papiro».

«Oh, no, Rebecca», sospirò Isacco. «Prima i pittogrammi, poi questi caratteri cuneiformi... adesso il papiro...».

Rebecca sorrise. Si avvicinò, gli scompigliò i capelli: «Ricorda che tu sei capo di un popolo: dovrai scrivere le leggi e comunicare con gli altri sovrani».

«Sono a capo di un popolo ma senza eredi», commentò amaramente Isacco. «Ci desideriamo, ci amiamo con passione, ma non riusciamo ad avere un figlio».

Rebecca si incupì. «Lo so, sono sterile», sospirò. «Non è colpa mia. E non so perché. Nemmeno Debora, la levatrice, riesce a capirlo. Dice che sto bene, che tutto è a posto, però i figli non arrivano».

«Rebecca, sarà quello che Dio vorrà», concluse rassegnato Isacco staccandosi da lei. «Ora mangiamo. Non sarai brava a fare figli, ma sei bravissima a cucinare», scherzò.

Le parole ferirono Rebecca. «Ora mangia da solo», disse indispettita. «Io no: non ne ho voglia. So bene che, ogni volta che fai l'amore, pensi che sia la volta buona. Lo so perché anche per me è così. E il pensiero dura anche dopo. Il desiderio è così forte che mi vedo gonfia e impacciata come una donna incinta. Sogno perfino di vedere crescere i figli e di vedere un giorno i figli dei nostri figli».

Isacco si alzò, la prese per le spalle e la fissò negli occhi. «I sogni si avverano ogni tanto, non credi?», domandò con tenerezza.

«Sì...», rispose con un sussurro Rebecca. «Vorrei tanto farti felice. Mangiamo adesso».

«È buonissima questa minestra», si complimentò Isacco.

«Te l'ho preparata alla mia maniera, con erbe e cipolle».

Mangiarono. Poi, come accadeva ogni sera, Isacco e Rebecca si distesero sul loro giaciglio per la notte.

Per quanto si sforzasse di mostrarsi tranquillo, Isacco era tormentato dal pensiero dell'erede. Aveva già sessanta anni e Rebecca quaranta. Spesso veniva colto da angoscia improvvisa e allora lasciava il campo di Mamre, si recava a Macpela sul sepolcro dei genitori e parlava come se fossero ancora vivi, davanti a lui: «Padre, madre, la mia angoscia diventa sempre più dura da sopportare. Mi avete messo a capo di questo popolo ma dopo di me che ne sarà della mia gente? Si disperderà e rischierà di essere fatta schiava. Tutti hanno figli tranne me. Ismaele, nato dalla schiava, addirittura ne ha dodici. Hanno occupato una grande regione al di là dell'Egitto e sono diventati un popolo enorme che va da Avila fino a Stur e all'Assiria. Anche i figli che hai avuto dalla tua concubina Chetura e che hai cacciato dalla famiglia, nell'Estremo Oriente, hanno formato un grande popolo. Soltanto io sono incapace di procreare. Perché, padre, hai voluto farmi nascere se adesso per colpa mia la nostra stirpe finirà?».

Un giorno gli uomini del villaggio, dopo averlo cercato a lungo, lo trovarono proprio lì, semiaddormentato sulla roccia del sepolcro. «Isacco, Isacco...».

Isacco sentì urlare il suo nome e aprì gli occhi spaventato. Poi vide i due uomini e li riconobbe. Erano agitati.

«Rebecca... Isacco... Rebecca è incinta...».

Isacco ancora intontito scosse il capo. «Che cosa? Rebecca... È incinta? Perché vi prendete gioco di me?».

«Debora, la levatrice, ha detto che è incinta e che è già avanti nel tempo».

«Un figlio mio?», Isacco li guardò, prima senza emozione, poi si rese conto che dicevano la verità e allora i suoi occhi si illuminarono. «Un figlio, un figlio», gridò correndo verso il villaggio con le forze che l'età gli permetteva. Nella tenda trovò Debora con Rebecca che stava distesa e si contorceva per i dolori. «Rebecca, è vero?».

«È vero, è vero», disse brusca Debora quasi a rimproverarlo. «Questa povera donna è incinta da cinque mesi e nessuno se ne è accorto».

«Diceva che aveva dei dolori al ventre».

«Invece era incinta. E non sarà una cosa semplice».

Isacco si avvicinò a Rebecca e, sopraffatto dall'emozione, la baciò sulla fronte, sulle guance, sulla bocca, incurante dei suoi lamenti. Le sussurrò tutte le parole più dolci che conosceva. «Da molto tempo avevo forti dolori al ventre», mormorò Rebecca. «Non te ne ho parlato perché temevo di avere un brutto male. Pensavo di morire. Avevo già scelto la donna che avrebbe dovuto sostituirmi accanto a te».

«Tu sei sempre stata una donna forte e un po' folle», la coccolò Isacco.

La gravidanza fu difficile. Nessuna cura riuscì ad alleviare i dolori lancinanti che sempre più frequenti tormentavano Rebecca. «Non capisco perché», disse un giorno Debora. «Sono preoccupata. Non ho mai visto una donna incinta soffrire così tanto. Ho paura che perda il bambino».

Rebecca sentì e, nonostante la sofferenza, urlò: «Mai, mai. Preferisco morire che perdere ciò che è dentro di me».

«Calmati», disse Isacco avvicinandosi premuroso. «Andrà tutto bene. Dio è con noi». Poi le bagnò la fronte con un panno umido. Rebecca gli strinse la mano e gliela portò sul suo ventre. «Senti, senti, amore mio. È come se ci fossero due teste. Una è qui e l'altra è qui sotto». E spostò la mano del marito vicino all'ombelico e poi più giù. Ho paura, Isacco. Ho paura che nasca un mostro».

«Stai tranquilla, qui c'è la testa del bambino e lì ci sono i suoi piedi».

«Sto male. Ancora male, Isacco. Aiutami». Rebecca vomitò.

«Debora, Debora. Rebecca sta male... vieni», urlò alla levatrice. «Che sta succedendo? Fai qualcosa».

Isacco uscì dalla tenda sconvolto. Fuori tutti udirono le urla strazianti e il pianto disperato di Rebecca. Per non sentire, Isacco si allontanò dal campo e si diresse verso Macpela. Lungo il cammino, trovò la forza di supplicare il Signore come faceva sempre suo padre, Abramo. «Dio, perdonami. Mi rivolgo a te perché sono disperato. Aiuta mia moglie. Lei è incinta perché l'hai voluto tu. Ora non puoi abbandonarla. Se abbiamo peccato contro di te, punisci me, non lei. Nel suo ventre è come se ci fossero due teste. Perché, mio Signore?».

A Isacco sembrò di sentire un tuono. Una folata di vento improvviso sollevò le foglie da terra e piegò le cime degli alberi. Alzò gli occhi e vide che il cielo era terso, senza nuvole. Pensò che fosse stato il latrato di un animale feroce. Si guardò attorno. Vicino al sepolcro di Sara e Abramo c'era una donna inginocchiata, che pregava appoggiata sulla fredda pietra della tomba. «Chi sei?», le disse Isacco toccandola sulla spalla.

La donna sobbalzò. «Mi chiamo Miriam», rispose timorosa.

«Perché sei qui? È il sepolcro dove riposano mio padre e mia madre...».

«Lo so bene», rispose la donna. «Abramo e Sara. Ogni giorno, quando il sole tramonta, vengo qui. Mi danno la forza per affrontare la vita. Vedo cose così atroci su questa terra che talvolta desidero morire, farla finita. E allora vengo qui a trovare conforto. Per tuo padre e per tua madre la vita non è stata sempre facile. Ma hanno lottato e vinto sempre. Sara era sterile eppure ha avuto un figlio in tarda età. Quel figlio sei tu, Isacco, non è così?».

«Sì, è così», rispose bisbigliando Isacco quasi a non farsi sentire. «Ma che fai? A chi appartieni?».

«Sono sola al mondo. Vivo qui in città, a Zoar. Sono brava a curare i malati e a fare nascere i bambini. Ho conosciuto tua madre: venne da me insieme con tuo padre. L'ho anche visitata perché non aveva figli. Io la rassicurai dicendole che prima o poi sarebbero arrivati perché lei non aveva problemi e Abramo ne aveva già avuto uno. Da allora però nella mia città nessuno più mi ha voluto come levatrice. Dicevano che mi ero sporcata le mani visitando una nomade, sì una ebrea».

«E con questo?», domandò irritato Isacco.

«Possibile che tutti voi, figli di Abramo, non capite che qui vi odiano? Vi considerano zingari e soprattutto intrusi. In verità sono soltanto invidiosi. Voi coltivate i campi meglio di loro, le vostre greggi producono più latte, tutto ciò che toccate diventa fertile e florido. Per non parlare del vostro Dio».

«Che cosa c'è che non va? Che cosa hanno da dire sul nostro Dio?», si adombrò Isacco.

«Avete portato lo scompiglio in queste terre. Qui tutti crediamo in tanti dèi che ci proteggono o ci puniscono.

Voi invece con sicurezza irritante dite che c'è un solo Dio. E che questo Dio guida il mondo. Vi considerano dei pazzi, degli esaltati. "Maledetti quegli ebrei", dicono quando parlano di voi». Miriam tacque: pensò di essere stata troppo dura. «Scusami, ma ti ho detto la verità». Anche Isacco restò in silenzio.

Lettore, devi sapere che per quei popoli il termine "ebreo" aveva più significati. La parola proveniva dal verbo "avar", che significa "passare", "oltrepassare", "andare oltre", e fu usata per spiegare l'impresa voluta da Abramo quando decise di "oltrepassare" la Mesopotamia, la terra dei due fiumi, Tigri ed Eufrate, per raggiungere la Terra Promessa. Abramo era inoltre discendente di Eber, a sua volta discendente di Sem, uno dei tre figli di Noè. Il termine ebreo, lettore, per alcuni deriva invece proprio da Eber e indica "colui che discende da Abramo". Gli ebrei erano quindi considerati stranieri e con tradizioni in contrasto con quelle dei popoli che incontravano.

Miriam capì che le sue parole lo avevano impressionato. «Ma non è stato soltanto perché avevo visitato una ebrea», precisò. «Per loro sono vecchia e non servo più. Nessuno vuole i miei servizi. Per farsi assistere, preferiscono le levatrici più giovani».

Isacco incrociò il suo sguardo e vide che si mordeva il labbro inferiore per non piangere. Le si avvicinò. «Mia moglie è incinta e sta molto male. Ho paura per lei».

«Se tu vuoi, posso venire a vederla. Se... Vuoi...», ripeté.

Isacco la aiutò a sollevarsi e senza esitazione le disse: «Vieni. Vieni con me».

Quando arrivarono nella tenda di Rebecca, Miriam disse decisa alle donne intorno a lei: «Lasciatemi sola».

Quando tutti furono usciti, si avvicinò a Rebecca e, d'impeto, le disse: «Tu aspetti due bambini».

«Due figli? Come è possibile? E poi non mi hai nemmeno visitato».

«Sì, due figli», confermò Miriam poggiando una mano sul suo ventre.

«Ma non mi hai ancora visitato», ripeté Rebecca.

«A me è bastato guardarti negli occhi. Tu sarai madre di due bambini».

«Tu... Tu sei una maga? Una indovina? Come fai a dire che avrò due gemelli?».

«Mi chiamo Miriam, non sono un'indovina. Ho capito dai tuoi occhi che dentro di te ci sono due creature. Ma ora preparati», disse brusca, «alzati la tunica perché devo visitarti». Poi prese una bacinella, si lavò le mani. «Sì, sono due gemelli», confermò. «Però possono anche non essere gemelli».

Rebecca si stupì di nuovo: «Se ci sono due figli nel mio ventre non possono che essere gemelli».

«Può anche darsi che tu sia rimasta incinta due volte nello stesso giorno. Comunque è un discorso difficile anche per me. Ti dico solo che può capitare».

«Per questo allora sto male da mesi? Non ho dentro di me un mostro con due teste?».

«No, no, stai tranquilla».

«Ma se saranno due femmine?».

«Saranno quello che il tuo Signore vorrà che siano. Ora cerca di riposare», concluse Miriam e spense la lucerna.

«Starò qui, ai piedi del tuo giaciglio questa notte», le disse. «Ma, prima, vado a raccontare tutto a tuo marito che sta qui fuori in pena».

Per Rebecca la notte non fu tranquilla. I dolori divennero ancora più violenti. Era come se i due figli, che aveva dentro al ventre, lottassero continuamente tra di loro. Rebecca si rivolse a Dio esasperata: «Perché questo? Signore, se è vero che aspetto due bambini e non un mostro, perché mi fai soffrire così?».

Le parve improvvisamente di sentire una voce. «Rebecca, sono il Dio di Abramo. Due nazioni sono nel tuo seno e due popoli dal tuo grembo si disperderanno; un popolo sarà più forte dell'altro e il maggiore servirà il più piccolo».

Rebecca restò sconvolta. "Non è possibile", pensò, "che Dio si sia degnato di parlare con me. Io sono niente". In quel momento i dolori divennero ancora più forti. Come aveva fatto prima, Rebecca pregò ancora. E i dolori, questa volta, svanirono.

La mattina parlò con Isacco che la rassicurò: «Rebecca, è stato proprio Dio a parlarti. Saranno due maschi. Dio ti ha parlato di due popoli, non è vero?».

«Sì», confermò Rebecca tremante per l'emozione.

«E allora saranno proprio due maschi. Soltanto i maschi possono essere a capo di una nazione. Comunque l'importante è che nascano», tagliò corto Isacco. «Poi quello che succederà lo vedremo. Dio solo sa quello che accadrà».

Quando arrivò finalmente il giorno del parto, le urla di Rebecca furono alte e strazianti e si udirono anche lontano dal campo. Nella tenda, Miriam e Debora erano agitatissime. Il parto si presentò molto difficile: il ventre gonfio di Rebecca si muoveva in continuazione come un sacco che tiene rinchiusi un cane e un gatto furiosi. A un certo punto Miriam si rivolse a Debora con voce decisa: «Scoprile il ventre e poi cerca di tenerla ferma il più possibile per le spalle. È giunto il momento di intervenire: tu scordati di avere occhi o orecchi».

Debora denudò il ventre e tenne ferma Rebecca per le spalle. Miriam, decisa, premette con forza le mani sul grembo e urlò: «Dai, bambini: è il momento di uscire. Forza, Rebecca, aiutiamoli».

Come se avesse obbedito a un ordine, Rebecca lanciò un urlo straziante. Le sue gambe inarcate e tutto il suo corpo, fino agli occhi, divennero un unico fascio di muscoli. «Così va bene, Rebecca... Li sento... Vogliono proprio uscire. Stanno lottando tra di loro dentro di te per trovare la strada. Ancora un po' e ci siamo. Vedo già la testa del primo. Ancora uno sforzo, Rebecca, e lo prendo. Sì, sì, così. Ancora».

Miriam si asciugò il sudore. Poi riprese: «Forza, ancora un po' e ci siamo». Debora le bagnò le labbra con una pezzolina bagnata. «Finalmente», gridò Miriam. «Ecco, l'ho preso. È mio, Rebecca. È rosso. Oh, mio Dio, è tutto rosso e peloso. Ah, sta uscendo anche l'altro dietro di lui, anzi è attaccato a lui. Gli stringe il calcagno come se non volesse perderlo».

«O anche per non farlo uscire prima di lui», commentò, con un sospiro di sollievo e sorridendo, Debora mentre tagliava il cordone ombelicale. Quando finì, Miriam le disse: «Ora fai venire il padre».

Isacco era già lì. Si era tormentato fuori dalla tenda ed era bagnato di sudore. «Sono nati?», domandò ansioso.

«Sono nati», rispose Miriam.

«Tutti e due?».

«Tutti e due».

«E stanno bene?».

«Benissimo. Uno è rosso e pieno di peli, l'altro ha i capelli neri».

Rinfrancato, Isacco cominciò subito a pensare ai nomi. «Chi è nato prima?», domandò guardando i suoi due piccoli distesi uno accanto all'altro.

«Quello con i peli è uscito prima», disse Debora.

«Lo chiamerò Esaù, che significa appunto "peloso". L'altro invece sarà Giacobbe, che significa "afferrare per il calcagno", proprio come ha fatto con Esaù».

«Isacco, desidero allattarli», disse Rebecca appena si riprese. «Portameli qui, vicino al seno».

Isacco guardò prima Esaù e poi Giacobbe. Li guardò anche Debora. «Sono bellissimi. Ma... Signore...», esclamò con stupore Debora, «... Questo qui è già circonciso!».

Isacco si avvicinò e osservò Giacobbe.

«Davvero strano», disse Isacco. «Non ho mai visto una cosa del genere. Forse è un segno della benevolenza del Signore. Dio, parlando a Rebecca, ha detto che questi due bambini da grandi formeranno due popoli. Per questo li ha fatti diversi. Uno è rosso e peloso, l'altro è già circonciso».

«Ma ha detto anche che uno sarà più forte dell'altro», commentò Rebecca preoccupata.

Isacco continuò a pensare che fosse un chiaro segno divino. «Sicuramente Dio ha dei progetti per Giacobbe», disse a Rebecca. «Ma perché, se il primogenito è Esaù, toccherà a lui guidare il nostro popolo?», si domandò perplesso. Poi si avvicinò a Miriam. «Ti dobbiamo tutto questo. Non c'è ricompensa adeguata per te».

«Un pasto caldo e un po' di pane mi bastano per tornare a casa», rispose Miriam raccogliendo i suoi pochi stracci sparsi nella tenda. «Per aiutare a partorire Rebecca, sono rimasta quasi nuda anch'io», aggiunse ridendo.

«Se, come mi hai detto, sei sola al mondo, perché non resti con noi?», propose Isacco con entusiasmo. «C'è già una tenda vuota vicino alla mia. Sia io sia la mia sposa saremmo felici, se restassi qui a prenderti cura dei bambini».

«Era quello che speravo di sentire», accettò Miriam felice. «Resterò con voi, con Esaù e con Giacobbe fino a quando morirò. Ormai non manca molto. Gli anni per me sono tanti».

14

Il tempo passò. Miriam morì quando Esaù e Giacobbe erano già adulti.

«Senza Miriam toccherà soltanto a noi occuparci dei nostri figli», commentò amaramente Rebecca con Isacco quella sera. «Sarà molto dura. Miriam riusciva a controllarli e loro l'amavano. Esaù e Giacobbe sono così diversi».

«Sì, sono proprio diversi», confermò Isacco. «Tanto è docile e tranquillo Giacobbe, tanto è vivace e quasi violento Esaù. Non sembrano fratelli».

«È proprio così, Isacco», ammise Rebecca. «Esaù non ama le regole. Non ha voluto neppure imparare a leggere. L'unica cosa che gli piace è correre per la campagna e la steppa e andare a caccia. Per non parlare del suo irrefrenabile vizio delle donne. Oltre che a caccia di animali, va sempre a caccia di cananee. Ho paura che proprio a causa di qualche donna si metta nei guai. Quando è lontano non sono mai tranquilla».

«Sì, sì, lo so», la rimproverò dolcemente Isacco. «Il tuo preferito è Giacobbe. Ma Esaù è il primogenito e quindi un giorno sarà il capo di questo nostro popolo. È bene che abbia un carattere forte e deciso. Sono fiero di lui».

«Il popolo ha bisogno più di un capo saggio che di un capo violento», ribatté irritata Rebecca. «Abramo, tuo padre, non lo avrebbe mai accettato. Tu sei troppo permissivo con Esaù».

«Non capisco proprio che cosa faccia di male. Esaù è giovane e si gode la sua età. Quando sarà il tempo, si assumerà le sue responsabilità. Ma adesso basta. Questa nostra discussione è inutile. Esaù è il primogenito. E sarà lui, che ti piaccia o no, a guidare il nostro popolo».

Rebecca non poté replicare perché un servo entrò di corsa nella tenda.

«Signore, signore, è successa una cosa terribile! Devi venire subito a Zoar, dove Esaù ha litigato con un uomo. Lo ha ridotto in fin di vita con un pugno. Stava per essere linciato: per fortuna sono arrivate le guardie a strapparlo alla folla».

Isacco impallidì, salutò Rebecca e seguì il servo.

Quando arrivò fu accolto da gente che gridava ostile: «Fuori, fuori dalla nostra terra. Andate via, siete barbari».

Isacco percorse il tragitto che lo portava alla prigione con preoccupazione. Ad attenderlo c'era anche il governatore del re Abimelec, che risiedeva a Gerar.

«Isacco, con Abramo, tuo padre, il re ha stretto un'alleanza e io non voglio romperla», disse il governatore con tono irritato. «Tu sai quanto la mia gente sia stata benevola con il tuo popolo. C'è stato un mio cittadino che ha regalato a tuo padre Abramo la terra di Macpela».

«Mio padre l'ha pagata quella terra», precisò Isacco.

«D'accordo, l'ha pagata. Ma il mio cittadino gliel'ha venduta».

Isacco fece con il capo il cenno di assenso.

«Ora invece tuo figlio Esaù ha passato ogni limite. Si

ubriaca e molesta le nostre donne. Oggi ha ridotto in fin di vita un padre che ha difeso la figlia che lui stava per violentare. Per la nostra legge deve essere punito con la morte».

«Perdonalo, signore, perdonalo. Non accadrà mai più, ricompenserò la famiglia della ragazza e ti pagherò i danni. Ma, te ne prego, signore, restituiscimelo: è il mio primogenito».

«Lo farò per il rispetto che devo a te in quanto figlio di un grande amico del nostro re Abimelec. Ma sarà l'ultima volta. Non potrò più essere clemente con lui se dovesse macchiarsi di un altro crimine. Sappi che era in compagnia di un amico e lui resta, sarà per sempre nostro schiavo. Gli faccio dono della vita soltanto perché non voglio che ci sia sangue tra di noi».

Il ritorno a casa fu burrascoso. «Il governatore di Zoar non ti ha punito, ma la punizione di Dio e la mia saranno durissime», minacciò Isacco. «La nostra gente non ha mai provato una umiliazione simile. Tu sei il mio primogenito: un giorno, dopo di me, guiderai questo popolo. Non puoi comportarti come l'ultimo dei miei schiavi».

Esaù ascoltò le parole del padre in silenzio. «Ho capito di avere sbagliato. Non succederà più».

Passarono altri anni. Un giorno Esaù tornò al villaggio dalla caccia arrabbiato e affamato. «Tutti gli animali sembrano svaniti nel nulla», si lamentò. «Soltanto le pulci del deserto si sono fatte vedere e sentire. Mi hanno massacrato», e scoprì il braccio per mostrare le punture degli insetti. Poi si avvicinò a Giacobbe, che stava uscendo dalla tenda con una ciotola di lenticchie fumanti, e urlò: «Ah, fratello, ho una fame da lupo. Non mangio da stamane».

«Perché urli, Esaù?», gli chiese Giacobbe. «Hai bisogno di qualcosa?».

«Certo che ho bisogno di "qualcosa", sennò perché urlerei? Ho una fame che mangerei un cervo intero. Studi tanto, Giacobbe, ma sei proprio lento a capire le cose. A te mancano le donne. Vieni con me in città e ti farò conoscere qualche cananea che ti svegli un po'».

«Non ne ho bisogno. Quando sarà il momento, incontrerò la donna che sposerò. Ma ti ho sentito urlare, che cosa vuoi?».

«Non hai sentito? Ho una fame maledetta. La caccia è stata un disastro, non ho ucciso nemmeno un'allodola e non mi reggo in piedi per la stanchezza. Hai visto se c'è qualcosa da mangiare in questa dannata tenda?».

«No, sono tutti andati a inaugurare un pozzo che nostro padre ha fatto scavare. Qui non c'è nessuno. Questa minestra di lenticchie l'ho cucinata io».

«Dal profumo si direbbe buona», esclamò Esaù. «È il colore che non mi piace: è rossa come il sangue».

«Se è per questo, non dovrebbe farti paura. Tu il colore del sangue lo conosci bene perché è il colore dei tuoi capelli e dei tuoi peli, tanto è vero che tutti ti chiamano "edom"». Lettore, infatti, "edom" si traduce "rosso" e i discendenti di Esaù vennero chiamati edomiti.

Esaù gettò via con stizza l'arco che aveva a tracolla. «Non ho voglia di mettermi a discutere con te, Giacobbe! Lasciami mangiare un po' di questa tua minestra rossa, perché sono affamato».

Giacobbe alzò le spalle. «Non mi importa né della tua stanchezza, né della tua fame. Questa minestra l'ho preparata io con le mie mani perché devo portarla a Eliezer, che è solo, vecchio e malato. Ormai è stanco di vivere. E questa minestra lo tirerà su».

«Sono più importante io di quel vecchio servo», disse Esaù con un tono che non ammetteva repliche. «Ormai è con un piede nella fossa».

«Abbi rispetto per i malati, Esaù. E poi Eliezer non è più un servo. Nostro padre l'ha liberato. Nel villaggio ha solo me. Se non ci fossi io, rischierebbe di morire di fame».

«Anch'io sto morendo di fame. Avanti, dammi questa minestra, Giacobbe».

«Possibile che tu pensi soltanto a te stesso?».

«Non mi importa nulla di quel vecchio. Dammi quella ciotola di lenticchie».

«Dimentichi che sei il primogenito e questo significa che, dopo la morte di nostro padre, dovrai essere tu a occuparti di me e del popolo».

«Ecco, io sto morendo di fame e tu mi parli del mio diritto alla primogenitura. A che mi serve? Se non a una piccola parte in più dell'eredità?».

«Bene, se non ti interessa, cedila a me. E in cambio ti darò questa ciotola di lenticchie».

«Affare fatto. Dammi la ciotola».

«Devi giurarmelo e subito».

«Giurare?».

«Sì», ribadì Giacobbe. «Metti la mano sul cuore e giura: "In cambio di una ciotola di lenticchie io cedo a mio fratello Giacobbe la primogenitura"».

«Cosa?».

Giacobbe, deciso, ritirò la ciotola dietro le sue spalle.

«Va bene, giuro», acconsentì Esaù. «In cambio della ciotola di lenticchie, io cedo a mio fratello Giacobbe la primogenitura».

Intanto si era formata una piccola folla. Giacobbe allora insistette. «Non va ancora bene. Davanti a questa gente devi giurare sul Dio di Abramo».

Esaù esausto ripeté: «Giuro sul Dio di Abramo che, in cambio della ciotola di lenticchie, io cedo a mio fratello Giacobbe la primogenitura».

«Ecco, così va bene», disse Giacobbe. «Tieni la ciotola di lenticchie. Anzi, ti vado a prendere un po' di pane e un po' di vino così potremo festeggiare il diritto di primogenitura che oggi tu mi hai venduto».

Esaù afferrò la ciotola e, affamato come era, la divorò. Poi mangiò il pane e bevve il vino. «Sono stanco», disse quando finì. «Vado a dormire».

Giacobbe corse a informare la madre. «Quello sciocco di Esaù mi ha ceduto il diritto della primogenitura».

«Ti ha ceduto la primogenitura? Mi stai prendendo in giro?», disse Rebecca incredula.

Giacobbe la abbracciò. «È vero», confermò con la voce che tremava per l'emozione. «È vero. Esaù ha giurato davanti a testimoni», e raccontò tutto alla madre.

Rebecca sospirò: «È brutto tutto questo. Ma se tuo fratello ha venduto il suo diritto di primogenito per un pugno di lenticchie, non meritava di averlo. Tuo padre si adirerà».

«Con me, mamma?», si preoccupò Giacobbe.

«No, figliolo: con Esaù. Ma temo che questa storia non finirà così», si rattristò Rebecca.

Isacco non fece in tempo ad affrontare i figli, perché improvvisamente si trovò di fronte a un problema ancora più grave: proprio negli stessi giorni, la terra di Lacai-Roi, intorno al villaggio di Mamre e alle zone vicine, fu colpita dalla carestia. La terra e gli alberi non produssero più alcun frutto e per la mancanza di piogge i pozzi si prosciugarono. La fame e la desolazione colpirono il popolo e, prima di consumare le ultime scorte di cibo, Isacco convocò un'assemblea degli anziani alla quale parteciparono anche Esaù e Giacobbe.

La tensione era alta. «Che cosa sta succedendo? Non ci sono più le stagioni? Dio ci ha abbandonato?», si domandarono gli uomini del villaggio in attesa di ascoltare Isacco. Ma anche lui era sconvolto e angosciato. «Non capisco perché Dio dopo avermi promesso questa terra, ora ce l'ha resa invivibile. E la mia decisione farà molto male a tutti», disse ai figli mentre con loro si avviava sul luogo della riunione.

«Amici», esordì Isacco parlando a voce molto alta per sovrastare ogni brusìo. «Ancora una volta il nostro popolo è costretto a lasciare la terra in cui abita per sopravvivere. Vi ho convocato per chiedere il vostro prezioso consiglio e decidere insieme il nostro futuro. Io ho fiducia: il Signore ha promesso ad Abramo che non ci avrebbe mai lasciato soli. Ora quale via dobbiamo prendere? Potremmo chiedere ai filistei e al loro giovane re, Abimelec, di ospitarci. Oppure andare a occidente e recarci in Egitto, come a suo tempo fece Abramo. Potremmo anche recarci a oriente, nella terra dei grandi fiumi, il Tigri e l'Eufrate, in Mesopotamia, e tornare nella terra dei nostri padri. Ma in questo caso dovremmo affrontare un viaggio molto lungo e incerto, sia per la nostra debolezza sia per le bande di predoni che infestano il cammino».

Un prolungato brusìo si udì per il campo. «Consiglierei di evitare di recarci dai filistei. Abimelec, il re, è ancora immaturo. Non è come il padre che ci rispettava e ci temeva», disse un anziano. E un altro aggiunse: «L'idea è da scartare perché siamo invisi ai filistei da quando Abramo comprò un pezzo della loro terra da un ittita arrivato dall'Oriente. E sappiamo tutti bene quanto i filistei odiano gli ittiti che stanno diventando sempre più prepotenti. Per non parlare poi di quell'incidente causato a Zoar da Esaù».

«È vero, Sibeon, le tue parole sono giuste. E allora che cosa proponi?», domandò Isacco.

«Io direi di provare a raggiungere la terra dei grandi fiumi, la Mesopotamia: è da lì che il nostro popolo proviene. Torneremo alle nostre origini. Lì non dovremo lottare per difendere le nostre tradizioni».

«No, non sono d'accordo con te, Sibeon. Sarebbe come ammettere di avere sbagliato tutto», intervenne un altro anziano, Iobab. «Sarebbe come rinnegare tutto quanto Abramo ha fatto».

«Hai ragione Iobab», concordò Isacco. «Sarebbe come dire che il nostro popolo non esiste più. E poi è un viaggio molto faticoso. Tanti di noi non riuscirebbero a farcela».

«Ecco», insistette Sibeon, «lo so che siamo deboli e affamati, ma, anche se dovessimo perdere qualcuno lungo il viaggio, il Signore ha detto ad Abramo che la sua discendenza "sarà numerosa come le stelle nel cielo". Quindi i più forti sopravviveranno e saranno loro il nostro futuro».

Giacobbe, in silenzio fino a quel momento, non si trattenne più e parlò. «Vorrei sentirti parlare così, Sibeon, se sapessi che tu e la tua famiglia o qualcuno dei tuoi amici dovessero morire nel corso del viaggio. Avresti il coraggio di sostenere la stessa idea o parli così perché, avaro e prudente come sei, hai messo da parte una grande quantità di cibo e quindi pensi di rivenderci la tua merce a peso d'oro durante il viaggio?». Giacobbe poi aggiunse: «Lo sanno tutti che hai fatto incetta di grano dagli ittiti lo scorso anno, pagandolo poco, e che adesso lo rivendi a peso d'oro».

«Io con gli ittiti commercio, mentre qualcun altro», e rivolse lo sguardo su Esaù, «è solo fonte di scandalo».

«Basta offese», intervenne Isacco. «È inutile sbranarci tra di noi. Ognuno ha qualcosa da farsi perdonare. Ma adesso dobbiamo pensare alla salvezza di tutti noi».

«Allora, decidi tu, Isacco», disse Iobab. «Noi siamo il tuo popolo. Lo siamo stati nel momento del benessere e lo saremo adesso nel momento della sofferenza».

«La tua saggezza è sempre preziosa, mio fedele Iobab», disse paterno Isacco. «La mia idea è questa: non ci allontaneremo di molto. Andremo a Gerar e parleremo proprio con Abimelec, il giovane re dei filistei. È nostro alleato e sono certo che, come fece il padre con Abramo, anche il figlio si mostrerà amico con me».

«Dobbiamo fidarci?», domandò perplesso Giacobbe. «Sono passati molti anni da allora».

«La tua prudenza è giusta, Giacobbe. Ma dobbiamo rischiare», ribadì Isacco.

«Io non sono d'accordo», intervenne Esaù con arroganza. «Per me...».

«Ti capisco Esaù», lo interruppe duro Isacco. «A Zoar il tuo comportamento ci ha creato nemici. Il governatore di Abimelec ti ha perdonato, spero che anche tu riesca a perdonare e dimenticare. Ora dobbiamo pensare al bene del nostro popolo. Proprio per questa missione nomino nostro amministratore Giacobbe. Dovete consegnare a lui tutti i vostri beni. Dal cibo alla mercanzia. Tu, Esaù, dedicati alla caccia. Da te e dai tuoi uomini dipenderà la nostra sopravvivenza per quanto riguarda il cibo».

Isacco guardò in silenzio la sua gente. Notò il loro scoramento, ma si rese conto che non aveva altra scelta, se non quella di affrontare un viaggio più lungo e più rischioso come sarebbe stato quello verso l'Egitto.

«A Gerar la terra è fertile e i frutti non mancano mai», rassicurò tutti Iobab.

Calò sulla folla un silenzio profondo. Gli anziani sembrarono colpiti a morte da quelle parole: sapevano che per molti di loro quel viaggio sarebbe stato l'ultimo.

Isacco sentì la testa girare vorticosamente, chiuse gli occhi per non cadere e fu in quel momento che il Signore gli parlò per la prima volta: «Isacco, hai deciso bene. Non scendere in Egitto, ma dimora nel paese che ti dirò. Rimani come forestiero in questa terra e io sarò con te e ti benedirò, poiché io darò a te e alla tua discendenza tutte queste regioni e manterrò il giuramento fatto ad Abramo. Moltiplicherò la tua discendenza come le stelle del cielo. Darò alla tua discendenza tutte queste regioni e in esse saranno benedette tutte le genti della terra, perché Abramo ubbidì alla mia voce osservando i miei ordini, i miei comandamenti, i miei statuti e le mie leggi».

Isacco sollevò la testa, spalancò gli occhi che gli brillavano di una luce mai vista e annunciò con voce decisa alla sua gente: «Non ci allontaneremo molto da qui. Andremo a Gerar, chiederemo ospitalità ai filistei di re Abimelec. Dio ci aiuterà: sarà lui la nostra guida. Preparate ogni cosa: partiremo entro due giorni. Per evitare i predoni, faremo una deviazione: allungheremo la strada ma saremo più sicuri».

Isacco, rassicurato dalla voce di Dio, non aspettò i commenti e confermò l'ordine di partire.

Arrivarono a Gerar in pieno giorno, dove gli uomini della città notarono subito la bellezza di Rebecca che, nonostante l'età e due figli, aveva conservato il suo fascino. «Chi è quella donna?», si domandavano al suo passaggio.

Isacco faceva finta di non sentire e, quando una guardia gli chiese chi fosse la bellezza che aveva accanto, rispose deciso: «È mia sorella».

«Scusami», disse poi a Rebecca che lo guardò stupita. «Tu sei un pericolo per me. Questi cananei sono pericolosi e viziosi, pur di averti, sarebbero pronti a uccidermi».

Il re di Gerar, Abimelec, fu informato del loro arrivo. «È il popolo di Abramo», gli spiegò Acuzzat, il comandante delle guardie. «A guidarlo ora è il figlio».

«Portatelo da me: voglio conoscerlo e parlargli», ordinò il re.

«Io sono Isacco, figlio di Abramo, capo di questa gente», disse. «A sud di Canaan, nei pressi di Ebron, la carestia infuria e siamo stati costretti ad abbandonare la nostra terra. Vi supplichiamo di accoglierci nella vostra come avete già fatto ai tempi di mio padre, Abramo. I nostri armenti e le nostre greggi rischiano di essere decimati per l'improvvisa siccità. Qui invece tutto è fertile e rigoglioso».

Abimelec si consultò velocemente con il vecchio Picol, il consigliere del padre al tempo di Abramo. Poi si girò verso Isacco con aria sorridente. «So che siete abili contadini e valenti pastori. Sarete utili anche a noi. Ti autorizzo a restare. Di sicuro riuscirete a rendere ancora più fertile questa terra. Inoltre, in ricordo dei nostri padri, ti accordo la grazia di piantare le tende in prossimità della città. Potrete però oltrepassare le nostre mura solo in piccoli gruppi. Non fate assembramenti ed evitate qualsiasi atto che possa turbare l'ordine pubblico. Ho saputo che cosa è successo a Zoar. Non tollereremo altri incidenti». Il re fissò Isacco a lungo. Poi con magnanimità lo esortò: «State sereni. I nostri popoli sono amici. Per qualsiasi cosa, contate pure sul nostro aiuto».

La carestia nelle terre vicino a Ebron durò a lungo e così il soggiorno di Isacco e del suo popolo a Gerar si prolungò: con grande soddisfazione di Abimelec che vide le sue campagne diventare ancora più rigogliose. «Anche il giardino della reggia è rifiorito come ai bei tempi di mio padre», commentò con Acuzzat, mentre dall'alto della finestra osservava gli uomini di Isacco lavorare. Vide anche arrivare Rebecca e si meravigliò mentre Isacco si appartava con lei dietro una siepe.

«Acuzzat, chi è quella donna che parla con Isacco?», domandò il re al comandante delle guardie.

«È sua sorella Rebecca».

«È una donna stupenda. Ha un fascino aristocratico degno di una regina».

Rebecca, dietro la siepe, ignorando di essere guardata, stuzzicò il marito. «Tu, Isacco, pensi che io sia ancora bella?».

«Per me sei bellissima».

«Lo dici soltanto per farmi piacere, non è vero?».

«No, Rebecca, lo dico veramente. Sei bellissima».

«E allora perché non me lo dici mai? Io sento solo gli apprezzamenti di questi filistei».

«Sì, li sento anche io e tu non immagini la mia rabbia».

«Però sento che non mi desideri più. Da molto tempo non dormi con me».

«Rebecca, amore mio, è il lavoro che ci separa. Io starei con te tutti i momenti della giornata, tutte le notti».

Isacco, non pensando di essere visto, si avvicinò e l'accarezzò sulla guancia, poi la baciò sulla bocca con passione.

Abimelec dalla finestra vide tutto. «Sarebbero fratello e sorella?», esclamò con sarcasmo. «Portatemi Isacco. Devo parlargli».

«Subito, signore», rispose Acuzzat inchinandosi.

Abimelec e Isacco si incontrarono nella sala delle udienze.

«Chi è quella donna che sta con te e che si chiama Rebecca?», domandò irritato.

«È mia sorella», rispose debolmente Isacco. «È una domanda alla quale ho già risposto».

Abimelec sorrise. «Strano. Non ho mai visto un fratello e una sorella scambiarsi tante tenerezze così... Ecco, calde».

«Ma, io...», Isacco arrossì.

«Isacco, perché mi hai mentito? Perché mi hai detto "è mia sorella"?».

Isacco lo guardò con occhi smarriti. «Perdonami. È la mia sposa. Ho temuto che, se non avessi detto "questa è mia sorella", qualcuno, per rubarmela e possederla, potesse uccidermi».

«È una menzogna che può costarti cara, Isacco. Perché mi hai ingannato così spudoratamente? Se qualcuno del mio popolo si fosse accoppiato con Rebecca, avrebbe rischiato la morte perché è una donna sposata. La legge dice infatti che la donna di un altro non può essere toccata».

«Sì, mio re, è così. Ma dice anche "a meno che il suo uomo non sia morto"».

«Capisco, Isacco», disse ancora il re, questa volta con tono pacato. «Darò ordine che chiunque tocchi la tua sposa, sia messo a morte. Vai ora e goditi Rebecca, Isacco. Sei un uomo fortunato: lei è una donna molto bella».

Per le strade di Gerar, tutti furono informati. Un banditore, preceduto dal rullo del tamburo, annunciò per ogni vicolo e per ogni campo l'ordine del re: «Cittadini di Gerar, il re, nostro signore Abimelec, ha ordinato: "Chiunque toccherà Isacco o sua moglie Rebecca sarà messo a morte"».

L'editto del re aumentò il rispetto non soltanto verso Isacco e Rebecca, ma anche verso tutto il suo popolo che continuò a lavorare senza soste, centuplicando il raccolto. Perfino il deserto intorno a Gerar cominciò a essere fertile.

«A memoria d'uomo non si era mai assistito a un prodigio del genere», commentarono gli anziani della città. Ma, con il passare del tempo, l'invidia sostituì l'ammirazione.

«Devo fare rapporto al re», decise un giorno Acuzzat. «Quei contadini sono riusciti a compiere una impresa ritenuta impossibile: perfino il deserto è diventato rigoglioso. Isacco sta diventando ogni giorno più ricco. Ho il timore che possa diventare più potente del re».

L'inquietudine cominciò a serpeggiare nelle strade di Gerar: capannelli di persone si formavano per protestare e si scioglievano all'arrivo delle guardie. Giorno dopo giorno però le proteste diventarono sempre più preoccupanti.

«Hanno dato a loro i campi più fertili, mentre i nostri sono tutti una pietra», si lamentavano i cittadini.

«Ma no! Sono degli stregoni. Non avete visto con che rapidità ha dato raccolto la loro terra?»

«Ora nelle loro sacche hanno oro e argento in quantità. Non gli manca niente e invece noi...».

«Non avete notato che si moltiplicano come topi? Non passa giorno che non nasca un bambino. Se resteremo inerti, saranno più numerosi di noi. Fino a qualche tempo fa, questi ebrei ci temevano. Ora hanno preso sicurezza e cominciano a guardare le nostre donne. I nostri dèi non vogliono che qualcuna faccia un figlio con quei "circoncisi"».

«Ma perché il re non interviene?», urlò uno più focoso degli altri.

«È per via dell'alleanza che suo padre strinse con Abramo», precisò un altro.

Due uomini arrivarono di corsa nella piazza urlando: «I pozzi... i pozzi... stanno avvelenando i nostri pozzi».

«Ma che dite? Siete impazziti?».

«È così. Lì nella campagna i nostri contadini sono furiosi. Uno di quei barbari, un certo Esaù, ha ordinato ai suoi uomini di inquinare i nostri pozzi con un veleno».

«E perché l'avrebbe fatto?».

«Per essere più forti di noi e costringerci a chiedere il loro aiuto».

Il furore esplose nella piazza. Poi un uomo cominciò a urlare: «Ai campi! Andiamo tutti ai campi! Scacciamo questi forestieri dalla nostra terra! Riprendiamoci i nostri campi! A morte Isacco e la sua gente!».

La folla, inferocita, cominciò a precipitarsi fuori dalle mura di Gerar.

«Acuzzat, si può sapere che cosa sta succedendo e perché nessuno mi ha informato? La folla è in fermento e voi state a guardare!», urlò il re.

«Mio signore», disse Acuzzat. «Dicono che la gente di Isacco sta inquinando i nostri pozzi».

«Che interesse avrebbe a farlo? Qui sono stati accolti come ospiti».

«Eppure è così, mio signore. Il nostro popolo li considera nemici...».

«È solo invidia...», commentò il saggio Picol.

«In effetti diventa oro tutto quello che toccano», confermò il re.

«La verità è che Isacco e il suo popolo fanno paura. Sono diventati tanto ricchi quanto numerosi. Potrebbero addirittura arrivare a pensare di dominarci», disse Acuzzat.

«Basta. Hai parlato abbastanza. Portami Isacco», urlò il re.

L'incontro tra Abimelec e Isacco fu breve. «Dovete lasciare questa terra. Il mio popolo non vi vuole più», urlò il re.

«Ma, mio signore...».

«Niente repliche. Dovete andare via», tagliò corto Abimelec girandogli le spalle.

Ancora una volta Isacco convocò il suo popolo. Alla spicciolata arrivarono tutti. Quando furono riuniti, cominciò a parlare. «Il nostro destino è quello di vagabondare. Purtroppo, amici, dobbiamo lasciare questa terra».

«Ma non è giusto», gridò uno.

«Abbiamo reso fertile perfino il deserto», protestò un altro.

«Capisco ciò che provate», ammise Isacco. «Anche io sto soffrendo come voi. A questa terra ci stavamo affezionando».

«E allora ribelliamoci. Non possiamo sempre sopportare umiliazioni».

Isacco alzò le braccia verso la folla e riprese il suo discorso. «Siamo ospiti in questa terra. Se non ci vogliono più, ce ne andremo. Ma questa volta ce ne andiamo ricchi e potenti. Possiamo resistere a lungo anche alla carestia. Andremo via da Gerar e ci fermeremo nella gran valle di Canaan, nella nostra terra».

La mattina seguente il popolo di Isacco levò le tende e si avviò, scortato dalle guardie del re, verso la nuova destinazione. Subito la gente di Gerar, si precipitò per impadronirsi dei campi, dei beni che avevano lasciato e, soprattutto, dei pozzi d'acqua. Quando arrivarono, rimasero stupiti perché non avevano mai visto niente di più bello: frutti meravigliosi, campi di grano ricchi di spighe, grappoli d'uva che sembravano cespugli, pozzi che contenevano acqua purissima...

Ma dopo una settimana, quando al mattino si recarono nei campi, li trovarono disseccati; i grappoli d'uva erano marciti; i pozzi erano colmi di sabbia. Stranamente le sentinelle, lasciate di guardia, non avevano visto e sentito nulla.

Fu informato immediatamente Abimelec: «Non riusciamo a capire come sia potuto accadere».

«Voi siete idioti», urlò re Abimelec. «Quella gente è protetta da un Dio speciale. Ho sbagliato a darvi ascolto. Mi recherò da loro come già una volta fece mio padre e chiederò perdono».

Isacco intanto aveva piantato le tende proprio nel luogo in cui Abramo e Abimelec il Vecchio avevano stipulato il loro antico patto d'alleanza, e cioè vicino al pozzo chiamato "dei sette". E una notte la voce di Dio tornò a rassicurarlo: «Io sono il Dio di Abramo, tuo padre; non temere perché io sono con te: ti benedirò e moltiplicherò la tua progenie per amore di Abramo, mio servo».

Con le parole di Dio Isacco ritrovò il suo entusiasmo e ordinò di innalzare un altare. Stavano lavorando quando Esaù arrivò trafelato: «I soldati di Abimelec vogliono attaccarci. Prepariamoci a difendere noi e le nostre donne».

«Nessuno osi toccare un'arma!», fu drastico Isacco.

«State calmi. Non abbiamo nulla da temere. Abbiamo rispettato i loro ordini».

«Ma padre... Ci sono i soldati...», tentò di protestare Esaù. Ma lo sguardo del padre lo agghiacciò.

«Basta, Esaù. La violenza non porta a nulla se non alla disperazione e tu dovresti saperlo».

In quel momento i cammelli di Abimelec e di Acuzzat si fermarono davanti alla tenda. Appena li vide, Isacco fu deciso: «Che cosa c'è ancora, re Abimelec? Abbiamo fatto quello che ci avete ordinato. Abbiamo lasciato la vostra città e le terre che avevamo reso fertili con il nostro sudore. Che cosa volete ancora? Il vostro odio allora è proprio senza limite? Abimelec, mi sorprendi. Proprio qui davanti a questo pozzo tuo padre e il mio giurarono la loro alleanza. E tu sai che questi pozzi ci appartengono».

«Isacco, non voglio la guerra. Sono venuto in pace. Ma capisco la tua diffidenza. So che cosa tu e la tua gente provate».

«Voi filistei siete invidiosi», urlò uno della folla.

«Silenzio», intimò Isacco allungando il braccio verso il suo popolo.

«Vi ho cacciato», continuò Abimelec, «ma ho sbagliato. Dopo la vostra partenza, la nostra terra si è di nuovo rinsecchita. Abbiamo capito che tu e il tuo popolo avete un Dio potente che vi protegge. Sono qui perché ho deciso di fare un nuovo giuramento».

«Io e il mio popolo abbiamo subito una grave ingiustizia», replicò Isacco.

«Ti chiedo di perdonarci. Sono qui come una volta

fece mio padre con il tuo. Sono venuto a rinnovare quell'alleanza».

Isacco si guardò attorno. I suoi uomini avevano già teso gli archi e aspettavano soltanto un ordine. Isacco fece invece un leggero cenno con la mano invitandoli ad abbassare archi e lance. «Non ci sarà la guerra tra di noi, re di Gerar. Siamo tornati nella terra del nostro padre Abramo e qui vogliamo vivere in pace».

Abimelec lo abbracciò. «Grazie, Isacco, ora rassicurerò gli uomini onesti della mia città. Sia pace tra me e te, come ci fu tra Abramo e mio padre».

«Pace, Abimelec. Che il Signore, mio Dio, sia con te».

La carovana del re partì e, quando scomparve, Isacco chiamò vicino a sé Rebecca, Esaù e Giacobbe. «Il mio compito in questo giorno si è compiuto», disse poggiando le sue mani sulle spalle dei due figli. «Questa terra è nostra, e davanti a questi pozzi facciamo un giuramento, a ricordo di questa nuova alleanza che il nostro popolo ha stretto con il re di Canaan».

Lettore, in questo stesso luogo, più avanti negli anni, sorgerà una città che prenderà il nome di Bersabea.

15

Passarono gli anni. Isacco diventò vecchio e la sua salute peggiorò. I suoi occhi si velarono per la cataratta.

Nel villaggio Esaù diventò sempre più prepotente. Aveva quarantun anni quando una sera si recò con gli amici a festeggiare nella città vicina al pozzo di Lacai-Roi. Dopo avere mangiato e bevuto, si appartò con due prostitute ittite, Giudit e Basemat e, dopo una notte di orge, decise di sposarle e di portarle al villaggio.

Rebecca, quando lo seppe, urlò al figlio il suo dolore: «Come hai potuto sposare quelle due prostitute? Tuo padre morirà per questo. Oltre che prostitute, sono miscredenti. Porteranno la maledizione di Dio nel nostro villaggio».

Lettore, a questo punto, hai capito che a quel tempo non esisteva ancora una cerimonia di nozze. Un uomo e una donna si conoscevano, facevano l'amore e già questo era un matrimonio. Tanto è vero che nella Bibbia si legge spesso: "si conobbero e generarono un figlio", intendendo così che l'uomo e la donna diventavano marito e moglie. Soltanto più avanti negli anni, come leggerai, il matrimonio sarà celebrato con un rito.

Rebecca non rivelò a Isacco che le mogli di Esaù erano prostitute. Ma non poté nascondere che fossero cananee e quindi donne di peccato perché credevano in molti dèi e non rispettavano le tradizioni del popolo eletto. «Non voglio sapere altro», disse sconfortato Isacco. «Non pensavo che il mio primogenito sposasse una cananea. Anzi due. La legge ci impone di sposarci tra di noi. E lui ha peccato contro Dio e contro di noi».

«Ma non dici altro?», disse con tono irritato Rebecca. «Isacco, con l'età hai perduto la ragione? Questo figlio ha venduto il diritto di primogenitura per un piatto di lenticchie e tu non hai detto niente, glielo hai restituito. Poi ha violato la nostra legge. Ha sposato due donne cananee, due idolatre che non accettano le nostre tradizioni, ha commesso ogni genere di violenza. È un vizioso e ha rischiato una condanna a morte. Insomma, è un uomo che ha dimostrato di non potere guidare il nostro popolo».

«Ma, Rebecca, è tuo figlio!», la guardò con tenerezza. «È nostro figlio», ribadì.

«Lo so. E tu non immagini che cosa c'è qui, dentro il mio cuore. Sono tante le notti che passo a piangere per lui. La mia disperazione non ha limiti. Ma io penso al nostro popolo, al futuro di questa gente che Abramo ha strappato alla loro terra con il miraggio di una vita migliore in una Terra Promessa dal nostro unico Dio. Questo è un popolo che ha sofferto tanto e adesso il futuro non può essere nelle mani di un capo come Esaù».

Rebecca finì di parlare e scoppiò in un pianto dirotto.

«Rebecca: è lui il primogenito. Se Dio lo ha fatto nascere per primo, avrà avuto le sue ragioni. Ti prego, quando ritorna, mandalo da me, voglio parlargli».

«Va bene», sospirò Rebecca e si asciugò le lacrime.

«Vado a chiamarlo. Ho visto che sta costruendo una casa di pietra con le due mogli, che non vogliono dormire in tenda come noi. Dicono che lo fanno soltanto i beduini nel deserto».

Rebecca uscì in fretta e piena di rabbia. Vide Esaù sul tetto della sua casa e lo chiamò. «Tuo padre vuole parlarti».

«Madre, vieni a vedere la mia casa? Ti piace?».

«Io non conosco altra casa che la tenda. Adesso vai da tuo padre», rispose decisa.

Esaù ubbidì. Isacco, che ormai non vedeva più, per capire che fosse veramente lui, lo accarezzò. «Sei proprio tu, figlio mio. Soltanto tu hai tanto pelo su tutto il corpo. Hai la pelle di un capretto», gli disse stringendo la mano tra le sue. «Ti riconoscerei tra mille altri uomini».

«Padre, mi hai fatto chiamare, perché?», lo interruppe Esaù.

«Figlio mio, io sono vecchio e ormai cieco. Non so quando morirò. Ma non passerà molto tempo. Ascolta, prendi il tuo arco e vai a caccia. Uccidi l'animale più bello e preparami un piatto saporito, come piace a me, affinché io ti benedica prima di morire».

«Ma, padre, che cosa dici?».

«Vai, figlio mio, vai. Il tempo che mi resta è sempre più breve».

Rebecca dietro la tenda sentì tutto. Chiamò subito Giacobbe. «Ora è arrivato il momento di agire», gli disse ansimando.

«È accaduto qualcosa? Come sta mio padre?», domandò in ansia Giacobbe.

«Ormai tuo padre ha centoventitré anni, la sua salute peggiora. Stammi a sentire. Ha chiamato Esaù e gli ha detto di portargli la più bella cacciagione e di preparargli una vivanda saporita. Gli ha detto anche che, dopo avere mangiato e bevuto, gli darà la benedizione al cospetto di Dio, prima di morire».

«Ma, madre, è giusto che sia così. È Esaù il primogenito».

«Fai come ti dico. Corri a prendere dal gregge il capretto più giovane. Poi portamelo subito e io preparerò a tuo padre una vivanda come piace a lui. Tu gliela porgerai dicendo di essere Esaù e lui ti impartirà la sua benedizione e, una volta che l'avrà fatto, non potrà più tornare sui suoi passi. Sarai il suo erede. È la nostra legge».

«Ma, madre, non mi sembra giusto!», obiettò Giacobbe.

«Vuoi che il nostro popolo cada nelle mani di un empio? Esaù è il primogenito soltanto perché è uscito dal mio ventre prima. Tu gli stringevi il calcagno. Quindi siete nati insieme. Eravate una sola cosa. Dio, lo sento, vuole che sia tu a guidare il nostro popolo».

«Come fai a saperlo? Te lo ha detto lui?».

«Io lo so. Ho sofferto quando ero incinta di voi. E una sera Dio mi è venuto in sogno e mi ha detto: "Due nazioni convivono nel tuo grembo. Due popoli dal tuo ventre si disperderanno. Uno sarà più forte dell'altro e il maggiore dovrà servire il minore". Sei tu il minore, Giacobbe. Dio ha scelto te».

«Ma gli ho già tolto una volta il diritto sulla primogenitura e mio padre gliel'ha restituito».

«Senti, Giacobbe, non possiamo andare contro la decisione di Dio. Fai come ti dico. E poi ricordati: Dio sa quello che fa. Se proprio non vorrà, farà in modo che quello che stiamo progettando non succeda. Vai ora, affrettati».

Giacobbe portò il capretto alla madre. E, mentre Esaù era a caccia, Rebecca preparò il cibo per Isacco.

«Madre, il tuo piano non riuscirà. Tu sai che mio fratello è molto peloso e io no. Se mio padre mi dovesse toccare, si accorgerebbe subito che non sono Esaù. Mi crederà un truffatore e mi darà la sua maledizione invece della benedizione».

«Senti, figlio mio, se dovesse andare tutto male, la colpa ricadrà tutta su di me e anche la sua maledizione».

«Madre, tu pensi che sia proprio giusto?», domandò ancora titubante Giacobbe.

«Sono sicura che sia giusto. L'ho capito quando siete usciti dalla mia pancia. Ma ora non perdiamo altro tempo. Esaù potrebbe tornare. Tieni, indossa questa tunica di Esaù, è sporca e tuo padre sentirà l'odore del suo sudore. Poi indossa la pelle di questo capretto. Se ti toccherà sentirà i suoi peli. Vedrai, non si accorgerà di nulla. I suoi occhi sono ormai spenti e, soltanto toccando con le mani, riesce a capire chi ha davanti. Non avere paura: vedrai, ti scambierà per Esaù. Ora prendi questa pietanza e portala a tuo padre. Vai».

Tremando, Giacobbe si avvicinò all'ingresso della tenda. «Eccomi, padre».

«Chi sei tu, Giacobbe o Esaù?».

«Io sono Esaù, padre, il tuo primogenito. Ho fatto come tu mi hai ordinato. Ti ho portato il piatto fatto con la mia cacciagione. Alzati, padre, siediti e mangia il cibo che ti ho preparato. Poi, se vorrai, mi benedirai».

Isacco si alzò barcollando. Prese il piatto dalle mani di Giacobbe, annusò soddisfatto il profumo del cibo e disse: «Hai fatto presto a trovare questa preda e a cucinarla, figlio mio!».

«Dio me l'ha fatta capitare davanti».

La voce di Giacobbe non convinse Isacco. «Avvicinati e lascia che ti abbracci, figlio mio, per sapere se tu sei proprio mio figlio Esaù».

Giacobbe esitò. Lo sguardo deciso della madre, all'ingresso della tenda, lo convinse ad avvicinarsi.

Isacco lo toccò, gli accarezzò il capo, il viso e le braccia. "La voce è quella di Giacobbe, ma i peli sono quelli di Esaù", pensò Isacco. «Sei proprio Esaù», disse poi convinto. «Anche se oggi hai la voce strana: come quella di Giacobbe».

«Sono rauco, ho preso freddo. Ma ora siediti, padre. E gusta il cibo che ho cacciato e cotto con le mie mani».

Isacco si sedette, assaggiò la carne di capretto dicendo: «È più buona di quella che cucina tua madre. Tu però non dirglielo», scherzò.

Isacco mangiò con gusto, ma con una lentezza che a madre e figlio parve un'eternità, e si pulì la bocca, mentre Giacobbe gli offriva anche del vino. Poi si rivolse al figlio: «Avvicinati e abbracciami».

Giacobbe si avvicinò al padre che lo abbracciò e, respirando l'odore della sua tunica, disse: «Sai sempre di capra», scherzò. Poi, sicuro di avere davanti Esaù, sorrise e impartì la benedizione solenne: «Ecco, l'odore di mio figlio è come quello di un campo che il Signore ha benedetto. Ti benedico, figlio mio. Che Dio ti dia la rugiada del cielo, e la fertilità della terra e in abbondanza frumento e mosto. Ti servano i popoli e si inchinino a te le nazioni. Sii superiore ai tuoi fratelli e i figli di tua madre si inchinino dinanzi a te. Sia maledetto chi ti maledice e benedetto chi ti benedice». Isacco si commosse: «Vai, ora, vai. Guida il tuo popolo e di' a tutti che Isacco ti ha dato la benedizione».

Giacobbe baciò la mano del padre poi, assieme alla madre, uscì dalla tenda. Il suo volto era sconvolto e rosso per la tensione. I suoi occhi erano umidi e pronti al pianto. «Madre, è sicuro che abbiamo fatto bene?», cercò conferma.

Rebecca era felice. «Figlio mio, adesso posso anche morire», esclamò abbracciandolo. In quel momento arrivò Esaù. Sulle spalle aveva un cervo. «Madre, la giornata è stata favorevole», disse con aria soddisfatta. «Prepara il fuoco perché devo cucinare il cibo preferito di mio padre».

Esaù dopo un'ora entrò nella tenda di Isacco con la pietanza profumata. Vide che dormiva sereno, gli si avvicinò, lo scosse. «Salve, padre, svegliati, ti ho portato la carne frutto della mia caccia».

«Ancora? Me l'hai già data, figlio mio», disse Isacco sorpreso.

Esaù pensò che il padre fosse fuori di senno. «Padre, sei stato tu a dirmi di portarti la carne della mia caccia».

«Ma chi sei?», domandò stupito Isacco.

Esaù alzò gli occhi al cielo e sbuffò: «Sono Esaù, il tuo primogenito».

Un tremito fortissimo scosse Isacco. «Io ho già mangiato la carne della caccia. E allora chi me l'ha portata? A lui ho dato la mia benedizione e ora nessuno potrà togliergliela».

«Sicuramente è stato Giacobbe», urlò Esaù.

«Figlio mio, che cosa ho fatto?», si disperò Isacco.

Esaù andò su e giù per la tenda come un animale ferito.

«Mio fratello ha carpito la benedizione con l'inganno... Ora l'ammazzo».

«Non osare alzare la mano su di lui, Esaù», lo fermò deciso Isacco. «Ormai non c'è più nulla da fare: Giacobbe è stato benedetto. E nessuno può più fargli del male. Gli ho detto infatti: "Chi ti maledice, sia maledetto!"».

«Ma non puoi benedire anche me? Non puoi fare qualcosa? Come puoi tollerare che io venga privato di tutto? Benedici anche me, ti prego».

«Non posso. Con la mia benedizione, io gli ho dato per servi tutti i suoi fratelli!». Esaù scoppiò a piangere e si mise a urlare la sua disperazione: «Io non servirò mai quel truffatore». Poi, sempre singhiozzando, implorò ancora: «Benedici anche me, padre mio! Benedici anche me!».

Isacco, impietosito, gli pose allora la mano sul capo e disse: «Ecco, la tua abitazione sarà priva della fertilità della terra e della rugiada che scivola dai cieli. Tu vivrai della tua spada e servirai tuo fratello; ma verrà il giorno che, andando errante, tu spezzerai il suo giogo dal tuo collo».

«Padre, vuoi dire che andrò via da questa terra?».

«Sarà così, figlio mio», concluse Isacco. «Ma ti dico anche che lontano da Giacobbe sarai principe nella tua nuova terra».

Esaù uscì dalla tenda con lo sguardo feroce di una belva. Vide Giacobbe e lo abbatté con un pugno. Giacobbe strinse i denti. «Te lo sei meritato con il tuo comportamento», gli urlò Giacobbe. «A te non importa nulla della nostra gente. Non rispetti le nostre leggi e le nostre usanze. Io ho meritato la benedizione di nostro padre».

«Taci, taci, avrò la tua vita molto presto», gli rispose Esaù prendendolo per il collo.

Si affrontarono e si avvinghiarono in una lotta all'ultimo sangue. Giacobbe stava soccombendo quando arrivò Rebecca. «Esaù, no, lascialo stare. Uccidendo Giacobbe, ucciderai tuo padre. E morirai anche tu. La maledizione di Dio ti colpirà».

Esaù si fermò. Si alzò, strofinò la tunica dalla polvere e poi si rivolse ancora al fratello: «Ti ucciderò. Quando morirà nostro padre, lo seguirai nella tomba».

Poi si rivolse alla madre con odio: «La colpa è tua, lo so. Tu hai sempre preferito Giacobbe a me. Ormai per te io sono morto, ma perderai anche l'altro figlio».

La collera di Esaù spaventò Rebecca che, la sera stessa, disse a Giacobbe: «Devi andare via da questo villaggio. Esaù vuole ucciderti. Fuggi, vai a Carran dalla mia famiglia. Lì c'è mio fratello Làbano, trattieniti lì per qualche tempo finché la furia di tuo fratello si sarà placata ed egli avrà dimenticato quello che hai fatto. Non voglio perdere nello stesso giorno le persone che amo di più: tu e tuo padre. Come hai sentito: Esaù mi odia».

«Non voglio andarmene. Non ho paura di Esaù».

«Invece devi».

Giacobbe non se ne andò. Restò a riflettere.

Rebecca lasciò Giacobbe e si ritirò nella tenda che divideva con Isacco. «Lo so che sei furioso per quello che Giacobbe ti ha fatto», gli disse accarezzandogli i lunghi capelli bianchi e sedendoglisi accanto.

Poi cercò di convincerlo a perdonare Giacobbe e, soprattutto, a farlo allontanare dal villaggio. «Ho paura che, come ha già fatto Esaù, si innamori di qualche cananea», disse avvicinandosi ancora più tenera a Isacco. E aggiunse: «Tu non sai come si comportano quelle cananee. Danno scandalo. Non voglio che accada lo stesso anche con Giacobbe, il figlio che tu hai benedetto».

«Sì, hai ragione», si convinse Isacco. «Se anche lui, che ho benedetto, sposasse una cananea, sarebbe la fine della nostra famiglia».

«Mandiamolo da mio fratello Làbano, a Carran, nella terra di Paddan-Aram, e diciamogli che deve trovarsi una moglie tra le sue figlie», suggerì Rebecca. «Così lo salveremo dalle trame di Esaù e gli daremo una sposa non cananea. Proprio come tuo padre Abramo ha fatto con te».

«Sì», fu d'accordo Isacco che, quella sera stessa, chiamò il figlio: «Giacobbe, ti perdono per quello che hai fatto a me e a tuo fratello. Dio ha voluto così. Ora ascoltami però: è tempo di avere una moglie. Ma non voglio che tu prenda una donna di Canaan come Esaù. Vai a Paddan-Aram, la terra di tua madre e di tuo nonno Abramo. Lì nella città di Carran c'è la sua famiglia. Presentati al fratello di tua madre, Làbano, e prendi una moglie tra le sue figlie».

«Mi stai dicendo di andare via? E allora perché mi hai dato la benedizione?», replicò addolorato Giacobbe.

«Devi andare a prendere una moglie, Giacobbe. Qui tutti ti aspetteremo».

Giacobbe, a malincuore, fece un cenno con il capo: «Va bene, padre», sussurrò.

Isacco lo abbracciò e, dopo avergli posato la mano sui capelli, disse: «Ti benedica Dio l'Onnipotente, ti renda tanto fecondo e ti moltiplichi così da diventare un'assemblea di popoli. E dia la benedizione di Abramo a te e alla tua discendenza, affinché tu possegga la terra delle tue peregrinazioni che Dio dette già ad Abramo».

Poi Isacco disse più deciso: «Quando sarà scesa la notte, parti immediatamente. Ho fatto preparare due cammelli carichi di provviste per te e di doni per tuo zio Làbano. Non dire nulla a nessuno. Qui anche i granelli di sabbia hanno le orecchie. Fai presto, Giacobbe. Da questo momento sei solo nelle mani del nostro Dio».

Quando, il giorno seguente, Esaù fu informato che il fratello era scomparso nel cuore della notte, venne travolto dall'ira. «Servi», urlò, «vi ho ordinato di sorvegliarlo, ma nessuno di voi si è accorto di niente. Se non ho ucciso mio fratello, ucciderò voi». Poi radunò gli uomini più fidati e ordinò di battere le strade in ogni direzione: «Nessun uomo», disse, «può sparire nel nulla. Seguitelo ovunque sia. Per quanto accorto, lascerà qualche traccia, e, quando lo troverete, tornate da me. Voglio essere io a ucciderlo».

Poi partì egli stesso, seguito da un manipolo di uomini. Galoppò senza sosta verso nord, fino a quando raggiunse il deserto di Paran dove viveva suo zio Ismaele, il figlio di Abramo e della sua schiava Agar. Quando raggiunse l'accampamento, chiese di essere immediatamente ricevuto. «Sono il nipote di Abramo, suo padre», disse a una guardia.

Ismaele era ormai molto vecchio, ma aveva ancora forza ed energia. «E così tu saresti mio nipote Esaù?», disse ricevendolo. «L'ultima volta che ho visto Isacco, è stato in occasione della sepoltura di Abramo. Perché sei venuto alla mia tenda? Deve essere successo qualcosa di grave altrimenti non saresti qui. Forse Isacco è morto?».

«No, Ismaele. Sono venuto qui perché le nostre storie sono simili e penso che, se unissimo le forze, potremmo vendicarci. Odio mio fratello Giacobbe come un tempo tu hai odiato mio padre, Isacco».

Esaù sfogò con Ismaele tutta la sua rabbia. Quando finì di raccontare ciò che gli aveva fatto Giacobbe, Ismaele lo confortò: «Sì, hai proprio ragione, la tua storia è simile alla mia. Caro Esaù, forse è tutto scritto nel nostro sangue. Dio aiuta alcuni e condanna altri. Ma non è giusto. Per colpa di mio padre Abramo e di mio fratello Isacco, ho avuto la vita rovinata».

Esaù rimase colpito dalle parole di Ismaele e si confidò: «La mia unica colpa è stata quella di avere sposato due donne cananee. Dicono che sono idolatre e che lo sarei diventato anche io. Ma non è così. Almeno non è del tutto così. Nel mio cuore io credo ancora nel Dio dei nostri padri. Certo, talvolta è così difficile. Nonostante le promesse che ha fatto ad Abramo, il nostro popolo continua a essere ramingo e non trova mai pace. Molti ci odiano e ci chiamano "ebrei", perché ci considerano sempre degli stranieri».

«È una vecchia storia, caro Esaù», lo confortò Ismaele,

«che risale ai tempi in cui Abramo convinse la sua gente a lasciare la Mesopotamia per la Terra Promessa». Ismaele si fermò. Poi gli domandò: «Come posso aiutarti?».

«Ho pensato che per guadagnare meriti agli occhi di mio padre, dovrei sposare una donna che non sia cananea. Ho pensato a una tua figlia».

«Una delle mie figlie?», disse sorpreso Ismaele. Poi sorrise: «E perché no? Ti darò Basemat. Sarò felice di sapere che sarai stato tu, un figlio di Abramo, a renderla donna. Organizzeremo un grande banchetto all'accampamento di tuo padre». Poi improvvisamente Ismaele tornò serio. «Ho una idea, mio caro nipote: perché non uccidi tuo padre prima che Giacobbe torni? Così in sua assenza diventerai tu il capo del tuo popolo».

Esaù lo fissò incredulo e sentì un brivido corrergli lungo la schiena. Si scrutarono a lungo, poi Esaù disse con un filo di voce: «Caino ha ucciso suo fratello Abele, ma non c'è mai stato un figlio che abbia ammazzato il padre. No, no, non lo farò mai. Tutto potrei fare, ma uccidere mio padre no... No».

«E per quanto riguarda Giacobbe?», chiese improvvisamente gelido Ismaele.

«Sì, lui... Lo ucciderò. Di lui mi occuperò io. Ho detto a tutti che lo avrei ucciso e lo farò».

«Va bene, va bene. Vedremo», disse poi Ismaele alzandosi. «Seguimi: ti presenterò la tua sposa». Fece appena in tempo a fargliela conoscere, perché quella notte stessa ebbe un malore e morì.

Quando la nuova sposa arrivò nell'accampamento di Isacco, non fu accolta come Esaù pensava. «Come hai potuto portare nel villaggio di tuo padre la figlia di un uomo che Abramo aveva cacciato?», lo rimproverò Rebecca. «Hai portato la vergogna nel nostro villaggio. Dio ti punirà».

Intanto Giacobbe continuava a viaggiare verso Carran. E una notte, mentre dormiva sulla nuda terra, fece un sogno. Gli apparve una scala che, con la cima, arrivava al cielo. Gli angeli di Dio salivano e scendevano per la scala. Alla sommità c'era il Signore che gli diceva: «Io sono il Dio di Abramo e di tuo padre Isacco. Io darò a te e alla tua stirpe la terra dove tu ora riposi. E la tua stirpe sarà come la polvere della terra; ti estenderai a occidente e a oriente, a settentrione e a mezzogiorno, e in te e nella tua stirpe, saranno benedette tutte le tribù della terra. Ed ecco, io sono con te; ti custodirò dovunque andrai, e ti ricondurrò in questa terra, poiché io non ti abbandonerò finché non avrò compiuto quanto ti ho promesso».

Giacobbe si svegliò confuso ma rassicurato. Si guardò attorno e scoprì che i cammelli con il loro carico erano scappati per lo spavento. In quel momento però ciò che vide gli fece dimenticare ogni amarezza. Davanti a lui c'era un paesaggio meraviglioso: montagne verdi lussureggianti, prati per il pascolo immensi. All'orizzonte il mare si estendeva nell'infinito. "Questo è il Paradiso", pensò Giacobbe mentre il suo viso si illuminava dalla gioia. "È la terra più fiorente e più bella che abbia mai visto. Il Signore era in questo luogo e io non lo sapevo. È venuto lui stesso a dirmelo. Questo è un luogo sacro e qui c'è la porta di Dio. Chi vorrà salire a lui deve passare da qui"».

Prese allora la pietra che gli era servita per cuscino, la pulì dalla terra, la girò e la mise in piedi come una stele sacra a ricordo della visione e poi ci versò sopra un po' d'olio. «Questo luogo non si chiamerà più Luz ma Betel», disse.

Significava, lettore, "casa di Dio".

Poi alzò le sue braccia al cielo per un voto: «Se Dio sarà con me e mi proteggerà in questo viaggio e mi darà pane da mangiare e vesti per coprirmi e se io tornerò sano e salvo alla mia casa paterna, farò diventare questa pietra, di cui ho fatto un monumento, una casa di Dio e, di ogni cosa che mi concederà, io e i miei discendenti offriremo a lui la decima parte».

Lettore, Betel esiste ancora oggi e si trova diciotto chilometri a nord di Gerusalemme e a ottocentonovantaquattro metri dal Mare Mediterraneo.

16

Giacobbe camminò a lungo come in estasi. La visione della terra che Dio gli aveva mostrato aveva reso il suo passo leggero. Il sole era ancora alto quando si trovò in una campagna verde di erba da pascolo estesa davanti a una città. Vide una lunga fila di uomini e donne fermi davanti a un pozzo coperto da un grande masso. Poco lontano greggi e bestiame attendevano di bere, mentre i pastori chiacchieravano allegri con gente che portava con sé anfore e orci.

Lettore, devi sapere che i pozzi d'acqua per le diverse tribù erano il luogo d'incontro e avevano una grandissima importanza sociale: era qui che i nomadi si scambiavano merci e informazioni, si conoscevano e si raccontavano le loro vicende ed era qui che si combinavano anche i matrimoni.

Giacobbe si avvicinò e chiese sorridendo: «Fratelli, di dove siete?».

«Sei arrivato fino a qui senza sapere dove andavi?», rispose insolente uno del gruppo.

«Sì, è così», confermò sorridendo Giacobbe, «ma ho fatto un lungo viaggio e sono talmente stanco che ho perso il senso dell'orientamento. Non so in quale terra sono».

«Non badargli», intervenne un altro, «a Iamin piace scherzare. Siediti con noi: quella città che vedi è Carran».

«Carran? Siamo quindi nella terra di Paddan-Aram?».

«Sì, proprio così. Benvenuto fra noi, straniero».

«Allora il mio viaggio è finito», confermò con un largo sorriso Giacobbe. «Scusate ancora, conoscete Làbano della famiglia di Nacor, figlio di Betuèl?».

«E chi non conosce Làbano? Queste greggi radunate qui sono di Làbano e noi siamo uomini a lui sottoposti».

«Ma tu chi sei?», domandò il pastore incuriosito. «Dalla polvere dei tuoi abiti si capisce che vieni da molto lontano».

«Sono un pastore come voi. Arrivo da Canaan».

«Può arrivare qualcosa di buono da Canaan?», commentò acido il pastore Iamin.

Giacobbe lo guardò turbato: «Le mie origini non sono di quella terra. I miei padri sono nati da queste parti. Mio nonno Abramo era di Ur».

«Tu fai parte della famiglia di Abramo!», si meravigliò il pastore. «Perdonami, allora, se sono stato sgarbato con te. Il ricordo di Abramo qui è ancora vivo».

«Non preoccupatevi. Il mondo non muterà per questo», fu comprensivo Giacobbe. Poi notò che il pozzo era chiuso e le pecore chiedevano acqua.

«Scusatemi, mi sto chiedendo perché non aprite il pozzo per abbeverare il gregge. Anche io ho sete».

«Per sollevare quella grossa pietra dal pozzo, ci vogliono dieci persone. Stiamo aspettando che arrivino altri pastori con le loro greggi».

«Perché allora è stata messa una pietra così grande?».

«L'acqua è sempre più scarsa e così abbiamo chiuso il pozzo con questo grande masso perché nessuno la sprechi.

Ora stiamo aspettando che arrivino altri per aprirlo. Se vuoi prendere dell'acqua, amico, dovrai aspettare anche tu».

«Forestiero», lo chiamò un pastore seduto ad aspettare. «Hai chiesto di Làbano? Ecco, guarda, sta arrivando una delle sue figlie con il gregge. È Rachele, la più piccola». Poi il pastore si rivolse agli altri: «Ehi, gente», urlò chiamando a raccolta quelli che si attardavano. «Allora mettiamoci tutti insieme a sollevare questa pietra».

L'uomo non finì la frase. Giacobbe, dopo avere visto Rachele, per farsi notare da lei, lanciò un urlo e si slanciò verso il pozzo, poi, raccogliendo tutte le sue forze, afferrò con le mani la pietra e, da solo, la sollevò. «Ma come hai potuto?», domandò stupito Iamin. Poi i pastori in silenzio raccolsero l'acqua nei loro orci, abbeverarono le pecore e, quando Rachele si avvicinò, si allontanarono.

Rachele prima si dissetò, poi riempì di acqua gli abbeveratoi per le pecore e finalmente alzò, fiera, lo sguardo verso Giacobbe. «Sei forte», gli disse ammirata.

Giacobbe restò colpito dalla bellezza del suo volto. Gli occhi scuri, le lunghe ciglia e i capelli lunghi gli ricordarono sua madre e così, spinto da un impulso irrefrenabile, la baciò con passione sulla bocca.

Lei, sorpresa, lo lasciò fare, anzi per un attimo a Giacobbe parve che rispondesse a quel bacio. Poi con uno scatto lo spinse lontano. «Che fai?», gli disse stizzita. «Sei impazzito?».

«Ti chiedo scusa. Scusa, Rachele», disse imbarazzato, a bassa voce.

«Conosci il mio nome?», le domandò sorpresa. «Non ti ho mai visto qui».

«Sono Giacobbe, figlio di Rebecca, la sorella di tuo padre. Arrivo da Canaan».

Per la gioia, l'emozione, e, forse, anche un po' per la vergogna di avere ceduto al bacio, Rachele diventò rossa in viso. «Vieni, seguimi, ti porterò da mio padre. Ma ti prego, non starmi vicino... Chissà che cosa penserà adesso la gente di me. Qui da noi certe cose sono considerate riprovevoli...».

«Ti chiedo ancora scusa, Rachele. Non ho pensato a quello che facevo».

Rachele gli sorrise: «Da questa parte, seguimi. Corro subito a informare mio padre e i miei fratelli».

Giacobbe la guardò allontanarsi. "Non so che cosa mi abbia preso", pensò. "Ma quando l'ho vista ho subito desiderato di baciarla. L'ho vista fiera, quasi sfrontata. Invece è spaurita e tenera. Ora il mio desiderio per lei è ancora più forte".

Rachele raggiunse il villaggio di corsa, arrivò a casa trafelata e gridò, appena vide Làbano: «Padre, padre!».

«Che cosa c'è, Rachele? Ti è accaduto qualcosa di brutto?».

«No, padre, no. Lì, al pozzo, ho incontrato un uomo... Si chiama Giacobbe... Dice di essere il figlio di Rebecca, tua sorella».

«Rebecca? Il figlio?», Làbano restò perplesso. «Ma vivono nella terra di Canaan. Come è possibile che sia qui?».

«Mi ha detto che è il figlio di tua sorella», confermò Rachele. «Non so che dire. Di certo è molto bello».

Làbano la guardò stizzito. «Sei la solita sfrontata. Ora

vedremo se è davvero mio nipote o un truffatore», tagliò corto. Poi fece cenno al servo di seguirlo.

Làbano a Carran era una persona molto rispettata. Era proprietario di molte terre e di numerosi greggi e armenti. Tutti lo consideravano onesto e rispettoso della legge. Ma aveva una debolezza: l'avidità.

«Ho saputo da mercanti che questi figli di Abramo sono diventati molto ricchi e potenti», disse al servo che gli era accanto. «Corriamo incontro a questo Giacobbe, accogliamolo come merita».

Lo videro avvicinarsi.

«Sei tu Giacobbe? Quello del pozzo...?», Làbano lo guardò deluso. L'uomo che gli era davanti aveva la tunica a brandelli, il volto sporco di fango, i piedi senza calzari pieni di croste sanguinolente, la barba incolta.

«Sì, sono Giacobbe, figlio di Isacco e di Rebecca, tua sorella».

Làbano si guardò attorno, vide che nessuno in quel momento guardava e con riluttanza lo abbracciò. «Entriamo in casa», disse continuando a osservarlo perplesso. Giacobbe notò la sua freddezza, raccontò le vicende che gli erano capitate durante il viaggio e concluse dicendo: «Mi è rimasto soltanto questo anello, dono di mia madre. Mi ha detto di mostrartelo e di regalarlo alla donna che sarà mia sposa».

Làbano guardò l'anello e lo riconobbe: era proprio quello che la madre, Milca, aveva regalato a Rebecca quando aveva lasciato la casa per seguire Isacco. Solo allora Làbano si convinse che quell'uomo trasandato era davvero il figlio della sorella. Lo abbracciò di nuovo, ma questa volta con più trasporto. «Sei proprio tu, Giacobbe, il figlio di Rebecca. Ora so che tu sei davvero ossa delle mie ossa e carne della mia carne. Dimmi, dimmi: come sta Rebecca? E tuo padre Isacco?».

Làbano lo tempestò di domande e Giacobbe rispose a tutte. Fu Rachele a interromperli. «Padre, forse Giacobbe ha bisogno di rinfrescarsi», disse premurosa guardandolo ammirata.

«Hai ragione, figlia mia. Perdonami, Giacobbe, è stata tanta la gioia di vederti che ho dimenticato i doveri dell'ospitalità». Poi ordinò ai servi: «Lavatelo e vestitelo. È sangue del mio sangue».

Quando Giacobbe si allontanò, domandò a Rachele: «Che cosa pensi di lui, figlia mia?».

Rachele arrossì: «Niente, padre. Ho visto che ha una grande forza. Ha sollevato la pietra del pozzo da solo».

«Da solo? Ci vogliono dieci uomini per quella pietra. Non sembra tanto forte».

«Invece lo è. E poi è molto gentile».

Giacobbe fu lavato e vestito. E quando fu pronto tornò da Làbano: «Ecco. Ora sono presentabile», disse con un largo sorriso.

«E questa è la mia famiglia. Ecco le mie due figlie: Rachele, la minore, la conosci già, e lei, invece, è Lia. Questo invece è Terach, il mio primogenito».

«Si chiama Terach come il padre di Abramo?».

«Proprio così. Qui abbiamo ancora l'usanza di tramandare i nomi dei nostri avi. Invece voi della nuova generazione avete perduto questa nostra nobile usanza».

«Però i nostri sono nomi che hanno un significato e che

ricordano un momento importante della vita. Io, per esempio, mi chiamo Giacobbe che vuole dire "tiene stretto il calcagno", perché quando sono nato stringevo con la mia mano il calcagno del mio gemello Esaù».

«A proposito di Esaù, com'è tuo fratello gemello?», domandò curiosa Lia.

Giacobbe finse di non sentire. Prese la ciotola della minestra che Rachele gli porse. E cominciò a mangiare. Làbano continuò a informarsi. «So che vivete bene laggiù, almeno da quanto dicono i mercanti che arrivano sino qui. La Terra Promessa di Abramo pare che l'abbiate trovata a Canaan».

Giacobbe tirò un sospiro di sollievo. Non gli andava di parlare di Esaù e rispose a Làbano: «Sì, Dio ci ha voluto fare arrivare a Canaan e lì ci ha aiutato a vivere bene».

«Allora avete finito di spostarvi da un capo all'altro della terra?».

«Non proprio», sorrise Giacobbe guardando Rachele con complicità. «Visto che mi trovo qui, così lontano. Di certo Canaan sarà la terra del nostro...».

In quel momento arrivò il secondogenito di Làbano. «Lui è Beor, l'altro mio figlio. Ama la caccia...».

«E le donne», precisò Beor.

«Lui è Giacobbe, il figlio di tua zia Rebecca».

«Rebecca?», si stupì Beor tendendo la mano a Giacobbe.

«Sì, mia sorella», ribadì Làbano. «E ora sediamoci. Su, Giacobbe, raccontami tutto. Perché sei venuto sin qui?».

«Per trovare una moglie. Mio padre vuole che sia di Carran». Lia e Rachele arrossirono e per l'emozione cominciarono ad agitarsi sulle panche.

«Voi due», disse brusco Làbano, «ritiratevi nella vostra stanza». Poi con calma si rivolse a Giacobbe. «Ci sono tante donne belle a Carran. Avrai da scegliere. Ma adesso devi riprenderti dal viaggio. Resterai con noi fino a quando ti sentirai di nuovo in forze. Qui puoi considerarti a casa tua. Ti metterò a disposizione una stanza, ti darò delle vesti dignitose, mangerai alla mia tavola».

Làbano si fermò a osservarlo. Ammirò i suoi muscoli e subito pensò come sfruttarli. «Se vorrai, potrai portare al pascolo le nostre greggi», gli propose.

«Mi sembra un'ottima idea, Làbano. Io sono un pastore: accetto. Così non mi sentirò un semplice ospite», si entusiasmò Giacobbe.

«Bene, sono contento che la mia proposta ti sia piaciuta. Lia ti farà da guida».

«Veramente...», tentò di opporsi Giacobbe.

Ma Làbano lo interruppe. «Lia sa tutto. Dopo la scomparsa della madre, di mia moglie, è lei che porta avanti la famiglia. Ti mostrerà la casa e i nostri campi. Vedrai, ti sarà molto utile».

«Non vorrei strapparla ai suoi impegni. Non vorrei crearle problemi», tentò di dissuaderlo Giacobbe.

«Ma no, sarà contenta di farti da guida».

Làbano chiamò Lia e le comunicò la sua decisione.

«Sono felice di essere a tua disposizione», disse Lia.

Giacobbe si adattò subito alla vita di Carran. Lavorò duramente e bene nelle proprietà di Làbano. Non si occupò soltanto del gregge ma anche delle campagne.

«Non ho mai visto questa terra così fertile e lussureggiante», disse un giorno Làbano ai suoi servi.

«È tutto merito di Giacobbe», risposero. «Ci ha insegnato come concimarla e come coltivarla. Ogni pianta che cura, cresce subito e diventa rigogliosa».

«Secondo me», disse uno, «conosce qualche rito magico. Ho visto che ogni mattina prima di cominciare si inginocchia e prega guardando il cielo».

«Quali parole magiche pronuncia?», si incuriosì Làbano.

«Non lo so. Sono parole strane».

«Allora tu cerca di ascoltarle. Così quando deciderà di andarsene sapremo come fare».

«No, padre», lo contraddisse Terach. «Giacobbe prega un dio che non conosciamo».

«Ma allora non posso farlo partire. Dobbiamo convincerlo a restare».

«A proposito, ha trovato qualche donna del luogo?».

«Chi? Giacobbe? Ma non vedi che ha occhi soltanto per Rachele?».

«Rachele?», domandò Làbano.

«Sì, Rachele», confermò Terach.

«È vero. Come ho potuto non capirlo?».

La mattina dopo Làbano astutamente chiamò Rachele e le ordinò di portare il pranzo agli uomini nei campi. «Oggi ho bisogno che Lia resti con me».

Quando Rachele arrivò, Giacobbe stava seduto su una pietra con la spalla appoggiata a un muretto. Per difendersi dal caldo si era spogliato, lasciando a coprirlo soltanto una stoffa sul basso ventre. Rachele osservò il vigore delle sue gambe, delle sue braccia e dei pettorali e ne sentì attrazione, mentre il venticello che soffiava le portava l'odore del suo sudore che colava dal collo fino all'ombelico.

«Scusami se sono così sporco», disse Giacobbe scambiando il suo turbamento per fastidio provocato dal suo odore. «Non ti aspettavo».

«Sono venuta per portarti il pranzo, ma ti prego non scusarti più. Dal primo giorno che sei arrivato continui a scusarti con me», rise scoprendo i denti bianchissimi.

«Combino sempre degli errori», mormorò Giacobbe.

«Quali per esempio?».

«Quando ti ho baciata, lì, il primo giorno, al pozzo, davanti a tutti».

«Ma non mi è dispiaciuto».

«Però da allora non mi hai più rivolto la parola».

«Sono offesa perché non l'hai più fatto...».

«E allora lo faccio subito». Giacobbe si alzò, la strinse a sé e la baciò con passione e lei, come era accaduto la prima volta vicino al pozzo, dischiuse le sue labbra per accoglierlo, mentre gli accarezzava la schiena bagnata.

«Sono contenta che tu l'abbia fatto», disse poi lei allontanandosi e guardandosi attorno. «Spero che i miei fratelli non ci abbiano visto».

«Non accadrà più, te lo prometto. Ti bacerò ancora soltanto quando sarai la mia sposa».

«Invece baciami ancora. Subito adesso. Ho desiderato i tuoi baci appena ti ho visto sollevare la pietra che copriva il pozzo».

«Allora, tu vuoi... Essere... Mia? Ti prego non deludermi», fu spavaldo Giacobbe.

«Ma passerà del tempo prima che potremo sposarci. La nostra legge stabilisce che la figlia maggiore deve sposarsi prima della minore. Devo aspettare che si sposi Lia per sposare te. Anzi, nessuno deve sapere che ci incontriamo».

«E come farò a vederti?», si angosciò Giacobbe.

«Quando sarò sola ti farò un fischio e tu mi risponderai con un altro fischio».

Un mese dopo, Làbano chiamò Giacobbe. «Siediti qui, caro nipote», disse versando nel bicchiere un po' di vino. «Ho visto che in questi giorni hai lavorato molto con grandi risultati», esordì Làbano. «Allora mi sono detto che non è giusto che tu lavori per me senza avere un guadagno. Anche se sei sangue del mio sangue, voglio riconoscerti un salario. Giacobbe, che cosa vuoi?».

«Non voglio nessun salario», rispose deciso Giacobbe lanciando un'occhiata a Rachele, che arrossì e distolse lo sguardo. Poi continuò: «Làbano, io amo Rachele», disse tutto d'un fiato. «La mia ricompensa sarà lei».

«Che cosa?», Làbano restò immobile, fingendo di essere sorpreso.

«Sì, proprio così. Voglio sposarla».

Làbano preoccupato domandò: «E dopo? Che farai?».

«Porterò Rachele con me a Canaan».

Làbano fece un sobbalzo, perché aveva pensato che, sposando Rachele, sarebbe rimasto nella sua casa. E allora replicò: «Mia figlia vale molto per me. Per averla dovrai lavorare nella mia terra almeno sette anni».

«Sette anni?», si rabbuiò Giacobbe.

«Questo ho detto e questo sarà fatto».

Giacobbe sbuffò, ma si pentì subito. «Come vuoi», disse. «Accetto. Resterò qui ancora sette anni».

Làbano scosse il capo ripetutamente. «E sia...», concluse.

Per sette anni Giacobbe lavorò con risultati sempre più sorprendenti. Le greggi si moltiplicarono, il raccolto dei campi si quadruplicò, i pozzi si riempirono di acqua purissima. E le merci furono vendute a peso d'oro.

Giacobbe cominciò a pensare al suo ritorno a Canaan e un giorno disse: «Caro Làbano, sono passati i sette anni del nostro patto. Ora dammi Rachele in sposa perché il mio impegno con te è terminato».

«Hai ragione», balbettò nervoso Làbano. «Ma perché tanta fretta? Qui non è come da voi. Usiamo fare un banchetto per festeggiare gli sposi. E io voglio che sia sontuoso perché a Carran sono un uomo considerato. Inviterò i personaggi più autorevoli della città perché mi rendano l'onore che merito».

Giacobbe accettò. «D'accordo, se queste sono le vostre usanze. Anche Rachele sarà felice di salutare la sua gente prima di partire».

17

Làbano per il banchetto di nozze invitò tutti gli abitanti della città e tanti anche dei paesi vicini. Prima però riorganizzò la servitù assegnando alle figlie le sue serve più fedeli: Zilpa a Lia e Bila, che il figlio secondogenito aveva sedotto, a Rachele.

La sera prima del banchetto, Làbano convocò Lia e Rachele: «So che sto per darvi un grande dolore», disse, «però farete quello che vi ordino».

«Ma sto per sposarmi, padre. Non ci può essere nessun dolore se non la morte», ribatté sorridendo Rachele.

«Invece, Rachele, stai per soffrire: devi sacrificarti per il bene della nostra famiglia».

«Che cosa stai per dirmi, padre?», balbettò Rachele angosciata.

«A sposare Giacobbe non sarai tu, Rachele, ma tua sorella Lia».

«Che cosa, padre?», esclamò incredula Rachele. «Giacobbe vuole sposare me».

«Invece non sarà così», urlò Làbano. «Le nostre usanze impongono che sia la figlia maggiore a sposarsi per prima».

«Ma Giacobbe ama me... E io amo lui», ansimò Rachele con la voce soffocata dal pianto.

«Dovete fare quello che vi dico. E vi assicuro che non ve ne pentirete», disse Làbano.

Rachele scoppiò in lacrime: «Ma perché, padre? Perché?».

«Te l'ho già detto!».

Rachele si gettò ai suoi piedi e gli afferrò le ginocchia: «Padre...».

Làbano fu irremovibile. «Ho deciso, ho detto!».

«No, no, no. Come puoi farmi questo?», urlò Rachele correndo fuori dalla stanza.

«Vai, sfogati pure, figlia ingrata», urlò Làbano. «E non uscire dalla tua camera fino al mio ordine». Poi abbracciò Lia, che era rimasta ferma, anche lei incredula. «Giacobbe lo sposerai tu. Ho capito che ti piace. Tocca a te: sei la maggiore. Lo stabilisce la legge».

«Ma, padre... Rachele... Soffrirà!».

«Le passerà. Tu preparati. Domani indosserai l'abito da cerimonia».

Lia, dopo essersi accordata con il padre, raggiunse la sorella e cercò di consolarla: «Rachele, perdonami, non è colpa mia».

«Vorrei che nostro padre morisse. Come può darmi questo dolore? Il Dio di Giacobbe si vendicherà».

«Rachele, ascoltami», cercò di calmarla Lia. «Io, quando Giacobbe verrà nella camera nuziale, gli dirò tutto e insieme studieremo come fare per risolvere questa terribile situazione».

«Giacobbe penserà che sia stata io a ingannarlo insieme con nostro padre».

«Si fiderà di me perché io non sarò sua».

«Lia si fiderà solo se ti confiderò il nostro segreto».

«Avete un segreto?».

«In questi anni a ogni nostro incontro, per fare capire che non c'erano ostacoli o persone vicine, ci facevamo un segnale: un fischio. Così...». Pur singhiozzando, Rachele riuscì a fischiare. «Uno lo fa e l'altra risponde», ribadì Rachele. «Se non c'è la risposta, significa che ci sono dei problemi».

«Farò così, allora Rachele. Quando entrerà nella stanza, non risponderò al suo segnale e poi gli svelerò l'inganno di nostro padre».

Il giorno dopo ci fu il banchetto. Poiché Giacobbe non aveva amici né altri familiari all'infuori di Làbano, si lasciò guidare. Arrivarono gli invitati e Làbano li accolse con molto calore. «Mai gustati cibi così prelibati», commentarono gli ospiti.

Alla fine del banchetto, come era consuetudine, arrivò la sposa e accanto a lei c'era Bila, la schiava. La sposa era nascosta da un velo che le avvolgeva il viso e tutto il vestito da cerimonia. «Nessuno può vedere il volto della sposa. Né rivolgerle la parola. Nemmeno il marito», spiegò Zilpa a Giacobbe. «Il viso della tua sposa lo potrai vedere soltanto al mattino di domani. Dopo averla amata tutta la notte».

«Come mai, Zilpa, la tua padrona, non è qui?», chiese incuriosito Giacobbe.

«Lia è nella sua stanza. Non sta bene e non vuole rovinare la festa con i suoi lamenti», mentì la schiava.

Finito il rito, giunse per gli sposi il momento di ritirarsi. Gli ospiti, come d'uso, li accompagnarono fino nella stanza nuziale. Giacobbe aspettò fuori, in attesa che la sposa si preparasse, finché Bila annunciò: «È pronta, attende il suo padrone».

Giacobbe entrò nella stanza con il cuore in subbuglio. «Rachele», sussurrò. «Sono qui. È tutto buio». Non ottenendo risposta, fece il fischio d'intesa.

E ci fu la risposta. Rassicurato, Giacobbe si tolse le vesti e si infilò nel letto accanto alla sposa facendosi avvolgere dal suo profumo. Scostò il velo che le copriva il volto, nel buio la aiutò a spogliarsi e accarezzò il suo corpo dolcemente. La mano di Giacobbe fece tremare Lia che sentiva nuove sensazioni e pensò che fosse quello l'amore. Non pensò a Rachele, all'inganno, al padre. Pensò solo a se stessa e si lasciò avvolgere dalla passione.

La mattina, con la luce dell'alba, un urlo squarciò il silenzio della stanza. «Lia, tu qui?... E Rachele?», Giacobbe restò seduto impietrito. «Ho sposato te? Ho amato te e non Rachele? Tu, Lia? Qui nel mio letto. Come hai potuto ingannarmi così? Ti ho chiamato tante volte Rachele e tu mi hai risposto dicendo tutta la notte: amore».

«Perdonami, Giacobbe, ma non mentivo. Io ti amo. Ti ho sempre amato».

«Mi avete ingannato... Tutti: tu, Rachele, Bila, Zilpa... Tutti... io amo Rachele e tu lo sapevi. Perché hai preso il suo posto?».

«Lo ha deciso mio padre perché sono io la maggiore».

«E chi ti ha svelato il nostro segnale segreto?», balbettò Giacobbe, grattandosi il capo, sperando di uscire da quell'incubo.

«È stata Rachele. Ma non aveva altra scelta. Perdonami». Lia abbassò gli occhi per la vergogna.

«No, non potrò mai perdonarti».

«Fai pure di me quello che vuoi. Puniscimi, uccidimi. Non mi importa. Per una notte sono stata felice», sospirò Lia mentre le lacrime le rigavano il volto.

Giacobbe si rivestì e uscì furente dalla stanza in cerca di Làbano. E lo trovò. «Ti uccido. Hai rovinato la mia vita e quella delle tue figlie. Non meriti di vivere», gridò inferocito afferrandolo per il collo, «devi morire».

«No, non farlo, Giacobbe», supplicò Làbano. «Ti darò anche Rachele. È tua. Sposerai anche lei. Per la nostra legge puoi farlo. Sette giorni dopo le prime nozze. Sì, dopo Lia, avrai anche Rachele».

Giacobbe lasciò la presa: «Che cosa vuoi dire?».

Làbano sistemò la tunica e non rispose.

«Perché lo hai fatto?». Giacobbe sconsolato si appoggiò con le spalle al muro della casa. «Perché Làbano hai distrutto il mio amore per Rachele? Ti ho servito fedelmente per sette anni, ho moltiplicato le tue ricchezze, ho lavorato giorno e notte e tu mi hai ingannato così!».

«Non potevo darti la figlia minore prima della maggiore», si giustificò ancora Làbano. «Ma tu per sette giorni fai il tuo dovere di marito con la tua sposa e poi avrai anche Rachele. Ma devi concedermi altri sette anni del tuo lavoro. Devi avere ancora un po' di pazienza. Se accetti di restare per altri sette anni, appena i festeggiamenti nuziali con Lia saranno finiti, potrai unirti a Rachele. Soltanto sette giorni, Giacobbe, e poi Rachele sarà tua».

Intanto in un'altra stanza Rachele aggrediva Lia: «Mi hai tradito. Non gli hai detto nulla, vero?».

Lia abbassò gli occhi: «Perdonami. Non sono riuscita a staccarmi da lui».

Rachele scoppiò a piangere: «Mi hai portato via il bene più prezioso. Perché l'hai fatto?».

«Sei sempre stata tu al centro dell'attenzione di tutti», mormorò Lia. «Sei sempre stata la preferita di nostro padre. Rachele, sempre Rachele. Io non sono mai esistita. Per una volta ho pensato a me».

«Ma Giacobbe era mio», urlò Rachele dandole uno schiaffo.

Lia non reagì e mormorò soltanto: «Perdonami».

Per giorni Rachele rimase chiusa nella sua stanza. Solo la serva Bila entrava e usciva per portarle un po' di cibo e per informare Làbano delle sue reazioni. «Padrona, devi uscire. Ormai è successo. Devi essere ragionevole», Bila cercò di convincerla.

«Lasciatemi stare. Per voi non esisto più. Fate come se fossi morta».

Un giorno Bila arrivò con un messaggio di Giacobbe. «Padrona, mi ha detto di riferirti questo: "Sono passati i sette giorni dalle nozze. Se tu vorrai, potrò raggiungerti questa notte. Io ti amo più di prima. Più di ogni altra cosa"».

Rachele, quella sera, quando restò sola per la notte, lasciò socchiusa la porta ed era già nel suo letto quando la sentì chiudere.

«Rachele», la voce di Giacobbe ruppe il silenzio nel buio della stanza. Ma lei non rispose. «Rachele...». Giacobbe si spogliò e, come un amante, furtivamente entrò nel suo letto e si distese accanto a lei. La baciò a lungo sussurrandole parole d'amore mentre sentiva le sue lacrime nella sua bocca. «Rachele, mi ami ancora?».

«Sì, io ti amo. Ma soffro. Voglio essere tutto per te».

«Lo sarai, Rachele. Ora ti chiedo soltanto di avere fiducia in me».

Giacobbe la spogliò, l'amò più volte nella notte, facendole dimenticare il padre, Lia, l'inganno. La luce dell'alba li trovò sfiniti. «Sei bella come il sole», le disse.

Rachele si stiracchiò languida. Poi si rabbuiò: «E adesso, Giacobbe? Che cosa dirai a Lia?».

«Non dirò nulla. Lia ha già capito. E poi sa benissimo che io amo soltanto te».

Per il matrimonio di Rachele non ci fu festa. Ma Giacobbe considerò Rachele la sua vera moglie e trascurò Lia che cominciò a vivere nella disperazione.

Ma Dio vide la sua sofferenza e le umiliazioni che pativa e, per ricompensarla, la rese feconda. Dopo nove mesi dalla notte con Giacobbe, partorì un maschio che fu chiamato Ruben: «Significa "Dio ha visto le mie sofferenze"», disse Lia stringendolo al seno. «Le mie sofferenze ora sono finite e Giacobbe tornerà da me».

Infatti Ruben li riavvicinò. Pur di stare vicino al suo primogenito, Giacobbe tornò a dormire con lei e dopo pochi mesi se ne videro i frutti: Lia restò incinta di nuovo e gli dette un altro figlio. «Chiamiamolo Simeone, che significa "Dio ascolta"», disse Giacobbe ubriaco di gioia.

Arrivò anche il terzo figlio. «Lo chiameremo Levi, che significa "essere unito, legato" a Dio», disse ebbra di felicità Lia. «Questa volta sono certa: Giacobbe è finalmente soltanto mio», disse una mattina a Rachele che intanto aveva vissuto in silenzio anni di dolore, umiliata dalla fecondità della sorella e straziata dal tradimento di Giacobbe: «Tu sei sterile, mentre io gli ho dato tre figli».

Rachele la guardò con odio: «Sei magra come uno stambecco e brutta come una iena». Dopo un anno Lia ebbe il quarto figlio. «Questa volta loderò il Signore, per questo lo chiamerò Giuda, che significa "lode al Signore"».

Nonostante i quattro figli, però, Giacobbe continuava ad amare Rachele e cercava di calmarla quando lei si straziava: «Dio invece di punire lei per averti truffato, punisce me. Che Dio è se punisce l'innocente e premia il colpevole?».

«Non parlare così, Rachele. Anche Lia è innocente. Il colpevole è solo tuo padre. I figli comunque sono sempre un dono di Dio, ricordalo».

«Allora perché io non sono come lei? Giacobbe, voglio essere madre anche io. Questo per me è un pensiero costante. Un dolore atroce. Ho capito che Dio preferisce Lia a me. Ti prego, Giacobbe, dammi dei figli, altrimenti per me è meglio la morte. Mettimi incinta. Non puoi negarmi la gioia di essere madre!».

Ma una volta Giacobbe si spazientì: «Sono forse io Dio che ti ho reso sterile? Dimmi tu che devo fare, Rachele, e io lo farò. Ricordati, Rachele, è Dio che decide tutto. Non forzare la sua mano. Se non ti rende madre, ha i suoi motivi. Ma stai certa che lo fa per il tuo bene. È lui che decide se dare la vita o la morte».

Rachele lanciò un urlo disperato: «Ma io sono già morta! Sono infatti come una lebbrosa, una cieca, una che all'improvviso è diventata povera dopo essere stata ricchissima. Sono sterile e quindi morta. Morta. Morta, Giacobbe. Lo capisci?».

Giacobbe cercò di consolarla, ma la mente di Rachele elaborò un nuovo piano.

«Va bene, Giacobbe, mi hai convinto», Rachele si finse rassegnata. «Se Dio ha deciso che io rimanga sterile, farò come ha già fatto tua nonna Sara: farai un figlio con la mia serva».

«La tua serva?», si stupì Giacobbe.

«Sì, Bila. Lei ti darà un figlio ma sarà come se lo facessi io. Tu la metterai incinta e, quando sarà arrivato il momento, lei partorirà sulle mie ginocchia e allora anch'io avrò un figlio».

«Rachele... Perché...?».

«Lo devi fare per me», ribadì con gli occhi freddi come il ghiaccio Rachele.

«Ma io voglio te...».

«Giacobbe, tu vuoi soprattutto una donna che ti dia figli. Per questo ti do Bila. Andrai con lei e non più con Lia».

Giacobbe con il volto contratto dal dispiacere piegò il capo. «Se tu vuoi questo», rispose Giacobbe, «io lo farò».

Quella sera stessa Giacobbe fece entrare Bila dentro il suo letto. «Non ti illudere, Bila. Voglio soltanto che tu mi dia un figlio che sarà poi di Rachele», disse con durezza. «Ti amerò pensando a Rachele».

E nove mesi dopo nacque Dan. «L'ho chiamato così»,

disse Rachele a Bila, «perché Dio mi ha fatto giustizia. Il suo nome è Dan, che significa "Dio è il mio giudice"».

«Giacobbe, anche se Dan è nato dalla mia serva assomiglia a te e a me. Non mi importa più se sono sterile».

Giacobbe non replicò, abbassò lo sguardo, scosse la testa e uscì. Ma una sera quando le si avvicinò perché la desiderava, lei si allontanò: «No, amore, conserva le tue energie e vai da Bila».

«Ma, Rachele, perché? Ormai c'è Dan. Il figlio che volevi l'hai avuto».

«Non basta. Lia ne ha avuti quattro. Non preoccuparti per me. Ti amo come sempre, vai da Bila, ti scongiuro. Io ti aspetterò qui, insieme con Dan; lo vedi, è bellissimo e voglio altri figli come lui. Ti prego, dormi con Bila».

Passarono altri mesi e Bila partorì ancora un maschio. Rachele era soddisfatta: «Ho sostenuto contro mia sorella lotte divine e grandissime e ho vinto. Per questo il nome del bambino sarà Nèftali, che significa "colui che lotta ed esce vittorioso"».

Rachele tornò a essere felice. «Giacobbe non si è avvicinato più a Lia», confidò a Bila. «Ho vinto almeno in questo. Ho allontanato Giacobbe da lei».

Nel villaggio, tutti, pur se di nascosto, commentavano divertiti la sfida tra le due sorelle che si contendevano Giacobbe facendo la "guerra dei figli".

«Ah, mia sorella pensa di avere vinto?», disse un giorno Lia a Zilpa. «Ebbene, le dimostrerò che si sbaglia. Lei non ha capito che a Giacobbe interessa soltanto avere figli. Tu, Zilpa, sei bella e giovane, so che ti è sempre piaciuto Giacobbe. Ho visto che ci spiavi quando lui si univa a me. Ora toccherà a te».

«Ma, padrona, Giacobbe non mi ha mai guardato».

«Stai tranquilla: farò tutto io. Lo chiamerò nella mia tenda dicendo che uno dei nostri figli si è ammalato. Quando verrà, devi essere pronta a sedurlo. Giacobbe non resiste davanti a una donna nuda».

Lia, al calare del sole, mandò un uomo ad avvisare Giacobbe: «Ruben, il tuo primogenito sta molto male!».

«Che cosa ha?», si preoccupò Giacobbe.

«Non lo so. Tua moglie, mi ha detto soltanto di dirti che Ruben sta molto male».

Giacobbe si precipitò e trovò Zilpa nuda sul letto pronta ad accoglierlo. «Perché stai così?», domandò mentre notava la bellezza del corpo della schiava.

«Dov'è Ruben? Dov'è Lia?».

«Non ci sono. Stai tranquillo: Ruben sta bene. Ci sono qui io, per te. Ho bisogno di amare anche io», rispose Zilpa con voce seducente.

«Mi dispiace, Zilpa», disse, poco convinto, Giacobbe che trovò la forza per girarle le spalle e avviarsi verso l'uscita.

Zilpa però fu più lesta. Si alzò e gli sbarrò l'uscita. Giacobbe si guardò attorno, non c'era nessuno, rimase a guardarla in silenzio. Zilpa lo prese per mano e lo trascinò sul letto. Poi lo spogliò e lui la lasciò fare.

Dopo nove mesi, anche Zilpa partorì un figlio di Giacobbe. «Questa sì che è fortuna», esclamò Lia quando prese in braccio il bambino. «Per pochi minuti di amore hai fatto nascere questo capolavoro. È una vera fortuna. E per questo lo chiameremo Gad, che significa "fortuna"».

Pochi giorni dopo Giacobbe andò a trovare l'ultimo figlio. Nella casa c'era soltanto Zilpa. «Volevo vedere il bambino», disse Giacobbe, imbarazzato.

«Non ti ho più visto», disse la schiava sorridendo e andandogli incontro, «da quella volta... È stato bello... Vero? E il piccolo Gad, nostro figlio, è il frutto», precisò.

«Sì, è stato bello», confermò Giacobbe senza guardarla.

Zilpa si avvicinò e lo coprì di baci. «Vieni di là. Ti farò rilassare, mio signore». Lo spogliò e, con una leggera spinta, lo fece distendere sul letto. Poi cominciò ad accarezzarlo. Quando vide che si lasciava andare, gli si distese accanto e l'amò.

Lia non seppe nulla fino a quando Zilpa non rimase incinta di nuovo. «Zilpa, ancora?», le domandò sorpresa.

«Sì, padrona, perdonami. Questa volta l'ho voluto proprio io».

«Sono felice, Zilpa, anzi ancora di più perché lo hai fatto per amore. Ormai a Giacobbe io non interesso più. Del resto non mi ha mai amato», concluse con amarezza.

Quando nacque il bambino, Lia lo alzò al cielo: «Questo è la mia felicità, perché grazie a lui le donne mi chiameranno beata, perciò lo chiamerò Aser, che significa "beato"».

18

Giacobbe ormai aveva una famiglia numerosa. Dopo la nascita di Gad e Aser, si era riavvicinato a Lia e da lei aveva avuto ancora due figli e un altro era in arrivo. Era appagato e sembrava che avesse dimenticato la terra di Canaan, il suo popolo, il padre Isacco e la madre Rebecca.

«Non parla più della sua Terra Promessa», disse Làbano ai figli Terach e Beor. «Sono proprio felice di questo. Finché Giacobbe resta qui con noi, i nostri affari andranno bene».

«Sì, ormai non sembra neanche che abbia vissuto tra i cananei», precisò Terach. «È diventato uno di noi. Anche per quanto riguarda le donne. Con le due mogli e con le due serve non ha perduto tempo. Ora ha una famiglia numerosa: sette figli solo da Lia, almeno pare. L'ultima è una femmina, si chiama Dina».

«Perché dite: pare?», domandò Làbano perplesso.

«Perché non si sa bene se è figlia di Lia o della sua schiava».

«E Rachele lo sa? Che dice?», domandò ancora più stupito Làbano.

«Lei non ha avuto figli, ma pare che li abbia fatti avere alla sua serva Bila. Ora pare anche che Lia sia riuscita ad avere dai mercanti del lontano Oriente un'erba prodigiosa. Si chiama mandragora e dicono che curi la sterilità delle donne».

«E allora?», domandò Làbano.

«Si dice che Lia l'abbia offerta a Rachele, che la voleva per guarire la sua sterilità, in cambio di alcune notti d'amore con Giacobbe».

«E come è finita?».

«Rachele ha accettato. Pur di avere quell'erba ha convinto Giacobbe ad andare di nuovo a dormire con Lia. Con il risultato che Lia ha avuto altri figli».

«E Rachele? E la sua erba?», domandò Làbano.

Proprio allora si sentì un chiacchiericcio forsennato, voci di adulti frammiste a voci e a pianti di bambini. Era Giacobbe con tutta la famiglia al completo: le sue donne e i suoi figli. «Padre, padre», entrò eccitata Rachele.

«Come sono felice, Rachele, di vederti. Ah, ci sono anche Lia con tutti questi bambini».

«Sono i tuoi nipoti, padre», rispose raggiante Lia.

«La sorpresa di vedervi è pari alla curiosità di sapere. Perché siete venuti in tanti? C'è sicuramente una novità».

«Sei astuto, ma anche un vecchio saggio», commentò Giacobbe con un amaro sorriso.

«Sì, padre, c'è proprio una novità», intervenne felice Rachele. «Dio mi ha benedetto e mi ha tolto il disonore: ecco Giuseppe, padre. Il Signore ha aggiunto alla nostra famiglia un altro figlio. Lo abbiamo chiamato Giuseppe che significa "aggiunto"».

«Un figlio tuo, Rachele?», si stupì Làbano.

«Sì, è proprio mio, padre, Dio ha lenito le mie pene».

Terach e Beor si guardarono con un sorrisetto.

«Era ciò che desideravamo di più al mondo», intervenne serio Giacobbe. «Finalmente Rachele è riuscita a essere madre. Non ci speravamo più. Invece... Ecco Giuseppe».

«È una notizia che mi rende felice», esclamò Làbano. «E ancora più felice mi rende sapere che siete venuti tutti da me per comunicarmi questa notizia. Mi sentivo trascurato».

«Anche per darti questa notizia, Làbano. Anche...», precisò Giacobbe. «Siamo venuti per dirti che la nostra vita qui a Carran è proprio finita. Sono passati quasi venti anni e ho il desiderio di ritornare a Canaan, la mia terra. Dammi il permesso di partire per tornare nella mia casa».

«La tua casa è qui, ormai, Giacobbe. Che cosa vai a fare a Canaan?».

«Lì c'è il mio popolo. Ci sono soprattutto mio padre e mia madre. Ho paura di non trovarli in vita. Ora che tutti i nostri desideri stanno per esaudirsi, abbiamo deciso di partire».

«Se questa è la tua decisione, non posso obbligarti a rimanere. Certo, ora però, hai una famiglia numerosa. Come pensi di mantenerla? Il viaggio è lungo».

«Non capisco le tue parole, Làbano. Non ti chiedo nulla di più di quello che mi spetta. Dammi le mie mogli per le quali ti ho servito, i miei figli e me ne andrò. Per il resto, tu sai benissimo il servizio che ti ho reso».

«Sì, sì, so bene che molto di quello che ho è merito tuo. Dimmi che cosa ti devo dare e io te lo darò».

«Non devi darmi né oro, né argento. Io ancora per qualche tempo continuerò a curare le tue greggi. Ma a patto che siano considerate mie le pecore e gli agnelli che avranno un colore chiazzato. A te, Làbano, resteranno le pecore e gli agnelli che avranno un solo colore».

Làbano sorrise. «Ma rischi di avere poco o nulla. Le pecore chiazzate sono rare. O sono bianche o sono nere».

«Andrà come Dio vorrà», concluse Giacobbe. «Bene, Làbano, ora io e la mia famiglia torniamo nelle nostre tende. Guarda bene questa mia piccola tribù, abbraccia le tue figlie e tutti i tuoi nipoti, perché forse, quando partiremo, non farai in tempo a salutarli tutti».

La mattina dopo, Làbano ordinò ai suoi uomini di dividere le pecore con il pelo chiazzato dalle bianche e dalle nere. «Fate in modo che le nostre pecore siano distanti da quelle di Giacobbe tre giorni di cammino».

La proposta di Giacobbe era stata suggerita da Dio. Una notte gli era apparso in sogno e gli aveva spiegato come fare per ottenere le pecore con lana chiazzata.

Giacobbe, aiutato da Dio, riuscì a fare accoppiare le sue poche pecore rapidamente e più volte, mentre quelle di Làbano stentavano a riprodursi. Così le sue divennero più numerose di quelle bianche e nere.

In breve tempo Giacobbe divenne ricchissimo e poté acquistare schiavi e schiave, cammelli e asini.

Làbano si rese conto che era accaduto qualcosa di strano. «Come mai», domandò ai figli, «le mie greggi sono deboli e rachitiche, mentre quelle di Giacobbe sono forti e sane?».

«Sì, padre», confermarono i figli, «è molto strano. Ora le pecore di Giacobbe sono ricercate da tutti i mercanti».

«Come mai, quando era lui che ci aiutava, i nostri affari

prosperavano e le casse erano sempre piene, mentre ora rischiano di svuotarsi?».

«Siamo stati a controllare le greggi di Giacobbe per scoprire se c'è un imbroglio, ma niente. Tutte le sue bestie sono chiazzate. O questa è magia, o sotto c'è qualcosa di strano...».

«È venuto qui che era un morto di fame e ora è più ricco di me. Vedrete: fra un po' vorrà fare il padrone in casa mia, ma si sbaglia di grosso!», disse irritato Làbano. «Se pensa che gli consenta di danneggiarmi come sta facendo, si sbaglia».

Giacobbe si rese conto che la sua permanenza a Carran era diventata insostenibile. Un giorno ne parlò con Rachele. «Tuo padre un tempo si rivolgeva a me con grande rispetto e considerazione per quello che facevo; oggi invece mi guarda torvo e appena può sparla di me. Rachele è giunto il momento di partire».

«Ma per dove?», chiese Rachele. «Da quanto mi hai raccontato, nella tua terra c'è Esaù che non ti è amico».

«Andrò dove non può trovarmi. Spero però che l'ira nei miei confronti gli sia passata. Comunque non ho paura. Dio mi guiderà».

E infatti una notte Dio si fece sentire: «Ascoltarti è un gran conforto per me, o Signore», mormorò Giacobbe.

«Ora levati», tuonò la voce. «Parti da questo paese e ritorna alla tua terra natia».

Giacobbe chiamò Rachele e Lia per comunicare la sua decisione. «Dio mi ha ordinato di partire questa notte. Ma non posso ordinare a voi di seguirmi e di lasciare vostro padre e i vostri fratelli».

«Giacobbe», risposero Rachele e Lia, «noi siamo le tue mogli e ti seguiremo ovunque tu vorrai. Fai quello che Dio ti ha detto e noi verremo con te».

Partirono di notte, mentre Làbano e i figli erano lontani per la tosatura delle greggi. La carovana attraversò l'Eufrate e, alla sera del terzo giorno di viaggio, piantò le tende davanti ai monti di Gàlaad, e cioè, lettore, nell'attuale Transgiordania, tra il Giordano e il deserto arabico.

19

Giacobbe preferì attendere prima di entrare a Mamre, il suo villaggio, e proseguì verso la terra di Seir.

«Non voglio incontrare subito mio fratello Esaù», confidò a Rachele. «Voglio prima scoprire se, dopo tanti anni, mi ha perdonato».

«Vedrai, Giacobbe, Dio penserà a tutto», lo rassicurò Rachele.

La notte Giacobbe e la sua carovana si sentirono particolarmente tranquilli. «Avverto», disse Giacobbe, «una protezione celeste come se ci fosse intorno a me una schiera di angeli. Sono certo che questa terra è benedetta e la chiamerò Macanaim, "accampamento di Dio"».

Così, forte della protezione divina, Giacobbe si sentì pronto ad affrontare anche Esaù. Ma all'alba un servo, mandato in avanscoperta, tornò con brutte notizie. «Esaù sta marciando contro di noi con quattrocento uomini».

«Allora fermiamoci qui. Fissiamo le tende. Non possiamo proseguire se prima non lo incontriamo», decise Giacobbe senza tentennamenti.

Poi inviò al fratello un gruppo di uomini con una grande quantità di doni: i montoni e le capre migliori e i tessuti più preziosi. «Quando incontrate Esaù, ditegli queste parole: "Il tuo servo Giacobbe in questi anni ha acquistato cammelli, buoi, asini, pecore, servi e serve. Ha voluto donarteli per trovare grazia presso di te"».

«Perché tutti questi regali all'uomo che è stato causa di tante sventure?», domandò Lia.

«Non posso entrare nella terra che Dio ha promesso da secoli al mio popolo se prima non mi riappacifico con lui».

«Ma se tuo fratello non vorrà la pace?».

«Sarà Dio a decidere, Lia».

Esaù accolse i messaggeri di Giacobbe con il suo solito furore. Gridò cacciandoli: «Dite a quel truffatore del vostro padrone che dice di essere mio servo, che con i servi non tratto. E ditegli che sto arrivando per ucciderlo come gli avevo promesso venti anni fa».

Giacobbe per la prima volta in vita sua ebbe paura perché non aveva mezzi per affrontare l'esercito di Esaù. «Dobbiamo dividerci», disse d'impeto alla sua gente. «Sì, dividerci in due gruppi di numero uguale con le greggi e gli armenti. Un gruppo seguirà Rachele con la metà dei miei figli e l'altro seguirà Lia con l'altra metà dei figli».

«E tu? Con chi starai?», domandò Rachele.

«Io resterò qui e poi vi seguirò da solo».

«Io resto con te», disse Giuseppe con sicurezza e sangue freddo che sorpresero il padre.

Giacobbe sorrise e lo accarezzò. «Tu starai con tua madre», disse e subito si girò per non farsi vedere piangere mentre pensava: "Se Esaù incontrerà un gruppo e ne farà una strage, l'altro gruppo sarà salvo".

Al tramonto convinse Rachele, Lia, le sue serve e gli undici figli ad attraversare il guado del torrente Iabbok. Poi fece attraversare le greggi e gli armenti con i cammelli carichi. «Io vi raggiungerò dopo». Quando restò solo, pregò: «Dio di Abramo e di Isacco, mio padre, o Signore, che mi dicesti: "Torna al tuo paese e al tuo popolo e io sarò sempre con te", io, come vedi, ti ho ubbidito. Lo so, io sono indegno dei tuoi favori e della fiducia che hai avuto verso il tuo servo, ma io venti anni fa passai il Giordano unico e solo con il mio bastone e ora torno con due schiere di mogli e di figli. Salvami, ti prego, dalle mani di mio fratello Esaù perché io temo che egli venga e uccida me e le madri dei miei figli insieme. Eppure tu mi hai promesso: "Io ti farò del bene e farò diventare la tua stirpe numerosa come la sabbia del mare che non si può contare"».

Dopo la preghiera, Giacobbe cercò di dormire. Ma nella notte un uomo entrò nella tenda e l'aggredì. Giacobbe reagì e l'afferrò per la gola: «Chi sei? Sei Esaù? Se tu sei Esaù, non mi ucciderai. Mi difenderò e lotterò con te fino alla mia morte o alla tua».

L'uomo lo atterrò con un pugno e gli saltò addosso spingendogli la testa contro la sabbia. Un rantolo di dolore uscì dalla gola di Giacobbe. Poi con un grande sforzo riuscì a liberarsi e con insospettata agilità si girò e gli fu sopra. Cominciarono a rotolarsi avvinghiati in un groviglio di membra. Scivolarono fuori dalla tenda e finirono in un declivio. La lotta furibonda durò fino all'alba. Più volte Giacobbe fu sul punto di soccombere, ma poi con impeti di volontà e di orgoglio riuscì sempre a reagire e a riprendere la lotta. Con le mani strette ai polsi l'uno dell'altro, finalmente lo sconosciuto parlò ansimando: «Basta, ho capito che sei forte, invincibile. È l'alba e io devo andare».

«Mi devi dire chi sei», urlò esausto Giacobbe tenendolo fermo.

L'uomo per tutta risposta lo colpì all'inguine con forza e gli slogò una gamba. «Ecco l'unica punizione per le tue colpe», gridò lo sconosciuto. Il volto di Giacobbe si contrasse in una smorfia di dolore. «Dio, Dio, che male». Il suo grido echeggiò nella valle.

«Ora lasciami andare, è l'alba», lo sfidò l'uomo.

«Dimmi chi sei e ti lascerò», insistette Giacobbe.

«Possibile che tu non abbia capito? Sono un angelo di Dio. Tu lo hai pregato e lui mi ha mandato a lottare con te per farti capire che, quando si prega nel momento della disperazione, lui, Dio, si lascia vincere e tu hai vinto. Ma per dimostrarti che lui, Dio, anche se si lascia vincere è infinitamente più potente, con quel colpo all'inguine ti ho reso zoppo. Ora ti benedico. E da oggi non ti chiamerai più Giacobbe, bensì Israele poiché hai lottato con Dio e con gli uomini e hai vinto e Israele sarà il nome del tuo popolo».

L'angelo di Dio scomparve. Giacobbe non capì il significato delle parole, perché il dolore alla gamba gli aveva annebbiato la mente. Solo quando il sole spuntò, capì che aveva lottato con Dio. «Ecco perché mi ha chiamato Israele: significa "lottare con Dio". A ricordo di questa lotta, io Giacobbe-Israele, chiamo questo luogo "Fanuel" che significa "volto di Dio", perché ho visto Dio faccia a faccia e ho avuto salva la vita».

Lettore, Fanuel è sulle rive del fiume Iabbok, detto anche il fiume ceruleo per il colore delle acque che, dalle alture del Moab, oggi Transgiordania, si gettano nel Giordano.

Il sole era ormai alto, quando Giacobbe vide marciare i guerrieri di Esaù. Si guardò intorno: era solo. Pensò di fuggire ma desistette, perché, dopo avere lottato con l'angelo di Dio, si sentiva sicuro. "Dopotutto non andrei lontano", pensò. "Ora per di più sono zoppo"». Con uno sforzo raggiunse la sua gente. «Zilpa, Bila», chiamò. «Voi mettetevi davanti con i vostri figli. Lia tu dietro di loro con i tuoi figli e in terza fila Rachele con Giuseppe. Io gli andrò incontro. Non temete: Dio è con me».

La massa imponente dei guerrieri di Esaù continuò ad avanzare prima lentamente poi sempre più veloce. La terra tremò sotto gli zoccoli degli animali lanciati al galoppo mentre nel cielo risuonarono urla di guerra.

Sembrava che nulla potesse arrestare quella cavalcata sfrenata né resistere all'impeto di quella carica quando, all'improvviso, Esaù ordinò di fermarsi: «Ecco là Giacobbe. È proprio un pazzo. Ha intenzione di sfidarmi». Fece un cenno per indicare di stare fermi e avanzò con il suo cammello. Quando gli fu vicino, Giacobbe si inchinò a terra per sette volte. «Fratello», disse, «sono il tuo servo e mi sottometto alla tua persona».

«Ora ti sottometti?», urlò Esaù. «Tanti anni fa mi hai rubato la primogenitura. Mi hai ingannato e hai ingannato nostro padre».

«Prima di uccidermi, dimmi come stanno nostro padre e nostra madre».

Esaù non rispose. Giacobbe però vide i suoi occhi inumidirsi di lacrime.

«Tua madre Rebecca è morta per colpa tua. Non vedendoti tornare e non avendo più tue notizie, ha pensato che tu fossi morto».

«No, non dirmi che non la rivedrò», urlò Giacobbe strappandosi la veste e i capelli.

«Invece è così», continuò Esaù. «Ti ha amato tanto, Giacobbe. Ora riposa a Macpela nel sepolcro dei nostri padri».

Giacobbe si asciugò le lacrime. E poi con la voce che gli strozzava la gola domandò: «E Isacco? Nostro padre?».

«Ora me lo chiedi? Per tutti questi anni lo hai dimenticato».

«Ma ho pensato sempre a lui e a mia madre. Sono sempre stati qui, dentro di me». Giacobbe si toccò il petto. «Esaù, ti chiedo perdono, ho sbagliato», e si inchinò ancora.

«Isacco, nostro padre, è vivo».

«Permettimi di vedere almeno lui». Giacobbe alzò gli occhi e vide che, come i suoi, anche quelli di Esaù erano umidi. «Vieni qui, fratello, abbracciami», disse Esaù scendendo dal cammello. «Maledizione, sono venuto per ucciderti e invece ti abbraccio e ti bacio».

Piansero l'uno tra le braccia dell'altro e piansero anche i guerrieri e la carovana di Giacobbe. Quando Esaù si staccò dall'abbraccio, domandò: «E quelli? Chi sono quei bambini che hai con te?».

«Sono i figli che Dio mi ha mandato».

Allora si accostarono prima le serve con i loro figli, poi Lia con i suoi e, infine, Rachele con Giuseppe.

Esaù li abbracciò tutti uno a uno. Poi si rivolse ancora

al fratello: «Ho visto che mi hai mandato tanto bestiame, perché?».

«Per fartene dono, fratello».

«Io ne ho già tanto, tienilo per te. Potrà servirti per mantenere questa grande famiglia», sorrise Esaù.

«Allora consideralo il mio dono per il tuo perdono», insistette Giacobbe.

«Va bene, accetto. Ora muoviamoci, vieni con me a Seir, è la mia città. Vivremo in pace».

«A Seir? Perché a Seir e non a Mamre? Dov'è il nostro villaggio?», si stupì Giacobbe.

«Giacobbe, Giacobbe. Sembra quasi che per te gli anni non siano passati. Eppure ne sono accadute anche a te di cose! La mia vita adesso è a Seir. Quella terra era ormai insufficiente per le nostre esigenze. Per questo ho scelto di vivere nelle valli dei monti di Seir. Anche io ho una famiglia numerosa come la tua. Giudit e Basemat, le ricordi?».

«Sì, le donne di Canaan che non piacevano a nostra madre».

«Dopo di loro ho avuto altre mogli e tanti figli. Ma adesso pensiamo a noi. Dai, preparatevi, andiamo insieme a Seir, è una bella terra. Ho dato anche il nome alla regione: l'ho chiamata Edom, che significa "rosso" come il mio pelo». Esaù rise di cuore. Poi riprese: «Allora, fratello, andiamo!».

«Esaù, è meglio di no. I miei figli sono ancora piccoli. Sono stanchi. Poi ho con me le pecore e le vacche che hanno avuto da poco i vitelli. Non posso affaticarli. Io verrò piano piano, al passo del bestiame. Vai per la tua strada, io ti raggiungerò a Seir con calma».

«Va bene, ma permetti almeno che ti lasci i miei guerrieri. Proteggeranno il vostro cammino».

«Non è necessario, Esaù. A me basta avere ritrovato un fratello e il suo perdono».

«Va bene, sei il solito testardo con venti anni in più», gli sorrise Esaù. «Allora ci vediamo a Seir».

Esaù si allontanò e Giacobbe, quando non lo vide più all'orizzonte, si rivolse alla sua gente: «Preparatevi a partire. Andremo verso Sichem».

«Ma perché?», domandò Lia. «Non andiamo più da Esaù?».

«È meglio di no, le nostre strade resteranno divise. Io ed Esaù dovremo percorrere un cammino diverso. A ciascuno di noi è stata promessa una potente nazione».

Lettore, devi sapere che il popolo discendente da Esaù, chiamato Idumeo, e quello di Giacobbe, chiamato Israele, furono sempre ostili. Come aveva predetto Dio, molti anni dopo gli idumei saranno asserviti da Davide, re di Israele, e si libereranno soltanto nel secolo nono sotto Ioram di Giuda.

Giacobbe prese dunque la direzione opposta a quella di Esaù, riattraversando il torrente Iabbok e fermandosi poco dopo. Lasciò le tende e costruì le prime case di pietra e le capanne per il bestiame. «Questo luogo sarà chiamato Succot», disse Giacobbe osservando le costruzioni che i suoi uomini avevano realizzato, e Succot significa "capanne".

A Succot rimasero parecchi anni, il tempo necessario per fare diventare adulti i bambini. Poi un giorno Giacobbe decise che era giunto il momento di avvicinarsi al villaggio di Mamre. «Andremo a Sichem», disse alla sua gente che lo guardò stupita.

«Pensavamo di restare qui per sempre», disse Rachele delusa. «Qui abbiamo tutto, le nostre case, i nostri altari, perché dobbiamo spostarci ancora?».

«Rachele, la terra che Dio ha promesso al nostro popolo è ancora più in là. Dio me l'ha mostrata un giorno quando stavo venendo da te a Carran. Ora andremo a Sichem perché così Dio mi ha indicato».

Giacobbe si fermò alle porte della città di Sichem e pose le sue tende. «Dio», disse ai suoi undici figli, alle mogli Lia e Rachele e alle serve che aveva amato, «ci ha protetto sino a questa terra. Ha mantenuto la promessa che mi ha fatto a Carran e ci ha portato qui sani e salvi. Egli mi ha chiamato Israele e io chiamerò questa terra Israele perché sarà la terra che io comprerò. Domani stesso andrò in città e cercherò chi potrà vendermela».

Giacobbe riuscì a comprarla da un cittadino di Sichem per cento pezzi d'argento. «La strada del popolo di Israele inizia da qui», disse con soddisfazione Giacobbe parlando alla sua gente. «Saremo un grande popolo perché Dio ci ha scelto tra tanti e, lungo il cammino che iniziò con Abramo, più volte ce lo ha rammentato. Per questo erigeremo un altare e lo chiameremo "Potente Dio di Israele"».

20

Un giorno nel villaggio di Giacobbe la quiete fu rotta da un rumore di galoppo sfrenato e dal risuonare di voci concitate. Un guerriero con l'uniforme reale scese dal suo cammello e annunciò: «Il principe di Sichem, Camor, è qui. Vuole incontrare il vostro capo». Gli uomini del villaggio corsero ad avvertire.

«Che accade?», domandò Giacobbe uscendo trafelato dalla tenda e sistemandosi la veste. Poi vide il principe Camor e gli andò incontro.

«Gli dèi vi benedicano», lo salutò Camor appena gli fu davanti. «Ho saputo che avete acquistato questa terra e sono venuto a portarvi i saluti miei e della mia città. Tu sei Israele? A Sichem alcuni ti chiamano così, altri invece Giacobbe. Qual è il tuo nome?».

«Mio padre mi ha chiamato Giacobbe, Dio invece mi ha dato nome Israele e questo è il mio popolo, il popolo d'Israele. Tu chiamami come meglio ti riesce», rispose con garbo Giacobbe. Poi aggiunse: «La vostra visita ci onora e ci rallegra. Ma noi abbiamo un solo Dio che ci benedice».

«Un solo Dio?», si guardò attorno stupito Camor.

«Sì, un solo Dio che provvede a tutti noi. Anche a voi. Non solo al popolo di Israele».

«Sarà come dici. Però se il mio suddito non ti avesse venduto la terra tu non avresti saputo dove andare».

«Ma è stato Lui a convincerlo a vendercela».

«Lui? Chi?».

«Dio. È Lui che guida le cose della terra e fa in modo che tutto vada secondo i suoi programmi. È Dio che ci ha condotto qui».

«Va bene, va bene», tagliò corto Camor tendendogli la mano. «Sono venuto fin qui per conoscerti, non per parlare di Dio. Noi, lo avete visto, siamo gente pacifica e desideriamo avere buoni rapporti con tutti, per questo sono venuto di persona, con mio figlio». Camor indicò il giovane al suo fianco. «Il suo nome è Sichem, perché non ci siano dubbi su chi dopo di me comanderà questa città, e lui», si girò sulla sua sinistra, «è il mio consigliere personale: si chiama Bela».

«La vostra visita al popolo di Israele è molto gradita. È un grande onore quello che ci fate», ribadì Giacobbe rassicurato e chinando il capo. E aggiunse: «La vostra ospitalità ci ha reso sereni. Non è stato facile arrivare».

«Lo so, e anche per questo sono qui. Voglio conoscere la vostra storia».

Giacobbe fece segno di seguirlo e lo invitò a entrare nella sua tenda. Poi dette ordine a Lia, a Rachele e alla figlia Dina di prendersi cura degli ospiti. «Portate l'acqua per lavare le mani e mettete sulla tavola vino e formaggio».

Camor ascoltò con molta attenzione la storia di Giacobbe. Poi si versò ancora un po' di vino e scoprì le sue carte. «Non nascondo che tra i motivi di questa mia visita ci sia anche quello di avere rapporti di commercio con la tua gente», disse deciso. «Abbiamo visto che siete molto ricchi e soprattutto molto abili. Desideriamo apprendere i vostri segreti. Vogliamo imparare ad allevare il bestiame e a rendere più fertile la nostra terra. In cambio vi proteggeremo da ogni insidia».

«Non abbiamo nemici», precisò Giacobbe.

«Ora è così», assentì Camor. «Ma quando si saprà della vostra ricchezza, potreste essere vittime dei predoni».

Giacobbe si alzò sorridente. «Camor, non abbiamo paura, ma il popolo d'Israele aiuterà i cittadini di Sichem e i nostri due popoli vivranno come uno solo».

Per sancire l'accordo anche Camor si alzò. Rachele arrivò con i boccali e Dina li riempì di vino. Poi brindarono. «Alla nostra amicizia», disse Giacobbe.

«Alla nostra amicizia e alla alleanza dei nostri popoli», precisò Camor alzando il boccale che, come gli altri, portò poi alla bocca. Restarono a parlare ancora a lungo. Poi Camor guardò fuori dalla tenda: «Il sole sta calando», disse. «Si è fatto tardi». Per qualche attimo tutti rimasero in silenzio. Poi con un sorriso Camor disse: «Dobbiamo andare. I miei doveri di re mi aspettano». Si avviò verso il suo cammello, ma poi si girò e tornò sui suoi passi. «Qui a Sichem è nostra abitudine festeggiare l'arrivo del nuovo anno con una grande festa: saremmo felici di avervi ospiti fra sette giorni al nostro palazzo».

Giacobbe scosse il capo imbarazzato. «Ma siamo in tanti. Io ho undici figli, e mia moglie Rachele è in attesa».

Camor guardò Rachele e notò il suo pancione.

«Se non potete tutti, è importante che qualcuno di voi sia presente».

Camor e il figlio Sichem guardarono verso la folla. Gli occhi del giovane si fermarono su Dina, l'ultimogenita che Lia aveva avuto da Giacobbe, appena adolescente e già di incantevole bellezza.

«Vedremo», concluse Giacobbe poco convinto.

Camor si diresse verso i cammelli, pronto a partire. Sichem si attardò per cercare con lo sguardo Dina tra la folla. Incrociò i suoi occhi e lei subito li abbassò arrossendo. Simeone, il fratello, si accorse di quel gioco di sguardi e, quando Sichem si allontanò con il padre, disse deciso: «A quella festa non andrà nessuno di noi. Sono stato in quel paese qualche volta e ho visto che, come tutti i cananei, anche questi sono corrotti e viziosi».

«Invece mi piacerebbe andare», ribatté sfrontata Dina. «Voglio conoscere questa gente».

Simeone, dei figli di Giacobbe, era sicuramente il più ribelle e il più violento. «Guai a te», minacciò la sorella mostrandole il pugno. «Tu non andrai da nessuna parte. Ho visto come quel tizio, il figlio di Camor, ti ha guardato».

Dina puntò i suoi occhi carichi di rabbia verso quelli del fratello che continuò: «Ti spogliava con gli occhi, quello considera tutte le donne prostitute». Poi riprese più duro: «E ho visto che anche tu lo guardavi». Poi cercò lo sguardo di approvazione di Giacobbe: «Diglielo tu, padre, come i cananei considerano le donne. Quando tuo fratello Esaù sposò le due donne di Canaan, Giudit e Basemat, tuo padre Isacco e tua madre Rebecca soffrirono molto. Tu stesso hai sempre detto che il nostro popolo non si deve contaminare con gente che non ha le nostre tradizioni. I cananei portano soltanto guai. È vero, padre?».

Giacobbe non replicò. A parlare fu ancora Dina: «Senza quei guai nostro padre non sarebbe andato via e non saresti nato e questo sarebbe stato un bene», affermò acida.

«Sei una bisbetica», urlò Simeone e le si avventò contro per picchiarla.

«No, lasciala stare». A intervenire in difesa di Dina fu Giuseppe: «Nostra sorella ha ragione. Nessuno di noi sarebbe nato. Perché è stato Dio a volere tutto ciò che poi è accaduto a nostro padre. Ti prego, Simeone, non picchiarla. Dina è l'unica nostra sorella. Tocca a noi difenderla».

«Ha ragione Giuseppe», disse Giacobbe fulminando con lo sguardo Simeone. «È il più giovane tra di voi eppure è il più saggio. Ora basta. Andate a dormire. Domani all'alba le greggi dovranno uscire per il pascolo».

Dina e Giuseppe si volevano molto bene, erano uniti e complici. Entrambi erano appena usciti dall'adolescenza. Lei era bellissima, alta come la madre Lia, ma formosa e con il viso ammaliante della zia Rachele. Giuseppe era anche lui bello, alto, capelli riccioluti e scuri che gli incorniciavano il viso; e una leggera peluria da poco sbocciata lo rendeva più maturo della sua età. Giuseppe era il figlio che Giacobbe amava di più perché era il più sensibile e il più attento ai suoi insegnamenti. Ma soprattutto perché era nato da Rachele, l'unica tra le sue donne che amava veramente.

Dina, dopo lo scontro con il fratello Simeone, si chiuse nella sua tenda a piangere. Giuseppe, come sempre, andò a consolarla e lei si gettò fra le sue braccia. «Perché, Giuseppe, ce l'hanno tutti con me? Hai visto Simeone? Voleva addirittura picchiarmi e l'avrebbe fatto se non ci fossi stato tu a difendermi».

Giuseppe lasciò che si sfogasse. Dina si asciugò le lacrime e si soffiò il naso. «Nessuno ce l'ha con te, Dina. Neanche Simeone. Fa così perché ti vuole bene e ti vuole proteggere».

«Sì, picchiandomi», ribatté con stizza Dina asciugandosi le lacrime con il bordo della veste.

«Sì, ti vuole proteggere», ribadì Giuseppe. «Nessuno di noi vorrebbe che ti capitasse qualcosa di brutto. Tu sei talmente bella... Non c'è nessuno che non farebbe qualsiasi cosa pur di averti».

«Oh, Giuseppe. Ti voglio bene. Perché gli uomini non sono tutti come te? Hai ragione tu. Lo vedo come mi guardano. Talvolta ho anche paura. Quando mi sposerò, vorrò uno che assomigli a te».

Giuseppe le diede un bacio e uscì dalla tenda.

Dina restò ferma nella sua cocciutaggine e, mentre i fratelli erano in campagna con il bestiame, si recò alla festa della città da sola.

Sichem, il figlio di Camor, appena la vide arrivare, l'adocchiò e subito ordinò alla sua serva Jasmine, la più fedele, di fare di tutto per farli incontrare da soli. La serva finse di incrociare Dina per caso. «Ma tu non sei la figlia di Giacobbe, il capo del popolo d'Israele?».

Dina fu contenta che una di Canaan le rivolgesse la parola e per di più la salutasse con gioia. In quel luogo si sentiva a disagio, e sentire una voce amichevole la rassicurò. «Sì, sono Dina», rispose fiduciosa.

«È una bella festa, non è vero?».

«Sì, bellissima», rispose Dina entusiasta. «Non ne ho mai visto una così bella. Con tutte queste bellissime donne così eleganti. Mi vergogno di essere venuta così». Dina guardò la sua tunica di lana.

«Sei bellissima anche tu. Vieni, Dina, beviamo un po' e pensiamo a divertirci».

L'atmosfera diventava sempre più calda, gli uomini cantavano accompagnati dal ritmo dei tamburelli e le donne ballavano. Nascosto tra la folla, Sichem osservava Dina in ogni suo movimento. La guardava a distanza aspettando un segno di intesa della sua serva. Jasmine intanto continuava a versare il vino nel boccale di Dina senza farsi accorgere. Dina era estasiata da quell'atmosfera immaginata durante i racconti che talvolta ascoltava di nascosto dai fratelli. Il vino cominciò a fare il suo effetto e così, anche per il caldo, Dina si sentì mancare.

«Sto male», disse a Jasmine che fino a quel momento era stata molto affettuosa con lei. «Sto male».

«Vieni, allontaniamoci da qui, troviamo un luogo più tranquillo». Jasmine sorresse Dina per le spalle e la trascinò in una stanza dove c'era un letto. «Dina, stenditi qui, starai meglio. Vado a prenderti un po' d'acqua». La serva uscì e subito sulla soglia apparve Sichem. Dina, quando si accorse della sua presenza, si impaurì e, facendo uno sforzo, scattò in piedi. «Non avere paura. Mi conosci, non è vero? Mi chiamo Sichem, sono il figlio del padrone di questa città. Sono quello che hai guardato a lungo mentre al villaggio i nostri vecchi parlavano».

«Per la verità io non ti ho guardato».

«Su, non fare la timida. I tuoi occhi mi hanno fatto capire che gli uomini ti piacciono».

«Ma che cosa dici? Io sono soltanto una ragazza».

«Non credo. Sei una donna ormai. Questo seno così sodo lo dimostra», disse toccandola.

«Ti prego, lasciami andare. Ci sono i miei fratelli, c'è mio padre».

«Andrai via quando avremo finito».

Sichem, in preda al desiderio, non ascoltò le sue suppliche e le sue implorazioni. Si avvicinò e la strinse fra le braccia. «Ti prego, lasciami andare, sono ancora pura. Non farmi del male. Ti prego fammi andare». Dina cercò di divincolarsi, ma Sichem la spinse a terra e le fu addosso con tutto il suo peso. «Giuseppe, Simeone», urlò, per spaventarlo, Dina. Ma Sichem non si fermò. Le bloccò le mani, le sollevò la veste. Lei resistette fino a che poté. Nessuno la sentì gridare. I canti, la musica e l'allegria furono complici dello stupro.

Dina uscì sconvolta nel fisico e nell'anima. Tornò al villaggio barcollando e con la veste scomposta che le cadeva su un lato. Non ci fu bisogno di spiegare. «È stato Sichem», disse solamente. «Sichem», e crollò a terra priva di sensi.

La notizia della violenza subita da Dina arrivò al palazzo di Camor. «Che cosa hai fatto, disgraziato?», lo aggredì il re appena il figlio gli fu davanti. «Hai osato oltraggiare la figlia del capo di un popolo straniero e nostro ospite. Ti sei macchiato di un crimine orrendo, Sichem. Non ci sarà perdono per te, ma soltanto la morte».

«Padre, ho sbagliato, lo so, ho ceduto al desiderio, ma

io sono pronto a sposare quella ragazza. Mi sono innamorato subito di lei, appena l'ho vista al villaggio. Se lei mi vorrà, io sono pronto a sposarla».

Addolorato e deluso, Camor si recò al villaggio di Giacobbe. «Questa volta sono qui per chiederti perdono per mio figlio», implorò.

«Non ci sono scuse per quello che ha fatto», rispose sdegnato Giacobbe. «Per la nostra legge tuo figlio merita la morte».

«Mio figlio dice che l'ha fatto per amore».

«Amore? L'ha stuprata. È un delitto che vi disonora, altro che amore. È stata violenza. Ti ho fatto entrare nel mio villaggio perché parlavi di rispetto e di amicizia. Oltre a violare mia figlia, tutti voi avete tradito la mia fiducia».

Camor lasciò che Giacobbe si sfogasse. Poi ripeté sommessamente: «Mio figlio vorrebbe sposarla».

«Osa chiederla in sposa?», Giacobbe urlò. «Tuo figlio aggiunge vergogna a vergogna».

«Sichem è colpevole ma desidera sposare la tua giovane figlia. Giacobbe, in nome del tuo Dio, non aggiungere sangue a un crimine di cui mio figlio è sinceramente pentito».

Giacobbe continuò ad andare avanti e indietro nella tenda cercando di raccogliere le idee.

«Ne parlerò con i miei ragazzi», mormorò infine poco convinto. «Il destino di una figlia è per la nostra tradizione anche nelle mani dei suoi fratelli».

Camor si allontanò e tornò al suo palazzo invecchiato dal dolore con le spalle ricurve e il passo pesante. Fu Sichem a reagire. Raccolse le sue forze, respirò profondamente per prendere coraggio e tornò insieme con il padre da Giacobbe e dai suoi figli: «Possa io trovare grazia ai vostri occhi», supplicò. «Se mi permetterete di sposare Dina, io vi darò tutto quello che chiederete. Imponetemi pure una dote immensa e i regali più costosi e io ve li darò, ma datemi Dina in moglie».

«Non posso dare mia figlia in sposa a un uomo che non sia circonciso. Sarebbe una offesa per la nostra religione», dichiarò pacatamente Giacobbe. «La nostra fede ci impone di unirci in matrimonio soltanto con chi crede nel nostro Dio e nelle nostre tradizioni».

Simeone e Levi si fecero un cenno di intesa e ribadirono: «Non possiamo dare nostra sorella in moglie a un uomo che non sia circonciso perché ciò sarebbe un disonore per tutto il popolo di Israele». Aggiunse Simeone: «Acconsentiremo alla vostra richiesta se diventerete come noi: circoncidete ogni maschio della vostra città. Allora noi vi daremo le nostre donne e ci prenderemo le vostre, abiteremo con voi e diventeremo un solo popolo».

Le parole di Simeone piacquero a Camor e a Sichem e anche a Giacobbe.

«Pur di avere il vostro perdono faremo tutto ciò che ci dite», fece sapere Camor. «Ho capito che il vostro Dio è un buon Dio. Abbiamo assistito al vostro sacrificio e rispettiamo la vostra fede. Impareremo a onorarlo come voi. Aspettiamo domani. Convincerò i maschi della città a circoncidersi».

Camor e Sichem riunirono il loro popolo. «Amici», esordì Camor. «Sapete tutti di quale colpa Sichem, mio figlio, si è macchiato. So bene che l'indignazione che prova il popolo di Israele la provate anche voi».

«Ci vergogniamo per lui», urlò uno dei presenti.

«Capisco i vostri sentimenti. Li provo anch'io. Ma adesso dobbiamo trovare una soluzione».

«Abbandona tuo figlio al suo destino», gridò un altro. «Ha offeso il popolo di Israele. Quella tribù ha avuto fiducia in noi, ci ha dato la sua amicizia. Tuo figlio ci ha disonorato».

«Dobbiamo trovare un rimedio», ribadì Camor. «È gente pacifica. E anche ricca. Facciamo in modo che possa vivere insieme con noi come un unico popolo. Noi potremo prendere per moglie le loro donne e potremo dare a loro le nostre. Ma questi uomini acconsentiranno a vivere con noi, a diventare un solo popolo a una sola condizione».

«Quale?», domandò uno della folla.

«Rispettare le loro usanze per essere uguali a loro. Ogni maschio fra noi dovrà essere circonciso come sono circoncisi loro».

Un mormorio di proteste serpeggiò fra la folla. Ma Camor insistette: «Così potremo avere le loro donne come mogli e dare loro le nostre donne. Saremo un unico popolo e godremo del loro benessere».

Le ultime parole placarono le proteste. «E che cosa dovremmo fare, Camor?».

«Dovete recarvi alla porta della città, portate anche i vostri bambini, ci saranno i figli di Israele, sì di Giacobbe, che circoncideranno ognuno di voi. Io e Sichem saremo i primi».

La mattina seguente i figli di Giacobbe circoncisero seicentoquarantacinque uomini e duecentosettantasei bambini, e durante il rito le vie della città risuonarono di gemiti di dolore e di imprecazioni.

«Basta poco. In tre giorni passerà tutto», li rassicurarono Simeone e Levi. «Mettetevi a letto e vedrete che entro tre giorni tutti i vostri dolori saranno cessati».

In verità l'idea di circoncidere i maschi del villaggio nascondeva un piano diabolico: una vendetta studiata da Simeone e Levi. «La circoncisione costringerà tutti gli uomini della città a stare chiusi in casa con la febbre», si erano detti i due fratelli. «E noi li attaccheremo e vendicheremo nostra sorella».

Nella notte, Simeone e Levi con un gruppo di uomini del villaggio a loro fedeli, si armarono di spada e assaltarono la città. Uccisero le sentinelle ed entrarono nelle case. Assassinarono Camor e seviziarono Sichem fino alla morte. Poi uccisero tutti gli uomini. Le strade furono ricoperte da cadaveri. L'orrore arrivò ovunque. La città fu saccheggiata, le donne e le ragazze divennero preda di violenze e di stupri. Chiunque cercasse di opporsi alla furia omicida dei due fratelli veniva trucidato. Quando la loro crudeltà fu finalmente sazia, depredarono ogni cosa portando via come bottino greggi, armenti, asini e quanto trovarono. Fecero schiavi i fanciulli e le donne.

Quando quell'orda scatenata rientrò nell'accampamento, trovò Giacobbe sconvolto. La notizia del massacro era già arrivata alle sue orecchie. Appena li vide si scagliò contro Simeone e Levi con gli occhi fiammeggianti d'ira.

«Come avete potuto fare una cosa così orribile? È una follia che grida la vendetta dal cielo. Mai, mai avrei potuto immaginare di avere generato figli così spietati». Giacobbe si accasciò su una sedia e nascose la testa tra le mani. «Che cosa avete fatto?», ripeté come una nenia. «Come avete potuto? Non posso credere che i miei figli si siano macchiati di un massacro così barbaro. Voi avete posto in grande pericolo il nostro popolo, rendendomi odioso agli abitanti di tutto il paese di Canaan, ai cananei e ai filistei. Per noi sarà la fine. Se le città intorno a Sichem si riuniranno per marciare contro di noi, che cosa mai potrò fare? Saremo tutti annientati».

«Non rimproverarci, padre», rispose Levi. «Hanno trattato nostra sorella come una prostituta: potevamo perdonarli?».

«Basta, non voglio sentire la vostra voce. Potevamo non perdonarli ma non dovevamo ingannarli facendoci scudo della legge di Dio».

Giacobbe era distrutto, ma improvvisamente, come se fosse stato folgorato, disse: «Non c'è un istante da perdere: dobbiamo subito allontanarci da questo luogo a noi sacro. Preparatevi, ma sappiate che non dimenticherò mai l'eccidio che avete compiuto. Neanche in punto di morte».

Giacobbe rientrò in lacrime nella sua tenda, allontanò Lia e Rachele che cercavano di placarlo e pregò Dio di avere pietà del suo popolo.

E Dio gli parlò: «Israele, alzati, sali a Betel e dimora in quella regione; costruisci un altare al Dio che ti è apparso quando fuggivi lontano da Esaù, tuo fratello».

Giacobbe si precipitò fuori della tenda gridando: «Svelti, distruggete tutti gli idoli degli dèi stranieri che avete con voi e che avete portato via dalle case delle vostre vittime.

Lasciate liberi tutti coloro che avete fatto schiavi. Purificatevi: cambiatevi le vesti e bruciate le vecchie. Dobbiamo partire subito per Betel. È una terra che ho conosciuto quando cercai di sfuggire all'ira di mio fratello. Allora Dio guarì la mia angoscia e adesso lo farà ancora».

Tutti consegnarono a Giacobbe gli idoli che possedevano e i preziosi che avevano depredato. E lui li sotterrò sotto due querce.

L'indomani mattina il popolo d'Israele partì per Betel. Stranamente nessuno osò inseguirli perché il massacro di Sichem aveva terrorizzato i popoli vicini. Giacobbe lasciò la terra con grande dolore: «Era stata conquistata con tanti sacrifici», disse a Giuseppe che cercava di consolarlo. «Per colpa dei tuoi fratelli siamo costretti di nuovo ad andare raminghi».

«Padre», disse Giuseppe, «perché non andiamo dal nonno Isacco? Forse lì troveremo la pace».

Giacobbe guardò Giuseppe con tenerezza. «Figliolo, andremo. Ma adesso Dio, il nostro Dio, ci ha detto di andare in un altro luogo, dove mi ha già protetto tanti anni fa. Ci proteggerà anche questa volta».

Lungo il cammino, Rachele, all'inizio del nono mese di attesa, per la fatica del viaggio e le paure vissute, sentì le doglie del parto. «Giacobbe, a Rachele si sono rotte le acque», disse Lia allarmata.

«Oh mio Dio», esclamò costernato Giacobbe. «Pensavo di arrivare prima del parto, ma c'è ancora tanta strada da fare. Se Dio ha deciso di fare partorire Rachele qui in questa terra, avrà i suoi motivi», si rassegnò e dette l'ordine di fermarsi.

Corse poi alla tenda di Rachele e capì subito, dallo sguardo della levatrice, che la situazione era grave. «Giacobbe, amore mio. Sto per lasciarti...», lo chiamò con un filo di voce Rachele.

«Rachele, non parlare così...».

«Giacobbe è nato... Ma per me è la fine... Ti ho... Amato appena ti ho visto... Ricordalo. Chiama questo figlio Ben-Oni, cioè "figlio del mio dolore", avendolo vicino penserai sempre a me».

«No... No... Rachele non lasciarmi. Io ti amo... Non puoi lasciarmi».

Rachele non sentì il suo ultimo grido d'amore. I suoi occhi si spensero prima.

Giacobbe tolse il bambino dalle braccia di Rachele e con lui si distese accanto alla moglie senza vita e le parlò come se potesse sentirlo. «Guarda, Rachele, come è bello. Vedi, amore, ti sorride. Perché vuoi chiamarlo Ben-Oni? No, no, Rachele, chiamiamolo invece Beniamino, che significa "figlio della destra", cioè di buon augurio. Vedrai ci renderà felici...».

Giacobbe si lasciò poi andare a un pianto inconsolabile che spezzò il cuore a tutti.

«Andiamo via, ti scongiuro», disse Giuseppe, l'unico che poteva convincerlo ad allontanarsi da Rachele. «Padre, ti prego, andiamo via, altrimenti farai morire anche me. La mamma non soffre più. E, se potesse, ci direbbe di non piangere».

Giacobbe si avvicinò ancora al corpo di Rachele, le

sfiorò la fronte con un ultimo bacio. Poi si lasciò condurre via. «Hai ragione, Giuseppe. Dobbiamo farci forza per lui, per Beniamino, il tuo vero e unico fratello. Ha soltanto noi adesso».

Rachele fu sepolta lì, sulla strada che portava a Efrata, la città, lettore, che, più avanti negli anni, sarà chiamata Betlemme.

Sulla tomba, Giacobbe pose una lapide.

Oggi, lettore, la lapide esiste ancora ed è venerata: molte donne ebree, che hanno perso un figlio, si recano a piangerlo pregando su di essa.

21

Dopo la morte di Rachele, Giacobbe si convinse a portare il suo popolo al villaggio di Mamre, vicino alla città di Ebron dove si trovavano suo padre e suo fratello Esaù. «Finalmente sei arrivato», disse Isacco con un filo di voce. Era disteso sul suo giaciglio. Il respiro era affannoso e continuo. Giacobbe stentò a riconoscerlo. Gli occhi erano incavati nel capo, la tunica copriva il corpo che non c'era quasi più. «Ho aspettato a morire per rivederti, figlio mio. Tua madre non ce l'ha fatta. È morta di crepacuore. Non ha resistito a non avere tue notizie. Ma ora dimmi, figlio mio, raccontami. Che cosa hai fatto in tutti questi anni?».

«Padre, la mia è una storia lunga. Non basterebbe la notte a raccontarla».

«Non preoccuparti, ti ascolterò».

E Giacobbe raccontò.

Aveva appena finito quando Isacco emise un rantolo seguito da un sospiro profondo. Poi più nulla. Giacobbe capì che aveva perduto il padre appena ritrovato. Non pianse e non si disperò. Tanti anni vissuti lontano avevano indurito il suo cuore. «Sono stato via troppo tempo», confidò a Esaù quando arrivarono a Macpela per la cerimonia funebre. «Ha vissuto centottanta anni, ma per me era già morto. Mi resta la consolazione di avergli fatto sapere che io e te siamo ritornati fratelli».

«Sì», confermò Esaù. «È morto con il sorriso».

Ma i due fratelli non restarono insieme. Pochi giorni dopo, una mattina Esaù raggiunse Giacobbe nella tenda. «Esaù, come mai a quest'ora?».

«Ho deciso di partire con i beni che nostro padre mi ha lasciato e di andare con i miei uomini a Seir. Ormai questo è il tuo popolo non il mio».

«Perché Esaù? Proprio ora che non c'è più alcun dissidio tra di noi? Restiamo qui, uniti con il nostro popolo».

«Ho pensato tutta la notte. E ho capito che è giusto che sia io ad allontanarmi. Questa terra è troppo piccola per fare vivere tranquilli tutti. Tu hai il popolo che Dio ti ha concesso. Per questo ti ha chiamato Israele. È il popolo voluto dai nostri padri. È giusto che sia tu a guidarlo».

Esaù prese le mogli e i figli e le figlie e tutte le persone della sua casa, il suo gregge e il suo bestiame e tutti i suoi beni e andò definitivamente nel paese di Seir che poi chiamò Edom, nome che deriva da Esaù e che, come già sai, lettore, significa "rosso".

Passò il tempo. Nel villaggio di Mamre la vita trascorse tranquilla. Giuseppe, il penultimo dei figli di Giacobbe, aveva diciassette anni e lavorava nell'accampamento, mentre i più grandi portavano al pascolo le greggi. Beniamino invece stava accanto al padre ed era accudito da Lia, da Zilpa e Bila. «Tu vuoi più bene a me e a Giuseppe, non è vero?», domandava spesso Beniamino quando il padre lo teneva vicino e gli raccontava la storia della famiglia. «No, io voglio bene a tutti i miei figli».

«Non è vero. Giuseppe mi ha detto che vuoi più bene a noi due perché siamo nati dalla donna che tu amavi di più».

«Hai ragione. Hai proprio ragione. È vero amo di più Giuseppe perché è il primo figlio che tua madre mi ha dato. E amo te perché sei il mio figliolo più piccolo».

L'affetto che Giacobbe nutriva per Giuseppe suscitò, con il passare del tempo, malumore tra gli altri fratelli. Un malumore che aumentò il giorno in cui regalò a Giuseppe una veste di bisso ricamata con fili d'oro e d'argento.

«Nostro padre non ha occhi che per lui», disse Ruben, il primogenito. «Oggi gli ha regalato una veste di seta tutta ricamata».

«A lui i regali e a noi le fatiche», protestò Simeone.

«Che cosa pretendi? Ama Giuseppe e Beniamino perché sono i figli della sua vecchiaia», disse Giuda.

Un giorno Giacobbe decise di spostare l'accampamento verso prati più verdi. «Vado a verificare prima se potranno ospitare tutta la nostra gente», disse sistemando la sacca sulla groppa di un cammello. «Tu, Ruben, mi sostituirai durante la mia assenza. Sei il primogenito e quindi è tuo diritto fare il capo».

Nella notte, Ruben aspettò che tutti dormissero per uscire dalla sua tenda ed entrare in quella di Bila.

«Bila, Bila, sono Ruben», sussurrò per non farsi sentire.

«Ruben, che fai qui? Nella mia tenda? A quest'ora?».

«Lo sai che cosa voglio? Voglio dormire con te».

«Tu sei ubriaco, Ruben, vai via».

Ruben, in preda al desiderio, non si controllò. Prese

Bila per le spalle e la spinse sul giaciglio. Poi si gettò su di lei e cominciò a baciarla.

«No, no, lasciami, ti prego».

«È l'ultima occasione per averti. Domani me ne andrò per il pascolo».

«Ma io appartengo a tuo padre», disse ancora Bila.

«Io sono il primogenito e tutte le donne che appartengono a lui, prima o poi apparterranno anche a me».

Bila fu costretta ad arrendersi alle sue voglie. La mattina, prima del sorgere del sole e del canto del gallo, Ruben si vestì in fretta e uscì dalla tenda. Zilpa lo vide e riferì tutto a Giacobbe, che disse pieno di rabbia: «Dovrei cacciarli tutti e due. Ruben è il primogenito, ma non sarà mai il mio erede chi tradisce la mia fiducia».

Poi chiamò Lia. «Ancora una volta uno dei tuoi figli mi ha recato dolore. Ruben ha approfittato della serva di Rachele, Bila, con cui ho avuto due figli».

«Approfittato?».

«Sicuramente Bila non è colpevole. Conosco la sua devozione. Che cosa hai tenuto in grembo, delle serpi? Sono stati due dei tuoi figli a devastare Sichem. E ora anche Ruben mi ha tradito».

Lia non parlò ma le sue lacrime esprimevano il suo dolore. Si era illusa di prendere il posto di Rachele nel cuore di Giacobbe, ma la violenza di Ruben le toglieva l'ultima speranza. «Ora dimentica quanto ti ho detto», ordinò Giacobbe. «Sarà un nostro segreto. Lo conosciamo solo io, te, Zilpa e ovviamente Bila», e uscì.

La mattina salutò i figli che partivano per il pascolo. Poi, quando furono lontani, chiamò Giuseppe: «Raggiungili e stai con loro. È tempo che tu viva con i tuoi fratelli più grandi. Devi vedere come si comportano e riferirmi tutto. Beniamino, che ha soltanto nove anni, starà con me. Tu sei troppo grande per giocare ancora con lui».

«Ma, padre, sto bene con Beniamino. Gli sto insegnando tante cose. E... Poi... Padre... Assomiglia alla mamma...».

«Ora vai e fai come ti ho detto», ordinò.

Giuseppe si mise in cammino con la sua bella veste ricamata e un lungo bastone che gli serviva per appoggiarsi quando si sentiva stanco. Dopo ore di cammino, finalmente trovò i fratelli.

«Ehi, sta arrivando il sognatore!», gridò Issacar. «Chissà che cosa è venuto a fare qui a Dotain? Noi dobbiamo pascolare le greggi e lui, che di solito non ci aiuta in niente, è venuto a passeggiare fino a qui. Vorrei proprio sapere perché».

«È evidente», gli rispose Dan asciugandosi il sudore che gli colava dalla fronte. «A spiarci, per potere poi sparlare di noi a nostro padre».

«Io non lo sopporto», intervenne Simeone. «Si imbelletta viso e occhi come una prostituta», disse deridendolo. Poi si alzò. «Lo vedete come cammina?», Simeone fece qualche passo ancheggiando per imitare Giuseppe. Poi imitò la sua voce parlando in modo stridulo e affettato. «Basta, mi viene la nausea solo a guardarlo», concluse sedendosi.

«Non parliamo poi dei suoi sogni», intervenne Levi. «Li racconta come se fossero messaggi profetici inviati dal Signore e dai suoi angeli. E il bello è che quell'ingenuo di nostro padre li ascolta pendendo dalle sue labbra e guardandolo con amore».

«Una volta ci ha detto di avere sognato il sole, la luna e undici stelle che si inchinavano davanti a un'altra stella», ricordò Zabulon. «Secondo la sua interpretazione il sole era nostro padre, la luna era Rachele e le undici stelle eravamo noi. Roba da non credere!».

«Quella volta ha passato davvero il segno», sbottò Simeone, scuro in volto. «Persino Giacobbe, che di solito pende dalle sue labbra, lo rimproverò. Ricordo ancora le sue parole: "Che significa?", gli domandò irritato. "Dovremo forse venire io, tua madre e i tuoi fratelli a prostrarci davanti a te?"...».

«Avrebbe dovuto almeno dargli uno schiaffo!», sbottò Issacar. «Se mi fossi permesso io di raccontare una cosa del genere...».

«State zitti!», li avvertì Giuda. «Sta arrivando e, se ci sente, va a riferire tutto a nostro padre piagnucolando».

«Io non lo sopporto più!», mormorò Nèftali a Gad. «Fosse per me lo sbatterei in un bordello ittita e...», Giuseppe arrivò con lo sguardo sorridente.

«Salve, Giuseppe! Come mai sei qui? Sei venuto ad aiutarci? A lavorare con noi?», lo salutò Levi.

«A dire il vero no», rispose candidamente. «Nostro padre mi ha detto semplicemente: "Vai a vedere come stanno i tuoi fratelli e come sta il bestiame, poi torna a darmi notizie". Certo è stata una bella fatica arrivare fin qui. Pensavo di raggiungervi prima. Almeno così pensava nostro padre. Avreste almeno potuto...».

«Almeno cosa?», lo interruppe a muso duro Gad.

«Farmi sapere che avevate deciso di venire fin qui a Dotain. Insomma, ho impiegato un sacco di tempo a cercarvi, mi sono perso nel deserto e ho vagato senza meta sino a quando ho incontrato un uomo. Sospetto che fosse un angelo: la cosa ancora non mi è ben chiara, ma mi ha detto che eravate qui e mi ha messo sulla giusta via».

«E così», mormorò cupo Giuda, «hai anche gli angeli al tuo servizio...».

«Tutto è possibile per un figlio di Israele», rispose sorridendo Giuseppe, che poi aggiunse: «Ma adesso basta parlare. Ho affrontato per voi un cammino durissimo e non mi offrite nemmeno una ciotola di latte e una pietra pulita su cui sedere?».

«Siediti qui, Giuseppe», disse Ruben. «Per quanto riguarda il latte vado a mungertene di fresco».

Giuseppe si sedette e Simeone continuò a deriderlo. «Hai fatto qualche altro sogno in questi giorni?».

«Ma certo che ho sognato!», esclamò Giuseppe. «State a sentire. Tutti noi fratelli stavamo legando dei covoni in mezzo alla campagna, quand'ecco che il mio covone si alzò all'improvviso e restò dritto. I vostri covoni, invece, si inchinarono davanti al mio».

«Ora spiegacelo, vuoi forse diventare il nostro re o il nostro padrone?», disse irritato Aser.

«Ma no... Non lo so», rispose Giuseppe. «Però mi sembra abbastanza semplice da interpretare. Probabilmente io dovrò...».

«Tu dovrai fare solo una cosa», lo interruppe Simeone scagliandosi contro di lui e buttandolo a terra. «Devi tacere. Basta con questi sogni».

«Ma sei impazzito? È soltanto un sogno. Adesso mi hai rovinato la tunica! Farò vedere a nostro padre quello che avete fatto e allora...».

«E... Noi ti uccideremo», disse Simeone.

«State tranquilli. Vi prometto che non gli dirò nulla».

«Non ci fidiamo più di te, da quando gli dicesti che uccidevamo le pecore per mangiarle mentre a lui dicevamo che si erano perdute».

«Ma mi aveva chiesto la verità e io gliela dissi».

Quando tornarono al villaggio, Giacobbe si accorse che la tunica di Giuseppe era sgualcita.

«Giuseppe, che cosa ti è accaduto durante il pascolo?», domandò.

«Padre...».

«Avanti, parla. Che cosa è accaduto?».

«Padre, tu mi hai insegnato che la verità va sempre detta. Ma, da quando io ti dico la verità, i miei fratelli mi odiano».

«Il loro animo è cattivo. Per questo voglio sorvegliarli».

Giuseppe riferì tutto ciò che era accaduto e parlò anche dei sogni.

«I sogni nascondono sempre qualche verità, Giuseppe, specie quando chi li fa è un uomo semplice come sei tu», fu paterno Giacobbe. E poi aggiunse: «Non preoccuparti per la tunica. Te ne farò una più bella».

Giuseppe si ritirò e, come ogni sera prima di addormentarsi, lo raggiunse Beniamino. «Finalmente. Mi sei mancato molto. È la prima volta che mi lasci da solo».

«Beniamino, penso che accadrà molte altre volte da oggi. Nostro padre vuole che vada al pascolo con gli altri fratelli».

Il giorno dopo, quando si svegliò, vide che non lo avevano aspettato. «Figlio mio, li ho lasciati andare senza di te perché voglio parlarti», disse Giacobbe portandolo nella sua tenda. «Ecco, ti ho preparato la tunica nuova ricamata in oro con le maniche lunghe e larghe. Questa è la tunica che fu di mio padre Isacco che a sua volta la ricevette da Abramo. È il simbolo del comando».

Giuseppe la indossò: «È bellissima, padre».

«E tu la indossi molto bene».

«Ma tu hai detto che è il simbolo del comando. Te la ridò subito».

«No, Giuseppe, è tua. Te la sei sudata e guadagnata con la tua lealtà. Giuseppe, oggi, davanti a Dio ti nomino mio erede e capo del nostro popolo. Questa tunica significa che ti considero il primo nella successione».

«Ma è Ruben il primo, poi c'è Simeone, Giuda e gli altri. Io e Beniamino siamo gli ultimi».

«Nessuno ha più diritto di te. Tu non ti sei macchiato dei loro crimini. Né Dio né tantomeno io dimenticheremo ciò che hanno fatto... Vai, portala sempre pensando che è stato Dio a dartela e che il popolo di Israele aspetta da te grandi cose. Dopo di me, sarai tu a guidarlo».

Anche se un po' preoccupato, Giuseppe tenne la veste che Giacobbe gli aveva fatto indossare e si incamminò per raggiungere i fratelli che lo videro arrivare da lontano. «Ha la tunica del comando», disse Ruben rabbioso. «Significa che nostro padre lo ha nominato nostro capo».

«Non lo accetterò mai», mormorò Simeone.

«Anche io non lo accetterò», gridò Giuda.

«E allora?», domandò deciso Levi.

«Uccidiamolo», disse ancora duro Simeone.

«Sì, uccidiamolo, liberiamoci per sempre di lui», approvarono Zabulon e Issacar.

«Ci sarà qualche altra maniera per liberarsi di lui», fu più cauto Giuda. «Io non voglio che sia versato il suo sangue».

«Ha ragione Giuda», fu d'accordo Ruben: «Volete che la terra ci maledica e che Dio ci punisca? Che disgrazie di ogni genere cadano sulla nostra famiglia? Che nostro padre ci maledica?».

«Può sempre consolarsi con quell'altro stupido di Beniamino», ribatté Aser. «Se lo tiene sempre con sé e...».

«Ma insomma, volete aprire gli occhi una volta per tutte?», urlò ancora Simeone, «per nostro padre contano solo loro, i figli di Rachele, mentre noi, quelli di Lia, Bila e Zilpa, serviamo solo per lavorare».

«Non hai tutti i torti, Simeone», ribatté Ruben. «Io sono il primogenito e sai bene quante e quali umiliazioni ho dovuto ingoiare. Ma ucciderlo no...».

«Sei proprio un codardo, Ruben. Ti ha tolto il comando e tu stai ancora a pensare... se ucciderlo o no?», urlò Dan.

«Aspettate», cercò di calmarli Giuda. «Ci sarà un altro modo per liberarci di lui».

In quel momento arrivò Giuseppe. «Salve fratelli!», li salutò. Poi guardò i loro volti infuriati. «Che cosa succede? Possibile che litighiate sempre? Da oggi farò in modo che non accada più. Siamo fratelli e dobbiamo volerci bene».

«Chi sei tu che vieni a dirci ciò che dobbiamo fare e come comportarci?».

«Ruben, capisco la tua irritazione. Ma vedi questa veste? È la tunica del comando. Nostro padre mi ha dato l'autorità su di voi. Io sono qui per sua volontà».

«Non ci importa», disse Ruben. «Fino a prova contraria il primogenito sono io e, dopo nostro padre, guiderò tutti voi».

«La tunica che indosso dice il contrario, Ruben. Io eseguirò il volere di nostro padre».

«E noi ti uccideremo». In un attimo Simeone si lanciò contro di lui seguito dagli altri. Lo afferrarono, gli strapparono la tunica e lo colpirono con calci e pugni.

«Che cosa fate, fratelli?», li implorò Giuseppe sanguinante. «Vi prego, fermatevi».

«Taci, non vogliamo più sentire la tua voce».

«Non uccidetelo», urlò Ruben quando vide un coltello tra le mani di un fratello. «Non macchiamoci le mani del suo sangue. Buttiamolo nel pozzo e morirà da solo».

«Va bene, ci hai convinto. Avanti gettiamolo in quel pozzo».

Lo spogliarono e lo gettarono in un pozzo vuoto. Ruben si allontanò dal gruppo: «Non voglio vederlo morire, né sentire le sue urla», disse. «Tornerò quando tutto sarà finito».

«Sei il solito vigliacco, Ruben», lo insultò Simeone. «Eppure a guadagnarci più di tutti sei proprio tu, il primogenito. Sparito Giuseppe, tornerai a essere il capo».

«Fratelli, abbiate pietà! Tiratemi fuori!», si sentì la voce disperata di Giuseppe dal fondo del pozzo.

«Ti piacerebbe eh?», urlò beffardo Simeone. «Su, fratelli, facciamolo divertire un po'», afferrò una pietra e la scagliò dentro il pozzo.

La pietra non lo colpì e Giuseppe si rannicchiò su se stesso coprendosi la testa con le braccia e aspettando la morte. "Ormai è finita", pensò. "O morirò di fame o di sete o finirò divorato dai serpenti". Poi pregò: "Dio, so che morirò, soltanto se tu lo hai deciso. Sono nelle tue mani e fai di me quello che vuoi".

Giuseppe continuò a urlare la sua disperazione tutta la notte. I fratelli mangiarono e bevvero, ma i suoi lamenti tormentarono il loro animo. «Non ce la faccio più a sentirlo. Se non muore, tiriamolo fuori», disse Giuda. «Mai», tagliò corto Simeone. «Lo ucciderò io, con queste mani».

«Adesso basta. Non te lo lascerò uccidere», intervenne questa volta con forza Giuda.

In quel momento passò una carovana di ismaeliti. Erano mercanti diretti verso l'Egitto e avevano i cammelli carichi di aromi, di balsamo e di mirra. «Ecco la soluzione», esclamò Giuda. «Uccidendo Giuseppe, non ci guadagniamo nulla. Se, invece, lo vendiamo come schiavo a quei mercanti, ci guadagneremo».

«Hai ragione», disse Levi. «Quando si arriva schiavi in Egitto, si muore schiavi. Non ci macchieremo le mani di sangue e in compenso le avremo piene di monete».

Mentre i fratelli con una corda tiravano fuori dal pozzo Giuseppe, Levi si avvicinò al capo della carovana. «Abbiamo uno schiavo che è fuggito. Se volete possiamo venderlo a voi che siete diretti verso l'Egitto, dove potrete venderlo a buon prezzo. È giovane, forte ed è anche istruito».

«Sa leggere e scrivere?», si interessò il mercante.

«E sa contare», disse Levi orgoglioso. «Facciamo venti sicli d'argento?».

Giuseppe fu tirato fuori dal pozzo, fu legato alla sella di un cammello e fu trascinato via.

«E adesso che cosa diremo a nostro padre?», disse Ruben.

Simeone prese la veste preziosa che aveva strappato a Giuseppe. «Ecco, diremo che l'abbiamo trovata lungo la strada del ritorno. La macchieremo con il sangue di una pecora. In questa zona è facile essere sbranati da una bestia feroce».

Quando i fratelli raggiunsero la tenda di Giacobbe, lasciarono entrare per primo Nèftali che si avvicinò al padre e, con mano tremante, mostrò la veste insanguinata di Giuseppe.

«Abbiamo trovato questa lungo la strada».

Giacobbe la guardò e lanciò un urlo disperato. «No... No... No... Giuseppe... No...». Prese la tunica tra le braccia e stringendola, cominciò a baciarla come se volesse sentire il calore del figlio. Poi la disperazione lo spinse a gettarsi per terra nella polvere. Si strappò le vesti: come impazzito si abbandonò a un pianto convulso, urlato, accorato e infine lamentoso.

Lia, le concubine e tutto il villaggio accorsero per recargli conforto, ma egli allontanò tutti. Vedendolo in quello stato, Bila morì di dolore. E la disperazione spinse Dina, la giovane figlia, violentata da Sichem, a gettarsi da una rupe. Prima di morire, Dina aveva scritto su una tavoletta d'argilla: "La mia vita senza Giuseppe non vale la pena viverla. Nessun uomo mi ha più voluta dopo Sichem. Soltanto Giuseppe mi ha sempre voluto bene. Ora lo raggiungerò".

22

I rapporti tra i figli di Giacobbe non furono più quelli di una volta: sospetto, diffidenza, sfiducia entrarono nei loro cuori.

Un giorno, al pascolo, la discussione divenne violenta. «Giuda, la colpa è tua. Sei stato tu a dire per primo di vendere Giuseppe ai mercanti», urlò Dan. «Sei stato tu a dirci: "Su, vendiamolo agli ismaeliti!". Se non fosse per te, Giuseppe sarebbe ancora qui con noi e nostro padre non sarebbe disperato».

«Sciagurato, io l'ho fatto per salvarlo. Voi, tutti voi, avevate deciso di ucciderlo. Soltanto Ruben si era rifiutato di seguirvi», si difese Giuda.

Giacobbe continuò a vivere in lutto. A confortarlo e a piangere con lui restò soltanto Beniamino. Degli altri figli si occupava poco e così non si oppose quando Giuda gli disse: «Padre, non riesco più a vivere in questo villaggio dove tutto parla di Giuseppe. Né riesco più a sopportare i tuoi lamenti. Perciò ho deciso di andare via. C'è a Adullam, oltre il fiume Giordano, un uomo, un amico di nome Chira, che mi darà un lavoro e una casa».

E a Adullam, Chira lo accolse con grande calore: «Sono contento di averti qui, in tuo onore organizzerò una festa. Un mio amico molto influente di nome Sua, al quale ho parlato di te, vuole festeggiarti. Vedrai, Giuda, vedrai. Sua è un uomo ricchissimo e gode di grande prestigio. Qualsiasi cosa tu intenda fare qui, il suo appoggio sarà importante».

«Te ne sono molto grato, Chira. Io sono venuto da te con i beni che mio padre mi ha donato. È un buon capitale, ma non conosco abbastanza la tua città per decidere che cosa fare».

«Tu sei un pastore e devi continuare a esserlo. Fare il mercante, con i predoni che sono sempre pronti ad assalire le carovane, è troppo rischioso».

Arrivarono al palazzo di Sua e Giuda ricevette l'accoglienza degna di un re. In suo onore fu organizzata una festa. Al banchetto le pietanze furono squisite, il vino fu servito con generosità, l'allegria fu generale. E alla fine del banchetto, Sua fece entrare la figlia Besuè. "È bellissima", pensò Giuda e accolse il suo invito quando lei gli disse: «Vieni con me. Io leggo le stelle. Ognuna di esse rappresenta un desiderio. Te le mostrerò. Se guardi quella giusta, il tuo desiderio si avvera».

«Desidero baciarti», disse d'impeto Giuda.

«Io devo solo obbedirti e renderti felice, mio signore», rispose Besuè con un sorriso malizioso. «Ma ancora non è il momento. Vediamo che cosa decidono le stelle».

Lei alzò gli occhi al cielo e fu allora che cadde una stella. «Ecco, il tuo desiderio sta per avverarsi», disse. «Sì, è giunto il momento», e lo baciò voluttuosamente. Giuda rimase sorpreso ma poi il vino, la bellezza di Besuè, le sue sapienti carezze e il desiderio lo spinsero a lasciarsi andare, e ricambiò il bacio, restando abbracciato a lei finché arrivarono Sua e Chira.

«Ehi, mi avevi detto che mi avresti portato un ospite, non un genero!», scherzò Sua con Chira.

«Padre, è lui l'uomo che aspettavo da tempo». Besuè si ricompose le vesti e lo stesso con più imbarazzo fece Giuda. «Sono state le stelle a dircelo».

«Bene, Giuda», esclamò Sua allargando le braccia. «Allora non mi resta che impartirvi la mia benedizione. Tu sei il figlio di Giacobbe. È un onore per me imparentarmi con la tua famiglia».

Giuda e Besuè si sposarono ed ebbero tre figli, uno dietro l'altro. Il primo lo chiamarono Er, poi arrivarono Onan e Sela.

Giuda, grazie anche alla sua intraprendenza e all'appoggio del suocero, divenne ben presto molto ricco e la sua casa sembrava benedetta dalla mano di Dio.

Invece Dio non aveva dimenticato la sua colpa: Besuè leggeva le stelle, adorava molti dèi e, sposandola, Giuda non aveva rispettato le tradizioni del suo popolo. «Mai una cananea tra di noi, fino a quando non rispetterà le nostre usanze», avevano sempre predicato prima Abramo, poi Isacco e infine Giacobbe.

Quando il primogenito Er divenne adulto, Giuda gli scelse per moglie Tamar, una fanciulla che era figlia di Amar, che discendeva dalla stirpe di Sem e che quindi non era cananea. Ma la scelta non piacque a Besuè. «Io ho sbagliato a sposare te», le disse nervosamente Giuda. «Ma i miei figli devono seguire le tradizioni del mio popolo».

Besuè non replicò, ma le parole del marito contribuirono ad aumentare il suo odio verso Tamar e tentò in ogni modo di contrastarla. Ma, nonostante il parere contrario della moglie, Giuda organizzò per il figlio un grande banchetto di nozze.

Alla fine, Besuè, approfittando della confusione, si avvicinò a Er e gli porse una coppa in cui aveva versato un intruglio da lei stessa preparato: «Bevi, figlio mio. Ho preparato per te una pozione che ti infonderà vigore per la tua prima notte con la sposa».

«Grazie, madre. Tamar sarà soddisfatta di me».

Il silenzio della notte fu rotto dai disperati singhiozzi di Tamar.

«Er, Tamar, che succede?», domandò al di là della porta Giuda.

«Nulla, padre. Abbiamo soltanto discusso», rispose Er senza avere il coraggio di dire la verità: la pozione lo aveva reso impotente e per Tamar la prima notte di nozze fu molto triste. Come furono tristi quelle successive.

Tamar non rivelò nulla di quello che succedeva nella camera da letto. E non rivelò nemmeno le umiliazioni che Er quotidianamente le faceva subire accusandola di essere la causa di tutto. «Sei tu che non riesci a eccitarmi. Sei fredda, incapace di amare un uomo», le rinfacciava.

Ma l'occhio di Dio era su Er, e dopo qualche tempo, il primogenito di Giuda fu trovato morto nel letto.

«Te l'avevo detto che non sarebbe stata un'unione felice!», gridò piangendo Besuè a Giuda. «Come vedi, la tua ostinazione ha causato la morte di mio figlio. Non te lo perdonerò mai».

«Non ho paura delle tue minacce», rispose con rancore

Giuda. «Sono io che non avrei mai dovuto unirmi a te! Eri una cananea e non ho rispettato le mie leggi e ora Dio mi ha punito facendo morire mio figlio in giovane età».

Poi l'aggredì: «La verità è che tu non hai mai sopportato Tamar e sospetto che dietro la morte di Er ci sia qualche tua macchinazione». Poi la guardò con occhi di ghiaccio pieni d'odio. Lei restò paralizzata ad ascoltare: «Ora ti dico che sarà Onan il marito di Tamar. Questa è la mia legge e io la rispetto». Le strinse il collo fino a farle male e ripeté con un tono che non ammetteva repliche: «Sì, Onan sposerà la vedova di suo fratello. E da questo momento sarai prigioniera in casa tua. Così non potrai fare altri malefici. Metterò davanti alla tua porta una mia schiava che mi riferirà tutto quello che fai e dici». E la lasciò.

Besuè non si diede per vinta: "Tamar, finché sarò in vita io, non avrà un attimo di gioia o di pace", concluse.

Quando arrivò la schiava, le disse subito bruscamente: «Vai a chiamare mio figlio Onan. Devo parlargli».

«Ma veramente, mia signora, ho l'ordine di...».

«... Impedirmi di compiere le mie stregonerie: non di parlare con i miei figli», la redarguì Besuè. «Vai a chiamare Onan».

Onan entrò nella stanza seguito dalla serva. Besuè gli andò incontro e lo abbracciò. «Sono felice per te. Stai per sposare una donna bellissima», gli disse falsa. Poi guardò la serva fissa negli occhi e dopo un po' le fece segno di sedersi.

La schiava si sedette a peso morto e si addormentò di colpo.

«È uno dei tuoi incantesimi, madre?», chiese divertito Onan.

«Sì, l'ho fatta addormentare perché devo parlarti in fretta prima che qualcuno ci interrompa».

«Dimmi, madre».

«Entro pochi giorni sposerai la vedova di tuo fratello. Ma io temo che questo matrimonio non ti renderà felice, figlio mio».

«Perché? È la nostra legge: se una donna resta vedova e non ha figli, la deve sposare il maggiore dei cognati per assicurare una discendenza al fratello».

«E tu ne sei contento?».

«La ragazza mi piace, è bella, riservata. La decisione di mio padre mi ha risparmiato anche la fatica di scegliere. Mi ha detto: "Va' con lei, così assicurerai a tuo fratello una discendenza"».

«Sei uno sciocco, Onan. Sei sciocco e anche cieco».

«E perché?».

«Perché i figli che avrai da lei saranno discendenti di Er. E così tu non ne avrai per te».

«Ma posso sempre prendere un'altra moglie o unirmi a una schiava e così...».

«Sei un ingenuo: Tamar sarà sempre la tua prima moglie e i figli che ti darà conteranno sempre più dei cento che potrai avere da altre donne».

«E allora che cosa devo fare, madre?».

«Te lo spiegherò io e renderemo vani i disegni di tuo padre. Ascoltami: fingerai di essere felice, sposerai la vedova di tuo fratello, ma, quando ti unirai a lei, ti ritirerai e disperderai il seme per terra. Così Tamar non rimarrà mai incinta e tu, dicendo che è sterile, potrai ripudiarla e prendere una moglie che ti dia figli "veramente tuoi"».

«Farò come dici, ma a mio padre che cosa dirò?», si preoccupò Onan.

Besuè si avvicinò ancora di più al figlio. «Onan, ti confido un segreto. Er, tuo fratello, non è mai riuscito ad amare la moglie perché io l'avevo reso impotente».

«Ma allora Tamar è ancora vergine!», esclamò Er.

«Sì, e tu puoi divertirti a tuo piacere con lei. Trattala come una prostituta, ricordati solo...».

«... di tirarmi indietro al momento giusto!», esclamò ammiccante Onan.

Besuè, dopo avere spiegato tutto a Onan, si diresse verso la schiava che dormiva profondamente, e le sfiorò la fronte con la mano. Appena si svegliò, le domandò: «Come ti senti? Stai un po' meglio?».

«Mi sento benissimo, mia signora. È come se avessi dormito un sonno profondo e ristoratore. Ma quanto tempo ho riposato?».

«Quanto tempo? Ma se ti sei appena seduta!».

«Ma io...».

«Non hai sentito che Onan mi ha appena detto che non può parlarmi perché ha altri impegni più importanti?».

«Sì, mi sembra di avere udito qualcosa».

Onan sorrise, salutò e uscì.

Il matrimonio tra Onan e Tamar durò soltanto un anno. Tamar si sentì umiliata perché il marito non si concedeva completamente. Tuttavia tenne tutto segreto. Ma il comportamento di Onan dispiacque molto a Dio. E così una notte, quando cominciò a spargere il suo seme per terra, continuò a perderlo fino a morire sfinito. Toccava al terzo figlio di Giuda e Besuè, Sela, sposare la vedova. Ma questa volta fu Giuda a impedire il matrimonio.

Besuè continuò a ripetere che Tamar era una donna maledetta, che aveva portato la morte nella sua casa, che le aveva ucciso i figli. Giuda, che ignorava tutto, rimase turbato. "Forse Besuè ha ragione. Non voglio perdere anche il mio terzo figlio", pensò. Così giocò d'astuzia con Tamar e le disse: «Rimani vedova in casa di tuo padre fin quando mio figlio Sela sarà cresciuto». Tamar accettò in silenzio anche questa umiliazione e abbandonò la casa.

Ma Dio vide ancora tutto, si dispiacque e concesse soltanto un anno di vita alla perfida Besuè che, dopo dodici mesi in cui la sofferenza era stata la sua compagna più fedele, morì.

Giuda, che era molto rispettoso della legge, uscì raramente di casa durante il periodo di lutto. E riservò tutte le sue attenzioni all'unico figlio rimasto, e dimenticò l'impegno che aveva preso con Tamar. Poco tempo dopo, ricevette la visita di un messaggero proveniente da Timna, nel Negheb, dove aveva mandato le sue greggi al pascolo. «I tuoi pastori», gli disse, «hanno bisogno di te, gli armenti si stanno ammalando».

Giuda per non viaggiare da solo, pregò l'amico Chira di accompagnarlo. Arrivarono a Timna in pieno giorno. Giuda gli disse di aspettarlo al paese e si recò al pascolo. «Padrone», disse il capo dei pastori, «le pecore muoiono. L'erba è scarsa e loro sono deboli. Abbiamo cercato di venderle, ma così malate valgono poco. Rischi di restare senza gregge».

Giuda tornò da Chira sconfortato. «Ho paura di non farcela ad andare avanti. Ormai con la pastorizia non si guadagna più. Sono i mercanti che si arricchiscono oggi».

«Perché non torni da tuo padre? I suoi armenti e le sue pecore sono noti in tutta la regione di Canaan per il loro vigore».

«No, non tornerò da mio padre nemmeno se dovessi morire di fame. Non posso convivere con il suo dolore. Ormai sono anni che è in lutto e piange per la scomparsa di Giuseppe. Io ho perduto due figli, sono vedovo e ho già i miei guai, non posso sentire anche quelli degli altri».

In quel momento arrivò al pozzo una donna con il viso coperto dal velo. «Ho bisogno di svagare la mente», disse Giuda a Chira appena la notò. «Quella mi sembra una prostituta ed è anche molto bella».

«Sì, da come i suoi occhi si muovono per farsi notare, sembra proprio che aspetti i clienti».

«È una cananea, lo si capisce dalla veste e da quel velo sul volto che la rende misteriosa».

Si avvicinarono e la donna si rivolse a Giuda: «Forestiero, se vuoi compagnia questa notte sono libera».

«Dipende dal prezzo. Non ho con me molto denaro e i tempi sono difficili», rispose Giuda. «Se tu vuoi, posso darti un capretto, ma soltanto domani».

«Va bene, accetto, ma lasciami un pegno».

«Che cosa posso darti?».

«Puoi lasciarmi il tuo anello con il sigillo e il tuo bastone. Domani, quando porterai il capretto, te li restituirò».

«D'accordo».

«Allora, vieni. La mia casa è vicina».

Giuda sorrise all'amico e seguì la prostituta nella sua casa. Prima di entrare, le consegnò il sigillo e il bastone che allora, lettore, erano i simboli dell'autorità e dell'identificazione. Quando furono soli, fece tutto lei. Spense la lucerna, poi gli tolse il turbante e la tunica fino a spogliarlo del tutto. Poi lei si distese sul letto, si tolse la veste e restò soltanto con il velo. Giuda si distese su di lei e lei lo aiutò ad amarla. Fecero tutto senza parlare. Quando finirono, lui si vestì e lei notò che era molto triste. «Non ti sono piaciuta?», domandò preoccupata.

«No, anzi mi è piaciuto moltissimo. Se tu vorrai, tornerò».

«Se ci incontreremo. Può darsi», rispose lei mentre si rivestiva.

Il giorno dopo Giuda portò il capretto per ritirare i suoi pegni ma non trovò nessuno. Chiese ai vicini se avessero visto la donna, ma, sorpresi, risposero: «Qui non c'è mai stata una prostituta».

Passarono tre mesi, Giuda era tornato da tempo a Adullam quando una mattina, mentre camminava per la piazza del mercato, gli dissero: «Tamar, la vedova dei tuoi figli, ha tradito le nostre regole. È incinta».

«Se è vero, chiederò che venga uccisa. Prima però voglio parlare con mio padre. La porterò da lui», rispose deciso Giuda.

Erano ormai anni che Giuda non incontrava Giacobbe che, vedendolo, dimenticò il suo tormento. «Figlio mio, bentornato qui tra la tua gente. Hai visto Beniamino?».

«Sì, padre, è cresciuto».

«Sì, però per me è sempre un bambino. È la mia gioia.

Ma dimmi, vedo che hai portato una donna con te. È tua moglie? È una cananea per caso?».

«No, padre, è la vedova dei miei figli. Ed è di lei che voglio parlarti. Ho un problema e mi è necessaria la tua saggezza».

Giuda entrò nella tenda del padre e raccontò tutta la sua vita da quando si era allontanato fino al matrimonio dei figli con Tamar.

«Non ho voluto farla sposare con il mio terzo figlio perché ho avuto paura che facesse morire anche lui. Ma adesso lei è incinta».

«È stato Sela?».

«Il problema è proprio questo. Lei è rimasta incinta di un uomo che non appartiene alla famiglia e non ne ha voluto rivelare il nome. Secondo le nostre usanze, deve essere cacciata dal villaggio, ma per i cananei, deve essere uccisa».

«Ho capito qual è il tuo disagio», lo interruppe Giacobbe. «Vuoi sapere quale legge devi rispettare. Non è un nostro problema, Giuda. Tu, lasciando la nostra gente e sposando una cananea, hai creato una tua discendenza, quindi sei tu responsabile di tutti coloro che fanno parte della tua famiglia».

«Ho capito, padre. La riporterò nella terra dove ora abito e lì, secondo l'usanza dei cananei, dovrà morire: sarà arsa viva».

Giuda si alzò per ritirarsi nella sua tenda: «Grazie, padre, domani io e quella donna lasceremo il tuo campo».

«Buona fortuna, figlio mio, che il nostro Dio ti illumini».

Nella notte Giuda fu svegliato da un fruscio, si girò di

scatto e vide che nella sua tenda era entrata Tamar. «Sono venuta a portarti questi oggetti», gli disse fredda.

Tamar lasciò cadere il bastone e il sigillo: gli oggetti che Giuda per qualche ora d'amore aveva consegnato alla prostituta. «Ma... Tu... Sei tu la...».

«Sì, sono io. Sono incinta dell'uomo cui appartengono queste cose. Tu le riconosci?».

Giuda le riconobbe.

«L'ho fatto», spiegò con le mani che le tremavano e gli occhi che luccicavano alla luce della luna, «soltanto perché volevo un figlio per dare una discendenza al tuo primogenito Er e al tuo secondo figlio Onan. Entrambi sono stati vittime dei sortilegi di tua moglie: ha reso impotente Er e ha convinto Onan a disperdere il suo seme».

Tamar raccontò come aveva organizzato il suo piano: «Venni a sapere che tu dovevi recarti a Timna. Affittai una stanza per una notte e poi ti cercai. Ora finalmente sono incinta dell'uomo a cui appartengono questi oggetti».

«Tamar, perdonami, tu sei più giusta di me. Avrei dovuto darti in sposa al mio terzogenito. Perdonami, ora però ci sono io: darai alla luce tuo figlio, che è mio figlio, nella mia casa».

Tamar ebbe due gemelli: il primo fu chiamato Perez, che significa "breccia", perché per uscire si era aperto da solo la via; il secondo fu chiamato Zerach, che significa "scarlatto", come il colore del filo che la levatrice gli aveva messo al polso per non confonderlo con il primo.

Perez, lettore, fu l'antenato di re David che, come sai, più avanti negli anni, sarà il sovrano più importante del popolo d'Israele.

23

Giuseppe, intanto, con la carovana dei mercanti ismaeliti stava arrivando nella terra d'Egitto. Gli avevano fatto indossare una veste lacera e gli avevano legato i polsi con una corda alla sella del cammello. La colonna, guidata da Hamad, aveva camminato per giorni e giorni percorrendo da Dotain una distanza lunga, lettore, al giorno d'oggi, quasi cinquecento chilometri in un viaggio durissimo attraverso valichi di collina e distese di sabbia. Come tutti gli schiavi, Giuseppe era duramente provato per la fatica e per l'insonnia. «Fermiamoci qui alle porte di Avaris», disse Hamad al suo vice Zeev. «Facciamo riposare gli schiavi. Domani al mercato voglio che siano freschi e riposati. Ce li pagheranno meglio. Gli egiziani vogliono uomini giovani e vigorosi».

«Per fortuna che non li vogliono anche sani di mente», scherzò Ialam, il socio di Hamad, indicando proprio Giuseppe. «Sapete che cosa va dicendo? Che è un parente del principe Ismaele, sì, il figlio della principessa egiziana Agar, il capostipite del popolo arabo».

«Ah, ah», rise Hamad. «Questa sì che è una cosa divertente. Come hai detto che si chiama?», domandò con ironia. «Ah, sì, Giuseppe, l'ho sentito anche io mentre diceva di essere parente di Ismaele».

«Proprio così», confermò con un sorriso sprezzante Ialam.

«Ma forse lo dice perché sa che siamo ismaeliti, per accattivarsi la nostra benevolenza», ribatté Hamad.

«No, no, Hamad, lo schiavo ebreo è proprio convinto. Dice che suo nonno Isacco era il fratello di Ismaele, anzi meglio, il fratellastro, perché il nostro fondatore sarebbe nato dall'unione di Abramo con Agar, la schiava della moglie».

«Allora è proprio pazzo», commentò Hamad. «Agar, la nostra principessa, una schiava? Assurdo».

«Non vorrei che ci mettesse nei guai. Speriamo domani di venderlo subito e bene. Non fatelo parlare però».

La mattina dopo, la carovana di Hamad arrivò al mercato degli schiavi di Avaris, città reale dell'Egitto e dimora del Faraone, e si sistemò in un angolo della piazza in attesa che il banditore annunciasse l'inizio delle contrattazioni.

«Oggi mi chiederanno tutto di te», disse Hamad avvicinandosi a Giuseppe. «Se devo venderti bene, ho bisogno di conoscere chi sei e da dove vieni».

Giuseppe mentì, perché non voleva fare sapere che a venderlo erano stati i suoi fratelli. Raccontò che era stato servo in una famiglia ricca di Sichem e che era fuggito per scampare alla carneficina che due figli di Giacobbe avevano scatenato.

«Ancora oggi nessuno riesce a capire perché non ci sia stata la reazione delle altre città, dopo quella strage», commentò Hamad.

«Alcuni dicono che sia stato il loro Dio a impedirlo», precisò Zeev. «È il Dio che anche Giuseppe spesso invoca».

In quel momento si udì il suono dei tamburi e la voce del banditore ufficiale che annunciò: «Il mercato degli schiavi di Avaris abbia inizio. Siano aperte le trattative». Subito i signori della città, e altri provenienti da lontano, si avvicinarono agli schiavi per scegliere i migliori e trattare sul prezzo. «Ho bisogno di giovani forti e sani che lavorino a Tebe, la città che il Faraone ha deciso di fare diventare la capitale dell'Egitto. Sono Kamil, l'architetto di Putifarre, il capitano delle guardie del Faraone», disse un egiziano, elegante e con il tono della voce molto profondo, avvicinandosi.

«Scegli pure», disse Hamad sicuro della sua mercanzia. «Ce n'è per tutte le esigenze».

«Prendo questo e questo», indicò con il dito l'architetto.

«Credimi, questo va bene. Guarda che muscoli. Ti solleverebbe una casa da solo».

«Quanto vuoi?».

«Quaranta sicli d'argento».

«E quest'altro?», domandò l'architetto toccando i muscoli delle braccia e delle gambe di Giuseppe.

«Questo è un ottimo schiavo. Non è forte come l'altro ma ha una bella testa. Lo vedi? Ha tutti i capelli ed è ricciuto. E poi è anche bello: cosa che non guasta. Può farti da servo nella tua casa. È sano, quindi puoi stare tranquillo. Vuoi vedere i denti?», Hamad costrinse Giuseppe ad aprire la bocca. «Come vedi sono perfetti. Allora?».

«Se me li dai tutti e due per cinquanta, concludiamo».

«Scherziamo? Non se ne fa nulla per meno di novanta pezzi d'argento».

«Facciamo sessanta».

«Va bene per ottanta».

L'architetto si allontanò.

«Per settanta, signore, te li do».

«Ci sto. Concludiamo per settanta».

Gli schiavi acquistati dall'architetto Kamil raggiunsero Menfi, legati uno a uno in una catena umana. Varcarono le mura della residenza del Faraone Amenofi quando era già sera e furono affidati al capo degli schiavi della città, che aveva il compito di prepararli al lavoro.

«Il mio nome è Edma. Voi dormirete qui e ogni mattina, prima di uscire, vi laverete con quei secchi pieni di acqua. I padroni vogliono che i loro schiavi siano puliti. Lavorerete nei giardini di Putifarre, capitano delle guardie del Faraone. E ogni mattina, prima di iniziare, dovete pregare il dio Sole di cui il nostro Faraone è figlio. Lo farete anche la sera prima di dormire. Anzi, poiché stiamo per distenderci, preghiamo: "Lode all'onnipotente Amenofi"».

Gli schiavi e i sorveglianti fecero eco: «Sia lode all'onnipotente Amenofi».

L'unico a non recitare la preghiera fu Giuseppe. «Tu, schiavo, non preghi? Ti senti forse superiore al nostro Dio?».

«Io ho sempre pregato soltanto il Dio dei miei padri», rispose con un sussurro Giuseppe.

«Forse ti conviene pregare il nostro Faraone Amenofi, visto che i tuoi padri sono molto lontani», disse minaccioso Edma. «Forza, schiavo, prega il nostro Amcnofi».

«No, il mio Dio non è Amenofi».

«Guardia, auguragli la buonanotte con dieci frustate».

La guardia eseguì. Giuseppe sopportò senza un lamento, ma la schiena sanguinante gli impedì di riposare quella notte. La mattina all'alba fu portato insieme agli altri schiavi nei giardini di Putifarre. «Tu come ti chiami?», domandò Janos, il capocantiere.

«Giuseppe».

«Bene, trasporterai con gli otri l'acqua dal pozzo per riempire la piscina della padrona».

Per tutto il giorno, Giuseppe trasportò acqua. Al tramonto arrivò Zelikah, l'avvenente moglie di Putifarre. «Come procedono i lavori?», domandò al capocantiere Janos, mentre, passandogli davanti, notò Giuseppe: aveva la veste bagnata di sudore, appiccicata al corpo che a lei parve disegnato da uno scultore di valore. Lo scrutò con insistenza e lo trovò bellissimo.

Il capocantiere rispose: «Bene, padrona, i nuovi schiavi che Putifarre ha fatto arrivare si stanno dimostrando molto efficienti».

«Mi sembra che quell'aiuola sia diversa dal progetto di Kamil, l'architetto», osservò Zelikah, tirando fuori dalla tasca della tunica una piantina con dei disegni. «Tieni, ce l'ho con me, controlla».

Il capocantiere girò e rigirò il progetto che la padrona gli aveva dato e poi ammise: «Non so leggere».

«Possibile che il capo dei lavori non sappia leggere un progetto?», domandò irritata Zelikah.

«So leggere io», si fece avanti Giuseppe.

«Taci, schiavo», lo fermò offeso Janos. «Da quando gli schiavi leggono?».

Zelikah strappò dalle sue mani il progetto e lo lanciò verso Giuseppe: «Se è vero, leggi, schiavo; se hai mentito sarai frustato a sangue».

Giuseppe raccolse la pergamena da terra e lesse. Poi spiegò: «Sì, quell'aiuola è sbagliata. Dovrebbe essere spostata più verso la casa e poi, stando alle misure, deve essere lunga dieci cubiti e larga cinque».

«Bene», ordinò Zelikah guardando negli occhi intensamente Giuseppe e restandone turbata. «Fate come dice».

Uscendo dal giardino per rientrare nella sua casa, Zelikah incontrò Kamil, l'architetto: «Quello schiavo chi è?», gli domandò indicando Giuseppe. «Da dove viene?».

«Non so bene. L'ho acquistato al mercato di Avaris da mercanti ismaeliti. Mi hanno detto che è un ebreo di Sichem. E da come parla, penso proprio che arrivi da Canaan».

«Ho scoperto che sa leggere».

«Sa leggere un progetto?».

«Proprio così. È stato lui ad accorgersi che la posizione e le misure di quell'aiuola sono sbagliate».

Zelikah guardò ancora da lontano il corpo muscoloso di Giuseppe che continuava a trasportare gli otri con l'acqua, ma per non fare notare il suo turbamento, si girò e si allontanò.

Il giorno dopo, Kamil incaricò Giuseppe di occuparsi dei giardini della zona riservata all'appartamento di Zelikah che, quando la sera vide il lavoro finito, si complimentò con Kamil: «È fatto molto bene. Sono soddisfatta. Parlerò di te a mio marito Putifarre».

«Veramente io ho solo disegnato il progetto, padrona. Chi è stato bravo a realizzarlo e, devo ammetterlo, anche a migliorarlo, è stato quello schiavo».

«Comunque il progetto è tuo e meriti un premio speciale».

La sera Zelikah parlò di Giuseppe al marito: «È stato uno schiavo a rendere il mio giardino così bello. Bisogna saperli sfruttare meglio questi schiavi», commentò.

«Sì, hai ragione: lavorano meglio degli uomini liberi», confermò Putifarre. «Ho notato anche io lo schiavo di cui parli e mi sono informato su di lui, si chiama Giuseppe e arriva da Canaan, da una tribù di ebrei».

«Un ebreo?», si incuriosì Zelikah.

«Sì, e come tutti gli ebrei è circonciso».

«Che barbarie», esclamò disgustata Zelikah.

«È una loro usanza e va rispettata», la redarguì Putifarre. Poi continuò: «Ti dicevo dunque che l'avevo notato, poi l'ho lasciato perdere perché Edma, il capo degli schiavi, mi ha riferito che è un testardo e non vuole pregare i nostri dèi. Insomma, non riconosce l'autorità divina del nostro Faraone».

«Forse, lavorando per noi, riusciremo a convincerlo», finse indifferenza Zelikah.

Il mattino dopo Putifarre si recò nel giardino. Al capocantiere chiese dove fosse lo schiavo ebreo. «È lì», rispose Janos, stupito per l'interessamento. «Lavora alla piscina della sua sposa, signore».

Putifarre, seguito da due guardie, si avvicinò a Giuseppe: «Dicono che non ho sbagliato a comprarti», gli disse con un sorriso.

«Grazie, padrone. Spero che tu sia contento di me».

«È più contenta mia moglie. Lei ha toccato con mano la tua abilità».

«È merito del mio Dio che è stato generoso con me».

«Attento, schiavo. A Canaan puoi adorare chi vuoi. Qui siamo in Egitto e abbiamo i nostri dèi. Abbiamo soprattutto il dio Ra, il dio del Sole, il padre del nostro Faraone. Tu lo sai che Amenofi è il dio Ra in terra e che tu dovrai adorarlo?».

«Io sono il tuo schiavo e ti sarò fedele fino a quando tu mi vorrai. Ma il mio cuore è libero e batte come vuole. Nessuno può fermarlo, soltanto la morte. E per questo ti dico che il mio cuore batte per il mio unico Dio».

«Parli bene, schiavo. Ho saputo anche che sai leggere e scrivere. È così?».

«Ero il servo di una famiglia nobile di Sichem, nella terra di Canaan», mentì ancora Giuseppe. «È lì che ho imparato a leggere. Poi sono fuggito quando la mia città, Sichem, è stata saccheggiata».

«Sì, le voci di quel massacro sono arrivate sin qui. È stata una vendetta di una tribù di nomadi, ho saputo».

«Sì, è così», confermò Giuseppe e si allontanò per troncare quel discorso.

Putifarre lo fermò. «Senti, schiavo, saresti in grado di interessarti degli affari della mia casa?».

«Sono il tuo schiavo, padrone. Dimmi che cosa devo fare e io lo farò».

«Ti do le chiavi della mia casa, ti occuperai di tutto: dei miei beni, del mio ordine e del mio disordinc. Vivrai in una stanza. Sarai uno di famiglia. Vieni, ti presento a mia moglie».

Zelikah e Giuseppe si incontrarono. «Moglie, ecco lo schiavo di cui ieri sera abbiamo parlato. Sarà il nostro uomo di fiducia. A lui ho affidato tutta la nostra casa. Conta su di lui».

Zelikah penetrò con i suoi gli occhi di Giuseppe, che non capì perché venisse scrutato così a lungo. «Benvenuto nella nostra casa, Giuseppe. Possa tu farla rifiorire come sei riuscito a fare rifiorire il mio giardino».

«Farò di tutto, mia padrona, perché tu e il tuo sposo possiate essere soddisfatti di me».

Putifarre mostrò a Giuseppe la sua stanza e poi lo presentò a tutta la servitù. «Da oggi dipenderete da Giuseppe», disse. «Gli impegni mi portano sempre più lontano da questa casa. Il Faraone ha bisogno della mia presenza costante».

Zelikah fece uno sforzo per non mostrare la sua felicità: era molto più giovane del marito e l'arrivo in casa di un coetaneo, oltretutto bellissimo, come Giuseppe, la rallegrò.

L'Egitto stava vivendo uno dei periodi più difficili della sua storia. Dopo avere dominato su tutto il territorio, fino alla Siria, controllando le vie del commercio del Nilo, nel periodo di cui, lettore, ti stiamo raccontando, gli egiziani vivevano sotto la minaccia costante dei bellicosi ittiti, chiamati anche "principi del deserto". Erano guerrieri conquistatori che entravano impetuosamente dall'Asia, guidando carri da guerra con cavalli: erano i primi veicoli a ruota trainati da animali e gli egiziani non li avevano mai visti. Siamo, lettore, al tempo in cui le civiltà cominciarono a delinearsi con chiarezza. Dopo la civiltà dei sumeri, si impose la civiltà egizia, quella dei fenici e quella dei babilonesi. Nel periodo di cui parliamo la civiltà ittita era la più avanzata. Dall'Asia Minore, si stava infiltrando in Egitto minacciando l'impero dei Faraoni. Allora l'Egitto contava diversi milioni di abitanti, in maggioranza contadini, che vivevano in casupole di fango, mentre i ricchi nobili possedevano grandi case con bagni, cortili e vestiboli. Nelle campagne sulle sponde del Nilo si coltivavano cereali, in particolare grano e orzo. Gli egiziani producevano inoltre lino per tessere e allevavano bestiame, pecore e maiali. Nei villaggi e nelle città, abili artigiani fabbricavano strumenti in ferro e in rame; i gioiellieri creavano ornamenti d'oro, di turchese e di rame. Per le case dei ricchi c'erano i tessitori che lavoravano preziose stuoie e cuscini. La religione aveva un ruolo preponderante nella vita di ogni egiziano. Nelle campagne venivano adorati il "dio Nilo", il "dio Grano" e anche animali come il gatto e il coccodrillo. Lo scarabeo era usato come amuleto. I culti ufficiali comunque erano quello del "dio Sole", chiamato, come già sai, lettore, dio Ra, di cui il Faraone era considerato il figlio incarnato, e quello della dea Osiride, che rappresentava le forze della natura. Credevano nella reincarnazione e i sacerdoti egiziani, ritenendo che i Faraoni anche dopo la morte contribuissero alla prosperità dell'Egitto, li imbalsamavano, li circondavano di cibo, vino, pietre preziose e monili, destinati ad aiutare la loro anima a passare a un'altra vita. Gli egiziani inventarono il calendario di 365 giorni. Impararono a scrivere sui rotoli di papiro, carta ricavata dalle canne, molti dei quali erano lunghi trenta metri e potevano contenere tanto testo quanto un libro. Bisognava conoscere alla perfezione centinaia di segni prima di essere in grado di leggere, di scrivere e di fare calcoli. Una civiltà complessa, dunque, lettore, ma che Giuseppe riuscì a conoscere e ad assimilare in fretta.

Dunque, Giuseppe viveva nella ricca dimora di Putifarre: controllava ogni cosa, truccava perfino il volto del suo padrone per renderlo più affascinante davanti al popolo quando stava accanto al Faraone.

«I granai sono pieni e anche le cantine», riferì una mattina a Putifarre.

«Ho visto. Tutti parlano di te e della tua efficienza», si complimentò Putifarre.

«Ti ringrazio. Ma è Dio che dà il raccolto», spiegò Giuseppe con dolcezza alzando gli occhi al cielo. Ma il benessere non diede serenità solo alla sua mente. Giuseppe, infatti, che sapeva di essere bello, cominciò a soddisfare anche la sua vanità con creme sul corpo per tenere levigata la pelle, con bagni che tonificavano i suoi muscoli, con massaggi che rassodavano le sue gambe.

Era proprio nudo in una vasca, quando Zelikah un giorno entrò nella sua stanza. Lui non la sentì arrivare e lei restò dietro lo stipite della porta per ammirarlo, mentre si lavava. "Nudo è anche più bello", pensò Zelikah senza provare imbarazzo per la sua mancanza di pudore. E anzi spudoratamente, in punta di piedi, si avvicinò alla vasca, si inginocchiò dietro di lui e lo afferrò alle spalle. «Perché sei qui?», disse Giuseppe lasciando che la sua mano lo accarezzasse dai muscoli delle braccia ai pettorali, fino alla pancia.

«Giuseppe, è da quando sei arrivato nel mio giardino, sporco e bagnato dall'acqua degli otri e dal tuo sudore, che ti desidero. Ti voglio, Giuseppe, dormi con me questa notte».

«Non posso, padrona. E tu non dovresti essere qui nella mia stanza», disse Giuseppe non osando però fermare la mano che scendeva ad accarezzarlo sempre più giù, temendo di ferirla.

Zelikah non si fermò. «Sei diventato così potente da dirmi che cosa posso o non posso fare?», disse continuando a muovere la mano.

«No, padrona, io sono uno schiavo», si scostò Giuseppe.

«No, tu sei uno schiavo che mio marito ha voluto mettermi accanto per lenire le mie pene», mormorò Zelikah entrando nella vasca.

Giuseppe cercò di pensare alle parole giuste per fermarla senza offenderla. Zelikah continuò: «Non ti agitare, penserò a tutto io. La tua pelle ambrata mi piace. Lasciami fare. Io voglio stare con te. Sono stanca di Putifarre, è sempre lontano da me. Io sono una donna che ha bisogno di essere amata. Senti, Giuseppe, come fremo? È perché ti desidero. Amami e io ti renderò libero e ricco».

«No, padrona, no», Giuseppe uscì dalla vasca e, mentre lei guardava ancora la sua nudità con gli occhi delusi di chi sta perdendo la sua preda, si coprì con un panno bianco. «Anch'io ti desidero, non immagini quanto», mentì. Sospirò e aggiunse questa volta con la verità che gli usciva dal cuore: «Non posso farlo. Putifarre mi ha dato tutto quello che possiede».

«Stupido, ti ha dato anche me», si arrabbiò Zelikah. «Ha detto a tutti che in questa casa tu sei come fossi lui. Lo ha detto ai servi, alle ancelle, lo ha detto anche a me. Allora entra nel mio letto al posto suo».

«Il padrone non mi ha vietato nulla, tranne te, perché sei sua moglie. Sarei un pazzo se mi lasciassi andare e tradissi la sua fiducia. Per me sarebbe come tradire Dio, che mi ha donato tutte queste cose che oggi possiedo».

Zelikah se ne andò ma non si diede per vinta. Per fargli capire quanto tenesse a lui, ogni volta che parlava con il marito esaltava le sue doti. E Putifarre, a ogni partenza, per fare piacere alla moglie, gli concesse sempre più potere fino a non considerarlo più uno schiavo.

Giuseppe in meno di sei mesi fu nominato prima servitore personale di Putifarre, poi suo maggiordomo, poi amministratore di tutti i suoi beni, dentro e fuori la casa.

«Sono stati gli dèi a mandarti qui», disse un giorno Putifarre. «Lo sai che hai già ripagato almeno cento volte la somma che ho speso per acquistarti? Continua a essermi fedele. Non è lontano il giorno in cui ti porterò a corte e ti farò conoscere il Faraone. Così il destino potrebbe offrirti altre grandi opportunità».

«Ma io non voglio allontanarmi dalla tua casa, padrone. Qui da te ho trovato il benessere che non avrei mai osato sperare e, ciò che più conta, ho la tua benevolenza».

«E con mia moglie come vanno le cose? Ti annoia molto? Mi hanno detto che ti chiama spesso perché sei anche diventato il beniamino delle sue amiche...».

«È un piacere parlare con tua moglie e con le donne che vengono nella vostra casa, mio padrone», mentì Giuseppe.

Zelikah infatti era sempre più audace e più spudorata. Un giorno, in preda al desiderio, allontanò la servitù e lo convocò. Erano soli: lei prese la sua mano, la strinse sul suo seno e, mentre lo vedeva distratto a liberarsi dalla presa, toccò la sua virilità fino a fargli male.

«No, padrona. Cosa fai?», si svincolò Giuseppe.

«Non ti piaccio forse?», e fece cadere la veste mostrandosi nuda. «Mi fai impazzire, Giuseppe. Se non mi tocchi, esco di senno».

«Sei molto bella. Ma non posso».

«Mio marito ti ha ordinato "di soddisfare ogni mio desiderio". Intendi disobbedirgli?».

«Piuttosto che disonorarlo sì», rispose, liberandosi e lasciandola sola.

Zelikah non si stancò di circuirlo e un giorno decise di giocare il tutto per tutto: finse di sentirsi male, si ritirò nella sua stanza, si denudò e si sdraiò sul letto sotto una coperta di finissimo lino. Ordinò alla più fidata delle sue ancelle di chiamare Giuseppe. «Voglio sapere se conosce una cura per guarirmi», si giustificò.

Giuseppe arrivò: «Che cosa posso fare per te, padrona?».

«Oh, Giuseppe», disse con voce roca, «ho la gola divorata dal fuoco. Forse tu conosci qualche rimedio».

«Non sono un medico, padrona». Giuseppe si accostò al letto.

Lei fece scivolare via la coperta di lino e rimase nuda a pochi centimetri dai suoi occhi. Per qualche attimo Giuseppe esitò, si soffermò a guardare il suo bellissimo corpo e pensò di non riuscire a resistere. Lei approfittò del suo smarrimento, lo afferrò per la veste, lo denudò e lo trascinò su di sé. «Amami, Giuseppe. Sono folle d'amore per te. Possibile che tu non veda quanto soffro?».

«E tu, padrona, possibile che non capisci che non tradirò mai Putifarre?», reagì disperatamente Giuseppe.

«Ho mandato via tutti i domestici. Resta...».

Giuseppe la guardò con occhi umidi, bagnati dal desiderio represso e dal dolore. E si allontanò ricomponendo la veste per coprire la sua nudità.

«Che Iside e Osiride ti maledicano e ti portino nel regno dei morti», urlò Zelikah fuori di sé per la collera strappandogli di nuovo la veste e lasciandolo nudo. «Hai rifiutato il mio amore, ora sperimenterai la mia vendetta, miserabile ebreo!», e scoppiò in lacrime.

Giuseppe scappò via nudo, coprendosi con le mani. Lei chiamò l'ancella, e urlò ancora: «Vedete, mio marito ci ha messo in casa un ebreo e lui si prende gioco di noi. È entrato nella mia stanza e ha tentato di violentarmi. Ma l'ho spaventato con le mie urla e lui è fuggito lasciando qui la sua veste». E poi tra le lacrime ordinò alla sua serva: «Vai a chiamare mio marito e digli che sono stata insidiata e quasi violentata da Giuseppe».

Putifarre arrivò a casa sconvolto. Incontrò sulla soglia Giuseppe: «È vero ciò che l'ancella di mia moglie mi ha riferito?», disse aggredendolo.

«Se dicessi che non è vero, mi crederesti?».

«Non è tempo per le belle parole», urlò Putifarre dirigendosi verso la stanza della moglie.

Quando entrò, Zelikah aveva ancora la veste di Giuseppe nelle sue mani. «È stato quell'ebreo», urlò piangendo. «È entrato nella mia camera per sedurmi. Mi ha visto nuda e non è riuscito a fermarsi. Ho urlato molto, ho lottato con tutte le mie forze, l'ho anche graffiato, poi ha avuto paura ed è scappato. Guarda, tra le mie mani è rimasta la sua veste. Mi ha anche detto che in tua assenza lui, qui, in casa, può fare tutto e che io dovevo sottomettermi. Ci pensi, Putifarre, avrei dovuto stare con lui. Quell'ebreo circonciso».

Putifarre, per calmarla, la baciò sulla guancia. «Su, ora calmati...». Invece lei continuò: «È salito sul letto, mi ha preso per il braccio e ha cominciato a toccarmi. Dappertutto. Sul seno, sul collo, sul ventre. Allora ho urlato. Putifarre, è stato terribile».

«Non parlare più, Zelikah, calmati».

Ma lei ancora: «Ho fatto di tutto per allontanarlo. L'ho graffiato».

«L'hai graffiato anche?».

«Sì, l'ho graffiato. Gli ho fatto male, soltanto così sono riuscita a farlo scappare».

Putifarre si alzò con gli occhi rossi dall'ira. Chiamò il servo e gli ordinò: «Fai venire nella mia stanza lo schiavo Giuseppe».

«Mi hai tradito, Giuseppe?», urlò Putifarre.

«Tu pensi che ti abbia tradito?», disse sicuro Giuseppe puntando i suoi occhi sinceri in quelli di Putifarre che erano allarmati.

«Basta, non voglio più sentire la tua voce. Guardie, portatelo in carcere e dite a Trok, il comandante delle prigioni, di sbatterlo nella cella più buia».

Dopo una notte trascorsa insonne, la mattina, Putifarre andò nel carcere. I suoi occhi erano gonfi per la stanchezza e per la rabbia. Non riusciva a credere che Giuseppe fosse colpevole e voleva vedere il graffio che Zelikah gli aveva fatto.

«Spogliati», ordinò a Giuseppe che esitò. «Ti voglio vedere nudo», ordinò ancora Putifarre. «Togliti questa tunica che io stesso ti ho donato».

Giuseppe lo guardò con gli occhi gonfi di pianto: «Devo?».

«Ho detto: togliti la tunica».

La tunica cadde a terra e Giuseppe restò nudo immobile. Putifarre gli girò attorno, scrutò il viso, il collo, le braccia, il torace, le natiche, le gambe. Poi mormorò: «Niente. Come è possibile?». Lo guardò ancora e scrutò anche la sua intimità. Non vide niente. Chiamò Trok, il comandante delle prigioni: «Vedi qualche graffio sul suo corpo?». Trok guardò e riguardò.

«Vedi qualche graffio?», insistette Putifarre.

«No, signore. Non vedo graffi».

«Va bene, puoi andare».

Trok uscì e Putifarre, sconsolato, si avvicinò a Giuseppe. «Ho pensato tutta la notte. Non posso credere che tu mi abbia offeso così gravemente».

«È così, non ti ho offeso».

«Allora, mia moglie mi ha mentito».

«Non so che cosa ti abbia detto. Ma di certo non è accaduto quello che dice».

«Devo crederti?».

«Non farei mai una cosa simile, non solo per te, ma anche per il mio Dio che mi vieta simili azioni. Giuro sul mio Dio di non averti mancato di rispetto».

Putifarre era sconvolto. “Che cosa posso fare adesso?”, pensò. “Zelikah ha mentito perché non ha graffi”. Poi ordinò a Trok di portare Giuseppe nelle carceri del Faraone. «Sono più confortevoli», disse con un tono amichevole. «Per adesso non posso liberarti, lo capisci? Sarebbe come dichiarare pubblicamente che mia moglie mi ha mentito. Nelle carceri del Faraone ci sono prigionieri autorevoli, funzionari che si sono macchiati di colpe contro il Faraone o di reati commessi durante le loro funzioni pubbliche. Lì dentro vivrai meglio». Prima di lasciarlo andare, ordinò a Trok: «Tu, ogni mese farai avere al capo dei carcerieri qualche moneta, affinché possa rendergli meno pesante la vita. Portalo via».

Putifarre sorrise: «Giuseppe, quello che mi fa rabbia è che non saprò mai se oggi ti ho salvato la vita da una morte che meritavi o se tu ti sei sacrificato per l'onore della mia casa...».

Giuseppe abbassò il capo. Poi girandogli le spalle disse: «Tu sai qual è la verità». E uscì.

24

In prigione Giuseppe si guadagnò la benevolenza del capo carceriere, delle guardie e di gran parte degli altri detenuti. Era sempre pronto a fare favori, a sobbarcarsi gli incarichi più pesanti, a confortare i prigionieri torturati. Nelle celle, gabbie di legno che si allagavano con la pioggia, molti morivano, altri erano dilaniati dalle infezioni.

Giuseppe riuscì a resistere e, dopo qualche tempo, per ordine di Putifarre, venne trasferito dalle celle dei dannati a quelle dei detenuti più importanti. «Tu, ebreo, mi hanno detto che, da libero, tenevi l'amministrazione della casa di Putifarre. È vero?», gli chiese un giorno Tamose, il capo delle guardie.

«Sì, mio signore».

«Allora è giunto il momento di guadagnarti il cibo che, grazie alla sua generosità, il Faraone ti passa ogni giorno. Mi darai una mano a sbrigare le pratiche della prigione».

«Va bene, signore».

«Incomincerai domattina e, già prima di questa notte, sarai trasferito in una cella più comoda. Adesso vieni con me. C'è una persona che ti vuole parlare. Voi due», gridò alle guardie, «levategli le catene, gettategli addosso dell'acqua in modo che puzzi di meno e dategli qualcosa di più decente per coprirsi. Voglio che sembri un essere umano».

Lo resero presentabile e, pochi minuti dopo, arrivò Trok. «Perché sei qui?», si meravigliò Giuseppe.

«Ogni mese, per incarico di Putifarre, passo al capo delle guardie una somma in denaro perché ti trattino con meno durezza. Stamane sono venuto a consegnare a Tamose una lettera: Putifarre gli ha scritto di farti lavorare per lui. Il carcere sarà meno duro così».

«Gliene sono grato, ma non capisco il motivo di tanta generosità...».

«Putifarre sa che tu sei innocente».

«E allora perché non mi tira fuori di qui?», urlò Giuseppe.

«Abbi pazienza, Giuseppe. Sappi soltanto che godi ancora della stima di Putifarre», disse Trok, lasciandolo angosciato e deluso.

Trok riferì di avere visto Giuseppe in uno stato disperato e Putifarre parlò ancora con Tamose per farlo trasferire nel settore dei notabili, dove le celle erano spaziose e confortevoli.

«Alzatevi e accogliete il vostro nuovo compagno», disse Tamose a due uomini che stavano comodamente seduti a conversare.

«Io mi chiamo Socco e sono stato il coppiere del Faraone. Sono accusato di avere tentato di ucciderlo», disse uno dei due.

«Io sono Meren, il panettiere di corte. Sono qui per lo stesso motivo», aggiunse l'altro.

«E con questa accusa vi hanno lasciato in vita?», si meravigliò Giuseppe.

«Le spie del Faraone ci accusano, ma non sanno quale

dei due è il colpevole. In attesa di scoprirlo, ci lasciano in vita», sorrise sarcastico Socco.

«Ma tu devi essere l'ebreo», intervenne Meren. «Abbiamo sentito parlare molto di te. Certo, bisogna essere pazzi a fare violenza alla moglie di Putifarre».

Giuseppe raccontò la sua storia e come era finito nel carcere, e diventò loro amico.

«Non pensavo di finire così», si sfogò Socco un giorno. «Da sempre la mia famiglia ha servito i sovrani d'Egitto, dai tempi in cui Menfi era la città più importante. Allora vivevano tutti lungo il grande fiume Nilo e i sovrani non erano ancora considerati dèi».

«E quando il Faraone d'Egitto diventò Dio?», domandò Giuseppe con un pizzico di sarcasmo, di cui però Socco non si accorse.

«Quando capì che, per rendere prosperoso l'Egitto, dovevamo seguire il ritmo delle stagioni. Occorreva allontanarsi dal Nilo, quando iniziavano le inondazioni, e avvicinarsi quando le acque si ritiravano».

«Spiegati meglio, Socco», incalzò Giuseppe.

«Quando il fiume era quieto, il Faraone faceva trasportare il raccolto nelle zone interne dell'Egitto, dove l'acqua non arrivava durante le inondazioni. Così quando il Nilo straripava, era al sicuro. A seconda delle stagioni si viveva dunque vicino al Nilo o all'interno al sicuro, vicino alle città, senza mai patire la fame».

Socco gli raccontò anche come fosse finito in carcere. «Come sai, viviamo sotto la minaccia degli ittiti che vogliono conquistare il nostro paese. Mi hanno accusato di essere una spia e di avere ordito per uccidere il Faraone.

Ma non ho tentato di avvelenarlo. Certo, quella mattina, la coppa di vino che ho dato al Faraone era effettivamente avvelenata. Qualcuno aveva organizzato l'attentato alle mie spalle. Però le uniche persone autorizzate a entrare nelle cucine del Faraone eravamo io e Meren, il panettiere. E quindi uno dei due è colpevole, secondo gli accusatori. Per fortuna il Faraone, che da tempo è sospettoso, non ha bevuto: ha fatto prima assaggiare il vino al suo servo che è morto stecchito».

Giuseppe gli poggiò la mano sulla spalla per fargli sentire la sua comprensione.

Socco sorrise, sollevato per essersi sfogato. E incuriosito domandò: «Dimmi un po', Giuseppe. Qui tutti dicono che sai interpretare i sogni. È vero?».

«Così dicono. Talvolta le mie spiegazioni si avverano».

«Perché non me ne hai mai parlato? Da quando sono qui, le mie notti sono piene di incubi».

«Me ne sono accorto. Qualche volta sono stato svegliato dalle tue urla. Capita anche a Meren».

«Ma tu riesci proprio a capire tutto?», insistette Socco.

«So interpretare: ma non sempre le mie spiegazioni sono giuste. Sogno anch'io. Ma per me non si è mai avverato nulla. Stai a sentire: un giorno ho sognato che con i miei fratelli eravamo andati a mietere il grano e ognuno aveva formato il suo covone. A un certo punto, i covoni sono caduti, ne è rimasto solo uno in piedi: il mio. Ho interpretato che un giorno sarei stato il loro capo, invece come vedi, Socco, sono finito schiavo e in prigione».

«Senti, Giuseppe, ho voglia di raccontarti un sogno che da qualche tempo si ripete. Mi sembra di stare in campagna davanti a una vite e questa vite ha tre tralci. Intorno tutta la vigna è secca, soltanto la vite davanti a me comincia a germogliare. Nascono gli acini e poi si forma un bel grappolo maturo. Io ho in mano la coppa del Faraone. Prendo quell'uva, la spremo nella coppa e poi con un inchino la porgo al mio divino sovrano. Ecco questo è quanto sogno. Che ne dici?».

Giuseppe inarcò le sopracciglia, si grattò la testa, rifletté qualche istante: «Ascoltami, ciò che penso è questo. I tre tralci della vite rappresentano tre giorni e questo significa che fra tre giorni il Faraone ti chiamerà e ti restituirà il tuo incarico di coppiere. Tornerai a porgere la coppa al tuo Faraone proprio come facevi prima».

«Magari accadesse», sospirò Socco.

«Sarei felice per te. Però, se questo sogno dovesse avverarsi così come te l'ho spiegato, ricordati di me quando i tuoi guai saranno finiti e parla di me al tuo Faraone in modo che anche io possa uscire da qui».

«Certo», promise Socco. «Se avverrà, lo farò».

Meren sentì e intervenne: «Illudi anche me, Giuseppe. Anch'io faccio spesso lo stesso sogno. Porto in testa tre ceste di vimini piene di dolci. Nella cesta più in alto vi è ogni sorta di prelibatezze per il Faraone: dolci, paste di mandorla e tanto altro da me stesso preparato. Dal cielo arrivano però gli uccelli e mangiano tutti i dolci».

Giuseppe scosse il capo con aria turbata. «No, Meren, non ci capisco nulla. Il tuo è solo uno dei tanti sogni stupidi che non significano niente».

«Senti, ebreo, il mio sogno significa qualcosa», si irritò Meren.

«Io non volevo dire questo», obiettò Giuseppe.

«E allora spiega», gli intimò l'altro furente.

«Come vuoi, Meren. Secondo me, le tre ceste, come i tralci della vite di Socco, rappresentano tre giorni e, come lui, anche tu sarai chiamato al cospetto del tuo Faraone».

Giuseppe puntò i suoi occhi in quelli di Meren che parevano smarriti.

«E poi?», domandò Meren terrorizzato.

Giuseppe sospirò. «Ti farà impiccare a un albero e gli uccelli verranno a mangiarti».

«Maledizione», ringhiò Meren. «Maledetto stregone, vattene e guardati bene dal parlarmi. Hai detto a Socco di ricordarti al Faraone, io invece parlerò di te a Osiride, il dio dei morti, perché ti accolga presto nelle sue dimore».

Tre giorni dopo, il Faraone Amenofi convocò i suoi ministri perché era preoccupato per le notizie che arrivavano dal confine. «Miei sudditi. Mi dicono le staffette che gli ittiti continuano le loro scorrerie. I loro micidiali carri da guerra creano problemi ai nostri guerrieri. Chiedo a te, Putifarre, a che punto siamo con la nostra difesa?».

Putifarre fece un passo avanti, si inchinò e disse: «Divino, gli animali che chiamano cavalli ora li abbiamo anche noi. E stiamo insegnando ai nostri uomini come usarli. Per quanto riguarda le scorrerie, cerchiamo di fermarle. Ma non è facile perché quei predoni sono imprevedibili. Ma ultimamente più volte li abbiamo messi in difficoltà».

«Bene», si dimostrò soddisfatto il Faraone, che poi chiamò il ministro dell'economia: «Il raccolto del grano come procede?».

«Il dio Nilo quest'anno è stato benevolo con i figli

d'Egitto. Gli incaricati ai confini incassano le imposte dei mercanti con scrupolo e, nelle città e nei villaggi, i funzionari riscuotono regolarmente le tasse».

«Ora venga avanti il ministro della cultura. La popolazione risponde alle nostre insistenze di acculturarsi?».

«Con molta difficoltà, le guardie sono costrette a passare casa per casa per controllare che i bambini si presentino nei templi per imparare a scrivere e a leggere i rotoli di papiro. Però i fenici sono più avanti di noi. Si dice che abbiano inventato una scrittura di ventidue segni che riproducono i suoni usati nella lingua parlata e sembra che scrivere sia diventato per loro più facile. Invece ho buone notizie nel campo dell'astronomia e della matematica. Lo studio delle stelle sta raggiungendo livelli inimmaginabili fino a qualche tempo fa. Gli astronomi hanno studiato la luna del dio Osiride e hanno capito la sua influenza sulle maree. Non c'è soltanto questo successo, o divino Faraone. Anche per la matematica abbiamo raggiunto proprio in questi giorni un traguardo eccezionale. I nostri studiosi hanno inventato un sistema di cifre che ci permetterà di contare fino a un milione».

«Un milione?», si sorprese il sovrano mentre un brusio generale di stupore accompagnò la notizia.

«Sì, un milione», confermò il ministro.

Il Faraone lo guardò soddisfatto. «Ora venga avanti il ministro della giustizia».

Il ministro si inchinò. «Come va la giustizia?», domandò ancora Amenofi.

«Bene, o divino Faraone. Sicuramente bene. La spesa è più contenuta. Si sono ridotti gli sprechi e le ruberie. Di recente abbiamo modernizzato il sistema carcerario. Le celle sono più vivibili e abbiamo autorizzato ore d'aria per i detenuti. Strano a dirsi, ma i prigionieri ora sono più tranquilli e possiamo diminuire il numero delle guardie carcerarie».

L'assemblea dei ministri volgeva al termine, quando il Faraone ordinò: «Coppiere, portami da bere, voglio brindare alle fortune dell'Egitto».

Il servo gli porse il vassoio, ma fu maldestro e rovesciò a terra la coppa. «Sei un incapace», urlò stizzito Amenofi che poi si rivolse ai suoi consiglieri. «Convivo con coppieri incapaci. Dopo Socco non siete riusciti a trovarne uno degno del Faraone. Sono tutti come questo: timidi e inetti. A proposito», si ricordò: «Putifarre, a che punto sono le indagini sull'attentato alla mia persona?».

«I sospetti sono sempre sul coppiere Socco e sul capo dei panettieri Meren», rispose Putifarre. «Non hanno confessato. Ma, se mi è concesso, nei giorni scorsi c'è stata una novità. Le mie guardie hanno saputo che una delle figlie del panettiere frequenta un giovane che è stato un beduino e che ha vissuto a contatto con un gruppo di ittiti».

Il volto del Faraone si illuminò. «Perché non me ne hai parlato subito?», domandò stizzito.

«Ma...». Putifarre esitò. Il Faraone con un gesto perentorio della mano lo interruppe. «Le tue parole mi hanno aperto la mente. Mancava un legame, una motivazione e ora, grazie a queste tue parole, tutto è più chiaro. Quel giovane beduino, amante della figlia di Meren, è una spia degli ittiti. Ma sì, Meren, il panettiere, era dunque in contatto con i nostri nemici. È lui il colpevole. Portatemi i due detenuti».

Il Faraone ricevette prima Socco, il coppiere.

«Tu sei innocente», disse. Poi si rivolse a Putifarre: «Liberatelo e risarcitelo per questo periodo vissuto in cella. Che sia reintegrato immediatamente nel suo ruolo di coppiere del Faraone. Ora fate venire il panettiere Meren.

«Tu sei colpevole», sentenziò. «Sei stato tu a mettere il veleno nel vino. Socco non l'avrebbe mai fatto: troppo facile sospettare di lui. E poi la sua famiglia, i suoi antenati hanno sempre servito fedelmente i Faraoni. Quindi, io, divino Faraone, figlio di Ra, condanno te, Meren, alla pena di morte per impiccagione e, perché sia di esempio a tutti, ordino che il tuo corpo sia esposto affinché gli uccelli ne mangino gli occhi».

25

Nel corso dell'estate dello stesso anno il Nilo, improvvisamente fuori stagione, straripò più volte, le coltivazioni furono distrutte, e molti contadini morirono. Arrivarono richieste di aiuto da ogni regione. Le città diventarono sovraffollate da profughi in miseria. Per arginare l'emergenza, Amenofi convocò di nuovo l'assemblea generale con i ministri e i consiglieri più autorevoli. «Miei sudditi», esordì, «stiamo vivendo tempi difficili. Il mio popolo è scontento. Da più parti mi giungono lamentele. Per questo vi ho convocato e voglio da voi soluzioni».

La discussione fra i ministri e i consiglieri fu vivace, ma nessuno propose rimedi.

«Basta», intervenne improvvisamente con fermezza Amenofi. «I vostri discorsi sono vuoti. Il mio animo è turbato da questi avvenimenti e le mie notti sono sempre più difficili da sopportare. Sogni strani e incubi terribili mi tormentano. Putifarre, convoca per domani tutti gli indovini della città. Ho bisogno di trovare pace per fronteggiare questa situazione».

Il giorno dopo, il Faraone arrivò nella grande sala, dove erano stati riuniti gli indovini, stanco e sfiduciato. «Da molti giorni», esordì, «sono perseguitato da un incubo. Sogno di essere sdraiato nella mia tenda accanto al Nilo, quando, all'improvviso, dalle sacre acque del fiume escono sette vacche, grasse e ben nutrite, che pascolano soddisfatte. Ma all'improvviso la scena cambia: dalle acque escono sette vacche magre e affamate che, come fossero leoni, divorano le grasse. Mi sveglio ma poi mi riaddormento. E sogno ancora: da un unico stelo di grano spuntano sette spighe così cariche di chicchi che si piegano fino a terra per il peso, ma poi spuntano altre sette spighe, vuote e arse dal vento infuocato d'Oriente, che in poco tempo inghiottono le sette spighe buone. Che cosa, secondo voi, significano questi sogni? A me non sembrano un buon segno».

«Non sono molto chiari», disse l'indovino più famoso. «Secondo me le spighe buone rappresentano l'Egitto e quelle cattive i nostri nemici pronti ad aggredirci».

«Forse è meglio aspettare e vedere se il sogno si ripete», dichiarò un altro.

«No, no, le spighe buone e le vacche grasse sono i nostri nemici ittiti e i sogni dicono che vinceremo le battaglie contro di loro», spiegò ancora un altro.

«Possibile», urlò il Faraone, «che nel mio regno non ci sia un indovino che sappia dare una spiegazione ai miei sogni?».

Nei giorni successivi furono interpellati altri maghi e indovini di ogni parte d'Egitto e tutti azzardarono le spiegazioni più incredibili: «Faraone, avrai sette figlie bellissime che però moriranno per un'oscura malattia». «No», disse un altro. «Costruirai sette magnifiche città che poi saranno rase al suolo dal nemico». «Per me, sette stelle si avvicineranno alla terra e poi cadranno dal cielo causando morte e distruzione».

«Basta, siete ciarlatani! Non siete capaci di nulla», urlò furioso Amenofi che ordinò alle guardie di scegliere a caso una decina di quei maghi e di quegli indovini per frustarli a sangue per sette giorni di seguito. Poi allontanò i sacerdoti, ordinando al tesoriere di fare loro una donazione per celebrare nuovi sacrifici. E infine intimò agli altri di levarsi dai piedi. «Voglio stare solo a riflettere su questo maledetto rompicapo. Ehi tu, coppiere, portami vino».

Socco porse la coppa e gli si gettò ai piedi: «Perdonami, mio divino Faraone, se oso rivolgere la parola al Figlio di Ra: forse conosco un uomo che potrebbe aiutarti».

«Parla».

«Potente signore, quando ero in prigione con l'accusa di avere tentato di ucciderti, anch'io ebbi uno strano sogno. Lo raccontai a un compagno di cella, un ebreo, che era già stato al servizio del comandante delle guardie Putifarre, e da lui ebbi una spiegazione che poi si è avverata. Poi interpretò un sogno del panettiere Meren e ancora una volta la sua spiegazione si è avverata».

«Cioè?».

«A me disse che sarei stato liberato e reintegrato nel mio ruolo di coppiere, mentre al panettiere disse che sarebbe stato impiccato da lì a tre giorni. E così è stato».

«È vero?», chiese il Faraone a Putifarre.

«Mio divino Faraone, conosco bene quell'uomo. È stato a servizio da me». Putifarre si fermò imbarazzato, temendo che il Faraone gli chiedesse perché l'indovino fosse finito in prigione.

«Come si chiama questo ebreo?», domandò invece il sovrano.

«Giuseppe. È un giovane intelligente, onesto e capace», rispose rinfrancato Putifarre.

«E allora perché è in prigione?».

«Vedi, mio signore...», cominciò Putifarre cercando le parole, che, però per l'imbarazzo non trovava. Ma il Faraone lo interruppe. «Non perdiamo tempo. Conducetelo qui».

Le guardie andarono a prelevare Giuseppe: «Per ordine del Faraone devi seguirci».

«Dove mi portate?».

«Al palazzo». Ma prima lo spogliarono, lo lavarono e lo rasarono per renderlo presentabile. «Ora indossa questa tunica di lino», gli ordinarono. «Non sappiamo perché tutte queste attenzioni, ma è la volontà di Putifarre».

All'ora del tramonto Giuseppe fu introdotto nella stanza del Faraone. Ma non si inchinò davanti a lui.

«Inginocchiati», bisbigliò Putifarre.

«Non posso». Il Faraone sentì e disse: «Ebreo, tu sai chi sono, non è vero?».

«Sì, l'uomo più grande della terra. Non c'è essere più potente di te», rispose con rispetto Giuseppe.

«E allora perché non ti inginocchi?».

«Perché la mia fede e quella dei miei padri mi impone di inginocchiarmi soltanto davanti al mio Dio».

Amenofi guardò uno a uno i dignitari di corte. Nella sala tutti trattennero il respiro, temendo la sua ira. Ma il Faraone non si infuriò, voleva invece arrivare velocemente a una spiegazione e tagliò corto: «Mi dicono che tu conosci i segreti dei sogni».

«Cerco soltanto di interpretarli. Se ci riesco, è soltanto merito del mio Dio».

«Non approfittare della mia benevolenza», si irrigidì Amenofi. «Il tuo Dio rispettalo nella tua casa. Ora devi rispettare me da cui dipendono le sorti di questo popolo. Io, il tuo Faraone, ti dico che la tua vita futura o la tua morte futura dipendono da quanto riuscirai a fare per rasserenarmi». Amenofi sospirò. «È da giorni che ogni notte mi tormenta un sogno».

«Sono qui ad ascoltare».

«Sulle rive del fiume Nilo ho visto pascolare tranquille sette vacche grasse e belle. Poi ho visto arrivare altre sette vacche, ma brutte e magre, che hanno divorato le sette vacche grasse».

Il Faraone non aggiunse altro. Giuseppe aspettò. Si guardò attorno, notò una fanciulla dietro una colonna accanto alla moglie del Faraone. Aveva la pelle chiara, capelli nerissimi e occhi pure neri che guardavano curiosi. Sorrideva. Giuseppe aspettò ancora, poi fece un respiro profondo per fare uscire il suo coraggio dal cuore fino alla gola, e osò parlare sfidando il Faraone: «Tu non mi hai detto tutto. Forse hai fatto anche un altro sogno».

Amenofi inaspettatamente sorrise. «Ti ho messo alla prova. È vero, c'è un altro sogno che segue sempre il primo. Volevo capire se l'avresti indovinato», rise questa volta a squarciagola. Poi continuò: «Ho sognato uno stelo di grano con sette spighe piene e poi un altro stelo con sette spighe vuote e bruciate dal sole, che le hanno ingoiate.

Ora ebreo, che mi dici? Nessun indovino è riuscito a spiegarmi che cosa significhi tutto questo».

«Non sono due sogni, ma uno solo», rispose Giuseppe senza esitare. «Le sette vacche grasse e quelle magre, così come le spighe piene e quelle vuote, rappresentano due periodi di tempo di sette anni ciascuno. Le sette vacche grasse e le sette spighe piene rappresentano sette anni di prosperità, di raccolti abbondanti e di ricchezza. Le vacche magre e le spighe vuote invece raffigurano sette anni di fame, di carestia e di miseria. Hai fatto due sogni perché il mio Dio ha voluto metterti in guardia. Ma hanno lo stesso significato».

Il Faraone rifletté, poi lo guardò preoccupato. «Che cosa mi consigli?».

«Faraone, dovrai mettere a capo dell'Egitto un uomo prudente e saggio che dia ordini ai suoi sovrintendenti in tutte le regioni. E gli ordini siano questi: durante i sette anni di abbondanza, i sudditi consegnino all'Egitto un quinto del raccolto. Il grano risparmiato verrà conservato per i sette anni di carestia. Soltanto così il popolo non sarà mai distrutto dalla fame».

Amenofi fissò Giuseppe a lungo, come se volesse leggere i suoi pensieri, poi disse: «Ne sei proprio sicuro?».

«Sì, sicuro».

«È il tuo dio, comunque si chiami, che te lo ha fatto interpretare così?».

«Sì, è stato lui».

Amenofi restò pensieroso. Continuò a scrutare gli occhi di Giuseppe che restò freddo e sicuro al centro della sala. «Ho riflettuto abbastanza», ruppe il silenzio Amenofi. «Le tue parole mi sono piaciute. Pensi che le tue idee si possano realizzare?».

«Ne sono certo se riuscirai a trovare un uomo capace».

«Io penso di averlo trovato».

«Sono contento per te e per l'Egitto, allora».

Amenofi si rivolse all'assemblea indicando Giuseppe: «Potremo noi trovare un uomo così saggio quanto lui?».

«Credo di no», disse Putifarre.

«Hai detto bene, Putifarre», confermò Amenofi che poi si girò verso Giuseppe: «Poiché il tuo Dio ti ha fatto capire tutto quello che io ho visto in sogno, io dico che non c'è uomo più intelligente e savio di te. Tu sarai il capo dell'Egitto e tutto il mio popolo obbedirà ai tuoi ordini. Soltanto io sarò superiore a te».

Poi si tolse l'anello, segno del potere, e lo infilò al dito di Giuseppe: «Ti nomino capo di tutto l'Egitto. Da oggi il tuo nome sarà Safnat Paneach che significa "rivelatore di segreti" e, senza il tuo ordine, nessuno potrà alzare la mano o il piede in tutto l'Egitto. Con questo anello, che è il mio sigillo reale, delego a te la mia autorità». Poi si sfilò la sua collana d'oro: «Questa collana ti dà la nobiltà. Fuori ti aspettano il cocchio reale e l'araldo che annunceranno ogni tuo arrivo, e ciò indicherà la tua dignità altissima. Io, Faraone, do in sposa a te anche questa fanciulla, Asenat, che...», e si fermò per sorridere: «... Che tu hai già adocchiato dietro la colonna perché hai buon gusto. È nata da Potifera, gran sacerdote della città di On. È una figlia per me e abbi per lei grande rispetto. Ora, Safnat Paneach, vieni con me sul cocchio perché voglio presentarti al popolo».

Il Faraone passò tra l'ala dei suoi consiglieri, ministri e sacerdoti inginocchiati, seguito da Giuseppe. Insieme salirono sul cocchio e insieme fecero il giro della città. Ali di folla li acclamarono: «Onore e gloria al Faraone e a Safnat Paneach».

Quando tornarono al palazzo reale, Amenofi disse: «Ora vai da solo incontro al tuo popolo», invitandolo a proseguire con un gesto della mano. Questa volta sul cocchio salì anche Asenat, che domandò timidamente: «Ti piacerò?».

«Mi sei piaciuta subito», sorrise Giuseppe.

«Spero che la tua religione non sia di ostacolo al nostro amore».

Giuseppe strinse la sua mano tra le sue. «Asenat, è tutto deciso. È il mio Dio che ha voluto tutto questo».

«Sì, però dovrai conquistare anche mio padre. Non sarà facile, perché è un sacerdote di On e il suo è il dio Sole».

«Sarà quel che il mio Dio vorrà», disse Giuseppe mentre la folla si inchinava al suo passaggio e lo osannava: «Onore e gloria a Safnat Paneach».

Il cocchio li portò a un palazzo che il Faraone aveva già messo a disposizione per loro, e dentro c'erano vesti, ricchezze e schiavi.

26

Giuseppe decise di partire subito per conoscere il territorio dell'Egitto.

«Quando te ne andrai?», domandò Asenat con tristezza.

«Domani».

«E quando tornerai?».

«Appena potrò. Girerò per l'Egitto in lungo e in largo. Per questo ti chiedo di aspettarmi. La lontananza sarà la prova del nostro amore. Al mio ritorno parlerò con tuo padre e, se mi vorrai ancora, ci sposeremo».

«Ci sarò, Safnat Paneach».

«Ti prego, almeno tu, quando siamo soli, chiamami Giuseppe».

«Ti aspetterò, Giuseppe, e mi troverai qui come adesso», sorrise Asenat avvicinandosi in attesa di un bacio.

«Stasera dormirai sola», disse Giuseppe, ritraendosi e girando le spalle per uscire. Lei si slanciò cingendogli il torace con un caldo abbraccio. Lui si girò, la baciò con passione: fu un lungo bacio irruento, e nello stesso tempo dolcissimo, che fece pensare a entrambi al preludio di un grande amore. Fu Giuseppe a trovare la forza di staccarsi e di lasciarla sola. Entrò nella sua stanza con passo deciso, si denudò e si gettò nella vasca piena di acqua gelata. Solo quando il freddo scosse il suo corpo, il respiro perse l'affanno e la mente si liberò da quel desiderio che gli era sembrato incontrollabile. Uscì dall'acqua e si distese nudo con gli occhi aperti a pensare quanto d'improvviso la sua vita fosse cambiata. Ma, per quanto si sforzasse, non riusciva a immaginare ricchezze, potere, fasto. Riusciva a vedere soltanto il volto sorridente di Asenat. E si addormentò.

Il mattino dopo, ad aspettarlo con il cocchio, la scorta e le guardie in alta uniforme armate, ci fu Putifarre che, appena lo vide, si inginocchiò. «Il Faraone ha detto che devo servirti come in tutti questi anni ho servito lui. Se tu vorrai sono pronto a partire con te».

«Alzati e non inginocchiarti mai più davanti a me, Putifarre», fu deciso Giuseppe. «Sono felice di averti accanto nella missione che sto per cominciare. Tu sei stato il primo uomo, dopo mio padre Giacobbe, ad avere fiducia in me. Quindi voglio essere per te un amico, non un capo».

Gli occhi di Putifarre mostrarono commozione e gratitudine. «Ora diamoci da fare», fu deciso Giuseppe. «Putifarre, prima di partire voglio parlare con l'architetto della tua casa».

«Con Kamil?».

«Sì, lui è l'unico architetto che conosco. Il suo nome in Egitto significa "completo", "perfetto", vero?».

«Sì, è così», rispose Putifarre. «Stai imparando in fretta», commentò allontanandosi.

Kamil arrivò e non sapeva come comportarsi. Era talmente imbarazzato che, invece di inchinarsi, si inginocchiò. «Viceré Giuseppe», cercò di rimediare. «Perdono, viceré Giuseppe Safnat Paneach». Giuseppe rise. Putifarre invece lo corresse con durezza. «È il viceré Safnat Paneach».

Giuseppe lo aiutò ad alzarsi. «Kamil», disse. «Io e Putifarre stiamo partendo. Il nostro sarà un viaggio lungo. Al mio ritorno voglio trovare silos così grandi da contenere tanto grano da soddisfare per sette anni la popolazione dell'Egitto».

E Giuseppe partì. Aveva trent'anni. Nel suo viaggio toccò tutte le regioni più sperdute dell'Egitto. Percorse tutti i villaggi lungo il Nilo, le terre più fertili del paese, e visitò tutte le città. Fortificò le fortezze e creò lungo il corso del fiume delle dighe per regolare il deflusso delle acque. Nominò i sovrintendenti in ogni paese e ordinò a tutti i produttori di grano di consegnare il quinto del raccolto per i silos della città del Faraone.

Il viaggio durò un anno. «Hai svolto un ottimo lavoro, mio viceré», lo accolse il Faraone. «Ora riposati e fermati a guardare i frutti dei tuoi sacrifici».

«Adesso ho una promessa da mantenere».

«Quale?», si incuriosì il Faraone.

«Devo sposare la donna che hai scelto per me».

«Asenat?».

«Sì, lei».

«Sarà il coronamento dei tuoi sacrifici. Lo sai che appartiene a una delle nobili famiglie egiziane?».

«Sì, lo so e proprio per questo ho aspettato. Domani partirò con Asenat per On, la città del padre, e sarà lui a decidere il futuro della figlia».

«Non è necessario che tu parta, mio viceré», sorrise Amenofi. «Il padre di Asenat è già qui ed è nel tuo palazzo insieme con la figlia».

Giuseppe sorrise: «Faraone, chiedo allora il permesso di allontanarmi».

Amenofi non lo lasciò finire, batté due volte le mani e ordinò ai suoi servi di aprire le porte. E apparve Asenat: «Quanto ti ho aspettato, Giuseppe», sussurrò abbracciandolo.

«E io quanto ho desiderato questo momento, Asenat», mormorò con emozione Giuseppe prima di baciarla.

«Andate», disse Amenofi e non fu un ordine ma un invito.

«Grazie, Faraone», disse Giuseppe, uscendo dalla sala abbracciato ad Asenat, che mormorò: «Vieni, c'è anche mio padre».

«Gli hai parlato di me?», si emozionò Giuseppe.

Asenat sorrise: «Tutti sanno chi sei. Ed è in ansia».

«Io penso di esserlo più di lui», si rabbuiò Giuseppe.

«Ma che gli dirai?».

«Voglio chiederti in sposa. Non so ancora se ti concederà a me».

Il padre Potifera, il sacerdote di On, li stava aspettando: «Saluto il viceré dell'Egitto, Safnat Paneach», disse con aria solenne.

«E io saluto Potifera, padre di Asenat».

«Il divino Faraone, figlio del dio Sole, di cui sono il sacerdote», continuò Potifera, «mi ha detto che hai scelto di sposare mia figlia: sono onorato».

Giuseppe si sentì sollevato, l'ansia sparì e il suo viso tornò sereno: «L'onore è mio perché Asenat è la figlia di un uomo di fede, anche se la tua fede non è la mia».

«Di questo ti voglio parlare. Ho saputo che tu arrivi da

Canaan, ma so che anche a Canaan adorano gli stessi nostri dèi», disse Potifera.

«Il mio popolo vive a Canaan ma ha origini lontane. I miei avi sono di Ur, la città caldea, e noi crediamo in un solo Dio».

«Conosco la tua religione e so che parte proprio da lì, dalla Caldea».

Giuseppe spiegò: «La mia legge mi impone di sposare una donna che creda, come me, in un solo Dio. Per questo ti chiedo di permettere ad Asenat di abbracciare la mia fede».

Potifera esitò; scrutò gli occhi di Asenat e si accorse che in essi c'era felicità; osservò il volto di Giuseppe e gli parve sincero; si grattò il capo pensieroso come se vi cercasse dentro un consiglio. Poi con solennità disse: «La mia autorizzazione è concessa». Poi sospirò e aggiunse: «Ognuno può professare la propria religione in tante forme, purché nella vita rispetti le regole che sono uguali per tutti. Se mia figlia lo desidera, potrà seguire la religione dell'uomo che sposerà».

La sera stessa Giuseppe innalzò in una stanza del suo palazzo un piccolo altare. «Rappresenta per la mia fede il luogo del sacrificio da dedicare a Dio», spiegò ad Asenat. «Resterà qui perché ricordi a tutti la generosità di tuo padre e il rispetto dovuto a chi abbraccia un'altra fede».

«Il tuo dio ora è anche il mio», disse Asenat baciandolo sulla bocca. «Ora insegnami a pregare».

«Prima ti insegnerò ad amare», disse Giuseppe prendendola in braccio. Poi la distese sul letto.

Nei mesi che seguirono, Giuseppe fece diventare l'Egitto prosperoso come mai si era visto.

Nel pieno del benessere, Asenat rimase incinta e partorì Manasse. «Perché, Giuseppe, hai voluto chiamare così nostro figlio, Manasse?», domandò.

«Perché nella mia lingua significa "chi fa dimenticare". Dio, facendomi incontrare te, così bella e così dolce, mi ha fatto dimenticare ogni pena e la famiglia di mio padre».

«Non credo proprio che sia così», sorrise Asenat. «L'altra notte ti ho sentito invocare nel sonno il nome di tuo padre Giacobbe e di tuo fratello Beniamino».

«Sì, è vero: penso spesso a loro», sospirò Giuseppe, con gli occhi velati di tristezza. «Ma ora pensiamo a crescere il nostro bambino», si risollevò. «E al lavoro che dobbiamo svolgere per l'Egitto».

Come Giuseppe aveva indovinato, allo scadere del settimo anno di prosperità, arrivò la carestia. Nel Nilo i pesci morirono; le greggi furono attaccate da un morbo mortale; le carcasse furono gettate nelle acque del fiume che si imputridirono; all'inverno gelido, subentrò un caldo afoso, e i raggi del sole bruciarono le coltivazioni.

I sovrintendenti comunicarono a Giuseppe che la carestia imperversava dal sacro Nilo fino alle terre più lontane: dall'Asia alla Siria, alla Fenicia, alla Mesopotamia, all'Idumea, al Negheb, a Canaan fino in Arabia. «Ogni giorno i morti sono migliaia. I motivi sono la fame e la sete».

In cambio di un sacchetto di grano a Damasco e a Babilonia si potevano ottenere oro, gioielli, donne. In Egitto, grazie alla previdenza di Giuseppe la situazione, anche se grave, era migliore. I granai erano colmi. Chi non poteva comprarlo, riceveva gratuitamente il necessario per sopravvivere. Chi approfittava della carestia per speculare, finiva impiccato e lasciato a marcire, quale monito, sulla pubblica piazza.

Dai più lontani paesi cominciarono ad arrivare mercanti per acquistare il grano. E così, anche in quella circostanza drammatica, le casse dell'erario del Faraone continuarono ad accumulare somme di denaro mai neppure pensate.

27

Canaan, la terra promessa da Dio al popolo di Abramo, fu una delle terre più colpite dalla carestia e Giacobbe si trovò impreparato.

«Giacobbe, i pozzi sono vuoti. Presto non avremo più acqua da bere. Anche le campagne cominciano a inaridirsi. Non piove da mesi e le bestie muoiono», era il lamento del popolo.

«Spostatevi, andate sui monti del Sinai, lì sicuramente è ancora tempo di pascolo», suggerì Giacobbe.

«No, è secco anche lì. I pastori che erano andati, sono tornati. C'è solo roccia, non c'è un filo d'erba», protestarono alcuni.

«Questa terra porterà alla morte e alla distruzione del nostro popolo», dissero altri.

Giacobbe fu costretto a riunire la gente del villaggio: «Dio sicuramente ci sta punendo per le malefatte», disse cercando con gli occhi lo sguardo dei figli Simeone e Levi, facendoli sentire colpevoli, ancora dopo tanti anni, per la strage di Sichem.

«Ma è stato Dio a farci lasciare la nostra terra e a farci venire sin qui», intervenne un anziano. «Allora, perché, se abbiamo ubbidito, adesso vuole farci morire?».

«Dio ci ha sempre aiutato e ci aiuterà ancora», gridò Giacobbe spazientito.

«Ora non è tempo di discussioni», intervenne un pastore in fondo al gruppo. «I nostri granai sono vuoti e presto saremo costretti a uccidere gli animali per nutrirci».

«I mercanti, che sono passati da qui per andare in Siria», intervenne Simeone, «hanno detto che in Egitto hanno i granai pieni».

«E allora perché state lì a guardarvi l'un l'altro senza fare nulla?», domandò irritato Giacobbe ai figli. «Se qui a Canaan i campi non danno frutti e in Egitto, invece, mi dite che c'è grano in quantità, perché non andate ad acquistarlo? Abbiamo oro e argento, andate a comprarlo».

«Padre, è un viaggio lungo e pieno di insidie», rispose Simeone. «Inoltre pare che gli egiziani vendano a ogni persona solo il necessario. Non lasciano fare scorte».

«Voi siete dieci fratelli e, con il grano venduto a ognuno di voi, ne avremo abbastanza per tirare avanti un po' di tempo».

«Veramente», intervenne Levi, «siamo undici. Tu dimentichi Beniamino».

Giacobbe impallidì: «No! Beniamino resta qui con me. Già una volta vi ho affidato Giuseppe, il primo figlio di Rachele, ed è stato divorato da una belva; ora chiedete di portare con voi Beniamino, il più giovane di voi, l'ultimo legame che mi resta con la mia diletta Rachele. No, Beniamino resta qui ad aiutarmi. Preparate i cammelli. Tu, Ruben, vieni con me, ti darò oro e argento quanto basta per comprare più grano possibile».

I dieci fratelli partirono e, dopo un viaggio lungo e faticoso, giunsero in Egitto.

«Ho saputo che chi decide tutto è il viceré. Si chiama Safnat Paneach», disse Simeone ai fratelli.

«Sì, ho sentito parlare di lui dalla carovana che ci ha preceduti», confermò Levi. «Qui in Egitto lo descrivono come un dio».

«Domani ci porteranno nella piazza dove vendono il grano. Speriamo che questo viceré ci prenda in simpatia», Simeone avvertì i fratelli. «Ora andiamo a riposare. Domani sarà un giorno importante».

Al mattino, i dieci fratelli si trovarono puntuali in fila nella grande piazza dove erano stati situati i silos per il grano. Al centro della piazza, da un palco le autorità controllavano tutto quello che accadeva intorno. «Dovete aspettare qui il vostro turno», urlò una voce.

«Ad autorizzare l'acquisto del grano», disse una guardia armata, «sarà lo stesso viceré. È un giorno fortunato per voi. Safnat Paneach oggi è più generoso del solito».

Un suono di trombe, seguito da grida festose, annunciò l'arrivo del viceré: «Lode al grande Safnat Paneach», gridarono nella piazza quando sul palco apparve Giuseppe, accompagnato da dignitari e guardie del corpo. La folla lo acclamò a lungo. Giuseppe guardò la moltitudine di disperati con gli occhi imploranti. Poi si fece consegnare la lista con i nomi di coloro che quel giorno avevano avanzato la domanda di acquisto del grano. Sorvolò sui nomi dei singoli postulanti e si soffermò a controllare le richieste più impegnative delle tribù e delle famiglie.

«Sono numerosi oggi», commentò Putifarre che gli era

vicino. «Aumentano ogni giorno di più, mio signore. La carestia nei paesi vicini diventa sempre più feroce».

«E vi sono molti ebrei?».

«Sapendo che sei interessato a loro, magnifico signore, ho fatto scrivere i nomi degli ebrei all'inizio dell'elenco».

Giuseppe lo congedò con un cenno della mano, incominciò a leggere la lista, improvvisamente si fermò, buttò gli occhi sulla folla nella piazza come se cercasse qualcuno, si portò una mano alla fronte per asciugare il sudore. «Stai male, magnifico signore?», domandò preoccupato Putifarre.

Giuseppe scosse la testa: «No, tutto bene. Oggi è molto caldo», disse e ributtò gli occhi sulla lista con i nomi degli ebrei per cercare una conferma a quel che non riusciva a credere. La conferma ci fu: aveva letto bene, c'erano i nomi dei suoi fratelli. Li contò, erano dieci e capì subito che mancava il nome di Beniamino.

«Eccoli lì», disse a Putifarre. «Sono arrivati».

«Vi vedo turbato, magnifico signore», si preoccupò Putifarre. «Chi hai visto nella folla?».

«Ricordi? Ti ho parlato dei miei fratelli», disse Giuseppe.

«Certo, mi ricordo bene».

«Eccoli, sono tra la folla. Hanno abiti da cananei. Puoi riconoscerli».

Putifarre fece girare gli occhi sulla folla. «Li ho visti. Eccoli».

Giuseppe lo fece avvicinare per parlargli nell'orecchio: «Trova uno stratagemma per portarli qui davanti a me».

Putifarre scese dal palco e cominciò ad aggirarsi tra la

folla. «Oggi il viceré è magnanimo. Vuole ascoltare anche la storia di qualcuno di voi. Vediamo a chi tocca questo onore». Si avvicinò a uno: «Tu, da dove vieni?».

«Da Seir, signore».

«Mettiti lì, di lato». Poi chiese a un altro: «E tu da dove vieni?».

«E tu?».

«Da Amman».

«E tutti voi?», domandò finalmente al gruppo dei fratelli. «Da dove venite?».

«Da Canaan», rispose Ruben.

«Siete tutti insieme?».

«Sì, siamo dieci».

«Un bel gruppo. Siete amici?».

«In verità siamo tutti fratelli. Figli dello stesso padre».

«E delle stesse madri, no?», scherzò Putifarre.

«Quelle sono diverse», risposero, invece, i fratelli serissimi.

«Siete un gruppo allegro e spiritoso», disse Putifarre. «Comincerò a portare voi dal viceré».

«Grazie», disse Ruben, che con la mano fece cenno ai fratelli di seguirlo.

«Ci ha preso in simpatia», commentò Simeone camminando verso il palco.

«Tacete davanti al grande signore e viceré d'Egitto Safnat Paneach», disse una guardia dandogli un colpo sul dorso con il bastone di legno. Poi ordinò: «Inchinatevi davanti al viceré d'Egitto».

Giuseppe li guardò con emozione uno a uno. Notò che erano invecchiati ma che non avevano perduto la loro arroganza. Pensò a Giacobbe e a Beniamino: aveva voglia di fare domande, ma pensò che non fosse ancora il momento giusto. «Adesso potete alzare la testa», ordinò il comandante delle guardie. Giuseppe sentì vibrare il suo corpo per un leggero tremore che non riusciva a fermare. "Non mi hanno riconosciuto", pensò. "E già, come potrebbero riconoscermi vestito così? E poi è passato tanto tempo".

Giuseppe a bassa voce disse a Putifarre di farli parlare e Putifarre domandò: «Che cosa volete?».

«Vogliamo comprare il grano. Non vogliamo l'elemosina», rispose Ruben. «Veniamo da Canaan. La nostra famiglia è sicuramente conosciuta anche qui in Egitto. Siamo discendenti di Abramo e nostro padre è Giacobbe, padre di undici figli».

Giuseppe li guardò con durezza.

«Undici? Ma voi siete dieci. State mentendo a quanto pare», disse indispettito Putifarre.

Giuseppe fece avvicinare Putifarre ancora una volta. «Falli arrestare», gli sussurrò. Il comandante delle guardie fece esplodere la sua voce nella piazza: «Siete delle spie. Non vi siete accordati neppure sul numero dei fratelli. La mia domanda e la vostra risposta vi hanno tradito». Si girò truce verso le guardie e ordinò: «Arrestateli e portateli nelle mie carceri».

«Non siamo spie. L'undicesimo fratello è rimasto accanto a nostro padre anziano e malato. Siamo venuti fino a qui dalla terra di Canaan, vicino a Ebron, per comprare il grano per la nostra gente. Lì la siccità sta distruggendo ogni cosa».

«E allora perché avete mentito?».

Putifarre guardò Giuseppe e, dal suo sguardo, capì che doveva insistere. «Siete spie», disse, e si rivolse ancora alle guardie: «Prendeteli e portateli in carcere».

Ruben, tremando, si inginocchiò davanti a Giuseppe: «O grande viceré, credici, siamo umili pastori».

Giuseppe parlò: «Fermatevi», ordinò. «Fateli avvicinare». Poi puntò i suoi occhi, improvvisamente gelidi e inquisitori in quelli di Ruben, che erano disperati. «Perché avete mentito su vostro fratello?», domandò.

«Perché... Perché... Mi è venuto di dire così. Non ho pensato all'altro fratello che è rimasto con nostro padre. Si chiama Beniamino, ma, credici, non siamo spie».

«Ma bugiardi sì», ribadì duro Giuseppe. Poi si rivolse alle guardie: «Procedete. Arrestateli».

Li buttarono nella cella dove tanti anni prima era stato rinchiuso Giuseppe. Giuda subito guardò i disegni sulle pareti. «Guardate, sembra il nostro villaggio», disse e i fratelli si avvicinarono curiosi.

«È vero», disse Dan, «questa sembra la tenda di mia madre Lia».

«E questa la tenda di Bila», precisò Ruben. «E questa sembra la grande tenda di nostro padre con il viale e il giardino. C'è anche l'altare come nel nostro villaggio», concluse Ruben. «È molto strano. Il prigioniero che un giorno è stato qui conosceva di sicuro il nostro villaggio».

Simeone riportò tutti alla realtà: «Pensiamo a come uscire da qui», disse, sedendosi e prendendosi la testa fra le mani. «Perché, Ruben, non hai detto la verità? Siamo undici più uno di cui non sappiamo nulla. La verità è questa».

«Ho la sensazione che qui in Egitto sappiano tutto di

tutti», disse Levi portandosi la mano alla fronte. «Loro vedono spie ovunque perché sono loro ad averne sicuramente tante, sparse per la terra. Forse sanno anche che fine ha fatto Giuseppe...».

«Basta parlare di Giuseppe», protestò Simeone. «Da vent'anni c'è sempre Giuseppe nei nostri discorsi. Giuseppe non esiste più... Più... Più, lo volete capire?».

«Però c'è stato», ribadì Ruben. «L'avete venduto mentre mi ero allontanato».

«Tu sapevi tutto. Ti eri nascosto per non vedere», insinuò minaccioso Simeone.

«Ma siete impazziti?», urlò Giuda. «Siamo nei guai, qui, in una cella, e litighiamo tra di noi? Pensavo che questo viaggio ci avesse unito».

La mattina dopo, Putifarre li fece chiamare: «Uscite, il viceré e nostro signore, Safnat Paneach, vuole vedervi».

Furono condotti in catene al palazzo. L'arredamento sontuoso, le colonne d'oro che reggevano il soffitto, il viavai dei numerosi schiavi, la tavola imbandita con abbondanza, tutto quel lusso e quello sfarzo li intimidirono ed ebbero la certezza di soccombere schiacciati da tanta potenza e tanta magnificenza. Dalla porta aperta scorsero, in una stanza lontana, una madre, bellissima, accanto a un bambino: ebbero la sensazione che riscaldassero l'aria della casa con profumo di buono. Capirono che erano la moglie e il figlio del viceré.

«È un uomo potente», commentò Simeone. «Ma quella donna e quei figli dimostrano che pure in lui c'è un barlume di umanità. Se ci ha fatto venire in questo palazzo, c'è una ragione: speriamo».

Giuseppe arrivò eretto, deciso, sprezzante. Aveva il manto delle grandi cerimonie: tutto d'oro, chiuso fino ai piedi rivestiti da calzari pure d'oro; il capo era ricoperto dalla tiara che gli incorniciava il viso e che era decorata da pietre preziose. I dieci fratelli si inchinarono.

"È tutto come nel sogno dei covoni", pensò Giuseppe.

«Signore», la voce di Putifarre lo scosse. «Signore», ripeté, «che facciamo di loro?».

«Hanno ammesso di essere spie?», si informò facendo sentire alta la sua voce.

«No, signore, negano. Dicono che sono pastori di Ebron, nella terra di Canaan».

Giuseppe si rivolse a loro: «E allora per quanto riguarda vostro fratello?».

«Ho sbagliato a non dire subito che il nostro fratello minore è rimasto con nostro padre», rispose timido Ruben.

«Come si chiama?».

«Nostro padre si chiama Giacobbe, mentre nostro fratello si chiama Beniamino».

Giuseppe li guardò stampandosi sulle labbra un ghigno di disprezzo. «Allora», disse con un tono che non ammetteva repliche, guardando Simeone. «Uno di voi: tu, che mi sei davanti, resterai in carcere fino a quando i tuoi fratelli torneranno qui in Egitto con il fratello che mi avete tenuto nascosto. Soltanto così mi convincerete che non siete spie».

Poi ordinò a Putifarre: «Date loro il grano e tutto il resto di cui hanno bisogno».

Ruben e gli altri fratelli abbracciarono Simeone. «Stai tranquillo, torneremo con Beniamino».

Simeone scoppiò a piangere: «È la punizione di Dio per quello che ho fatto a Giuseppe. Io l'ho allontanato da noi e ora Dio mi sta punendo e mi porta lontano da voi».

Dalla finestra del palazzo, Giuseppe vide partire i nove fratelli e provò nostalgia per i tempi dell'infanzia. Pensò alla terra lontana e al padre Giacobbe, che immaginò ormai vecchio e stanco. Sentì la mano di Asenat che stringeva la sua. «Pensi che torneranno?», chiese lei, dandogli un bacio.

«Penso di sì. Mi sembrano pentiti».

«Hai nostalgia di Canaan, è così, vero?».

«Sì, perché è la Terra Promessa da Dio al popolo d'Israele».

«Questo mi spaventa. Mi lascerai?». Giuseppe le fece una carezza. «Stai tranquilla. È Dio che mi ha voluto qui accanto a te ed è stato Dio a fare accadere tutto ciò. Anche la carestia è un segno divino».

Asenat rimase sconcertata: «Anche la carestia?».

«Sì, tutto», rispose. «Anche quello che sto per fare con te». La prese in braccio e la portò in camera.

Nove mesi dopo ebbero un altro figlio che fu chiamato Efraim, che significa "due volte fecondo". «Infatti», disse Giuseppe, «Dio mi ha dato due figli e mi ha fatto crescere, per la seconda volta, in una nuova terra abbondante di frutti».

28

I fratelli arrivarono a casa con il grano ma con una brutta notizia. «Padre», dissero a Giacobbe. «Dobbiamo tornare in Egitto con Beniamino». Raccontarono che cosa era successo e che Simeone rischiava di marcire nelle carceri egiziane, se non fossero tornati. Giacobbe, già indebolito dal peso degli anni, dalle malattie, dai dolori, si sentì mancare.

Beniamino gli diede da bere e lui sorseggiò l'acqua lentamente, perché non aveva la forza di deglutire. «No, figli miei... No», mormorò con un filo di voce. «Beniamino non verrà mai con voi. Piuttosto uccidetemi. Quello che ho provato per la morte di Giuseppe mi ha straziato il cuore. Non voglio rischiare di rivivere lo stesso dolore perdendo anche Beniamino».

«Padre, non pensi a Simeone?», insistette Ruben.

«Ci penso. Ma Beniamino non parte», fu irremovibile Giacobbe.

I fratelli non osarono più affrontare l'argomento e riposero il grano portato dall'Egitto in una tenda riparata dal vento. «Basterà fino alla fine della carestia», commentò Giacobbe.

Invece non bastò perché la carestia non cessò. Giacobbe e il suo popolo così si trovarono nuovamente di fronte allo spettro della fame ed erano tornati a contare i morti, soprattutto fra gli anziani.

Giacobbe, esasperato dal lamento della sua gente, chiamò un'altra volta i figli: «Le provviste sono di nuovo finite. Tornate in Egitto e cercate di comprare altro grano».

«Padre, se andiamo in Egitto, dobbiamo portare con noi Beniamino», disse Ruben riaprendo la ferita nel cuore di Giacobbe. «Il viceré è stato molto chiaro e deciso: senza Beniamino, ci considera spie. Se tu lo lasci venire, andremo a comprare il grano. Altrimenti avrai sulla coscienza la morte del tuo popolo e di noi tutti. Anche di Beniamino».

«Va bene», si rassegnò Giacobbe. «Non voglio che, per colpa mia e per colpa del mio egoismo, Beniamino muoia di fame. Però, al vostro ritorno, vi caccerò se Beniamino non sarà con voi». Poi, mentre si asciugava le lacrime, esclamò: «Ma perché avete parlato a quell'uomo di Beniamino? Questo non vi ho mai chiesto: perché?».

«Padre, il viceré è un uomo molto ambiguo. Era come se sapesse tutto di noi. Ci ha chiesto notizie anche di te».

«Di me?».

«Sì, di te. Se sei vivo e se avevi avuto anche un altro figlio».

«Gli avete parlato di Giuseppe?».

«No, ma ci è sembrato che sapesse tutto anche di lui. Hanno spie molto abili laggiù. È inutile mentire. Sembra che quel viceré sappia ogni cosa e che aspetti soltanto un nostro errore per punirci».

Giacobbe chinò il capo e lasciò, senza pudore, che le lacrime gli rigassero il viso. «Se è così, prendete i migliori prodotti di questa regione e fatene dono a quell'egiziano. Tenete questa sacca, ci sono oro e argento, e valgono due carichi».

«Padre, il tuo dolore per Giuseppe è stato anche il mio. Ti chiedo perdono, perdono per tutto», disse Ruben con la voce soffocata dal dolore.

Giacobbe si stupì: «Perché mi parli di Giuseppe, ora? Che cosa vuoi dirmi, figliolo?».

«È stato soltanto uno sfogo, padre. Perdonami se ho riaperto la tua ferita. Mi piacerebbe avere ancora con noi Giuseppe. Ma sono certo che tutto quello che ci è già accaduto e che ci accadrà sarà un giorno spiegato».

I fratelli partirono con Beniamino e, quando arrivarono, ai posti di blocco non furono fermati, ma entrarono come se fossero attesi.

«Siete voi i figli di Giacobbe?», domandò un giovane ufficiale.

«Sì, siamo noi», disse Ruben impaurito.

«Seguiteci», fu l'ordine.

Scortati da dieci guardie, arrivarono al palazzo di Giuseppe. Beniamino con gli occhi estasiati stava ammirando le ricchezze del palazzo, quando la voce di un servo lo fece sobbalzare: «Il viceré, lo splendore del dio Nilo, il grande Safnat Paneach vi ha fatto l'onore di accoglervi nella sua casa».

Giuseppe, da una finestra, li vide entrare e guardò Beniamino con gioia ed emozione. «Trattate quegli uomini come se fossero miei fratelli. Cucinate le carni più pregiate e preparate i piatti più prelibati. Mangeranno con me», disse ai suoi servi.

I fratelli stavano in silenzio a guardarsi intorno, perplessi e angosciati, quando entrò nella stanza Simeone. «Fratelli», urlò gettandosi tra le loro braccia.

«Simeone, sei libero!».

«Sì, libero e in buona salute».

Simeone raccontò che, dopo la loro partenza, non era finito in carcere ma che aveva vissuto ospite in una casa del viceré. «Ho fatto la vita dei ricchi: vino e donne. Ancora non so perché, ma è stato così», concluse.

Entrò un servo. «Il viceré ha deciso di mangiare con voi. Seguitemi».

«Mangeremo con il viceré?», si domandarono guardandosi stupiti.

«Sì, e per voi sarà un grande onore», continuò il servo, «perché un egiziano non mangia mai con uno straniero».

Il capo cerimoniere li portò intorno alla tavola e stabilì i posti. Intanto, dalla finestra, Giuseppe, abbracciato ad Asenat, osservava tutti i loro movimenti. «Ecco Beniamino. L'ho lasciato bambino e ora è ormai un uomo», disse Giuseppe indicandolo.

«È proprio bello», sorrise Asenat.

«Sì, assomiglia molto a mia madre Rachele. Lui è mio fratello di sangue. È l'unico. Gli altri sono nati da altre donne».

«Spero che tu non sia come tuo padre, mio viceré. Spero che, come donna, ti basterò sempre soltanto io», disse con civetteria Asenat che poi domandò ancora con curiosità: «E il più cattivo? Chi è dei tuoi fratelli il più cattivo?».

«È...», Giuseppe stava per fare un nome ma si fermò. Poi disse: «Nessuno è cattivo, Asenat. In tutti questi anni mi sono convinto che niente accade per caso. È il nostro Dio a dirigere la nostra vita. Come vedi, la carestia mi ha permesso di ritrovarli».

«Ma tu li hai riconosciuti tutti. Come mai loro non hanno capito chi sei?».

«Sono cambiato tanto, amore mio. E con queste vesti, come potrebbero riconoscermi?».

Giuseppe baciò Asenat. Raddrizzò la sua parrucca, schiarì la voce e batté due volte le mani per chiamare i servi. «È l'ora», disse.

Il servo annunciò: «Arriva Safnat Paneach, colui che ci guida sulla strada della vita».

«Inchinati», disse Ruben a Beniamino che continuava a guardare attorno estasiato.

Giuseppe si fermò proprio davanti a Beniamino, lo guardò con insistenza e domandò: «Il padre vostro sta bene, vive ancora?».

«Sta bene, e vi manda questi doni. Sono della nostra terra di Canaan», mormorò Beniamino con emozione.

«Come avete detto che si chiama vostro padre?».

«Ora si chiama Israele», rispose Ruben. «Una volta si chiamava Giacobbe».

«Che cosa dici? Non capisco», finse Giuseppe.

«È una storia lunga. È stato Dio a volerlo chiamare Israele».

«Se è una storia lunga, vorrà dire che me la racconterai un'altra volta», lo interruppe Giuseppe.

Poi si rivolse ancora a Beniamino: «Tu sei il più giovane. Qual è il tuo nome?».

«Sono Beniamino», la voce del fratello più caro gli portò

alla mente i vecchi ricordi e, temendo di fare vedere le lacrime nei suoi occhi, cambiò discorso. «Adesso gusterete il cibo del grande Egitto», disse, battendo due volte le mani. I servi cominciarono a portare i vassoi con le pietanze.

Mentre, dunque, come hai già letto, gli undici fratelli si meravigliavano, Ruben notò anche la disposizione dei posti. «Ma avete visto?», disse ai fratelli. «Ci hanno messo in ordine secondo la nostra età. Io, Ruben, il primo, sono qui. Poi Simeone, Levi, Giuda, Dan, Nèftali, Gad, Aser, Issacar, Zabulon e Beniamino. Tra Zabulon e Beniamino c'è un posto vuoto. Ma come fanno a sapere con tanta precisione l'età di ognuno di noi?».

Giuseppe batté ancora due colpi con le mani e dette inizio al banchetto. Riempì lui stesso i piatti e li consegnò al servo perché li portasse ai suoi ospiti. «Beniamino», bisbigliò Zabulon. «Il tuo piatto è cinque volte più pieno dei nostri».

«Eh», scherzò Beniamino, «si vede che preferisce me a voi. Certo è che sa tutto di noi». Poi guardò il suo piatto e rilevò ancora con stupore: «È incredibile, non c'è un cibo egiziano su questa tavola. Sono tutte vivande di Canaan».

Prima che finissero il pranzo, Giuseppe si alzò. Chiamò il gran cerimoniere: «Fa' che i loro sacchi siano stracolmi di grano. Quando ti pagheranno, rimetti il loro denaro nei sacchi. E poi in quello di Beniamino, il più giovane, metti la mia coppa d'argento».

Alla fine del banchetto, ognuno fu ospite in una stanza da solo. Si addormentarono subito perché la stanchezza del viaggio e l'emozione del pranzo li aveva sfiancati. Ma, a sorpresa, la mattina dopo, prima dell'alba, i servi li svegliarono e li spinsero a partire. «Andate, andate, dovete lasciare questo palazzo, questa città e l'Egitto. È l'ordine del grande viceré. Gli asini e i cammelli sono già pronti, anche i sacchi di grano stracolmi sono stati caricati».

«Ma che succede?», domandò Ruben. «Prima ci ospitate e poi ci cacciate? Ma il viceré lo sa?».

«Il viceré sa tutto. Nulla si muove in Egitto che lui non sappia».

«Allora?».

«Allora, andate via. Andate via».

Partirono e, all'uscita della città, furono fermati dalle guardie.

«Fate vedere che cosa contengono i sacchi».

«Grano, signore. È il grano dell'Egitto», rispose Ruben.

Mentre le guardie aprivano i sacchi, arrivò trafelato il gran cerimoniere. «Fermateli», urlò. «Quegli uomini sono dei ladri. Hanno rubato la coppa d'argento del viceré».

«Che cosa dici? Noi siamo gente onesta. Non ci permetteremmo mai di rubare, tantomeno al viceré d'Egitto», protestò Ruben.

Protestarono anche gli altri fratelli.

«Perché il tuo cerimoniere ci accusa?», chiese ancora Ruben, inchinandosi appena vide arrivare Putifarre. «Se volete cercare, fatelo. Se trovate la coppa del viceré, uccidete pure chi l'ha nel sacco».

Putifarre guardò il cerimoniere e poi ordinò: «Cerca. E, se trovi la coppa, l'uomo che l'ha presa, diventerà tuo schiavo».

Le guardie aprirono tutti i sacchi e una guardia gridò: «Eccola. È qui». Era il sacco di Beniamino che imbarazzato disse: «Non è possibile. Non l'ho messa io lì dentro». Poi l'imbarazzo lasciò posto al terrore e Beniamino cominciò a sudare. Gli altri fratelli erano sbalorditi.

«È proprio la coppa del viceré», confermò Putifarre.

«Arrestate quell'uomo».

Beniamino balbettò: «Non è mia, non l'ho presa io», guardò i fratelli uno per uno, cercando solidarietà.

Ruben tentò di avvicinarsi per confortarlo ma le guardie gli sbarrarono la strada.

«Non ho fatto nulla», scoppiò in lacrime Beniamino. «Non ho mai rubato. Nulla, neppure un grappolo d'uva. Ruben, Simeone, Levi, diteglielo voi».

Beniamino fu trascinato con le mani legate al palazzo del viceré e i fratelli lo seguirono. Entrò Giuseppe e, disperati, si gettarono ai suoi piedi chiedendo pietà.

«Perché avete ripagato con questa azione la mia generosità?», fu durissimo Giuseppe.

«Che cosa possiamo fare per giustificarci ai tuoi occhi?», disse Ruben piangendo. «I colpevoli siamo noi: io e questi fratelli. Beniamino è innocente. Noi stiamo pagando una colpa che abbiamo commesso tanti anni fa. Lui non c'era. Credici, grande viceré: è Dio che ci sta punendo. Prendi noi come tuoi schiavi, lascia libero Beniamino, è innocente. Fa' che torni a casa da nostro padre».

«No, non sono così ingiusto da punire tutti voi per la colpa di uno solo», rispose Giuseppe. «Voi andate. Tornatevene in pace da vostro padre».

Giuda si alzò e, dimenticando ogni prudenza, si avvicinò a Giuseppe: «Non puoi fare questo. Lo so, tu puoi tutto, ma non puoi mandarci via senza Beniamino».

«Osi contraddirmi? Vuoi che punisca la tua arroganza con la morte?», minacciò Giuseppe.

Giuda lo fissò negli occhi: «Fai di me quello che vuoi. Torturami, uccidimi e fammi schiavo. Però ti scongiuro. Ti sei dimostrato con noi umano e comprensivo. Un giorno hai chiesto di nostro padre, ti abbiamo risposto che è vecchio con un figlio che gli è nato nella vecchiaia, Beniamino. Abbiamo perduto già un altro fratello e questo figlio, per mio padre, è più importante della pupilla dei suoi occhi. È l'unico legame che gli è rimasto con la moglie morta per darlo alla luce. Lo ama più della sua vita. Non voleva, ma lo abbiamo convinto a farlo venire con noi in Egitto perché tu ce lo avevi ordinato. Ma non possiamo tornare senza di lui. Prima di partire ce lo ha raccomandato. "È l'unico che mi è rimasto", ci ha detto mentre ci salutava con il cuore straziato. "Ne avevo due, uno l'ho perduto perché è stato ucciso da una belva. Se mi portate via anche questo e gli succedesse qualcosa, mi farete scendere nella tomba". Comprendi perché mio fratello Beniamino deve tornare?».

Giuseppe tacque, si morse le labbra per non scoppiare a piangere davanti a loro. Poi urlò ai suoi servi, ai suoi dignitari, alle sue guardie: «Uscite tutti. Uscite tutti. Lasciatemi solo con questi uomini».

E, quando furono soli, li guardò uno a uno. «Quindi voi sacrifichereste la vostra vita per salvare quella di vostro fratello?», domandò andando su e giù per la sala.

«Sì, e anche per nostro padre. Lui e Beniamino sono le cose più care che abbiamo», disse Ruben.

«E perché, tanto tempo fa, invece non eravate così? Perché vendeste l'altro fratello?».

I fratelli si guardarono negli occhi. «Ma lui sa», disse con sgomento Ruben.

«Sai di Giuseppe?», domandò sconvolto Simeone.

«Sì, io so», urlò, come mai si era sentito in tutto l'Egitto e come se avesse represso quell'urlo per anni. «Sì, io so», ripeté. «Perché sono io: sono Giuseppe», disse lasciando scorrere le lacrime senza più freni.

«Giuseppe!», pronunciarono il nome tutti insieme più volte. «Giuseppe!... Nostro fratello!».

«Sì, sì, venite vicino a me, abbracciatemi. Sono Giuseppe, il fratello che avete venduto ai mercanti ismaeliti».

I fratelli lo abbracciarono, inebetiti dallo sconcerto e dalla sorpresa. «Come può essere tutto questo?», mormorò Ruben. «Dio ci ha perdonato e ce lo ha fatto ritrovare», singhiozzò Simeone. Giuda restò impietrito. Beniamino lo abbracciò piangendo convulsamente. «Calmati, fratello mio», disse Giuseppe prendendo il suo viso e avvicinandolo al suo per baciarlo.

Quando si calmarono, si sedettero intorno a Giuseppe che raccontò la sua storia. Poi concluse: «So per certo che per altri tre anni la carestia ci perseguiterà, ma Dio da tempo ha programmato le nostre vite, per salvare tutti noi, la nostra famiglia, la nostra gente. Dunque non chiedetemi perdono. Tornate a Canaan e dite a nostro padre che Giuseppe è vivo, che Dio l'ha fatto padrone di tutto l'Egitto. E ditegli di venire subito da me. Abiterà nella terra di Gessen e starà sempre vicino a me. Ditegli di portare tutto il nostro popolo, i beni, gli armenti e tutto quanto possiede. Io a Gessen penserò a nutrirvi e a non farvi mancare niente. Riferite a mio padre quello che io vi ho detto e parlate della gloria che mi circonda. Andate e tornate presto con lui».

Poi chiamò Asenat e i suoi figli e li mostrò ai fratelli. «Questa è la mia famiglia», disse. «Mia moglie Asenat e i miei bambini Manasse, il primogenito, ed Efraim».

«Ci sembra di sognare», disse Ruben. «È tutto così bello ma anche così strano».

«È ciò che Dio ha voluto che fosse», disse Giuseppe stringendosi alla moglie. «Ma ora», continuò, «dovete prepararvi per andare. Voglio che portiate mio padre da me al più presto».

I fratelli ripartirono, tutti insieme, mentre la notizia, di voce in voce, si diffondeva per tutto l'Egitto: «Il viceré ha ritrovato la sua famiglia».

Ne fu felice anche il Faraone che convocò l'assemblea dei ministri: «Vi comunico una bella notizia. Il viceré d'Egitto, governatore del nostro popolo, ha ritrovato la famiglia che aveva perduto. Ho ordinato che tutta la sua gente, il popolo di Israele, arrivi in Egitto. Io assegnerò alle loro famiglie e alle loro greggi la terra più bella. Vivranno a Gessen. Così sia scritto e così sia fatto».

29

«Che cosa avete portato?», domandò Giacobbe, quando i figli tornarono mentre abbracciava Beniamino.

«Padre, questi dieci asini carichi delle cose migliori d'Egitto e queste asine cariche di grano, di pane e ogni genere di cibo, sono per te», disse Ruben.

«Per me?», si meravigliò Giacobbe.

«Sì, padre, te li manda...», Ruben si fermò pensando se il cuore ormai vecchio del padre avrebbe retto alla notizia che stava per ricevere.

«Chi me li manda, Ruben?», domandò Giacobbe.

«Padre, non ci crederai: te li manda Giuseppe. Il tuo figlio prediletto è vivo».

«Vivo?», domandò Giacobbe sedendosi, temendo che l'improvviso tremore alle gambe lo facesse cadere.

«Sì, padre. Giuseppe è vivo ed è il capo di tutto l'Egitto».

Giacobbe barcollò: «Vi state prendendo gioco di me?».

Beniamino si avvicinò, lo baciò e gli sussurrò: «Padre, è tutto vero. Giuseppe è vivo e ti manda questi doni».

A Beniamino credette e si alzò in piedi come se il suo corpo avesse ritrovato all'improvviso il vecchio vigore. «Giuseppe è vivo? E dov'è? Perché non è venuto da me?».

«Sì, è vivo, padre», disse Beniamino. «Ora ascolta la sua storia».

E gliela raccontò.

«Andiamo subito in Egitto. Voglio vederlo prima di morire», disse lucidissimo Giacobbe, deciso, senza più emozione.

«Partiamo tutti, padre», disse Ruben. «Giuseppe vuole in Egitto noi e tutto il popolo. Sì, tutto il tuo popolo d'Israele. Il Faraone ci ha donato una terra florida e prosperosa anche in tempi di carestia. Si chiama Gessen, è al di là del Nilo. Staremo lì fino a quando la carestia abbandonerà la nostra terra».

«Sì, sì, partiamo subito», disse ancora Giacobbe. «Non perdiamo tempo».

In realtà ci vollero tre mesi per organizzare la partenza di tutto il popolo e, mentre aspettava, Giacobbe incredibilmente riacquistò forza e buonumore.

Finalmente arrivò il giorno atteso e la carovana iniziò il viaggio. Giacobbe volle passare da Macpela per rendere omaggio alle tombe di Abramo, di Sara, di Isacco, di Rebecca, di Lia e di Dina, e per promettere: «Mi allontano, ma tornerò», e il suo cuore ringiovanito era pieno di speranza.

Fecero un'altra tappa a Bersabea. «Ho bisogno di ringraziare Dio per tutto quello che mi sta dando», disse Giacobbe e salì sull'altare costruito da Abramo per offrire un sacrificio.

Durante la preghiera, un tuono improvviso lo spaventò. Ma si rasserenò appena sentì la voce che non sentiva da tempo. «Dio, Dio mio, sei tu?».

E Dio gli parlò: «Non temere di scendere in Egitto, perché laggiù io farò di te un grande popolo. E io scenderò con te in Egitto e io di certo ti farò tornare in questa terra che ti ho promesso. E sarà Giuseppe a chiuderti gli occhi».

Giacobbe riprese il viaggio con serenità, non volle fare più tappe e, quando stavano per arrivare, disse ai figli: «Andate ad annunciare a Giuseppe che sto arrivando. Chiedetegli di venirmi incontro. Ho bisogno di parlargli da solo».

Giuseppe arrivò con il suo cocchio e aspettò il padre ai confini di Gessen. Quando vide i primi carri della carovana, sentì il respiro stringergli la gola, non resistette più e corse incontro al padre, come faceva da piccolo quando tornava dal pascolo. E gli si buttò tra le braccia baciandolo sulla guancia, sulla bocca, sulla fronte: baci inarrestabili, come se volesse dargli tutti quelli che aveva desiderato per anni.

«Padre...».

«Figlio mio... Quanto mi sei mancato. Quanto dolore ha straziato questa carne». Poi si separò dall'abbraccio per guardarlo meglio. E lo riabbracciò. Si separò ancora e lo riabbracciò, tante altre volte ancora.

«Sei proprio tu, Giuseppe?», domandò a ogni abbraccio Giacobbe.

«Sì, padre, sono Giuseppe».

Alla fine, esausto, Giacobbe si lasciò cadere sorretto dalle forti braccia del figlio ritrovato.

«Ora posso morire contento perché ho visto la tua faccia e so che vivi ancora», disse stringendosi ancora a lui.

Giuseppe si asciugò le lacrime, ritrovò le forze e rientrò nel suo ruolo di viceré per parlare: «Troverete tutto pronto per ospitarvi. Ci sono le tende per tutti voi e il recinto per gli animali. Abbiate fiducia in me. Ora vado a informare il Faraone del vostro arrivo. Prima però ascoltatemi bene: io dirò al Faraone e a tutti gli egiziani che voi avete condotto i vostri armenti e siete allevatori di bestiame. Chiunque vi chiederà che cosa fate, rispondete che avete sempre fatto gli allevatori di bestiame».

«Perché questo, Giuseppe?», domandò Giacobbe.

«Padre», lo tranquillizzò Giuseppe. «Gli egiziani vi sarebbero ostili se pensassero che vi stabilite qui come contadini, perché potreste impadronirvi della loro terra. Dovranno invece essere convinti che un giorno ve ne andrete. Al Faraone dirò che voi non siete agricoltori, ma allevatori di bestiame, che le vostre bestie non usciranno mai dal luogo assegnato, che non andrete mai a pascolare nei campi degli egiziani. Mostratevi come siete: pacifici e laboriosi, e vedrete che non avrete mai nulla da temere. Per un po' lascerò a vegliare su di voi un distaccamento di miei soldati fidatissimi che, se ne avrete bisogno, vi proteggeranno e mi terranno sempre al corrente di quello che accade qui». Poi Giuseppe si rivolse ai fratelli. «Cinque di voi, Ruben, Giuda, Simeone, Levi e Nèftali, mi seguiranno a corte. Vi presenterò al Faraone al quale, se vi farà domande, risponderete: "I tuoi servi sono gente dedita al bestiame; lo furono i nostri padri e lo siamo noi dalla nostra fanciullezza fino a ora". Poi dite: "Siamo venuti in questa regione per soggiornarvi come stranieri perché la carestia infuria a Canaan dove faremo ritorno quando la terra sarà di nuovo fertile". Pregatelo anche di accogliervi a Gessen come un padre. Se direte così, tutto andrà bene».

Il Faraone infatti li accolse con grande ospitalità, come

Giuseppe aveva previsto, e concluse: «Sistemali pure nella terra di Gessen. Se vi saranno tra di loro uomini capaci, fai in modo che si occupino anche del mio bestiame».

«Grazie, mio Faraone, saranno tutti felici di lavorare per te».

«Bene, adesso non mi resta che conoscere tuo padre. Quando potrò vederlo?».

«Presto, il tempo di farlo riposare dopo il lungo viaggio».

Giacobbe arrivò al palazzo qualche giorno dopo e fu accolto con tutti gli onori. Il cerimoniere ordinò di dare fiato alle trombe per annunciare l'arrivo del Faraone che era accompagnato da tutti i dignitari di corte, dalle guardie e da Giuseppe.

Vedendo il Faraone e il figlio con le vesti solenni di bisso verde e con la tiara sul capo tempestate di pietre preziose, Giacobbe si intimidì e si inchinò.

«Saluto l'uomo che ha permesso all'Egitto di essere grande», lo acclamò il Faraone andandogli incontro.

«Io? Grande l'Egitto?», si stupì Giacobbe.

«Sì», ribadì il Faraone. «Il sangue del tuo sangue ha regalato a questo paese il viceré Safnat Paneach».

Giacobbe guardò perplesso Giuseppe. «Si riferisce a me», lo rassicurò Giuseppe con un cenno del capo. «Mi chiamano così».

Amenofi lo fece sedere attorno a un grande tavolo e si fece raccontare la sua storia. E, dopo avere ascoltato, lo guardò con ammirazione: «Le tue peripezie adesso sono finite. Ora Giuseppe penserà a tutto. Conservate le vostre usanze e le vostre tradizioni anche se sono diverse dalle nostre. Finché io vivrò, nessuno vi disturberà: Gessen, finché lavorerete, sarà la vostra terra».

Giacobbe tornò dalla sua gente fiducioso. «Il Faraone è nostro amico», disse. «Qui vivremo sereni e protetti da lui e da Giuseppe. Continuiamo a adorare il nostro unico Dio e innalziamo gli altari per i nostri sacrifici. Amate le vostre mogli e procreate molti figli».

30

La carestia continuò e la vita diventò dura anche in Egitto. Il grano cominciò a scarseggiare e Giuseppe subì le prime contestazioni. «Per aiutare il tuo popolo ora siamo noi a morire di fame», lo accusarono alcuni egiziani.

Giuseppe, dopo avere riflettuto a lungo, convocò i rappresentanti dei contestatori. «Ho deciso di venire incontro alle vostre esigenze aprendo i silos che contengono le riserve di grano. Ma dovete pagarlo».

«Ma è il grano che noi abbiamo consegnato negli anni passati per riaverlo in tempo di carestia», protestarono. «È il nostro grano. Devi restituircelo».

Giuseppe scosse il capo: «I tempi non permettono più elargizioni. La carestia dura da cinque anni. Fino a oggi il popolo d'Egitto non ha avuto problemi. Siamo stati anche in grado di aiutare famiglie appartenenti a paesi lontani. Adesso se volete il grano, dovete pagare. E il denaro finirà nelle casse del Faraone: come scorta».

Giuseppe restò fermo nella sua decisione e raccolse una quantità enorme di denaro. Ma con il passare dei mesi la protesta divampò ancora più forte. «Non abbiamo più denaro per comprare il grano. Lo vogliamo senza pagare. Vuoi forse farci morire di fame?».

Giuseppe batté un pugno sul tavolo. «Basta, sarò io a

stabilire che cosa fare. Se non avete denaro, darete al Faraone i vostri buoi, cavalli, pecore e asini».

«Va bene», acconsentirono a malincuore. E, nei giorni successivi, dalle campagne e da tutte le terre d'Egitto arrivò nella capitale nuovo bestiame per gli allevamenti del Faraone.

Ma la carestia non si fermò e i rappresentanti del popolo ritornarono ancora più furenti. «Abbiamo fame e non abbiamo altro da darti», urlarono. «Il denaro è finito, il bestiame lo abbiamo dato, non ci resta che il nostro corpo, la nostra terra. Tu, viceré, che fino a oggi ti sei riempito di gloria, come pensi di farci vivere?».

Giuseppe cercò l'aiuto di Dio. Poi mandò via quella folla inferocita: «Lasciatemi pensare». Entrò nel suo appartamento e camminò a lungo su e giù per la stanza.

Restò a leggere e a studiare fino a notte inoltrata, finché arrivò Asenat a interromperlo. «Tu?», disse con la testa ancora confusa da progetti e da calcoli. Asenat si tolse il velo. «Scusami, ma desideravo vederti. È da molto tempo che non mi parli. Sei sempre così impegnato».

«Perdonami, amore, sono un cattivo marito e un pessimo padre».

«Ma non un cattivo figlio, visto che spesso ti assenti per stare con tuo padre», lo rimproverò Asenat con tenerezza.

«Sì, è così», ammise Giuseppe e tornò al suo scrittoio. «Ci sono tanti problemi in questo periodo. E il tempo è sempre poco. C'è il villaggio di mio padre che stenta a organizzarsi e poi questa carestia è così lunga...».

«Forse distrarti un po' potrebbe servirti a risolvere i problemi». Asenat gli chiuse il papiro. «Per badare ai tuoi doveri di viceré, hai forse dimenticato di avere una moglie?».

«Hai ragione», disse Giuseppe con un sorriso. «Ed è anche una moglie bellissima», aggiunse stringendole la mano. Poi la prese per un braccio e la portò verso la porta. Spense con un soffio la luce della lanterna. «Andiamo a dormire», le disse sfiorandola con un bacio.

Nella camera, al lume della lucerna, Asenat gli sembrò ancora più bella. Lei si tolse la sua veste e si distese sul letto aspettandolo. «Vieni, è da molto tempo che mi trascuri», gli disse attirandolo a sé. Giuseppe si lasciò guidare da lei e si abbandonò tra le sue braccia. Si amarono a lungo e l'alba li trovò ancora abbracciati.

Al mattino Giuseppe si alzò ricco di buoni propositi e soprattutto con le idee più chiare. Convocò subito i rappresentanti del popolo: «Usciremo da questa carestia, ve lo prometto. E voi non soffrirete più la fame. Ieri mi avete detto che non vi restano altro che la terra e i vostri corpi?».

«Sì, proprio così», confermarono.

«E allora il Faraone comprerà voi e le vostre terre e in cambio vi darà la possibilità di mangiare».

Un prolungato brontolio si sentì nella sala. «Ma così saremo schiavi del Faraone!».

«Non schiavi, ma lavoratori», precisò Giuseppe. «Il Faraone comprerà a ognuno di voi la terra e vi permetterà, pagandovi, di continuare a seminarla perché non diventi deserto».

Non ebbero scelta. Così tutto l'Egitto diventò proprietà del Faraone e il popolo fu obbligato a lavorare la terra che non era più sua. In cambio ebbe la sicurezza di non morire di fame.

Aumentò anche il numero degli schiavi: erano per lo più prigionieri di guerra, stranieri, costretti ai lavori più duri nelle miniere e nelle cave di pietra, per erigere piramidi e mausolei.

«Ho sentito che tutto va bene, Giuseppe», disse Amenofi quando nei giorni successivi il suo viceré si presentò a corte. «Il popolo ha accettato le tue nuove leggi. Ma c'è un problema. Come ci comporteremo con i terreni dei santuari e del clero? Ti ricordo che tuo suocero, Potifera, è il sommo sacerdote di On e so che non è d'accordo a cederli».

«Lasciamo ai sacerdoti i loro privilegi», consigliò Giuseppe, «è meglio averli amici che nemici».

La carestia, dopo sette anni, finalmente finì. Le piogge ritornarono a cadere e a bagnare le campagne. I fiumi ripresero a scorrere e i pozzi a riempirsi. La potenza di Giuseppe divenne ancora più grande. «Sei tu il vero padrone dell'Egitto», gli disse il Faraone.

«Ma tu sei la gloria di questa terra», sottolineò Giuseppe.

Passarono diciassette anni. Giacobbe, che ormai tutti chiamavano Israele, e il suo popolo vissero serenamente nella terra concessa dal Faraone. Molti divennero ricchi, acquistarono nuovi campi e divennero abili mercanti. Intanto si moltiplicavano.

Un giorno Giacobbe ebbe un malore: aveva centoquarantasette anni, quando improvvisamente si accasciò davanti alla sua casetta di pietra. Beniamino lo aiutò ad alzarsi e lo distese sul letto. «Chiama Giuseppe», disse Giacobbe. «Riunisci i tuoi fratelli e raccomandagli di non allontanarsi dal villaggio».

Giuseppe arrivò subito con i figli Manasse ed Efraim. «Avete chiamato il medico?», si informò.

«Lascia stare, figlio mio», disse Giacobbe. «Non ce n'è bisogno. So che cosa mi aspetta. Ora ho bisogno di certezze per me e per il mio popolo».

«Dimmi, padre», Giuseppe si avvicinò e cercò di aiutarlo a sollevare la testa per farlo respirare meglio. Poi gli asciugò la fronte e gli bagnò le labbra riarse.

«Tu mi ami davvero tanto?».

«Padre, ne dubiti?».

«No. Ma ti ho detto che ho bisogno di certezze. Allora devi giurarmi quanto sto per chiederti».

«Ti ascolto, padre».

«Come segno del giuramento, metti la tua mano sotto la mia gamba e giura che rispetterai le mie volontà».

Giuseppe ubbidì e mise la sua mano sotto la gamba del padre. «Dimmi allora che cosa devo fare?».

«Tu, che in questo paese puoi tutto, giurami che non mi seppellirai in Egitto. Quando io non ci sarò più, per farmi raggiungere il mio Dio, mi porterai nella terra che i miei padri hanno scelto per il nostro popolo. Seppelliscimi nel nostro sepolcro a Macpela».

«Padre, farò come desideri».

«Giuramelo, Giuseppe».

«Lo giuro, padre».

Giacobbe respirò profondamente in cerca d'aria e di forze. Alzò stancamente la mano e fece segno ai figli di Giuseppe di avvicinarsi. «Voglio raccontarvi una storia come fanno tutti i nonni», iniziò. «Un giorno mi trovavo con il mio popolo in un luogo chiamato Luz, un paese di Canaan, quando Dio mi parlò e mi disse: "Giacobbe, io ti darò figli, ti moltiplicherò, ti farò diventare una moltitudine. E darò al tuo popolo il paese di Canaan. E dopo di te lo darò alla tua stirpe, in possesso perpetuo"».

«Ma noi viviamo qui in Egitto», disse timido Efraim.

Giacobbe tentò di sollevarsi per stare più vicino ai due nipoti. Quando con fatica riuscì a stare seduto, li guardò negli occhi. «Sì, hai ragione Efraim. Ma un giorno tu dovrai andare nella terra dove sono nato io e dove è nato tuo padre. Noi qui, in Egitto, siamo stranieri e la nostra terra è lì, a Canaan e a Canaan tornerete». Poi si rivolse a Giuseppe: «Lo so, i tuoi due figli, poiché sono nati qui in Egitto, pensano che la loro terra sia questa. Invece non è così». Il respiro si fece affannoso. Giuseppe tentò di farlo distendere. «No, lasciami stare. Ho bisogno di spiegare tante cose».

«Ascoltami. Ascoltatemi tutti», il tono della voce di Giacobbe divenne più forte. «Questi due giovani uomini, Efraim e Manasse, sono anche figli miei. Sono figli miei come lo siete voi tutti. Allo stesso modo», ribadì. La sua mano, mossa a semicerchio, indicò tutti i presenti. Poi i suoi occhi fissarono Giuseppe. «Quando non ci sarò più, i figli che genererai dopo di loro, saranno solo tuoi. Ma questi invece sono anche miei. Stai attento alle mie parole, Giuseppe».

«Padre, sono attento. Ho capito ciò che vuoi dirmi. Vuoi che Manasse ed Efraim siano considerati tuoi figli come Ruben, Simeone, Levi, come me e come tutti gli altri».

«Sì, proprio così, figliolo, e toccherà anche a loro la Terra Promessa da Dio a te e ai tuoi fratelli. Avranno la loro parte come tutti quanti voi».

«Padre, ora riposati».

«Lasciami finire. Non ho molto tempo».

«Ma, padre...».

«Avvicina Manasse ed Efraim perché voglio benedirli».

Gli occhi di Giacobbe si annebbiarono.

Giuseppe avvicinò i due figli e Giacobbe baciò prima l'uno e poi l'altro. «Avrei voluto stare più tempo con voi», sussurrò.

«Starai ancora con loro, padre. Ora riposa». Giuseppe tentò di sdraiarlo, ma Giacobbe continuò: «Dio è stato grande con me. Pensavo di averti perduto invece ti ho ritrovato e mi ha anche permesso di vedere i tuoi figli».

Giacobbe avvicinò a sé Efraim e Manasse, alzò la sua mano destra e la posò sul capo di Efraim che era il più giovane, e la mano sinistra sul capo di Manasse. Poi li benedisse: «Dio padre di Abramo e di Isacco, benedici questi figli. Siano chiamati con il mio nome, Israele, e con il nome dei miei padri, Abramo e Isacco, e si moltiplichino copiosamente sulla terra».

Giuseppe capì che il padre, quasi cieco, aveva confuso il volto dei figli e lo avvertì: «Padre, sposta la tua mano destra e mettila sul capo di Manasse. È lui il primogenito».

«Lo so, figlio mio, lo so. Ma so anche che Efraim, il tuo figlio più giovane, sarà più grande di Manasse. E la sua discendenza sarà immensa, superiore a ogni altro popolo. Grazie a te, Giuseppe, il popolo di Israele, quando benedirà i suoi figli, reciterà: "Iddio ti faccia simile a Efraim e a Manasse"».

Giacobbe fece il segno di volersi distendere. I suoi occhi divennero quasi spenti e il respiro divenne ancora più affannoso. «Domani non vedrò l'alba...», sussurrò.

«La vedrai, padre», disse Beniamino ponendogli un panno fresco sulla fronte.

«Ecco, sto per morire, ma statene certi: io vado a raggiungere i nostri padri, ma Dio vi farà tornare nella nostra Terra Promessa».

Giacobbe sembrò accasciarsi, ma si riprese. «Figli... Figli miei, avvicinatevi tutti, vedo una luce davanti a me. Io ora vi annuncerò quanto vi accadrà in futuro: sarà il testamento che vi lascio. L'ho ricevuto da Dio quando mi fece vedere come sarà la Terra Promessa negli anni che verranno e quando mi confidò che cosa, dopo la mia morte, succederà alla mia discendenza. Voi e le vostre tribù avrete nel corso del tempo quello che vi dirò».

Giuseppe invitò tutti ad avvicinarsi e parlò in un silenzio quasi irreale: «Ruben, tu sei il mio primogenito, sei stato il frutto del mio vigore giovanile e il primo dei doni che Dio mi ha dato. Ma anche il primo grande dolore. Ti sei disperso come acqua. Per questo ti dico che tu non formerai una grande tribù perché hai osato profanare il mio letto costringendo la mia concubina a giacere con te».

Ruben arrossì e si inginocchiò: «Perdonami padre, ho sbagliato. Non dovevo insidiare Bila, ma non lasciarmi così. Non mi importa della primogenitura, ma del tuo perdono».

Giacobbe non lo ascoltò e si rivolse a Simeone e Levi:

«Voi siete stati strumenti micidiali di violenza. Siete stati fratelli non solo di sangue ma anche di spada. Avete ucciso e distrutto case e campi. Per questo vi dico: le tribù, che discenderanno da voi, si disperderanno per Israele».

Simeone e Levi rimasero in silenzio. Poi Levi si avvicinò al fratello e con gli occhi dispersi nel vuoto mormorò: «A Sichem siamo stati pazzi e crudeli. Meritiamo la sua punizione».

Le loro tribù, infatti, lettore, abiteranno in varie città sparse nella terra di Canaan. Per qualche tempo, soggiorneranno insieme, poi, però, quando diventeranno numerose, saranno costrette a spostarsi e a dividersi in altre zone. Anche se la tribù di Levi avrà il perdono da Mosè, quando difenderà la fede in un unico Dio mentre il popolo di Israele adorerà un vitello d'oro. E dalla tribù di Levi usciranno sacerdoti e ministri di Dio. E così la maledizione di Giacobbe si trasformerà in benedizione.

Giacobbe sorrise poi a Giuda. «I tuoi fratelli ti loderanno, ti onoreranno e si prostreranno davanti a te. Tu, Giuda, sei forte come un leone e le tue vittorie sui nemici del popolo di Israele saranno numerose e decisive. Dalla tua stirpe sorgerà un grande regno. I tuoi discendenti guideranno il nostro popolo e costruiranno una grande città e un grande tempio su cui avranno grande potere». Giuda si inginocchiò e pianse: «Padre, non merito tanto», mentre Giacobbe appoggiò la mano sulla sua testa.

Sarà proprio così, lettore. Giuda avrà con il regno di Giudea l'egemonia su altre tribù. Dalla sua stirpe discenderanno grandi re: da Saul a David a Salomone. La Giudea, fino all'arrivo dei romani, sarà considerata l'anima di Israele.

Giacobbe guardò Zabulon. «Tu abiterai lungo il lido del mare, le tue città avranno molte navi. La tua terra arriverà fino a Sidone. Si chiamerà Galilea e avrai un grande lago dove pescare». Zabulon si inchinò: «Grazie, padre. Sia come tu dici», disse.

Quella di Zabulon, lettore, sarà la prima tribù marinara: un popolo di pescatori e navigatori.

Giacobbe si rivolse a Issacar: «Tu sei forte e paziente come un asino robusto. Per questo lavorerai nelle tue terre e da esse ti procaccerai il guadagno. Issacar, la tua tribù non avrà poteri ma la tua terra fertile produrrà delizie che susciteranno l'invidia degli altri popoli i quali verranno per acquistarle».

«Padre, grazie... Grazie per tutto questo», disse Issacar mentre i fratelli si felicitavano con lui.

La tribù di Issacar, lettore, vivrà in pace nella pianura di Esdrelon. Ma poiché gli eserciti saranno obbligati a passare dalla sua terra durante i loro spostamenti, sarà costretto a servirli con pazienza: proprio come è nella natura dell'asino.

Giacobbe parlò a Dan. «Tu giudicherai il tuo popolo. Combatterai e difenderai i diritti di Israele. Ma per il tuo carattere sempre tormentato e per la tua mente sempre piena di pensieri nascosti, non avrai mai la felicità e nemmeno le vittorie ti daranno soddisfazione».

Lettore, Dan abiterà in un piccolo territorio ai confini con la Siria. Riuscirà però a estendersi fino a una zona che chiamerà "Lesem-Dan". In seguito conquisterà anche la Samaria, che diventerà passaggio obbligato per arrivare alla Giudea.

Giacobbe emise un respiro profondo. Si sentì mancare le forze, si distese sul letto. Tutti si precipitarono attorno: «Padre, fermati, riposati», lo esortò Giuseppe. Giacobbe lo allontanò. «No, devo continuare: il mio tempo sta per finire». Poi si rivolse a Dio: «Ti prego, Signore, aiutami. Dammi la tua salute». I suoi occhi tornarono vivi, il viso riacquistò il colorito. Si rialzò e restò seduto sul letto. Dopo un respiro più profondo, si rivolse a Gad.

«Tu, formerai una tribù di combattenti. Avrai la terra al di là del fiume».

Alla tribù di Gad, lettore, si affiderà il popolo d'Israele per conquistare la Terra Promessa. E sarà la prima a oltrepassare il Giordano per insediarsi nel territorio di frontiera, dove subirà continue incursioni nemiche.

Giacobbe poi chiamò Aser. «Le tue terre», gli disse, «saranno ricche di frumento. I tuoi raccolti saranno abbondanti e i frutti dei tuoi alberi saranno bellissimi e degni dei banchetti dei re».

Lettore, Aser vivrà nella fertile terra fra il Monte Carmelo e il territorio di Tiro.

Giacobbe fece segno a Nèftali che lo voleva accanto a sé. «Tu sei un uomo che ha bisogno di sentirsi libero. Sai sempre dire la parola giusta. Poiché sei abile nel parlare, sarai sempre ascoltato nelle discussioni e nelle controversie».

La tribù di Nèftali, infatti, lettore, grazie all'abilità oratoria dei suoi abitanti, riuscirà a ottenere un territorio vasto, confinante, al nord, con la Fenicia e, al sud, con il Monte Tabor e il Lago di Genezaret.

Gli occhi di Giacobbe si illuminarono: «Giuseppe... Oh Giuseppe. Non avrei mai pensato di rivedere il tuo viso. Vedo la luce di tua madre Rachele nel tuo sguardo e in quello dei tuoi figli». Fece cenno di farsi più vicino. «Giuseppe, crescerai ancora di più. Tu sei come un ramo sano e prosperoso, che vive accanto a una fonte e quindi si espande, come la tua tribù si espanderà per tutto il territorio di Israele. Sei stato tradito e odiato ma anche amato e celebrato. Hai sempre rispettato la legge di Dio e le nostre tradizioni, per questo sei stato predestinato al potere. Sul tuo capo scende la mia benedizione che è di gran lunga superiore a quella che io ho ricevuto dai miei padri, Isacco e Abramo. Per questo tu sarai benedetto più di me».

Giuseppe si inginocchiò e fece capire a Efraim e a Manasse di fare lo stesso. «Padre, a me non importa nulla di quello che avremo io e i miei discendenti. Qui ho tutto e Dio mi ha già dato abbastanza». Giacobbe lo guardò. Allungò il braccio per una carezza ma non ci riuscì.

Le tribù dei figli di Giuseppe, Manasse ed Efraim, lettore, avranno una terra ricchissima ed estesa sulla costa del Mar Mediterraneo fino a oltre il Giordano.

Giacobbe, con il respiro che diventava sempre più affannoso si rivolse a Beniamino, l'ultimogenito e i suoi occhi fecero scendere le lacrime. «Beniamino... Beniamino, il tuo amore è stata la mia consolazione, la vita, cui mi sono aggrappato per non soccombere allo strazio per la perdita del figlio più amato. Tu sei come un lupo rapace, per questo la tua sorte sarà quella di cercare sempre la preda durante il giorno per poi spartirne le spoglie la sera con i figli. La tua tribù sarà forte e violenta. Farà incursioni e prede fra i suoi nemici. Da te nasceranno grandi re e avrai una città benvoluta da Dio».

Beniamino, crescendo, si dimostrerà bellicoso e violento. La sua terra sarà piccola e limitata dalla Giudea e dalla terra dei figli di Giuseppe: così piccola, che lo renderà insoddisfatto e litigioso. Ma Beniamino avrà il merito di essere sempre pronto a combattere e a tenere lontano i nemici di Israele. Nel suo territorio nascerà Gerusalemme, che sarà considerata la città santa.

Giacobbe finì di parlare. I suoi occhi si chiusero per la stanchezza, poi si riaprirono per parlare ancora in un ultimo sforzo: «Rachele... Rachele... Ti vedo... Rachele». Il suo viso si illuminò, le guance divennero più scarne e due lacrime gli scesero dagli occhi semispenti. Il respiro divenne più profondo ma anche più accelerato. «Dio... Oh mio Dio», disse in un rantolo. Poi chiuse gli occhi, la bocca si aprì in un sorriso... La sua mano si protese verso Giuseppe. Poi più nulla.

Giuseppe, con il volto terreo e i muscoli irrigiditi, si gettò sul suo corpo e lo baciò piangendo. Poi con un gesto leggero delle dita chiuse i suoi occhi.

Giuseppe convocò i suoi medici: «Voglio che mio padre sia imbalsamato», ordinò e stabilì che tutto l'Egitto fosse in lutto per settanta giorni. Quando il lutto finì, Giuseppe si recò dal Faraone e gli disse: «Mio padre mi ha fatto giurare che lo avrei seppellito nella sua terra di Canaan dove c'è la tomba dei suoi avi. Permettimi di portarlo».

«Vai pure, mio viceré. Risolvi tutti i tuoi problemi e poi torna. Il popolo d'Egitto ti aspetterà. Per dimostrarti il mio affetto ho autorizzato i miei servi a seguirti in questo triste viaggio. Verranno anche tutti i ministri della corte e le autorità d'Egitto».

Il corteo partì per Canaan, dietro il carro funebre trainato da sei cavalli: c'erano tutto il popolo di Giacobbe, tutti i ministri del Faraone, gli anziani della casa di Giuseppe e tutti gli anziani dell'Egitto che avevano espresso il desiderio di rendere gli onori al patriarca di Israele.

Negli anni che seguirono, Giuseppe restò a capo dell'Egitto come viceré, anche dopo la morte di Amenofi. Continuò a esserlo anche con il Faraone Thutmosi il Grande e in seguito con il Faraone Akhenaton. Affrontò i disagi delle guerre e le crisi religiose degli egiziani. Vide nascere i figli di Efraim fino alla terza generazione così come vide nascere i figli di Manasse. Continuò, nonostante fosse stanco e vecchio, a non abbandonare il suo lavoro.

Una sera Asenat lo vide particolarmente affaticato. «Basta», lo redarguì. «Siamo ormai avanti negli anni. Hai superato i cento e io ne ho già più di ottanta. Godiamoci i figli dei nostri figli. Efraim ha già i nipoti e anche Manasse è diventato nonno. Non puoi ancora occuparti dei problemi dell'Egitto».

«Asenat, se io non dovessi essere più viceré che ne sarà del popolo di Israele? Dopo Amenofi, altri faraoni si sono succeduti e nessuno, dico nessuno, si è preoccupato di chiedermi chi fosse questa gente, così diversa dagli egiziani, della terra di Gessen. Il mio popolo ha bisogno ancora della mia protezione. Gli egiziani mi stimano ma non so quanto mi stimi il Faraone Akhenaton. Credo che molti a corte siano stanchi di me e mi augurino la morte».

Asenat comprese che Giuseppe aveva ragione e quella notte si strinse accanto a lui con lo stesso amore di un tempo. E fu proprio quella notte che Giuseppe nel sonno sentì una improvvisa e forte stretta alla mano. Pensò che Asenat volesse sentirlo più vicino, ma, quando si svegliò, vide che il suo viso bellissimo era cinereo e si accorse che il suo corpo era freddo come il ghiaccio. «Chiamate il medico», urlò.

Di lì a poco il medico arrivò trafelato insieme con Efraim, Manasse e tutta la famiglia. Tentarono di rianimarla. «Non c'è più nulla da fare. È morta... È morta nel sonno», annunciò il medico.

Giuseppe non pianse. Disse soltanto a Efraim: «Dai la notizia al Faraone».

Poi per tutto il giorno e per tutta la notte seguente restò accanto a lei, ripetendo in un lamento: «Asenat, dopo mio padre, sei stata l'unica persona che mi ha amato davvero».

Passarono altri anni. Giuseppe, ormai stanco e malato, sentì la morte vicina. «Ho centodieci anni», disse ai due figli che erano al suo capezzale. «Sento che Dio mi chiama a sé. Vado a raggiungere vostra madre. Mi aspetta».

Volle intorno a sé, oltre ai suoi figli anche i figli dei fratelli, proprio come aveva fatto il padre. «Io muoio, ma Dio certamente verrà a visitarvi e vi farà tornare da questo paese alla Terra Promessa», disse. Poi, dall'alto del suo letto a baldacchino fece segno a Efraim, a Manasse e a tutti i loro figli di avvicinarsi. «Ora giurate qui davanti a me», disse con un filo di voce. «Giurate che quando Dio verrà a visitarvi per ordinarvi di partire, voi trasporterete da qui le mie ossa. Voglio che riposino insieme con i miei padri. Trasportatele con voi e depositatele nel sepolcro di Abramo a Macpela».

Efraim e Manasse posero la mano sotto la coscia e insieme dissero: «Padre, giuriamo di portarti nella Terra Promessa».

Giuseppe alzò stancamente la mano e la posò sul capo prima di Efraim e poi su quello di Manasse. Poi la sollevò indirizzandola verso gli altri familiari come cenno di saluto. «Baciate per me la terra che non ho più rivisto ma che ho sempre sognato...».

Giuseppe sembrò illuminarsi. «Madre... Sei tu?...».

Tutti abbassarono gli occhi pieni di lacrime. «Sei... Venuta... A prendermi...», un sospiro profondo e poi più nulla.

Con queste parole, pronunciate con un bisbiglio, Giuseppe, il viceré d'Egitto, Safnat Paneach, spirò.

Nonostante Giuseppe desiderasse essere portato a Canaan, il Faraone ordinò che venisse imbalsamato e deposto in un grande sepolcro a Saqqara, la città dei monumenti funebri. Il popolo d'Israele protestò. «Giuseppe deve stare con noi. Fa parte del nostro popolo. Del popolo d'Israele». Alcuni rivoltosi tentarono di trafugare il corpo.

«Stroncate quei facinorosi israeliti con la forza», ordinò il Faraone Akhenaton. Ci furono feriti e molti ebrei furono incarcerati.

Il popolo d'Israele capì che era rimasto solo perché aveva perduto il suo protettore. E, in Egitto, cominciò a sentirsi straniero e odiato.

La sensazione, lettore, divenne presto realtà: gli egiziani iniziarono a temerli perché erano troppo numerosi, troppo abili nel commercio, troppo ricchi, troppo potenti; cominciarono così a ostacolarli. Iniziò in quegli anni la persecuzione degli ebrei.

31

Passarono i secoli e nulla fu più come prima in Egitto. Gli ebrei crescevano in numero con la stessa velocità con cui cresceva l'odio degli egiziani nei loro confronti: nelle piazze, nelle strade e soprattutto nel mercato della capitale, nella zona, lettore, che oggi è il villaggio di Kathana-Qantir, a un centinaio di chilometri a nordest del Cairo.

E lì, in quel mercato, una mattina, l'odio esplose e fu gridato dai commercianti di datteri. «Maledetti ebrei!», imprecò uno di loro parlando con un cliente. «Nulla mi toglie dalla testa che siano le spie dei nostri nemici ittiti».

«Sono infidi e sleali», intervennero altri.

«Commerciano vendendo le loro merci a prezzi con i quali nessuno può competere, praticano l'usura, non credono nei nostri dèi, continuano a ripetere di essere "il popolo di Dio". Sarebbe proprio ora che il Faraone aprisse gli occhi e affrontasse questo problema».

«Ho sentito dire», un uomo informò la folla che intanto si era radunata, «che proprio oggi a palazzo dovrebbe tenersi una riunione tra il Faraone e i suoi consiglieri. Per fortuna gli ittiti al momento se ne stanno tranquilli in Siria. È questo il momento di affrontare gli ebrei una volta per tutte».

«Che gli dèi ti ascoltino», intervenne uno, il più furente. «Se non capita niente di nuovo, potremmo chiedere noi udienza al Faraone Seti perché si decida a intervenire. Se non ci riceve protesteremo davanti al suo palazzo. Voglio vedere se avrà il coraggio di usare la forza contro di noi. Diriga la sua collera contro questi figli di Abramo, finché è in tempo. Sennò presto saranno più numerosi di noi e allora...».

In realtà Seti era preoccupato come loro e, a sera inoltrata, entrò nella sala dove aveva fatto riunire ministri e generali. Era scuro in volto, perché gli ittiti attaccavano il paese da tutte le parti, perché le casse del paese erano quasi vuote, perché il commercio era nelle mani degli ebrei e il popolo era insofferente.

Guardò i suoi dignitari, prostrati ai suoi piedi, e rimpianse di non avere tra di loro un viceré come Giuseppe che, quattrocento anni prima, aveva avuto il suo antenato Amenofi.

Si sedette sul trono, fissò tutti, uno a uno, negli occhi, poi disse: «E allora? C'è qualcuno che ha buone notizie da darmi?».

Rispose Astes, il comandante dell'esercito: «Invitto figlio del Sole, nell'ultima battaglia abbiamo fatto sentire agli ittiti la sferza della tua ira. Hanno assaporato la tua potenza».

Seti si alzò di scatto e lo colpì con lo scettro. «Sei un incapace. Li hai fermati dopo che ti ho mandato i rinforzi. Ma prima avevano devastato le nostre terre al confine e seminato la morte. Puoi ingannare il popolo parlando di un trionfo, ma non me. Il mio esercito, al ritorno, sembrava un branco di straccioni che si leccava le ferite. E tu,

Kratas», chiese al responsabile dell'erario, «che cosa mi dici? Come stanno le nostre casse?».

«Quasi vuote, o divino. Solo per gestire gli affari correnti, splendore del Nilo», fu la risposta imbarazzata. «Le spese per l'ultima guerra contro gli ittiti sono state molto alte».

«Non puoi aumentare le tasse? Voglio portare a termine i lavori per la nuova capitale».

«Le tasse sono ormai a un livello quasi insopportabile, mio signore e padrone. C'è il rischio che il popolo si ribelli e gli ittiti potrebbero approfittarne».

«Figlio del Sole, mio Faraone», intervenne Astes. «Ascolta il tuo umile servo. Forse una soluzione ci sarebbe».

«Parla allora, Astes. Le tue spie hanno raccolto informazioni utili?», domandò Seti.

«Penso di sì, luce del Nilo. C'è una soluzione che ci permetterebbe di spostare la collera del popolo dal palazzo alla terra di un altro nemico, di cui bisogna stroncare la crescente potenza. È un nemico che ci può servire per completare le grandi opere che hai programmato per rendere grande la tua nuova capitale Pi-Ramses, senza affrontare altre spese».

Con un cenno, Seti invitò Astes a proseguire.

«Splendore dell'Egitto, tu sai che da tanti anni gli ebrei dimorano nella terra di Gessen; da pochi che erano, sono divenuti centinaia di migliaia, sono ricchi e continuano a diventarlo sempre di più. E perciò sono odiati dalla nostra gente. La saggezza insegna che, quando si hanno nemici pericolosi, come gli ittiti, è opportuno indirizzare l'odio del popolo contro un altro nemico interno facile da sconfiggere».

«E tu pensi, Astes, che gli ebrei si potrebbero annientare?», domandò Seti.

«Fai circolare la voce che hanno aiutato gli ittiti per dividersi con loro la nostra terra. E poi coinvolgiamoli facendoli lavorare alla fabbricazione dei mattoni necessari per la nuova capitale».

«E se rifiutano?», domandò Seti.

«Dovremo procedere con l'astuzia: in un primo tempo li pagheremo per convincerli a collaborare assieme agli egiziani. Poi gli egiziani cominceranno a disertare i cantieri finché gli ebrei saranno rimasti soli e allora sarà facile ridurli in schiavitù. Per i lavori nei campi ci comporteremo allo stesso modo e ben presto saranno quasi completamente in nostro potere».

«Perché dici "quasi"?».

«Perché si riproducono come topi. Bisogna impedirgli di procreare o ordinare alle loro levatrici di uccidere tutti i maschi ebrei al momento della nascita».

«Insomma», disse con voce gelida Seti, «tu mi proponi un'azione drastica».

«Sì, divino Faraone, proprio così. Considera, poi, che entrerai in possesso delle loro ricchezze, beni mobili e immobili. Avrai tanto denaro da permetterti di completare la tua nuova capitale e di ridare risorse all'esercito».

«Bene, Astes», disse compiaciuto il Faraone. «E voi», si rivolse agli altri consiglieri, «che cosa ne pensate?».

Ci fu un mormorio di approvazione.

«Allora procediamo. Tu, Lanata», ordinò al capo dei

consiglieri, «fai in modo che domani sia proclamata in tutto il regno questa mia disposizione: "Miei fedeli sudditi, ho deciso di fortificare le città più importanti dell'Egitto per difenderle contro il nemico ittita. Tutti coloro che abitano nella regione del delta del Nilo, nella terra di Gessen, siano essi egiziani o ebrei, fatta eccezione per gli appartenenti alla tribù sacerdotale di Levi, dovranno partecipare a questo lavoro e verrà loro corrisposta una paga adeguata alla loro fatica. Chi si rifiuterà, sarà giustiziato senza pietà". Così sia scritto e così sia fatto».

«Dei neonati ci occuperemo quando tutti gli ebrei maschi saranno al lavoro», aggiunse Astes.

Passarono sei mesi. Gli ebrei furono costretti a presentarsi in massa per i lavori, come aveva ordinato il Faraone, ma, dopo poche settimane, si accorsero che nessun egiziano lavorava più al loro fianco. I sorveglianti divennero sempre più violenti ed esigenti. Gli orari di lavoro si prolungarono dall'alba a notte inoltrata; la sferza e le punizioni furono i mezzi per stroncare ogni ribellione.

Gli ebrei erano diventati schiavi: mangiavano cibo immondo e ributtante, non avevano alcun diritto, erano sottoposti senza alcuna difesa all'arbitrio degli aguzzini che li sorvegliavano.

«Chi l'avrebbe mai detto che ci saremmo ridotti così», disse un giorno, in un campo di lavoro, uno di loro, un vecchio dalla lunga barba bianca che si chiamava Malchiel. «Non riesco proprio a capire perché il Faraone abbia deciso di trattarci così».

«Sei un ingenuo», rispose Chesron, un giovane robusto con la schiena segnata dai colpi di sferza. «Io non sono colto come te, che passi il tempo a studiare la parola di Dio. Sono un semplice contadino, ma ho capito subito che stavano preparando un inganno contro il nostro popolo. Ci hanno privato di tutto, si sono impadroniti delle nostre ricchezze, ci hanno rinchiuso in questi campi di lavoro, come bestie in un recinto. Gli asini e i buoi vengono trattati meglio di noi...».

«Davamo ormai troppo fastidio», intervenne Guni, che era stato uno dei più ricchi commercianti della terra di Gessen. «Eravamo potenti, più abili di loro e questo ci ha reso odiosi. Come fate a non capire? Ci impediscono di tornare a casa la notte e perfino di seppellire i nostri morti. Ho sentito dire che buttano i corpi nelle fornaci dove vengono cotti i mattoni più grandi. Non avete notato? Il fumo di solito è pulito e leggero e poi, in certi giorni, è denso, pesante, di odore nauseabondo».

«Che cosa vuoi dire?», domandò Malchiel con la voce che gli tremava.

«Vogliono sterminarci tutti, questo è quello che vogliono. Dicono che siamo troppo prolifici».

«Che Dio abbia pietà di noi!», sbottò Chesron. «Dobbiamo ribellarci. Non possiamo rimanere qui a farci massacrare come pecore destinate al sacrificio». Si alzò di scatto, corse a una pila di mattoni che dovevano essere trasportati via, vi salì sopra e cominciò a urlare: «Fratelli, vogliono ammazzarci tutti! Vogliono uccidere i nostri figli!». Afferrò un grosso mattone, lo lanciò contro un drappello di guardie richiamate dalle sue grida. Prima che gli egiziani reagissero, scagliò un altro mattone contro il loro comandante che cadde al suolo con la testa fracassata, poi tentò di aizzare gli altri: «Diamo addosso ai nostri aguzzini! Dio ci proteggerà!».

Una grandinata di mattoni precipitò sulla testa delle guardie. Alcuni fuggirono, ma molti rimasero uccisi con il cranio fracassato.

La rivolta dilagò in tutto il campo. Gli ebrei cercarono di raggiungere il grande cancello per fuggire, ma furono fermati da una fitta pioggia di frecce. Poi arrivarono i carri da guerra e fu un massacro: più di ottomila ebrei furono uccisi senza pietà. I corpi straziati di molti di loro furono legati ai carri da guerra che uscirono dal campo con le ruote sporche di sangue, tra le urla festose degli egiziani.

I carri si diressero poi verso il palazzo del Faraone, che uscì a contemplare la lugubre sfilata, mentre Astes proclamava in tono solenne: «Questa è la sorte che attende ogni ebreo che oserà ribellarsi agli ordini del Faraone. Lunga vita a Seti, luce e splendore dell'Egitto! Morte ai suoi nemici!».

La folla esultò in coro: «Morte ai nemici dell'Egitto e del Faraone! Morte agli ebrei!».

Intanto, rientrato nel palazzo, il Faraone si rivolse con un sorriso di soddisfazione ad Astes: «Penso che sia giunto il momento di passare alla seconda fase del tuo piano».

«Emaneremo un bando», disse Astes. «Ogni ebreo che non raggiungerà la quota di mattoni giornaliera verrà murato vivo nei bastioni. Poi farò diramare un ordine: gli uomini che lavorano nei cantieri non potranno vivere con le loro mogli. Così resteranno divisi dalle loro donne incinte. Bene, ho già fatto venire qui a palazzo le loro levatrici.

Sono due anziane donne ebree molto apprezzate dalla loro gente».

Le due donne erano Sefora e Fua e arrivarono tremanti di paura.

«In ginocchio», urlò uno scriba. «Onorate il vostro Faraone che posa il suo sguardo divino su voi due».

«Così siete voi che fate venire alla luce i miei schiavi ebrei nella terra di Gessen», fu sarcastico Seti.

«Sì, potente signore», sussurrò Sefora, la più anziana.

«Ce ne sono altre?».

«Solo noi due», balbettò.

«Quando assisterete le donne ebree durante il parto, se è un maschio, fatelo morire; se è una femmina, lasciatela vivere», fu perentorio il Faraone e concluse: «Così sia scritto e così sia fatto!».

«Ma eccelso signore...», osò dire Sefora, che non proseguì perché una guardia gridò: «Via da qui. Come osate parlare al Faraone senza permesso? Tacete e obbedite ai suoi ordini. Ogni maschio che nasce, affogatelo nel Nilo. Le femmine lasciatele vivere».

«Io non farò mai quello che ci ha chiesto. Piuttosto mi farò uccidere», mormorò Fua sconvolta uscendo dal palazzo.

«Parla piano, possono sentirti», disse Sefora con un filo di voce guardandosi intorno sospettosa. «Non possiamo obbedire a questo ordine».

«Dio ci punirebbe», si lamentò Fua. «Ma come faremo? Ci uccideranno».

«No, se sapremo difenderci con astuzia», la rassicurò Sefora.

«E se Dio ci aiuterà», concluse Fua.

Non eseguirono l'ordine, ma il Faraone, quando seppe che gli ebrei continuavano a crescere di numero, le convocò ancora e le aggredì: «Perché i maschi continuano a nascere?».

«Le donne ebree non sono come le egiziane: sono vigorose e hanno coraggio. Fanno nascere i bambini prima del nostro arrivo», si difese Sefora con sicurezza e guardando in alto per cercare l'aiuto di Dio.

Seti perse il controllo e lasciò uscire dalla gola un urlo inarrestabile che a Fua e Sefora sembrò potesse soffocarlo. Le guardie lo guardarono, paralizzate dalla paura. Solo il cane del Faraone si mosse, scappò a nascondersi dietro una colonna e si accucciò.

L'urlo si placò e il silenzio scese nella sala, lasciando prevedere che il peggio doveva ancora arrivare. E arrivò con i nuovi ordini di Seti: «Intanto frustate queste donne, chiudetele in cella e non fatele più uscire. E da questo momento uccidete ogni maschio ebreo che nasce e gettatelo nel fiume. Così sia scritto e così sia fatto». E uscì dalla sala, sudato e pallido, ma soprattutto molto preoccupato per il futuro.

I soldati si precipitarono per le strade di Gessen e perquisirono tutte le case degli ebrei. Strapparono senza pietà i neonati maschi alle madri. Il dolore e il terrore entrarono in ogni casa, alimentando odio e paura.

32

Anche nella casa di Amram, ebreo della famiglia di Levi, si vivevano momenti di angoscia. La moglie Iochebed era incinta del terzo figlio, dopo Miriam, che aveva già otto anni, e Aronne, che ne aveva tre.

«Speriamo che sia una femmina», disse Amram sospirando quando la moglie ebbe le doglie.

«Vado a chiamare qualche donna che ti aiuti».

«Non farlo», lo supplicò Iochebed. «Nessuno deve sapere. Faremo da soli».

E nacque un maschio. Amram scoppiò a piangere, mentre lo prendeva in braccio. «Ti uccideranno, e tuo padre non potrà difenderti», mormorò mentre lo porgeva alla moglie.

Iochebed non pianse, invece sorrise e, baciando il bambino sulla fronte, gli disse come se potesse sentirla: «Io ti nasconderò e ti allatterò finché non ci scopriranno. Se Dio vuole questo, moriremo anche noi con te».

Poi si rivolse al marito: «Come vuoi chiamarlo?».

«A che serve dargli un nome, se deve morire?», sospirò rassegnato Amram.

Iochebed allattò di nascosto il bambino per tre mesi e imparò ad amarlo. «Certe volte provo dei rimorsi», confidò una sera ad Amram, «perché sento di amarlo più di Miriam e di Aronne!».

«Anch'io lo amo di più, perché sento che lo perderò. Dovevamo...», si fermò Amram vergognandosi del suo pensiero che poi lasciò uscire accompagnato da un pianto convulso. «... Dovevamo lasciarlo uccidere subito. Adesso sarà tutto più difficile. Non potremo tenerlo chiuso qui dentro per sempre».

«Lo so», disse lucidamente Iochebed. «Ci scopriranno, uccideranno anche Miriam e Aronne».

«E infine anche noi. Allora, a che serve tutto questo?».

«Ho un piano, Amram», disse Iochebed. «Lo affiderò a chi non potrà abbandonarlo perché lo ama più di noi».

«Ma chi può amarlo più di noi?», si meravigliò Amram temendo che la moglie stesse impazzendo.

«Lo affideremo a Dio», disse Iochebed, mentre lui la guardava con gli occhi umidi di pianto e di speranza. «Già, c'è Dio», mormorò Amram. «Perdonami, Signore, se avevo dimenticato che tu ci sei».

Iochebed gli spiegò il suo piano. Lui lo approvò e decisero di agire subito.

Costruirono una cesta di papiro, la spalmarono di bitume e vi deposero dentro il bambino.

«È tutto pronto, vado», disse Iochebed.

«Vengo anch'io», la fermò Amram.

«No, desteremo dei sospetti andando insieme al fiume. Deve sembrare una cesta piena di panni sporchi... Per il bucato. Porto con me Miriam, sarà molto più normale. Nessuno baderà a noi».

«Ho paura, Iochebed. Ho paura che non torniate più».

Lei sorrise e lo rincuorò. «Io non ho paura... Ci sarà Dio con noi».

Andò con la figlia sulla riva del Nilo, meravigliandosi di essere serena. «Dio: è mio figlio. Proteggilo tu», disse e lasciò scivolare la cesta nell'acqua. Alzò il viso al cielo e non lo mosse, sperando che Dio la vedesse, finché Miriam la scosse: «Guarda, mamma. È già lontana. La corrente ce lo porta via».

«Vai, Miriam, vai», disse Iochebed nell'ultimo tentativo di non separarsi dal figlio. «Segui la cesta stando nascosta tra i giunchi. Vai a vedere che fine farà».

Miriam non aspettava altro. Si gettò tra i giunchi e seguì la cesta che galleggiava sull'acqua più veloce della sua corsa. La perse di vista e, nonostante il respiro fosse diventato affannato e le gambe fossero stanche, accelerò finché la ritrovò: si era fermata in un groviglio di arbusti che l'avevano trattenuta e una donna si stava avvicinando per prenderla. Sentì gridare: «Principessa, non scendere nell'acqua. La corrente è forte, è pericoloso». La donna non si fermò e afferrò la cesta. «Qui c'è un bambino», gridò.

«È un neonato. Come è possibile?».

«È un bambino degli ebrei», disse l'altra donna mentre la principessa usciva dall'acqua tenendo stretta la cesta sul grembo.

«Sì, è così», sorrise la principessa prendendo in braccio il bambino: «È circonciso, l'hanno abbandonato per paura di mio padre».

«Devi consegnarlo alle guardie», sussurrò l'altra.

«Taci. Lo terrò io. Sarà il figlio che non sono riuscita a partorire. Il mio sposo è morto da pochi mesi e io non sarò mai madre. Questo è il figlio che lui mi ha mandato dal regno dei morti», disse senza esitazione la principessa.

«Mia signora, tu sei la figlia del Faraone e...».

«Taci», si stizzì lei stringendo il bambino tra le sue braccia. «Se tradirai il mio segreto, ti ucciderò».

«Ma avrà bisogno di una balia che lo allatti. È così piccolo».

Miriam, nascosta tra i giunchi, aveva sentito tutto e pensò che, se la figlia del Faraone voleva tenerlo, forse il fratellino era salvo. "Se non ha bambini suoi, gli vorrà bene", concluse. "E quella lì deve essere la sua schiava: non oserà parlare". Poi respirò profondamente per scacciare la paura, trovò il coraggio, uscì dal nascondiglio tra i giunchi e si avvicinò.

«Principessa», disse, «conosco una balia ebrea che ha tanto latte e anche buono».

«Chi sei tu?», si sorprese la figlia del Faraone.

«Mi chiamo Miriam».

«Come osi avvicinarmi?».

Miriam finse di risentirsi e girò le spalle delusa. Ma la figlia del Faraone la fermò: «Miriam... Miriam, saprai mantenere il segreto? Ti ricompenserò».

«Ti puoi fidare, principessa».

«Vai a chiamare quella balia».

Iochebed arrivò correndo insieme a Miriam, con gli occhi bagnati di emozione, di gioia e di speranza. «Dio, ti ringrazio: hai salvato mio figlio», mormorò arrivando al cospetto della principessa.

«Miriam mi ha detto che vuoi darmi tuo figlio per allattarlo», disse tremando perché sentì battere il cuore così forte che temette non si sarebbe più fermato.

«Ti pagherò bene per questo», disse la principessa, offrendole un pugno di monete d'argento. «Intanto prendi queste».

Lei le respinse con un gesto gentile. «Non devi darmi nulla. Consentimi di aiutarti e mi basterà la tua gratitudine».

«Perché?», domandò la principessa. «Perché fai questo per me?».

Iochebed non le avrebbe mai rivelato che non voleva farsi pagare per allattare suo figlio. «È un onore servirti, credimi», mentì prendendo fra le braccia il suo bambino. «Te lo riporterò quando si sarà svezzato».

Passarono mesi. Il bambino crebbe e non ebbe più bisogno del latte della madre. «Non glielo riportare», disse Miriam. «Io gli voglio bene. Teniamolo con noi».

«No, figlia mia», disse Iochebed decisa. «Lo condanneremmo a morte, se non lo riportassimo. Ora sappiamo che vivrà, questo deve bastarci. Io ora sono felice e devi esserlo anche tu».

Lo riportò e la principessa lo strinse al petto. «Sei mio figlio», disse raggiante di felicità. «Ti chiamerò Mosè che significa "salvato dalle acque", perché nell'acqua ti ho trovato».

Gli anni passarono. Il Faraone Seti era morto e gli era succeduto Ramses che aveva chiamato Pi-Ramses la nuova capitale. Mosè era diventato un ragazzo robusto, atletico, bello. Aveva soltanto difficoltà a esprimersi perché, soprattutto nei momenti di emozione, balbettava un poco. Era stato educato come un principe egizio e amava la madre anche se da tempo aveva scoperto che non era la vera madre. L'aveva saputo perché era rimasto affezionato alla sua balia e spesso andava a trovarla. E un giorno, origliando per caso, la sentì parlare con Miriam del segreto di famiglia. Allora entrò in casa, con gli occhi pieni di sgomento e domandò: «È vero?».

Iochebed non osò mentire e gli raccontò tutta la sua storia. «Tieni segreto, anche tu, quello che ti ho detto. Se Ramses scopre la verità, ti fa uccidere. Promettimi che non parlerai».

Mosè, più confuso che convinto, promise, però da quel giorno, senza farsi riconoscere dalle guardie, si recò nei campi dove gli ebrei lavoravano, per conoscere il loro dramma. E in un campo, un giorno vide un sorvegliante picchiare con ferocia uno schiavo che, vinto dalla fatica, si era lasciato cadere. Non riuscì a frenarsi e d'istinto si lanciò contro l'egiziano e lo colpì a morte.

«Che cosa hai fatto?», disse impaurito lo schiavo ebreo. «Ora ci uccideranno tutti e due».

Mosè si guardò intorno. «Non ha visto nessuno. Tu vai, torna in mezzo agli altri. Io nasconderò il cadavere sotto la sabbia. Non parlare mai di questo».

Invece l'ebreo parlò perché ebbe paura di essere accusato del delitto. Il cadavere del sorvegliante fu ritrovato. Qualcuno cominciò a raccontare che gli era sembrato di vedere nel campo il figlio della principessa egizia. E si cominciò a mormorare che era stato Mosè a uccidere.

Ramses cominciò a tormentare la principessa. «Tuo figlio va in giro a uccidere i miei sorveglianti? Perché gli sta tanto a cuore la sorte degli schiavi ebrei?».

Un giorno la principessa, sfinita dalle domande, parlò e poi mandò la sua ancella ad avvertire Mosè: «Digli che il Faraone ora sa e supplicalo da parte mia di nascondersi, perché l'ha condannato a morte».

Mosè fuggì nella terra di Madian, nella penisola del Sinai. Stanco per la lunga faticosa strada, si fermò a rinfrescarsi presso un pozzo. Era lì, quando arrivarono, per abbeverare il gregge, sette donne. Arrivarono anche altri pastori che con prepotenza le scacciarono: «Donne, allontanatevi: lasciate prendere l'acqua prima a noi uomini», sghignazzarono e ne gettarono a terra una che non voleva sottostare alla loro arroganza.

«Ci sono prima loro», disse Mosè prendendo l'otre di una donna per riempirlo. «Aspettate il vostro turno». Il suo sguardo deciso li sfidò a battersi. I pastori guardarono i suoi muscoli e non osarono reagire. Si ritirarono borbottando: «Se vuole mettersi dalla parte delle donne, faccia pure».

Le donne abbeverarono il bestiame, mentre Mosè restò in piedi a osservare, pronto a intervenire se qualcuno le avesse molestate ancora. Ma non accadde. Mosè restò accanto al pozzo, a riposare e le donne tornarono al villaggio, dove il sacerdote Ietro aspettava le figlie, preoccupato per il ritardo. «Che cosa è successo? Perché mi avete fatto aspettare tanto?».

«Padre, dei pastori ci hanno disturbato», disse con eccitazione la figlia Zippora. «Ma un giovane coraggioso ci ha difeso. Ha il corpo di un lottatore, ma i modi di un principe».

«È dunque questa l'educazione che ti ho dato? Dovevi

invitare quel giovane alla nostra tavola, perché io potessi ringraziarlo. Torna, porgigli i miei saluti e portalo da me».

Mosè accettò l'invito, affascinato anche dalla grazia di Zippora. «Sei bella», le disse lungo la strada e lei gli rispose ridendo: «Anche tu», e poi portò la mano davanti alla bocca, per fermare le parole che stavano per uscire e che le sembravano sfrontate. Mosè rise di gusto.

Ietro li aspettava e offrì la sua ospitalità. Quel giovane straniero gli piacque subito e lo trattò come uno di famiglia: «Come vedi, intorno a me ci sono solo donne. Mia moglie non mi ha dato figli maschi», disse dopo avergli offerto il suo cibo. «Non so chi sei e da dove vieni, però, se non hai una meta, perché non ti fermi qui? Ho bisogno di un lavoratore robusto come te».

Mosè si fermò nella casa, modesta ma confortevole, dove trovò serenità e amore. «Ho poco da offrire a tua figlia», disse a Ietro, «se non le mie mani robuste...».

«E il tuo amore, spero», lo interruppe Ietro.

Mosè sorrise: «Sì... Certo... Il mio amore». Poi, d'un fiato, meravigliandosi lui stesso di non balbettare, osò: «Insomma, vorrei sposarla».

«Me l'aspettavo. Mi ero accorto di come lei ti guarda e di come tu timidamente rispondi ai suoi sguardi».

Si sposarono, ebbero un figlio che Mosè volle chiamare Ghersom, che significa "pellegrino in terra straniera". «Il suo nome», disse Mosè, «mi ricorderà sempre il luogo dove ho trovato la felicità».

Pensava che non si sarebbe mai allontanato da quel villaggio dove il tempo trascorreva tranquillo: di giorno portava al pascolo le greggi di Ietro e la sera si godeva le gioie della famiglia, senza chiedere null'altro alla vita.

In Egitto intanto si vivevano giorni di ansia. Ramses, infuriato per la scomparsa di Mosè, era diventato ancora più crudele di Seti. La sua ambizione era senza limiti perché voleva erigere grandiosi templi rupestri e mausolei più imponenti di quelli del padre. Per gli schiavi di Israele la vita divenne ancora più dura. Le ore di lavoro aumentarono, così pure le frustate, così pure i digiuni, così pure le morti provocate dalle fatiche e dagli incidenti. «Perché, Dio, ci punisci ancora?», gridavano gli schiavi ebrei quando seppellivano i corpi di parenti e di amici trasfigurati dai colpi di frusta e dal sangue che aveva dilaniato le carni. «Dio, basta. Non puoi esserti dimenticato di noi».

E finalmente Dio ascoltò i loro gemiti: aveva visto tutto e, quel giorno, vide anche Mosè, che era al pascolo con il gregge, al di là del deserto, sul Monte Oreb.

Mosè stava seduto a sonnecchiare fantasticando quanto sarebbe stato bello il giorno in cui avrebbe potuto portare con sé, al lavoro, il figlio. «Non sarò più solo», pensava, «e avrò tante cose da raccontargli».

Il cielo era azzurro, il sole era alto, il caldo gli affaticava il respiro. All'improvviso un tuono fece tremare la terra e anche Mosè. "Non è giorno di pioggia, che succede?", si domandò guardando in alto per vedere se, da lontano, stavano arrivando i nuvoloni a portare un temporale. Non vide nulla e si agitò ancora di più, osservando che le pecore non si erano mosse dall'erba e che stavano masticando, come se non avessero sentito. Alle sue spalle sentì arrivare un vento caldissimo che gli sembrò volesse bruciargli la carne. Si girò e, strabiliato, si impietrì a guardare una fiamma altissima che si alzava da un cespuglio di rovi. Pensò di fuggire, ma non riuscì a muovere le gambe.

«Mosè... Mosè...», una voce calda, profonda, severa e insieme dolce, ripeté il suo nome.

Cercò tutto intorno con gli occhi, non vide nessuno: «Chi sei? Dove ti nascondi?», domandò sospettoso.

«Mosè...», ripeté la voce.

«Eccomi», rispose senza rendersene conto.

E la voce riprese: «Non ti avvicinare. Togliti i sandali dai piedi, perché il luogo dove stai è terra santa».

Mosè non fiatò e, come se le sue mani fossero guidate da una forza che non riusciva a controllare, si tolse i sandali e restò a piedi nudi. Voleva chiedere: «Chi sei tu che mi dai ordini? E dove ti nascondi?», ma non riuscì a muovere la lingua perché la sentì incollata al palato. Notò che il sudore aveva bagnato tutto il suo corpo. La voce continuò: «Io sono il Dio di tuo padre, il Dio di Abramo, il Dio di Isacco, il Dio di Giacobbe».

Mosè restò impietrito a guardare la fiamma con gli occhi sbarrati dall'ansia e dalla paura. Cercò tutte le forze che i muscoli delle sue braccia riuscivano a sprigionare, mosse lentamente le mani e le portò agli occhi: ebbe paura di guardare verso Dio.

La voce continuò, ancora profonda e imponente: «Ho veduto, sì, ho veduto l'afflizione del mio popolo in Egitto e ho udito i lamenti a causa dei suoi oppressori: ben conosco i suoi affanni. Sono sceso per liberarlo dalla mano degli egiziani e per farlo salire dall'Egitto in una terra buona e vasta, terra che stilla latte e miele, nel luogo dei cananei, degli etei, degli amorrei, dei ferezei, degli evei e dei gebusei. Or dunque, le grida dei figli di Israele sono giunte fino a me, e ho pure veduto l'oppressione che gli egiziani fanno loro patire. Ti manderò dal Faraone e tu farai uscire dall'Egitto il mio popolo, i figli di Israele».

Mosè cercò tra le fiamme con gli occhi spaventati, senza sapere che cosa cercasse. Riuscì solo a fare uscire dalla gola la sua voce, balbettando come mai gli era capitato prima: «Io? Chi so-o-o-no io? Co-o-o-me pos-so?», poi trovò la forza per non balbettare e gridò d'un fiato: «Chi sono io per fare questo? Come posso andare dal Faraone a dire: libera il mio popolo, fallo uscire dall'Egitto? Chi sono io? E perché dovrebbe ascoltarmi?».

Dio fu ancora più deciso: «Mosè, ma io sarò con te. E questa sarà la prova che sono io che ti mando: quando tu avrai fatto uscire il popolo dall'Egitto, voi adorerete Dio su questo monte».

Mosè sentì che la paura stava scuotendo il suo corpo con un tremito irrefrenabile: «Chi sono io», ripeté ancora sussurrando le parole con rassegnazione, «per dire agli israeliti: il Dio dei vostri padri mi ha mandato a voi? Che cosa risponderò a loro quando mi chiederanno: qual è il suo nome?».

«Dirai che il mio nome è: "Io sono"».

Mosè guardò il cielo perplesso, come se non avesse capito. E infatti la voce più pacatamente precisò: «Io sono colui che sono». Poi aggiunse: «Così, Mosè, dirai ai figli di Israele: "Mi manda 'Io sono'"».

Un silenzio profondo scese lungo la vallata. Dio attese

che lo sguardo di Mosè tornasse a cercarlo. Poi riprese: «Così dirai ai figli di Israele: "Il Signore, Dio dei padri vostri, Dio di Abramo, Dio di Isacco, Dio di Giacobbe, mi ha mandato a voi».

Lo sguardo di Mosè si perse nel vuoto e Dio gli ordinò: «Va', raduna gli anziani di Israele e di' loro: "Il Signore, Dio dei padri vostri, mi è apparso dicendo: 'Certo ho pensato a voi e a quanto viene fatto contro di voi in Egitto; perciò ho deciso: io vi trarrò dall'afflizione per condurvi nella terra che stilla latte e miele'". Ed essi ubbidiranno alla tua voce, e tu, con gli anziani d'Israele, ti presenterai al re d'Egitto e gli dirai: "Il Signore Iddio degli ebrei ci è venuto incontro. Permetti che si vada distanti, tre giorni di cammino nel deserto a sacrificare al Signore Dio nostro". Ora, io so che il sovrano d'Egitto non vi lascerà andare se non costretto da una mano potente. Ma allora io stenderò la mia mano e percuoterò l'Egitto con tutti i miei portenti, dopo di che vi lascerà andare. Allora farò entrare il popolo nelle grazie degli egiziani, così che quando partirete, non ve ne andrete a mani vuote; anzi, ogni donna chiederà alla sua vicina oggetti d'oro e d'argento, e vesti che metterete addosso ai vostri figli e alle vostre figlie, e spoglierete l'Egitto».

Mosè rispose, scoraggiato: «Non mi crederanno! Mi diranno: "Non ti è apparso nessun Signore!"». Dio gli disse allora: «Che cosa hai in mano?». Mosè rispose: «Un bastone». E Dio: «Gettalo a terra!». Mosè lo gettò a terra e il bastone diventò un serpente, davanti al quale Mosè si allontanò terrorizzato. E Dio disse a Mosè: «Stendi la mano e prendilo per la coda!». Mosè ubbidì ancora più terrorizzato: lo prese e il serpente diventò di nuovo un bastone nella sua mano. «È un prodigio», si meravigliò Mosè.

«Vedrai ben altro», e a Mosè, dal tono della voce, sembrò che per la prima volta Dio gli parlasse con più dolcezza. Ma la voce subito tornò profonda e imponente: «Così farai», disse Dio, «affinché credano che il Signore Dio di Abramo, di Isacco e di Giacobbe ti è apparso».

Poiché Mosè ancora non si decideva a muoversi, Dio gli disse ancora: «Metti la mano sul petto, sotto il tuo abito». Mosè ubbidì, poi ritirò la mano gridando per l'orrore: la sua mano era tutta bianca, coperta dalla lebbra. E Dio: «Mosè. Rimetti la mano sul petto». Mosè rimise sotto l'abito la mano e la tirò fuori: era guarita. «Quindi», riprese Dio, «se dovesse accadere che non ti volessero credere e non ascoltassero la voce del primo portento, obbediranno alla vista del secondo. Se non crederanno neppure a questi due segni, allora prenderai acqua del Nilo e la verserai sulla terra asciutta: e loro vedranno l'acqua diventare sangue sulla terra asciutta».

«Mio Signore, ma, come tu sai, io b-b-balbetto!», disse Mosè, imbarazzato. «Non sono mai stato un buon parlatore: sono impacciato di bocca e di lingua!». Dio gli disse: «Chi ha dato la bocca all'uomo? O chi lo fa muto o sordo, veggente o cieco? Non sono forse io? Ora, dunque, vai! Io sarò con la tua bocca e ti insegnerò quello che dovrai dire».

Ma Mosè non era convinto di potercela fare e scongiurò: «Perdonami, Signore mio, manda qualcun altro!».

Davanti alla sua ostinazione, Dio parve spazientirsi. «Non c'è forse Aronne, tuo fratello? Io so che egli è un buon parlatore. Anzi, ecco che egli sta per venirti incontro, e nel vederti si rallegrerà il suo cuore. Parlagli, dunque, e metti le tue parole nella sua bocca: io sarò con la tua bocca e con la sua, e vi insegnerò quello che dovete fare. Egli parlerà per te. Ora, prendi in mano questo bastone, con il quale tu compirai quei portenti».

Improvvisamente la fiamma sparì senza lasciare segni: come se una cascata d'acqua avesse investito il cespuglio di rovi. Mosè capì di non avere scelta. «Ci proverò, Dio. Ci proverò. Ma non so se sarò capace di fare ciò che tu mi chiedi».

Mosè restò sbalordito, mentre radunava il gregge per tornare dalla sua famiglia. Zippora si accorse subito che aveva una nuova luce negli occhi: più assente ma più brillante, come se fosse ferma a contemplare un incantesimo. «Vieni, devo parlare con tuo padre e con te», le disse Mosè con voce pacata. Zippora lo seguì, tenendo in braccio il figlio, consapevole che stava per accadere qualcosa: ma non era preoccupata, perché la luce in quegli occhi metteva nell'aria un soffio di serenità.

«Ietro», disse Mosè mettendo nelle parole la dolcezza che gli usciva dal cuore. «Devo lasciarti, ma vorrei portare con me la mia sposa e mio figlio. Ti lasceremo solo».

Ietro si sedette, guardando Zippora già con gli occhi velati di umido perché stava per perderla. «Dimmi almeno che cosa succede», sussurrò Ietro cercando il muro dietro di sé per appoggiare la testa perché il peso si stava facendo insopportabile. Poi tacque e aspettò.

Mosè raccontò pacatamente, ma senza mai fermarsi, mentre la luce dei suoi occhi, parola dopo parola, cominciò ad apparire anche negli occhi della moglie e del suocero. Gli parve di vederla anche in quelli piccini del bambino.

Ietro ritrovò la forza, si alzò e lo abbracciò: «Vai e porta con te i miei affetti più cari: mia figlia, mio nipote. Sono la tua famiglia. Se il tuo Dio ti ha assegnato questo compito, non puoi tirarti indietro. E io non ho il diritto di separarti dalle persone che ami, tentando di fermarti».

Zippora si avvicinò a Mosè e lo baciò. «Verrò, perché sposandoti, ho accettato anche il tuo Dio».

«Chissà se un giorno diventerà anche il mio Dio», sospirò Ietro.

La notte Dio tornò a rassicurarlo: «Mosè, va', torna in Egitto perché sono morti quelli che volevano ucciderti».

Partirono. Una notte, durante il viaggio, Mosè fu colpito da febbre molto alta. Per rinfrescare il suo corpo con un panno bagnato, Zippora gli tolse l'abito e lo vide nudo per la prima volta: lo aveva sempre amato al buio della notte. Si accorse che era circonciso e si ricordò che il bambino non lo era. "Mosè non l'ha fatto", pensò, "per rispetto a mio padre che ancora non crede nel suo Dio. Già, ma così il suo Dio lo ha punito con questa febbre".

«Ti salverò io, Mosè», mormorò e afferrò una lamina di selce e circoncise il figlio.

All'improvviso Mosè guarì e Zippora si convinse che Dio lo aveva punito proprio per avergli disubbidito. «Tu ora sei il mio sposo di sangue», gli disse. «Per salvarti la vita, Dio mi ha spinto a circoncidere nostro figlio. E ho capito adesso qual è la missione che ti ha affidato. Non devi mai più disubbidire neppure per amore mio, di mio padre, di nostro figlio. Non devi pensare a noi. Il tuo compito è salvare il tuo popolo. Io, standoti vicino, sarei soltanto di ostacolo. Ghersom è ancora piccolo e io sono di nuovo incinta».

Mosè sorrise e l'abbracciò: «Incinta?... Ma sei sicura? Un altro figlio... Un altro figlio».

Zippora si staccò dall'abbraccio: «Non posso seguirti. Tornerò nella casa di mio padre. Se Dio vorrà, ci rivedremo». Mosè capì che aveva ragione, ma, stringendola in un ultimo doloroso abbraccio, in lacrime, la lasciò andare, seguendola finché, piano piano, diventò sempre più piccina davanti ai suoi occhi. E poi non la vide più.

Dio intanto portò avanti il suo piano. Andò a trovare Aronne. Lo chiamò, di notte, svegliandolo con un tuono che fece tremare il suo giaciglio. «Aronne... Aronne... Non è l'ora di dormire».

Aronne ebbe la sensazione di sognare, ma quando un altro tuono più violento, fece tremare la terra, balzò in piedi impaurito. «Chi sei? Dove sei? Dove ti nascondi?», gridò impugnando un coltello per difendersi.

«Aronne... Aronne», lo rimproverò la voce. «Hai così poca fiducia nell'esistenza del tuo Dio che non ti viene in mente che possa essere io a chiamarti?».

«Dio, sei tu, Dio?», si inginocchiò Aronne cercando nella stanza dove si nascondesse.

«Aronne, non puoi vedermi. Nessuno sulla terra può vedermi...».

«Dio, ma io non sono degno di parlare con te».

«Lascia decidere a me chi è degno», lo rimproverò ancora la voce. «Vai incontro a Mosè verso il deserto».

Aronne restò perplesso a pensare, temendo che qualcosa di grave stesse per accadere. “Forse mio fratello è in pericolo”, pensò e partì subito, incamminandosi di notte nel deserto a piedi. “Se Dio mi ha mandato, mi darà anche la forza di fare questo viaggio”.

Dopo giorni di cammino, i due fratelli si incontrarono e si salutarono con un lungo commovente abbraccio.

Mosè raccontò tutto ciò che gli aveva ordinato Dio e concluse, stringendo la mano del fratello: «Ho bisogno di te per salvare il popolo di Israele».

Aronne fu deciso: «Ti starò vicino, come Dio vuole».

«Allora non c’è tempo da perdere», disse Mosè.

I due fratelli arrivarono in Egitto e si presentarono immediatamente davanti agli anziani del popolo di Israele per parlare della missione che avevano ricevuto da Dio. Ma non fu facile essere creduti. Qualcuno li derise, qualcun altro si alzò e se ne andò.

Allora Mosè scagliò a terra il suo bastone, che si trasformò in un enorme serpente, seminando panico tra gli anziani fino a quando, preso per la coda, tornò a essere un bastone. Poi seguirono, impressionati, i prodigi della mano e dell’acqua.

Ci fu un lungo silenzio, nessuno osò fiatare finché il più anziano, di nome Sunì, si inginocchiò davanti a Mosè: «Che il Signore, Dio degli eserciti, sia benedetto nei secoli dei secoli. Tu sei l’eletto, tu sei colui che aspettavamo, tu sei colui che libererà il nostro popolo e lo guiderà attraverso il deserto verso la terra promessa ad Abramo e ai nostri padri. Il Signore, Mosè, ha posato la mano sul tuo capo!».

Si alzò un lungo applauso festoso che diede a Mosè la

forza di continuare: «Siamo solo all'inizio e la strada che stiamo per prendere sarà piena di insidie. Ora però so che voi siete con me».

Solo dopo giorni e dopo lunghe attese davanti al palazzo, Mosè e Aronne riuscirono ad arrivare al cospetto del Faraone Ramses: era un giovane alto, con la forza scolpita sul corpo da muscoli possenti. Stava seduto sul trono circondato da tutti i più alti dignitari di corte. Il Faraone posò su Mosè e Aronne uno sguardo gelido e pieno d'ira e parlò con voce sferzante, al tempo stesso decisa e crudele: «Che cosa volete da me?».

I due fratelli avanzarono e dissero insieme: «Così ti dice il Signore, Dio d'Israele: "Lascia partire il mio popolo, perché mi celebri una festa nel deserto!"».

«Il Signore? Quale Signore?», rise il Faraone. «Un dio che nemmeno conosco osa ordinarmi di lasciare partire i miei schiavi! Non permetterò mai che gli ebrei abbandonino i lavori».

«Il Dio degli ebrei ci è venuto incontro...», continuò pacatamente Aronne. Ma Mosè, con voce più sicura, intervenne meravigliandosi perché improvvisamente non balbettò. Pensò che, se Dio aveva dato nuova energia alla sua lingua, gli avrebbe suggerito anche le parole: «Permettici di condurre il nostro popolo nel deserto. Cammineremo per tre giorni e poi renderemo il sacrificio dovuto al nostro Signore. Se non lo faremo colpirà il nostro popolo con la peste e con la spada».

«Per la spada bastano già i miei uomini», rispose sghignazzando il Faraone, «se poi questo Dio che non conosco vuole regalarvi anche la peste, faccia pure». Rimase un attimo in silenzio, poi gridò: «Mosè, Aronne, vi impedisco di distogliere i miei schiavi dai lavori forzati! Non voglio perderne nemmeno uno. Ci sono molte opere da costruire».

«Non opporti agli ordini di Dio, Faraone! Potresti richiamare la sua ira sul tuo popolo», lo minacciò Mosè.

«Ah, sì?», scoppiò di nuovo a ridere il Faraone. «E io faccio ora cadere la mia ira su di voi». Si girò verso il comandante delle guardie, Balaam: «Fai subito proclamare questo bando: "Io, Faraone Ramses, ordino: non date più paglia a questi schiavi per fare i mattoni: se la procurino da sé. Imponete che consegnino la stessa quantità di mattoni di prima, senza diminuzione, perché sono dei fannulloni, per questo chiedono di andare a celebrare il loro Dio. Siano sovraccarichi di lavoro; così non avranno tempo di pensare a Dio. E frustate chi ridurrà la sua produzione giornaliera di mattoni". Così sia scritto, così sia fatto».

Poi si rivolse con sguardo beffardo a Mosè e ad Aronne: «Il vostro Dio è molto strano: vi ha mandato per liberare il suo popolo e invece l'unica cosa che siete riusciti a ottenere è stata quella di peggiorarne la condizione. Andatevene! Anzi, aspettate: tornate a dirmi come vi avranno accolto gli ebrei all'uscita da qui», e rise di gusto.

Sotto la frusta degli aguzzini, gli ebrei morirono a centinaia ogni giorno perché la produzione dei mattoni diminuì.

Le proteste non servirono a nulla. «Portate a termine il vostro lavoro», gridavano i sorveglianti mentre le loro fruste affondavano nelle piaghe sulla schiena degli schiavi. «Vogliamo ogni giorno lo stesso quantitativo di mattoni, come quando avevate la paglia!». E i corpi di chi moriva, stremato dalla fatica, venivano utilizzati come se fossero mattoni: gettati a fare da base nelle fondamenta o murati nelle pareti.

Furono tempi di sofferenze, ancora più gravi, per gli ebrei che si dispersero in tutto l'Egitto a raccogliere stoppie da usare come paglia.

«Mosè, Aronne, avete aizzato contro di noi il Faraone», urlarono minacciosi gli anziani del popolo al culmine dell'ira. «Il Signore vi punisca. Invece di aiutarci, avete messo nella mano degli egiziani una spada per ucciderci».

Mosè, angosciato, si appartò e, guardando il cielo, si rivolse a Dio: «Signore, perché hai fatto del male a questo popolo? Perché mi hai mandato? Da quando sono andato dal Faraone per parlargli in tuo nome, egli ha trattato ancora peggio questo tuo popolo e tu non l'hai affatto liberato».

Il Signore gli parlò di nuovo: «Ora vedrai quello che sto per fare al Faraone. Sarà costretto a lasciarvi partire; anzi sarà lui stesso che vi caccerà dalla sua terra. Ricorda, Mosè, io sono Jahvè».

Lettore, è la prima volta che Dio rivela nella Bibbia il suo vero nome: Jahvè. Ti diventerà familiare se lo traduci così dall'ebraico: Dio onnipotente.

Dunque, Dio continuò: «Io sono Jahvè e ho udito i gemiti dei figli di Israele che gli egiziani tengono in schiavitù. Devi riferire che io sono Jahvè, che vi libererò dalla schiavitù e riscatterò la vostra sofferenza dandovi grande potenza. Poi vi condurrò nella terra che ho promesso ad Abramo, a Isacco e a Giacobbe. E ve la darò per sempre».

Mosè si sentì confortato, capendo che Dio non lo

avrebbe mai abbandonato. Quando non sentì più la voce, restò con il volto alzato verso il cielo e un dolce sorriso illuminò il suo viso. «Grazie», mormorò. E tornò davanti agli anziani del suo popolo, rinforzato da nuovo vigore.

Fu accolto con un silenzio gelido, ma si fece coraggio e cominciò: «Il Signore, il nostro Dio, mi ha detto che...».

«Smettila, falso profeta!», gli urlò in faccia uno. «Non vedi a quale disgrazia ci hanno condotto i tuoi consigli?».

«Perché non te ne torni da dove sei venuto?», intervenne un altro. «Ci porti solo sventure».

«Non ti possiamo più ascoltare, Mosè», protestarono in coro. «Dobbiamo parlare al popolo, calmarlo, spiegargli come forse, lavorando più di prima e producendo lo stesso numero di mattoni, potremo placare l'ira del Faraone e della regina».

33

Per giorni Mosè visse in uno stato di prostrazione. Al mattino voleva tornare dalla moglie Zippora e dai figli, alla sera decideva di portare a termine la missione che Dio gli aveva affidato. Era tormentato dal dubbio, quando Dio gli parlò di nuovo: «Vai dal Faraone, digli che lasci partire i figli di Israele».

Mosè reagì con rabbia: «Se non mi ha ascoltato il popolo di Israele, come potrà ascoltarmi il Faraone? Non so nemmeno parlare».

Dio allora cercò di dargli fiducia: «Io ti ho messo a fare le veci di Dio davanti al Faraone. Aronne, tuo fratello, parlerà per te, dopo che gli avrai riferito quanto io sto per ordinarti: andate insieme. Aronne gli dirà di lasciare partire gli israeliti dalla sua terra. Ma io, per convincere il Faraone, moltiplicherò i miei prodigi nella terra d'Egitto. Se il Faraone non vi ascolterà, io alzerò la mano e vi farò uscire da questa terra portando castighi e lutti sull'Egitto. Così gli egiziani sapranno che io sono il Signore!».

Mosè ancora una volta piegò il capo. «Farò come tu hai comandato», disse.

Aveva ottanta anni, ma si sentì di nuovo vigoroso e deciso a combattere per il futuro del suo popolo. Sentì improvvisamente alleggerito il peso delle sue braccia e delle sue gambe, già logorate dall'età. Ritrovò dentro di sé l'entusiasmo della giovinezza e, con impeto, la mattina dopo, insieme ad Aronne, si presentò di nuovo al palazzo del Faraone e si diresse verso la sala del trono.

«Ancora voi?», urlò il Faraone che stava furioso seduto sul trono. «Che cosa volete ancora, miserabili? Non vi basta? È colpa vostra se il vostro popolo sta peggio di prima».

«Il nostro Signore ti ordina: "Lascia partire gli israeliti!"», disse con voce tonante Aronne.

«Il "Signore"?... Mi "ordina"? Io non conosco il vostro Dio, non ve ne è traccia nei miei registri», disse ironico il Faraone. Poi si rivolse al suo assistente: «Balaam, hai controllato se per caso esiste il loro Dio? Se ve ne è alcuna statua o dipinto?».

«No», rispose Balaam. «Tutti i sacerdoti con cui ho parlato non lo conoscono e non è citato nei nostri elenchi; quindi, mio potentissimo signore, non esiste!».

«E allora, disgraziati bugiardi, ditemi: se non esiste, perché dovrei avere paura di lui?».

Mosè non rispose; porse il suo bastone ad Aronne che lo gettò sul pavimento. E il bastone all'istante si trasformò in un lungo serpente che si mise a sibilare.

«È tutto qui il potere del vostro Dio?», rise il Faraone. «I miei incantatori di serpenti sanno fare di meglio. Jaffar, Hadi, venite qui e fate vedere di che cosa siete capaci».

Due uomini gettarono a terra i loro bastoni che si trasformarono in serpenti: il Faraone sorrise compiaciuto, ma il ghigno si bloccò quando vide che furono divorati dal serpente di Mosè, che poi tornò di nuovo bastone.

«Sono stufo di assistere a questi prodigi», disse con voce annoiata il Faraone. «Non ho tempo da perdere con voi. Il vostro popolo non se ne andrà mai dall'Egitto. Cacciateli».

Quella notte il Signore parlò ancora una volta a Mosè: «Il cuore del Faraone si è indurito. Domattina recati sul Nilo là dove il Faraone scende per bagnarsi. Tu sarai lì ad attenderlo, tenendo in mano il bastone e gli dirai: "Il Signore, il Dio degli ebrei, mi ha inviato a dirti: 'Lascia partire il mio popolo, perché mi serva nel deserto'. Così dice il Signore: 'Da questo fatto saprai che io sono il Signore: le acque che sono nel Nilo, nei fiumi, nei canali, negli stagni e perfino nei recipienti di legno e di pietra, si muteranno in sangue, i pesci moriranno e gli egizi non potranno più bere l'acqua dal fiume'". So bene, Mosè, che lui non acconsentirà, allora tu comanderai ad Aronne: "Prendi il tuo bastone e stendi la mano sulle acque degli egizi, sopra i loro fiumi, i loro canali, i loro stagni, sopra ogni corso d'acqua ed essi diventeranno sangue, sicché vi sarà sangue perfino nei vasi di legno e di pietra"».

Mosè e Aronne eseguirono l'ordine. La mattina si fecero trovare sulla riva del Nilo quando il Faraone arrivò con le sue guardie. «Faraone, non mi hai ascoltato e oggi il mio Dio punirà te e l'Egitto», disse Mosè. Aronne alzò il bastone, colpì il Nilo e arrivò la prima piaga: il fiume si trasformò in sangue.

Ci fu sangue in tutte le acque dell'Egitto.

Il Faraone non cedette, neppure quando vide i pesci morire nel fiume e gli animali morire di sete.

Dio intervenne di nuovo parlando a Mosè: «Di' al Faraone: "Dice il Signore: se tu rifiuti di lasciare andare il mio popolo, il Nilo comincerà a pullulare di rane: esse usciranno, ti entreranno in casa, nella camera dove dormi e sul tuo letto, nella casa dei tuoi ministri e tra il tuo popolo, nei tuoi forni e nelle tue dispense"».

Aronne stese il bastone sull'acqua dell'Egitto e le rane invasero il paese. E arrivò la seconda piaga.

Il Faraone convocò a palazzo Mosè e Aronne: «Pregate il vostro Signore di fare cessare questa piaga e lascerò partire il popolo d'Israele», disse angosciato.

«Confido nella tua promessa e pregherò il mio Dio di fare cessare questa piaga», acconsentì Mosè.

Per due settimane, gli egiziani furono impegnati a raccogliere ovunque le rane morte che rendevano irrespirabile l'aria. Ma, quando Mosè e Aronne tornarono al palazzo, il Faraone non li fece entrare.

Allora Dio intervenne nuovamente dicendo a Mosè: «Stendi il tuo bastone e percuoti la polvere della terra ed essa diventerà zanzare per tutto il paese d'Egitto».

Aronne eseguì l'ordine e arrivò la terza piaga. Dalla terra si sollevò una nube fittissima di zanzare che infierirono su uomini e animali. «È una magia che possiamo fare anche noi», risero i maghi del Faraone. Però, ci provarono, ma non ci riuscirono e allora con sgomento dissero: «Qui c'è il dito di un dio potente».

Ma il Faraone non cedette. «No, non li lascerò partire», disse con durezza.

Dio intervenne e parlò ancora a Mosè. «Alzati di buon mattino e presentati al Faraone e, quando uscirà per andare in riva al fiume, digli: "Così ordina il mio Signore: se tu non lasci partire il mio popolo, manderò su di te, sui tuoi servi, sul tuo popolo, sulle tue case sciami di mosconi e ne saranno piene le case degli egiziani. Ma salverò la terra di Gessen dove dimora il mio popolo: là non ci saranno i mosconi affinché tu capisca che io sono il sovrano di questo paese e farò una distinzione tra il mio popolo e il popolo tuo"».

Mosè riferì al Faraone che ancora una volta lo cacciò. E arrivò la quarta piaga: una massa imponente di mosconi devastò l'Egitto.

Il Faraone, sconvolto e preoccupato, convocò Mosè e gli disse: «Vi lascerò partire, ma non andate troppo lontano».

Mosè con i suoi occhi spazientiti incrociò quelli del Faraone che erano terrorizzati. «Lasciaci andare tre giorni di cammino nel deserto. Renderemo i sacrifici al nostro Dio e poi faremo come il Signore ci dirà. Ma fai in modo, Faraone, di mantenere il tuo impegno».

Gli insetti scomparvero, ma anche questa volta il Faraone non mantenne la promessa. E per la quinta volta Dio intervenne: «Mosè, vai a riferire al Faraone: "Se ti ostini a non lasciare partire il mio popolo, la mano del Signore colpirà il bestiame della campagna con la peste. Ma il Signore farà distinzione tra il bestiame di Israele e quello degli egizi, cosicché niente muoia di quanto appartiene agli israeliti"».

Arrivò la quinta piaga: la pestilenza sterminò cavalli, asini, cammelli, capre, pecore. Però del poco bestiame che gli schiavi ebrei allevavano, non morì neanche un capo.

Il Faraone non cedette. Ebbe uno scatto d'ira, lanciò a

terra tutto quello che gli capitò tra le mani, minacciò le guardie e i ministri: «Siete degli incapaci, vi ucciderò tutti, tutti, tutti. Ma gli ebrei non partiranno. Ma io ho delle guardie che sanno dimostrare che sono più forte del loro Dio oppure ho dei codardi?».

Il Signore chiamò Mosè e Aronne: «Prendete manciate di cenere dalle fornaci e spargetela verso il cielo alla presenza del Faraone. Essa diventerà polvere finissima che coprirà tutto l'Egitto, e produrrà, sugli uomini e sugli animali, ulcere che si trasformeranno in pustole».

Arrivò la sesta piaga e, anche questa volta, solo gli ebrei non ne furono colpiti. Ma il Faraone non cedette.

Mosè, più sicuro e più forte che mai, tornò a sfidarlo. Puntandogli il dito contro con disprezzo, parlandogli con vigore, mostrandosi per nulla afflitto da quella lotta estenuante, disse: «Il Signore, il Dio degli ebrei, ti manda questo messaggio: "Lascia partire il mio popolo perché, altrimenti, questa volta io mando altri flagelli contro di te, contro i tuoi ministri e contro il tuo popolo, perché tu sappia che nessuno è potente come me. Se io avessi già steso la mano per colpire te e il tuo popolo con la peste, tu saresti ormai cancellato dalla terra; invece ti ho lasciato vivere. Però ancora ti opponi al mio popolo e non lo lasci partire! Allora domani io farò cadere la grandine con una violenza che non si è mai vista in Egitto. Manda dunque fin d'ora a mettere in salvo il tuo bestiame e quanto hai in campagna. La grandine cadrà sopra tutti gli uomini e sopra tutti gli animali. Chi si troverà in campagna e non si sarà rifugiato morirà"».

Il Faraone rise ma molti suoi sudditi ormai cominciavano a essere terrorizzati e corsero a proteggere gli animali e a mettersi poi al riparo; altri, invece, restarono fedeli al Faraone e si fermarono in campagna.

Mosè, come gli aveva ordinato Dio, stese il bastone verso il cielo: e arrivò la settima piaga. Un fulmine squarciò le nuvole nere e cadde la grandine: violenta e fitta, schiantò gli alberi e distrusse i campi di grano, di orzo, di lino; e uccise il bestiame e gli uomini che si trovavano all'aperto, in campagna. Soltanto a Gessen, dove stavano gli ebrei, continuò a splendere il sole.

Il Faraone, in preda alla rabbia e alla disperazione, mandò a chiamare Mosè e Aronne: «Questa volta ho peccato, perché non ho mantenuto la parola. Io e il mio popolo siamo colpevoli. Pregate il vostro Dio di fare cessare tuoni, fulmini e grandine. E vi lascerò partire».

Mosè sorrise: «Quando sarò fuori dalla città, tenderò il palmo delle mie mani. I tuoni cesseranno e la grandine non cadrà più affinché tu riconosca che la terra è di Dio». Mosè si interruppe e lo guardò con commiserazione. «Ma io so che tu e i tuoi servi non temete ancora Dio».

La pioggia, la grandine, i tuoni e i fulmini arretrarono dalla terra su nel cielo, fino a nascondersi sopra i nuvoloni che poi si sciolsero, attirati da un soffio, e si dispersero nell'azzurro. Il Faraone alzò le mani in segno di vittoria, sicuro di avere raggirato Mosè con la sua astuzia. E gridò: «Non partiranno mai. Resteranno miei schiavi».

Dio chiamò ancora Mosè: «Vai dal Faraone poiché io ho lasciato che si indurisse ancora di più il suo cuore per compiere i miei prodigi affinché tu possa raccontare ai tuoi discendenti quello che ho fatto in Egitto. E digli ancora di lasciare partire il mio popolo. Poi aggiungi: "Se tu rifiuti io manderò da domani un esercito di cavallette sul tuo territorio. Esse copriranno il paese, così da non potersi più vedere il suolo: divoreranno tutto ciò che vi è stato lasciato dalla grandine e ogni albero che germoglia nella vostra campagna!"».

Mosè e Aronne si presentarono davanti al Faraone e riferirono le parole di Dio, non aggiunsero altro e uscirono dal palazzo lasciando tutti ammutoliti.

I ministri ruppero il silenzio per supplicare il Faraone: «Fino a quando questo popolo resterà tra di noi? Lascialo partire. Non ti accorgi che l'Egitto va in rovina?».

Mosè e Aronne furono allora richiamati: «Chi sono quelli che dovrebbero partire per i tre giorni di celebrazioni al vostro Dio?».

Mosè disse: «Tutti: giovani e vecchi, i figli e le figlie, e pure le greggi». Il Faraone rispose con la voce che soffocava la sua arroganza, non più furente ma indebolita: «Partiranno solo gli uomini per fare i sacrifici al Signore, se davvero questo è il vostro scopo. Se invece volete andare tutti, avete in mente di non tornare più. E io, per il bene del mio popolo, non posso concedervelo, perché non posso privarlo degli schiavi».

Mosè e Aronne replicarono: «O tutti o nessuno».

«Sono io che comando», urlò il Faraone ritrovando la sua arroganza. «Uscite dal mio palazzo».

Dio allora ordinò a Mosè: «Stendi la tua mano sopra l'Egitto per fare arrivare le cavallette. Esse invaderanno il paese, divoreranno l'erba e tutto quello che è stato risparmiato dalla grandine».

Arrivò l'ottava piaga.

Mosè stese il bastone e lo scirocco si abbatté sul paese, caldo e veloce. Le cavallette, affamate, arrivarono dall'Oriente, calarono sulle case, sulle strade e sulle campagne divorando ogni cosa. La fame e la carestia colpirono i ricchi e i poveri, i potenti e i servi.

Il Faraone, sempre più disperato, convocò Mosè e Aronne: «Ho peccato ancora contro il vostro Dio. Perdonatemi anche questa volta e pregate per fare cessare questo sterminio».

Mosè pregò e Dio mutò la direzione del vento che trascinò le cavallette nel Mar Rosso.

Il Faraone, però, nemmeno questa volta cedette. E Dio ordinò a Mosè: «Stendi la mano verso il cielo e scenderanno le tenebre sull'Egitto».

Arrivò la nona piaga.

Mosè stese la mano in alto e per tre giorni il buio ricoprì il paese. Gli egiziani non poterono più vedere né i familiari, né le cose, né le strade. Come se fossero diventati tutti improvvisamente ciechi, nessuno poté più muoversi dal luogo in cui si trovava perché le tenebre lo avevano avvolto.

I malati morirono per mancanza di cure, altri di fame e di sete, altri ancora di paura. Solo sulla terra degli ebrei, a Gessen, il sole continuò a splendere.

Il Faraone chiamò Mosè dal trono del palazzo con un urlo disperato: era rimasto lì, seduto per giorni, paralizzato dal buio e terrorizzato dalla paura.

L'urlo arrivò lontano, portato dal vento, fino a Gessen dove splendeva il sole e dove stava Mosè, aspettando.

Andò al palazzo. «Andate, servite il vostro Dio», disse esausto il Faraone allargando le braccia. «Partite! Portate anche i vostri bambini. Però, lasciate qui il bestiame». Mosè replicò deciso: «Anche il nostro bestiame partirà: neppure un'unghia ne resterà qui, perché non sappiamo ancora che cosa dobbiamo offrire al Signore. Lo sapremo soltanto quando saremo giunti nel luogo che lui ci dirà».

«Basta contraddirmi», alzò la voce il Faraone. «Allora non partirete più. Vattene! E se tornerai morirai». Anche Mosè fu sprezzante: «Mi hai stancato». E se ne andò.

Dio gli parlò ancora: «Manderò ancora una piaga contro il Faraone e contro l'Egitto. E dopo vi lasceranno partire».

Mosè sospirò: «Lo hai già messo alla prova, ma il Faraone non cede».

Dio lo rassicurò: «Stavolta vi lascerà partire. Anzi, sarà lui stesso a cacciarvi, perché verso la metà della notte io scenderò in Egitto. Ogni primogenito morirà: dal primogenito del Faraone a quello della schiava e degli animali. Per tutto l'Egitto vi saranno lamenti che mai ci furono e mai ci saranno più. Ma tra i figli d'Israele non ci sarà nemmeno un lamento: neppure un cane abbaierà contro anima viva, uomo o bestia che sia. Vi convincerete così che il Signore ha fatto una separazione netta tra gli egiziani e gli israeliti».

Mosè rabbrividì, la decima piaga gli sembrò troppo crudele. Provò una sensazione di sgomento che non passò neppure quando Dio aggiunse per rassicurarlo: «Parla ora al popolo. Ordina che ogni uomo ebreo chieda al suo amico egiziano oggetti d'argento e d'oro. E ogni donna ebrea li chieda alla sua amica egiziana».

Mosè si sorprese: «Mio Signore, ma gli egiziani ci odiano...».

Dio non rispose e Mosè riferì l'ordine, accorgendosi, poco dopo che, come sempre, il Signore aveva ragione: gli egiziani erano così stanchi delle nove piaghe subite, che consegnarono l'oro e l'argento agli ebrei, ben felici di ingraziarseli.

Dio vide però Mosè e Aronne angosciati e volle rassicurarli: «Questo mese sarà per voi il primo dei mesi dell'anno. Sarà un giorno di grande festa per il popolo ebreo. Parlate a tutto il popolo d'Israele dicendo: "Nel decimo giorno di questo mese, ogni capofamiglia si procuri un agnello. Ce ne deve essere uno in ogni casa. Se la famiglia non è numerosa e non riesce perciò a mangiare un agnello intero, ne prenda uno in comune con il suo vicino. L'agnello deve essere maschio, senza difetto, di un anno. Potete scegliere tra le pecore o le capre. Lo custodirete fino al quattordicesimo giorno del mese e l'assemblea di Israele radunata lo immolerà alla sera. Prendete un po' del suo sangue e spargetelo sopra i due stipiti e sopra il frontone della porta di ogni casa. Mangiatene la carne in quella stessa notte, abbrustolita al fuoco, con pani azzimi e lattughe selvatiche. Non ne mangerete crudo né lessato: arrostito al fuoco, ho detto. Non lasciate avanzi per il giorno seguente: bruciateli allo spuntare del mattino"».

La voce di Dio divenne più pacata: «Il pasto vi ricorderà ciò che ora sta per accadere: io passerò per l'Egitto e farò morire ogni primogenito, sia degli uomini sia degli animali, e renderò manifesta l'impotenza di tutti gli dèi dell'Egitto. Il sangue sugli stipiti delle porte servirà per indicarmi le case dove abita il mio popolo. Quando io vedrò quel sangue, passerò oltre, senza toccarvi, e nessuno sarà colpito quando io percuoterò le case, per fare morire i primogeniti degli egiziani che ci vivono. Sarà per voi un giorno memorabile e voi e tutte le vostre generazioni future lo celebrerete come festa solenne del Signore».

La festa, lettore, sarà la Pasqua, in ebraico "Pesach", "passaggio". Il passaggio di Dio.

34

Aronne ascoltò con sgomento e poi disse: «Ma perché, Mosè, per le colpe del Faraone devono pagare i bambini egiziani che sono innocenti?».

«Il Signore sa quello che fa, Aronne», spiegò serenamente Mosè. «Erano forse colpevoli le migliaia e migliaia dei nostri uomini uccisi dai sorveglianti del Faraone? Per quale colpa sono stati sferzati a sangue, costretti a lavorare come bestie, murati vivi, bruciati nelle fornaci? Tra essi c'erano anche bambini. Ricordi quello che il Signore aveva detto a Noè? "Chi sparge il sangue dell'uomo, il suo sangue dall'uomo sarà sparso, perché a immagine di Dio è stato fatto l'uomo". Il Faraone è colpevole di troppe nefandezze e il Signore ha deciso di colpirlo per fargli capire la sua potenza, che è lui l'unico Dio. Capisco quello che provi, fratello. L'ho provato anch'io, ma ora sono convinto che questo è il prezzo che l'Egitto deve pagare per la nostra liberazione dalla schiavitù e che non esiste altro Dio all'infuori del nostro».

Arrivò la decima piaga.

Mezzanotte era passata da poco quando il Faraone fu svegliato all'improvviso dai pianti e dalle urla di dolore nel palazzo.

Le grida si alzarono in ogni casa egiziana: «È morto! È morto!». «Il dio degli ebrei ha ucciso i nostri figli!».

Il Faraone si precipitò nella stanza del suo primogenito: non aveva ancora compiuto dieci anni e aveva il suo stesso nome, Ramses. Capì subito quando vide la regina circondata dalle ancelle, che in lacrime sedeva accanto al letto del figlio. «Svegliati, bambino mio, svegliati!», sussurrava in un lamento continuo, estenuante, angosciato. «La mamma è con te. Perché dormi? Tu, Merykara», disse a un'ancella, «porta subito frutti e latte. Il mio bambino è debole, per questo non riesce ad aprire gli occhi».

Il Faraone colpì con un pugno violentissimo una parete. Urlò: «Me l'hai ucciso, dio degli ebrei, che tu sia maledetto! Cento, mille, diecimila volte maledetto!!!».

Dov, uno dei sommi sacerdoti, si avvicinò: «Non temere, luce del Nilo, io e gli altri sacerdoti con le nostre preghiere strapperemo dagli artigli di quel dio tuo...».

Non riuscì a finire. Il Faraone, reso folle dalla rabbia e dal dolore che gli pesavano nella mente, afferrò la spada di una guardia e lo trapassò da parte a parte: «Taci per sempre, bugiardo, inetto, idiota!!! Non sei niente, come i tuoi dèi di sterco! Siete stati capaci di difendere l'Egitto? Di salvare mio figlio?».

Il consigliere Balaam si avvicinò per calmarlo: «Mio potente signore, anche mio figlio è morto. Un solo grande urlo si è levato in tutto l'Egitto. Non c'è casa dove non ci sia un morto».

«Sbrigati!», disse sconvolto il Faraone, ripescando la sua arroganza nell'odio che sembrava volere esplodere dal cuore. «Convoca qui Mosè e Aronne, quei due maledetti ebrei. Devo vederli subito».

«Sono già qui», intervenne Shabako, il capo delle guardie. «Stanno aspettando i tuoi ordini sulla soglia del palazzo. Fuori si sta raccogliendo anche il nostro popolo. Temo che possano scoppiare dei tumulti».

«Portali alla mia presenza. Fa' in fretta. Basta, ho deciso di finirla con questa storia!».

«Ma, mio Faraone», intervenne Balaam «non puoi riceverli in questo stato. Il cerimoniale prescrive che...».

«Il cerimoniale? Mio figlio è morto e pensi al cerimoniale?», urlò. «Fai arrivare Mosè e Aronne prima che ti mandi a raggiungere tuo figlio nel regno dei morti».

Il Faraone restò sul trono ad aspettarli con la schiena accasciata sulla spalliera, gli occhi cerchiati dal rosso del pianto e della disperazione, i capelli bagnati dal sudore. «Ci siete riusciti», li assalì, quando Mosè e Aronne arrivarono al suo cospetto. «Ma che Dio è il vostro se fa morire senza pietà migliaia di innocenti?».

«E tu quanti ne hai uccisi per i tuoi capricci e la tua ostinazione?», ribatté Aronne con durezza. «Misura per misura: sangue chiama sangue».

«Basta, andatevene. Sono io che non vi voglio più», il Faraone fece tuonare la sua voce. «Balaam fai annunciare il mio bando: "Io Ramses, signore e padrone di tutto l'Egitto, ordino a Mosè e ad Aronne: 'Alzatevi e abbandonate il mio popolo, voi e gli israeliti! Andate, rendete culto al Signore come avete detto. Prendete anche il vostro bestiame e le vostre greggi, come avete detto, e partite'. Così sia scritto e così sia fatto!"».

«Devo lasciarvi», disse poi guardando Mosè e Aronne con odio. «Vado a piangere mio figlio».

Pochi giorni dopo una colonna di seicentomila uomini,

donne e bambini e di innumerevoli greggi, armenti e altro bestiame, incominciò a uscire da Pi-Ramses e dalla regione di Gessen diretta verso la libertà.

Dopo quattrocentotrenta anni di soggiorno in Egitto e di schiavitù il popolo di Abramo si mise in marcia verso la terra assegnata da Dio.

Mosè portò con sé, come una sacra reliquia, anche le ossa di Giuseppe, che, prima di morire, aveva detto ai suoi fratelli: «Dio verrà certo a visitarvi e allora voi porterete via da qui il mio corpo».

«Sei soddisfatto?», domandò sorridendo Aronne al fratello, iniziando il viaggio lentamente, a piedi: sugli asini si erano sistemati i più vecchi e le donne incinte.

«Non ancora», rispose Mosè. «Il viaggio sarà lungo e pieno di pericoli. Molti di noi moriranno stremati dalla fatica. Non vedi?», alzò la mano per indicare la lunga colonna. «Partono contenti perché non sono più schiavi. Ma fra pochi giorni avranno i piedi sanguinanti, le vesti lacere, lo stomaco vuoto e la gola arsa dal caldo». Sospirò: «Sì, Aronne, sono preoccupato ma anche fiducioso: Dio sta guardando e questa colonna è la sua vittoria. Non potrà abbandonarla adesso».

La prima tappa fu Succot, una stretta vallata che si trova, lettore, nel delta nordorientale del Nilo. Si fermarono per organizzare, con i più giovani, un esercito armato pronto ad affrontare eventuali nemici. Quando furono pronti, si diressero verso Etam, un'antica fortezza al limite del deserto di Sur nella penisola del Sinai, per poi proseguire verso il Mar Rosso.

«Vedi quella nuvola?», disse Aronne a Mosè. «Sembra

che navighi nel cielo azzurro. Da giorni è sempre sopra di noi. E di notte si accende con il colore del fuoco... Come se viaggiasse con noi».

«Sei ancora di poca fede, Aronne, se non hai capito», sorrise Mosè. «Pensi che non abbia visto la nube? È Dio, Aronne. Marcia in testa alla nostra colonna... Ci indica la via e ci protegge».

Aronne guardò la nube, sorrise e continuò il viaggio sentendosi più rassicurato.

Viaggiarono giorno e notte, fermandosi solo poche ore per dormire. Quando arrivarono a Etam, Mosè si allontanò dal gruppo e si isolò sperando che Dio gli parlasse. E infatti gli parlò: «Dovete fare un poco di strada all'indietro e accamparvi a Pi-Achirot, tra Migdal e il mare. Il Faraone è ostinato e vi inseguirà, pensando che avete preso la strada del deserto. Sul mare prenderete tempo così vi riposerete. Ma state tranquilli: io dimostrerò la mia gloria al Faraone e al suo esercito, così gli egiziani sapranno che io sono il Signore!».

Intanto al palazzo le guardie avvertirono il Faraone: «Luce del Nilo», dissero, «gli ebrei si sono accampati davanti al mare. Non hanno più via di scampo».

Nella sala del trono, la discussione si animò. «Io dico che è meglio lasciarli stare per sempre. Non ci è bastato tutto quello che abbiamo già sofferto?», disse uno.

«Hanno oltraggiato i nostri dèi, compiuto riti sacrileghi e diffuso pestilenze mortali. Vogliamo fare finta di niente?», ribatté un altro.

«I nostri dèi hanno migliaia di statue, il dio degli ebrei, invece, non ha niente. E chi si è dimostrato più forte? E adesso volete combattere contro qualcosa che non si vede?», protestò un altro ancora.

«Basta!», urlò il Faraone. «Lasciatemi in pace a piangere mio figlio».

«Mio signore», disse il fedele Balaam. «Sono bloccati di fronte al mare. Non possono andare avanti e noi potremmo...».

«Potremmo che cosa?», si arrabbiò il Faraone. «Quale altro cattivo consiglio vuoi darmi?».

«Io pensavo, luce dell'Egitto, che potremmo piombare alle loro spalle e farli a pezzi. Non possono più fuggire». Gli sembrò che il Faraone non lo ascoltasse, ma Balaam proseguì con un tono più acceso per distoglierlo dai suoi pensieri. «E se fossero stati guidati là da tutti i nostri dèi perché potessimo sterminarli una volta per tutte?».

«Basta!!!», urlò di nuovo il Faraone. «Non avete visto quello di cui è capace il loro dio? Mio figlio è morto e la regina è impazzita per il dolore. State a sentire...».

Ma non proseguì: semivestita, scarmigliata, i capelli irti, la bocca rossa spalancata in un urlo straziante, la regina irruppe nella sala inveendo contro il Faraone.

«Sei un vigliacco!», gridò. «Hai gli ebrei a portata di mano e non vai a vendicare nostro figlio! Vigliacco, non hai un goccio di sangue nelle vene!».

Gli altri restarono impietriti senza osare guardare né il Faraone né la regina.

«Ascoltatemi!», urlò ancora. «Io sono la vostra regina: vi ordino di mobilitare i carri da guerra, di piombare sugli ebrei e di farli a pezzi; se non obbedirete al mio comando, vi considererò tutti traditori. Sì, traditori dei vostri figli morti, del regno d'Egitto e della vostra regina».

Il silenzio calò sulla sala. Il Faraone respirò profondamente, alzandosi dal trono. Poi con la voce che mescolava collera, frustrazione e dolore, domandò ai suoi uomini: «Voi che cosa consigliate?».

Il primo a parlare fu il sommo sacerdote: «Annientali, Faraone! Gli dèi dell'Egitto sono con te; i presagi sono concordi. Non puoi sfuggire alla volontà degli dèi!».

Si levò un urlo di rabbia: «Annientali, Faraone, distruggili! Saremo tutti al tuo fianco. Dà l'ordine... Dà l'ordine!».

«Devo forse impartirlo io?», strillò la regina. «Vuoi che lo faccia una donna?».

«Basta! Sono stanco!», mormorò il Faraone. «Il dio degli ebrei mi ha tolto tutto, non gli resta che privarmi della vita». Poi alzò il tono: «E così sia, se è questo che volete. Preparate la cavalleria e i carri. Che tutte le insegne da guerra siano spiegate, che i tamburi rullino e le trombe squillino: annunceranno al popolo che Ramses, il Faraone, marcia contro gli ebrei».

35

Anche Mosè aveva delle spie che lo informavano: erano tornati verso la capitale per scoprire se il Faraone si era rassegnato o si stava preparando a inseguirli. A metà strada sentirono la terra rimbombare e tremare come scossa da un terremoto. Seicento carri da guerra e cinquemila cavalieri, accompagnati dagli «Evviva!» della gente al loro passaggio e dal suono delle trombe d'argento, erano lanciati a velocità sfrenata, all'inseguimento. Il Faraone era sul carro che apriva la fila e sfogava la sua rabbia, che stava per diventare pazzia, sferzando a sangue il cavallo.

«Stanno arrivando gli egiziani! Tutto l'esercito del Faraone sta piombando su di noi!»; urlarono le spie prima di scendere dai cavalli, sudati per la veloce corsa, mentre entravano nell'accampamento.

Mosè uscì dalla sua tenda, fra le urla della gente.

«Siamo morti! Siamo tutti morti!».

«Non avranno pietà di noi. Ci ammazzeranno tutti!».

«È forse perché non c'erano sepolcri in Egitto che ci hai portato a morire nel deserto?».

Mosè cercò di dominare la paura e l'agitazione che si stavano spargendo per il campo: «Siate forti e sarete salvi: il Signore agirà per voi. Gli egiziani che voi oggi vedete, non li rivedrete mai più!».

«Sì, ma come li respingiamo? Con la sabbia?», si alzò il grido di protesta.

«Il Signore combatterà per voi...».

«Aronne», Mosè si rivolse al fratello. «Parla tu con loro, calmali. Sento che Dio mi sta chiamando... Vuole parlare con me».

Si ritirò in preghiera nella sua tenda e cercò di svuotare il suo cuore dalla disperazione facendo uscire un grido di dolore: «Dio, parlami».

«Perché gridi verso di me?», la voce sapeva di rimprovero, e Mosè si inginocchiò piegando la schiena, implorando il perdono. La voce continuò: «Ordina di riprendere il cammino entrando nel mare. Tu alza il bastone, stendi la mano per dividere il mare: vedrai una striscia di terra asciutta tra pareti di acqua. Gli israeliti si metteranno in marcia sulla strada asciutta e continueranno il viaggio guardando da una parte e dall'altra il mare che si è aperto per farli passare».

Mosè uscì di corsa fuori della tenda, chiamò a raccolta il popolo e disse: «Tenetevi pronti. Domattina all'alba ci muoveremo in direzione del mare e marceremo sempre verso il sole!».

«Ma Mosè, come faremo?», domandò Aronne.

Un uomo entrò nel campo, correndo ansimante: «Mosè, Mosè! La nuvola scura che ci ha seguito per tutto il cammino, è scesa e si è posta tra noi e l'esercito del Faraone. Gli egiziani hanno dovuto fermarsi perché non vedono più niente davanti a loro. E si sono accampati».

Altri, più vicini al mare, gridarono: «Guardate: una luce brilla nell'acqua».

«Ecco come faremo ad attraversare il mare», sorrise Mosè ad Aronne. Poi alzò la voce: «Quella luce è un angelo del Signore ci farà da guida. Preparatevi. Appena si leveranno le prime luci del giorno, partiremo».

All'alba erano pronti. Mosè si avviò verso la costa. Si fermò, contemplò le acque calme e profonde, si raccolse in preghiera, poi levò la mano che impugnava il bastone e pregò. Un vento forte e impetuoso improvvisamente soffiò e scosse l'acqua, sollevandola. Il mare lentamente cominciò a dividersi in due parti, poi si allargò. Sul fondo apparve un lungo sentiero di terra asciutta, diviso da pareti di acqua immobile come se fosse di cemento. «Il mare ubbidisce agli ordini di Dio», gridò Mosè. «Seguitemi! Il Signore ci ha indicato la via; attraversiamo il mare che ha aperto per noi».

Gli israeliti si precipitarono verso quella strada prodigiosa gridando: «Correte avanti, correte. Non fermatevi fino alla terraferma!».

Mosè e il suo popolo erano già oltre la metà del cammino, quando la nube, che era scesa sul campo degli egiziani, scomparve facendo apparire il mare diviso a metà.

«Il dio degli ebrei combatte al loro fianco. Non osare sfidarlo!», gridarono al Faraone.

«No», urlò il Faraone balzando sul carro e impugnando due lance, «se avete paura, rimanete qui».

«No, mio signore, ti seguiremo fino alla morte».

«Seguitemi allora. Spazziamoli via... Nessuno venga risparmiato... Avanti... Ammazziamoli... Ammazziamoli... Ammazziamoli!».

Le trombe egiziane squillarono. L'insieme imponente

dei carri da guerra, dei cavalli e degli uomini armati cominciò a muovere verso la strada che si era aperta sul fondo del mare: prima lentamente, poi guadagnò rapidità, infine divenne una massa irrefrenabile.

I primi israeliti della colonna, nel frattempo, avevano raggiunto la terraferma e, voltandosi, vedevano, tra quelle due pareti di acqua che sembravano di cristallo, la loro gente che fuggiva inseguita dagli egiziani.

Ramses e gli egiziani erano a metà del cammino quando gli ultimi ebrei raggiunsero la sponda. All'improvviso un tuono rimbombò dal cielo azzurro. Il mare cominciò a riversarsi dall'alto sull'esercito del Faraone, prima lentamente, poi con sempre maggiore violenza, quindi, mentre uomini e bestie urlavano e nitrivano, si abbatté su di loro sommergendoli. Il Mar Rosso si chiuse, tornando come prima, davanti agli israeliti, attoniti per il prodigio e terrorizzati dalle urla degli egiziani che affogavano.

Sembravano tutti scomparsi sotto le onde, quando un uomo, spinto verso l'alto da una forza sovrumana, riaffiorò in superficie presso la sponda. Era il Faraone che teneva ancora stretto in una mano il suo stendardo di battaglia e, con l'altra, brandiva la lancia. Riuscì, con uno sforzo supremo, a scagliarla verso il cielo urlando: «Dio degli ebrei, ti odio e ti maledico. Se tu fossi stato un uomo, ti avrei sconfitto! Tu invece...».

Un gorgo si aprì intorno a lui, lo avvolse e lo inghiottì nel profondo del mare.

Era finita. Miriam, la sorella di Mosè, prese un tamburello, lo percosse e, seguita dalle altre donne, cominciò a ballare: «Cantate al Signore, perché mirabilmente ha trionfato: cavallo e cavaliere ha gettato nel mare».

Mosè prese la parola: «Dio oggi ci ha salvato dopo averci liberato dalla schiavitù in Egitto, ma non crediate che le nostre sofferenze siano finite. Dobbiamo dirigerci, come ha ordinato, verso la terra di Canaan. Dovremo attraversare il deserto, patire fame e sete, combattere dure battaglie, affrontare ostacoli, ma, se continueremo ad aver fede in lui, raggiungeremo la meta».

Un grande applauso si levò dalla folla. «Però», disse Mosè con il tono che spense l'entusiasmo, «alcuni di voi hanno portato gli idoli di falsi dèi, che hanno avuto dagli egiziani. Al cospetto di tutti, distruggeteli».

«Ma sono di oro e di argento», protestarono alcuni. «Non è meglio fonderli?».

«No, non voglio che quei metalli maledetti viaggino con noi, quale che sia il loro valore. Fate come vi dico!».

Quando gli idoli furono distrutti, Mosè parlò ancora: «Domani ci inoltreremo nel deserto. Ci attende un cammino lungo e difficile. Riposate e abbiate fede nel Dio dei nostri padri».

36

Il deserto di Sur, che si stendeva immenso e che corrisponde oggi, lettore, alla regione nordoccidentale al confine con il delta del Nilo, era desolato, pietroso, infestato da serpenti velenosi, scorpioni dalla puntura mortale, lucertoloni che si intrufolavano ovunque. E, soprattutto, era impossibile trovarvi una goccia d'acqua.

La sterminata carovana degli israeliti marciava con fatica. Il cibo, il pane azzimo portato dall'Egitto, stava per terminare e la riserva d'acqua era agli sgoccioli. Il popolo tornò a essere scontento e a dubitare di Mosè: «Facci tornare in Egitto».

«Perché Dio vuoi questo?», invocò Mosè. «Dio... Dio... Dio...»: gli usciva solo il suo nome dalla bocca.

«Sono giorni che camminiamo sotto questo sole infernale e i bambini e le donne non ne possono più...», si lamentò il popolo. «Questo deserto non lascia scampo».

Un giorno le staffette che precedevano la carovana tornarono con una buona notizia. «Più avanti ci sono delle pozze d'acqua. Potrete bere, finalmente!».

«L'acqua! L'acqua!», cominciarono a gridare di bocca in bocca. «Corriamo! Hanno trovato l'acqua...».

«Calmatevi, ce n'è per tutti», gridò Mosè fermando la corsa davanti all'oasi. «Procedete lentamente. Fate bere prima i bambini e gli anziani, poi le donne e infine gli uomini».

Ubbidirono, ma bastarono pochi sorsi e tutti si contorsero dai dolori.

«Che cosa succede?», gridò una donna, affidando il figlio all'amica e precipitandosi verso l'acqua. Ne ingurgitò una sorsata, ma subito la sputò nauseata.

«È disgustosa!», gridò disperata. «È amara come il fiele, è impossibile berla. Nemmeno un animale potrebbe farlo».

Tornarono a urlare di rabbia: «Che cosa faremo adesso, Mosè? Hai deciso di farci morire di sete? Perché ti ostini a seguire la voce del tuo Dio? Non vedi in che condizioni ci siamo ridotti?».

Mosè alzò gli occhi al cielo, afferrò un pezzo di legno e lo gettò nell'acqua. Poi si chinò e ne raccolse un po' con le mani a coppa, ne bevve e disse: «Ora è fresca».

La donna, che prima l'aveva sputata, tornò ad assaggiarla ed esplose in un urlo di gioia: «È vero! Possiamo bere. Siamo salvi!».

Quanto tutti si furono dissetati, Mosè disse al suo popolo: «Dio mi ha detto: "Se tu darai ascolto alla mia voce e farai ciò che è retto, se tu presterai orecchio ai miei ordini e osserverai tutte le mie leggi, io non ti infliggerò nessuna delle infermità che ho inflitto agli egiziani, perché io sono il Signore, colui che ti guarisce!"». E si allontanò silenzioso.

Quel luogo fu chiamato "Mara", per il sapore amaro che aveva l'acqua, prima dell'intervento di Dio.

Ripresero il cammino verso oriente e arrivarono a Elim,

identificata oggi, lettore, a pochi chilometri da Suez. E lì trovarono dodici sorgenti d'acqua, una per ogni tribù di Israele, e settanta palme. Si fermarono per ritrovare le forze perché stavano per affrontare il tratto più duro: il deserto di Sin, che li avrebbe portati alla punta meridionale della penisola del Sinai.

Per arrivarci camminarono giorni e giorni, ma ancora una volta trovarono un territorio deserto, scarse pozze d'acqua inquinata, un vento infuocato che soffiava da tutte le direzioni.

E ancora una volta il popolo protestò per la sete e per la fame: «Fossimo morti per mano del Signore nella terra d'Egitto», disse uno.

«Sì, dici bene: lì alla sera qualcosa da mangiare ce lo davano sempre... Siamo ridotti alla fame... Il pane azzimo sta per finire e poi che cosa faremo?», aggiunse un altro.

Protestarono anche Miriam e Aronne. Mosè capì che il lamento del suo popolo stava crescendo e, sfiduciato, invocò di nuovo Dio che con infinita pazienza gli parlò: «Ecco, io sto per fare piovere pane dal cielo per voi: il popolo uscirà a raccoglierne ogni giorno una razione, perché io lo metto alla prova, per vedere se cammina, secondo la mia legge, o si ferma. Il sesto giorno avrà doppia razione: servirà per l'indomani, che è giorno di riposo».

Mosè e Aronne riferirono le nuove parole di Dio, ma il popolo continuò a lamentarsi. Aronne fu travolto dalla collera: «Protestate? Che cosa siamo io e Mosè per meritare questo? Voi non state protestando contro di noi, ma contro Dio stesso, quel Dio che vi ha salvato dal Faraone».

«Sì, per farci morire di fame qui», urlarono i più esasperati. «Tanto valeva finire come gli egiziani in bocca ai pesci lì, nel Mar Rosso».

«Tacete, scellerati! Come osate?», urlò Aronne.

«Io ho l'ardire che voglio», si fece avanti un uomo più rabbioso degli altri. «Siamo stanchi di obbedirvi... Chi vi ha eletto nostri capi?».

Il silenzio del cielo fu rotto da un improvviso frullio di ali. Migliaia e migliaia di quaglie arrivarono dal mare e coprirono l'accampamento. Si posarono al suolo e si lasciarono catturare. Poco dopo nell'accampamento si levò il profumo dell'arrosto e il popolo mangiò a sazietà.

Ma la protesta non si placò. «La carne l'abbiamo avuta», gridarono alcuni a Mosè. «Ma per domattina aspettiamo il pane come ci hai promesso».

Aronne lo raggiunse. Si sedette accanto a lui, sospirò e tirò fuori, quasi pentendosene, i dubbi che lo tormentavano: «Fratello mio, non capisco più. Perché Dio fa soffrire il suo popolo? Perché non ci ha fatto trovare una strada senza pericoli? Perché, se è giusto, manda tante calamità sulla terra? Gli egiziani sono nemici ma come ha potuto farli affogare nel mare, dopo avere ucciso i loro bambini?».

Mosè lo guardò con dolcezza: «Anch'io, Aronne, ho dubitato, poi ho capito. Dio mi ha spiegato più volte il motivo delle piaghe mandate sull'Egitto, dei tormenti che ci ha fatto subire, delle calamità che ci troviamo ad affrontare...».

«Dimmi, allora, Mosè: fai capire anche a me», lo interruppe Aronne.

«Dio ha sempre detto: "Così capiranno che io sono l'Onnipotente". Mi diceva: "Il Faraone capirà chi è il Signore della terra, quando gli arriveranno le piaghe che ho mandato". Ugualmente il popolo d'Israele deve affrontare la fame, per poi capire quanto è potente il Signore, quando ci salva mandandoci il cibo. Vedendo i suoi prodigi, conosceremo la sua potenza e non dubiteremo più. Così crederemo in lui e ci crederanno anche le generazioni che da noi discenderanno e che vivranno sulla terra anni e anni dopo di noi».

Aronne si asciugò le lacrime e mormorò: «Adesso, ho capito, Mosè».

All'alba i due fratelli furono svegliati da un vociare, che diventava sempre più rumoroso: «Che cosa è questo?... Guardate... Ma che cosa è questo?...».

Mosè uscì dalla tenda e vide, disteso tutto intorno all'accampamento qualcosa di bianco, simile al seme del frutto di una pianta di coriandolo. Ne raccolse un po' e lo portò alla bocca: aveva il gusto di focaccia e di miele.

«Che cosa è questo?», domandò in coro la folla assiepata, un po' curiosa e un po' impaurita.

«È il pane che il Signore ci ha mandato dal cielo», urlò felice Mosè per farsi sentire anche da chi stava più lontano.

Ricordi, lettore? Quel cibo fu chiamato "manna", perché era sconosciuto. E "manna", in ebraico, è una domanda piena di stupore che puoi tradurre: "Che cosa è questo?". Quel cibo dunque prese il nome dalla meraviglia con cui, quel mattino, nel deserto gli israeliti si chiedevano che cosa fosse.

«È il pane di cui si nutrono gli angeli», continuò Mosè, rivolgendosi al popolo. «Ne raccoglieremo una razione al giorno. Se ne prenderemo di più, marcirà. Al sesto giorno, ognuno ne raccoglierà doppia razione da mangiare il giorno dopo, il settimo che è giorno di lode al Signore e di riposo dalle fatiche».

Mentre tutti, finalmente sereni, cominciarono a raccogliere il cibo, Mosè disse ad Aronne: «Prima di mangiare, raccogli una razione: la conserveremo per testimoniare la generosità di Dio alle future generazioni».

La manna, lettore, scese dal cielo per quarant'anni, tutto il tempo che il popolo impiegò per arrivare alla Terra Promessa.

C'era il cibo, ma non l'acqua. E dopo pochi giorni l'ingrato popolo di Mosè tornò a protestare.

«Stiamo morendo di sete... Dacci acqua... Siamo stati pazzi a seguirti... Era meglio restare in Egitto».

«Tutte le volte che vi lamentate con me, offendete l'Onnipotente», si arrabbiò Mosè. «Siete come bambini che continuano a chiedere al padre un dono, lo ricevono, ma subito dopo ne pretendono un altro. Abbiate fiducia...».

Fu interrotto da una pietra scagliata dalla folla che lo mancò di poco. Mosè, spazientito e sconvolto, gridò a Dio: «Che cosa farò io per questo popolo? Ancora un poco e mi lapideranno!».

La voce del Signore risuonò nella sua mente: «Passa davanti al popolo e prendi con te alcuni anziani. Tieni in mano il bastone con cui hai percosso il Nilo e va'! Ecco, io starò davanti a te sulla roccia dell'Oreb; tu batterai la roccia: ne uscirà acqua e il popolo berrà».

Mosè impugnò il bastone e lo alzò sulla folla con gli occhi sbarrati dalla collera. «Se la sua ira ancora non ci ha cancellato dalla faccia della terra», li aggredì, «è per l'alleanza che ha stabilito con Noè e per le promesse che ha fatto ad Abramo». Poi con voce ancora più potente chiamò: «Sunì, Isva ed Elon, voi che siete i grandi saggi del nostro popolo, seguitemi, vi mostrerò la potenza del Signore!», e si incamminò verso la vetta del Monte Oreb. Dopo un lungo cammino in salita, si fermò davanti a una parete rocciosa alta, massiccia, compatta. La fissò con gli occhi velati di amore e di speranza, esitò appena un attimo, poi la percosse con il bastone e l'acqua cominciò a uscire, prima goccia a goccia, poi come un rivolo, infine con getto forte e impetuoso.

«Voi tre», disse Mosè ai grandi saggi, «siete testimoni della potenza e della benevolenza del Signore. Da questo momento e per tutto il viaggio l'acqua non ci mancherà. In qualsiasi luogo ci accamperemo, troveremo acqua purissima come questa».

«Il Signore cammina al tuo fianco e parla con la tua voce, Mosè», disse Sunì inchinandosi. «Ti chiediamo perdono a nome di tutto il popolo».

«Chiedete perdono a Dio e non a me!», esclamò Mosè con la voce ancora tremante per l'ira. «Fate capire loro che vengono da lui i prodigi che io compio. Esortateli a pregarlo e badate che non cedano alla tentazione dell'idolatria: il Maligno è sempre pronto a metterci alla prova con le sue insidie».

Il popolo bevve a sazietà e tornò a lodare il Signore e Mosè.

37

Erano salvi. Ma sapevano che la strada per arrivare alla Terra Promessa era ancora lunga, piena di imprevisti e di pericoli. Continuarono ad avanzare nel deserto di Sin, spostandosi con grande lentezza. Il popolo tornò a lamentarsi dei disagi e delle difficoltà, mettendo a dura prova la pazienza di Mosè che, sempre più triste, si rivolgeva a Dio per chiedere di perdonare la sua gente, incapace di avere fiducia nonostante le avversità del viaggio.

Ma non fu solo l'ingratitudine del popolo a tormentare Mosè, perché ben più gravi furono i pericoli che dovette affrontare. Infatti, lungo la strada, incontrarono nemici armati che tentarono di fermare il loro cammino, come l'esercito del popolo di Amalek, contro il quale la guerra fu cruenta.

Mosè assistette alla battaglia decisiva su un colle, levando le mani al cielo per implorare l'aiuto di Dio. Quando teneva alzate le mani, gli israeliti vincevano, ma, quando le lasciava cadere per la stanchezza, perdevano e vincevano gli amaleciti. Allora suo fratello Aronne e l'amico Cur, uno da una parte e l'altro dall'altra, sostennero alte le sue braccia fino al tramonto, finché vinsero.

Durante la battaglia, Mosè era restato affascinato dall'impeto, dal valore e dalla forza del giovane che guidava un gruppo del suo esercito. Volle conoscerlo. «Sono Giosuè», disse il giovane.

«Sei un valoroso, ti ho visto combattere e affrontare il pericolo, come se sentissi l'aiuto di Dio nelle tue braccia».

«Infatti», rispose Giosuè, «Dio era con me».

A Mosè la risposta piacque e, da quel momento, Giosuè diventò il suo pupillo, il suo aiuto, il suo amico.

Fecero sosta nella terra di Madian dove, dopo anni, Mosè riabbracciò la moglie Zippora, i due figli Ghersom ed Eliezer, il suocero Ietro.

«Finalmente», scoppiò a piangere Zippora, andandogli incontro per abbracciarlo e baciarlo.

«Ferma, ferma... Sono sporco del viaggio... Prima un bagno», sorrise Mosè, staccandola dall'abbraccio e guardandole il viso: «Sei ancora bellissima».

«Anche tu, Mosè».

«Sono vecchio e stanco... ormai».

«Ma hai la sua luce negli occhi... La luce di Dio... E ti rende bellissimo», disse chiudendogli la bocca con un bacio.

Per Mosè fu la prima sera bella, dopo anni: perché finalmente nel calore della famiglia, tornò a sentirsi amato.

Il giorno dopo, si svegliò di buon'ora, lasciò Zippora e i figli al loro sonno, uscì dalla tenda e incontrò il suocero Ietro, che gli disse: «Dormi poco, Mosè. Avresti dovuto riposare di più, dopo tante fatiche».

«E tu, perché già sveglio?», sorrise Mosè.

«Oh... Io sono vecchio».

«E saggio», lo abbracciò Mosè cominciando a confidargli le sue amarezze.

Ietro ascoltò, poi lo rassicurò: «Non puoi fare tutto tu: finirai per soccombere... Tu... E il popolo che è con te. Il compito è troppo pesante, non puoi attendervi da solo. Tu dovresti solo fare da "mediatore" tra Dio e il tuo popolo: presentare a Dio le domande del popolo e al popolo i decreti di Dio. Per i giudizi, le liti e tutto il resto, invece, scegli, tra il popolo, giudici saggi e integri che sappiano risolvere e placare ogni disputa. Così potrai stare un po' più sereno. Se tu farai così e se Dio si mostrerà d'accordo, potrai resistere e il popolo arriverà alla sua meta».

Mosè si allontanò da Madian più forte e più sicuro anche perché portò con sé la moglie, i figli, il suocero. Nei mesi seguenti si organizzò seguendo il consiglio di Ietro e diventando, quindi, soltanto l'interprete tra Dio e il popolo.

Fecero di nuovo sosta nel deserto sotto il Monte Sinai. Il popolo era più tranquillo, anche se stanco, perché cibo e acqua non mancavano mai.

Mosè una sera si allontanò dal campo per cercare un po' di tranquillità: sentiva il bisogno di riflettere. E proprio lì, dove si era disteso, un giorno sentì ancora la voce di Dio: «Questo dirai e annuncerai agli israeliti: "Voi stessi avete visto ciò che io ho fatto all'Egitto e come vi ho sollevato su ali di aquile, per farvi venire fino a me. Ora, se vorrete ascoltare la mia voce e custodire la mia alleanza, voi sarete per me la proprietà tra tutti i popoli, perché mia è tutta la terra! Voi sarete per me un regno di sacerdoti e una nazione santa"».

Mosè convocò il popolo, riferì e sorrise felice, per la prima volta dopo tanto tempo, felice perché aveva risentito la voce di Dio: «Quanto il Signore ha detto, noi lo faremo!», concluse.

Tornò sotto il monte e aspettò ancora che la voce di Dio rompesse il silenzio: «Ecco, io sto per venire verso di te in una densa nube, perché il popolo senta quando io ti parlerò, così crederanno sempre anche in te: vai dagli ebrei e di' che lavino le loro vesti e si tengano pronti per il terzo giorno, quando il Signore scenderà sul Monte Sinai alla vista di tutto il popolo. Fisserai per il popolo un limite tutto attorno, dicendo: "Guardatevi dal salire sul monte". Quando suonerà il corno, allora soltanto, essi potranno salire sul monte».

Mosè riferì e per due giorni tutti attesero in silenzio, dimenticando di lamentarsi, dimenticando di mangiare, dimenticando di ripararsi sotto le tende per dormire. Stavano immobili con gli occhi alti verso il monte, con il silenzio disturbato solo dai loro respiri.

Il terzo giorno, all'alba, il silenzio fu improvvisamente scosso da tuoni e lampi. Una nube nera e densa apparve sul monte. Un suono assordante di tromba squarciò l'aria. Il Monte Sinai fu annerito dal fumo che usciva da alte fiamme comparse sul suolo dal nulla. «Dio è sceso avvolto dal fuoco», mormorò il popolo e il mormorio era stupore misto a paura. Il monte tremò, il suono della tromba diventò un rumore fragoroso che faceva male alle orecchie. Mosè parlò: «Eccoci, Signore, il tuo popolo è qui».

«Sali sul monte tu solo», tuonò la voce di Dio.

Mosè si girò verso il popolo, fece un cenno di saluto e poi, a passo veloce, si arrampicò sul monte, pensando che era Dio a dargli la forza se, ormai avanti con gli anni, poteva muoversi ancora con agilità.

Quando fu sulla cima, si inginocchiò puntando sulle fiamme gli occhi che cercavano di scrutare il volto di Dio. «Sei qui, Signore, ti sento vicino», mormorò. Poi stropicciò gli occhi sperando di vedere meglio, «Signore...», mormorò ancora.

«Sono qui vicino a te, Mosè», disse Dio.

«Lo so, ti sento. Non ho mai sentito la tua voce così chiara», gridò questa volta per farsi sentire dal popolo.

Il popolo infatti sentì la sua voce e capì che stava parlando con Dio. Ma non poté sentire le risposte: perché le parole che uscivano dalle fiamme erano chiarissime per Mosè, mentre per loro erano soltanto il rumore di un tuono.

«Mosè», disse Dio, «è ora che il popolo abbia leggi nuove. Finora ho pensato a farvi moltiplicare e vi ho permesso anche unioni e azioni, che con il tempo vi porterebbero alla dissolutezza. Ma dovevo farvi difendere dai nemici, da coloro che non hanno mai voluto credere in me e dovevo darvi lunga vita per farvi procreare e diventare così numerosi».

«Signore, dimmi tu quello che vuoi», disse Mosè. «Sono pronto ad ascoltare le nuove leggi che vorrai darmi».

«Ascolta allora. Io sono il Signore, tuo Dio, che ti ha fatto uscire dal paese d'Egitto, dalla condizione di schiavitù: non avrai altro Dio fuori di me. Non ti farai idolo né immagine alcuna di ciò che è lassù nel cielo né di ciò che è quaggiù sulla terra, né di ciò che è nelle acque sotto la terra. Non ti prostrerai davanti a loro e non li servirai. Perché io, il Signore, sono il tuo Dio, un Dio geloso.

«Non pronuncerai invano il nome del Signore, tuo Dio.

«Ricordati del giorno del sabato per santificarlo.

«Onora tuo padre e tua madre.

«Non uccidere.

«Non commettere adulterio.

«Non rubare.

«Non pronunciare falsa testimonianza contro il tuo prossimo.

«Non desiderare la roba d'altri.

«Non desiderare la donna d'altri».

A Mosè le leggi sembrarono rigorose, ma anche misericordiose, perché ponevano un freno alle vendette e alle faide fra tribù che, fino a quel momento, erano state l'unica legge conosciuta. Ma non osò chiedere e ascoltò ancora: «Dunque, non molesterai il forestiero né lo opprimerai, perché voi siete stati forestieri nel paese d'Egitto. Chi rispetterà queste leggi avrà felicità e prosperità, il mio amore e il mio aiuto per più di mille generazioni».

La voce si fermò per un attimo appena, poi concluse: «Oggi, Mosè, io ho stabilito un'alleanza fra me e voi che siete il mio popolo».

Le fiamme all'improvviso si spensero lasciando che il buio della notte avvolgesse il monte. Mosè iniziò la discesa ripetendo le leggi che Dio gli aveva elencato, sentendo che la stanchezza era scomparsa, lasciando il posto a una sensazione di gioia, che dal cuore affiorava sul suo volto e si manifestava con il sorriso.

Il popolo lo aspettava con ansia e seguì la sua figura: era circondata da fasci di luce che la rendevano splendente. Si sollevò un coro: «Mosè, parla. Che cosa ti ha detto?».

Mosè si affrettò, li raggiunse, si sedette su una pietra, anche se non sentiva la stanchezza, e fece il suo racconto con dolcezza, con gli occhi estasiati, con voce vibrata ma chiara, senza emozione. «È cambiato», mormorò qualcuno. «Ha incontrato Dio e Dio è entrato in lui». Il mormorio piano piano diventò alto e deciso: «Ti seguiremo, Mosè».

«Vi rendete conto?», disse Mosè finendo il suo racconto. «Dio avrebbe potuto ordinare e basta, incutendo terrore, e invece ha voluto fare un'alleanza con noi».

Un grido si levò nell'aria: «Sì, Mosè, quanto il Signore ha ordinato, noi lo faremo!».

Passò qualche giorno. Rimasero sotto il Monte Sinai perché ancora non si sentivano ritemprati dalla stanchezza e non avevano recuperato le forze per affrontare la strada verso la Terra Promessa ancora lontana. Si stava riposando anche Mosè, quando sentì la voce di Dio: «Sali ancora da me sul monte e rimani lassù: io ti darò le tavole della Legge scritta sulla pietra perché resti per sempre».

Mosè si sentiva debole e temeva che le forze lo avrebbero abbandonato. «Ti prego, accompagnami. Ho bisogno di te», chiese aiuto a Giosuè. Agli anziani invece disse: «Restate qui, accanto al popolo, ad aspettarci, fin quando torneremo; staranno con voi Aronne e il suo amico Cur. Se avrete bisogno rivolgetevi a loro».

Mosè salì sul monte e, quando fu in cima, raccomandò a Giosuè: «Aspettami qui. Andrò avanti da solo».

«Sei sicuro di farcela?», si preoccupò Giosuè. «Ti vedo provato dalla fatica».

«Dio mi darà la forza», sorrise e lo lasciò.

Sulla vetta scese Dio: al popolo, rimasto in basso, e a

Giosuè apparve come un fuoco altissimo: sembrava toccare il cielo. A Mosè, invece, apparve sotto forma di una nube che avvolse il monte per sei giorni.

Al settimo giorno Dio ordinò: «Mosè avvicinati. Entra nella nube».

Mosè ubbidì, entrò e rimase nella nube per quaranta giorni e quaranta notti.

Giorno dopo giorno, Dio insegnò a Mosè tutto ciò che doveva imparare: come organizzare nella Terra Promessa uno stato, con le città e i governanti che dovevano amministrarle. «A ricordo dell'alleanza che ho sancito con te farai costruire un'arca e la chiamerai l'Arca dell'Alleanza». A Mosè Dio spiegò anche come doveva essere realizzata. Voleva un Santuario mobile chiamato "tabernacolo": un tempio destinato ad accompagnare gli ebrei in ogni spostamento; Dio precisò pure i riti sacri da celebrare e le offerte che gli erano dovute. Parlò perfino degli arredi del suo tempio e dei paramenti religiosi da indossare. Lo invitò a consacrare sacerdoti suo fratello Aronne e i figli di Aronne. E gli disse molte altre cose che nessuno ha mai saputo e che non sapremo mai: resteranno, fino alla fine dei tempi, un segreto tra Dio e Mosè.

Al quarantesimo giorno, quando ritenne che aveva imparato tutto, Dio gli diede due tavole di pietra dove erano impressi i comandamenti che aveva dettato.

Mosè, nel prenderle, temette di non reggerle pensando che, essendo di pietra, fossero troppo pesanti per le sue forze.

E invece, inspiegabilmente, le sentì leggere come foglie e pensò che Dio aveva avuto pietà delle sue ossa consumate dal tempo. Le guardò estasiato e raccolse l'ultima confidenza che riempì di calore il suo cuore: Dio gli disse di avere scritto la "Legge" con il suo stesso dito e provò una grande emozione per avere avuto il privilegio di osservare la grafia divina.

Mosè scese lentamente dal monte, felice per le tavole che reggeva, incontrò Giosuè che non osò chiedergli nulla, ma lo seguì in silenzio, e insieme arrivarono all'accampamento. Ma nulla era più come prima e la felicità per Mosè si trasformò subito in rabbia e dolore.

Infatti in quei quaranta giorni erano successe tante cose.

Il popolo, poiché Mosè tardava a scendere dalla montagna, si era riunito intorno ad Aronne e Miriam per ribellarsi: «Trovate un dio che cammini come noi e che si metta in testa a noi per guidarci, perché Mosè è scomparso. Ci ha fatto uscire dall'Egitto, ci ha gettato in questa sventura e non sappiamo che cosa gli sia accaduto».

Aronne e Miriam cercarono di prendere tempo. Ma il popolo continuò la protesta, prima con suppliche, poi con minacce: «Fateci un nuovo dio, vogliamo un altro dio!». Alla fine, temendo disordini, Aronne si convinse e ordinò: «Togliete i pendenti d'oro che hanno agli orecchi le vostre mogli e le vostre figlie e portateli a me». Dopo averli raccolti, li fece fondere e fece colare l'oro fuso in una forma che aveva scolpito: un vitello, simbolo sacro nelle terre d'Oriente.

Nacque così la statua del vitello d'oro e, vedendola, tutti si entusiasmarono: «Ecco il nostro dio! È lui che ci salverà. Le terre d'Oriente grazie a questo dio sono ricche e floride. Farà lo stesso anche con il nostro popolo».

Aronne pensò di placare ancora di più la folla, facendo

costruire un altare davanti all'idolo e proclamò: «Domani sarà festa in onore di questo dio».

Il giorno dopo offrirono sacrifici alla statua e festeggiarono mangiando e bevendo, e ben presto l'entusiasmo e l'allegria degenerarono in un'orgia senza freni.

Dio vide quello che accadeva nell'accampamento e fermò Mosè durante la discesa: «Vai, più in fretta, perché il popolo che tu hai fatto uscire dal paese d'Egitto, si è corrotto. Non hanno tardato ad allontanarsi dalla via che io avevo loro indicata! Si sono fatti un vitello di metallo fuso, poi gli si sono prostrati dinanzi, gli hanno offerto sacrifici e hanno proclamato: "Ecco il tuo dio, Israele". Ho osservato il popolo. La mia ira si è accesa e li distruggerò. Tu sarai salvato e con te si salveranno coloro che mi avranno difeso. Ricompenserò così la loro fedeltà».

Mosè, disperato, supplicò: «Desisti dall'ardore della tua ira e abbandona il proposito di fare del male al tuo popolo... Ricordati di Abramo, di Isacco, di Israele, tuoi servi, ai quali hai giurato: "Renderò la vostra discendenza numerosa come le stelle del cielo e tutto questo paese, di cui ho parlato, lo darò ai vostri discendenti, che lo possiederanno per sempre"».

Dio non rispose, ma Mosè sperò di essere stato ascoltato. Tuttavia scese dal monte con il cuore colmo di angoscia, tenendo nelle mani le due tavole di pietra scritte dal dito di Dio.

Quando si avvicinò all'accampamento, vide il vitello d'oro, le danze impudiche, l'orgia. L'ira lo accecò con tale violenza che scagliò in terra le tavole della Legge che si spezzarono in due. Poi afferrò il vitello d'oro e lo distrusse, gettandolo nel fuoco.

Con il cuore gonfio di rabbia, rosso in volto, gli occhi sbarrati dal dolore e dalla delusione, gridò ad Aronne: «E tu dov'eri mentre costruivano questa statua? Perché non l'hai impedito? E tu Miriam, sorella mia, dov'eri?».

Miriam abbassò gli occhi e non parlò.

Aronne cercò di difendersi. «Mosè, ti prego, calmati».

«Tu devi essere impazzito. E sappi che Dio è più infuriato di me», gridò Mosè con tale vigore che molti andarono a nascondersi, terrorizzati. «Chi ha costruito questo idolo?».

Aronne abbassò gli occhi, sussurrò: «L'ho fatto io, ho dovuto farlo. Sono nati disordini, qui al campo si è scatenata una guerra fra chi difendeva il nostro Dio e chi voleva il vitello. Ci sono stati morti e feriti...».

«Che ti ha fatto questo popolo, perché tu l'abbia caricato di un peccato così grande?», lo interruppe Mosè che non riusciva a placare il furore della sua voce. «La vendetta di Dio sarà terribile».

Aronne si giustificò: «Non arrabbiarti. Non ti vedevano più e non sapevano che cosa pensare. Mi hanno detto: "Facci un dio, che cammini alla nostra testa, perché Mosè è morto"».

«Aronne, come hai potuto fare questo? Tu, proprio tu», fu durissimo Mosè. «L'ira di Dio non si placherà».

«Mosè, ascolta», cercò di calmarlo Aronne. «Io l'ho permesso per salvare il tuo popolo. Il popolo di Dio. Ho dovuto...». Aronne abbassò il capo aspettando ancora un'altra esplosione d'ira. Poi continuò: «Ci sono stati morti e feriti durante i disordini».

«Chi?», domandò Mosè improvvisamente addolorato.

«Tanti... Tanti...», rispose Aronne esitando.

«Dov'è mia moglie?... Dove sono i miei figli?», domandò Mosè girando gli occhi a cercarli tutto intorno, tra la folla, provando una stretta al cuore perché l'ira gli aveva fatto dimenticare di cercarli per abbracciarli. Non li vide, guardò esitante gli occhi di Aronne, non osò chiedere, li cercò ancora. Un pensiero entrò improvvisamente nella sua mente, cercò di scacciarlo ma non ci riuscì. Sentì che l'ira si stava trasformando lentamente in dolore, sospirò con tristezza, ma con la voce ancora piena di speranza domandò: «Aronne, dove sono?».

Aronne lo guardò con enorme tristezza e con gli occhi velati dalle lacrime. Mosè intuì la verità, ma non osò chiedere. Girò ancora gli occhi tra la folla aggrappandosi alla speranza. Poi Aronne trovò la forza per parlare: «Sono morti. Tutti morti. Soltanto Ietro, tuo suocero, si è salvato: è lì chiuso a piangere nella sua tenda».

Mosè trattenne le lacrime soffocandole con la voce: «Come? Dimmi, come?».

«Si sono scagliati contro il vitello d'oro per distruggerlo. La folla è impazzita e li ha assaliti per fermarli... Mosè, perdonami, non ho potuto proteggerli».

Mosè reagì come se non avesse sentito. Si allontanò sicuro che Dio gli avrebbe parlato: e infatti gli parlò. Tornò davanti al popolo e disse con freddezza: «Chi è per il Signore, si metta intorno a me». Quando la maggioranza, quelli della tribù di Levi, si raccolse intorno a lui, parlò:

«Ha detto il Signore, Dio d'Israele: "Ciascuno di voi si metta la spada al fianco: andate in giro per il campo da una tenda all'altra, e ognuno uccida il fratello, l'amico, il parente, gli anziani malvagi, i falsi sacerdoti che hanno convinto i fratelli d'Israele a peccare"».

Si fermò, come pentito di avere impartito un ordine tanto crudele. I suoi occhi incrociarono quelli del suocero che gli stava andando incontro. Gli fece cenno di avvicinarsi: «Perché tutto questo, Ietro?», domandò angosciato.

«È Dio che lo vuole per purificare il suo popolo da ogni peccato. È necessario».

Mosè lo guardò sorpreso: «Ietro, tu adesso credi nel mio Dio?».

«Sì», lo guardò Ietro con gli occhi velati. «Mi ha insegnato Zippora a credere. Come avrei potuto sopportare tutto questo se non avessi creduto?».

Mosè lo abbracciò. Poi, con gli occhi velati ripeté l'ordine: «Andate».

Gli uomini della tribù di Levi, fedeli a Mosè, andarono tenda per tenda e uccisero circa tremila persone, uomini e donne, tra quelle che avevano abbandonato Dio per adorare il vitello d'oro. Si sentirono urla, la terra si macchiò di sangue, i bambini si attaccarono, piangendo convulsamente, ai corpi dei genitori squarciati dalle lame o schiacciati dalle pietre. La sera, l'accampamento apparve ricoperto da un tappeto di cadaveri: una scena raccapricciante. Mosè, solo in un angolo, era devastato dal dolore. Soltanto Ietro ebbe il coraggio di avvicinarsi per parlargli. «Hai liberato il tuo popolo dalla cancrena del peccato», disse poggiandogli la mano sulle spalle. «Ora tu sai di potere contare su un popolo fedele a Dio e fedele ai tuoi ordini. Hai estirpato le piante malate. Non potevi fare diversamente per salvare il popolo di Dio. Solo chi crede, può raggiungere la Terra Promessa, ricorda. Quello che hai fatto per liberare la tua gente dalla schiavitù non poteva essere inutile».

Mosè si sentì confortato e il giorno dopo parlò ancora al suo popolo. Guardò in faccia uno a uno chi aveva davanti. Vide Aronne disperato. Miriam, tormentata dal rimorso, era stata colpita da una paresi al volto e alle braccia. Poi disse: «È stato commesso un grande peccato. Avete bestemmiato e offeso il nostro Dio Onnipotente. Ora salirò verso il Signore per ottenere il perdono».

Mosè salì di nuovo sulla montagna con la disperazione nel cuore per avere perduto i suoi affetti e per avere scoperto l'ingratitudine della sua gente. Non sapeva più come parlare, ma tentò: «Signore... Questo popolo ha commesso un grande peccato... Facendosi un dio d'oro... Ma ora, perdona il nostro peccato; o cancella il mio nome dal libro che hai scritto».

Ma Dio rispose: «Io cancellerò dal mio libro soltanto chi ha peccato e chi peccherà contro di me. Ora vai, guida il popolo al luogo che io ti ho detto. Ma per qualche tempo non sarò accanto a voi, perché il popolo capisca che ha peccato e che mi ha fatto adirare».

Mosè si rassegnò. Si sollevò pensando che, se permetteva loro di riprendere il viaggio, Dio aveva già perdonato.

Incominciò a scendere dal monte, tenendo nel cuore il ricordo dei suoi cari e pensando che la loro morte non era stata vana, se tutto era successo perché lo aveva voluto

Dio per il bene del popolo. E fu contento quando si insinuò in lui una certezza dolorosa ma consolante: la moglie e i figli erano morti per non oltraggiare l'unico vero Dio, che sicuramente li avrebbe ricompensati per la loro immensa fede.

Giù dal monte riferì le parole del Signore e vide che, mentre parlava, il popolo si mostrava addolorato e pentito. Osservò Aronne e la sua disperazione e questa volta il suo fu uno sguardo di perdono. Nei giorni successivi ordinò di riprendere il cammino. Per giorni e giorni marciarono tutti in silenzio perché avevano il lutto nel cuore.

Il cammino continuò faticoso e lungo. Durante il viaggio, l'amore di Mosè per Dio aumentò e lentamente nacque in lui il desiderio di vederlo. E un giorno, durante uno dei loro colloqui, osò chiedere: «Mostrami la tua Gloria!».

Dio acconsentì: «Farò passare davanti a te tutto il mio splendore e proclamerò il mio Nome». Però aggiunse: «Tu non potrai vedere il mio volto, perché moriresti. Nessun uomo può vedermi e restare vivo. È troppa per voi la mia grandezza perché ne possiate sopportare la vista: sarebbe come fissare il sole senza restare accecati». E aggiunse ancora: «Tu starai sopra una rupe: quando mi manifesterò nella mia Gloria, io ti porrò nella sua cavità e ti coprirò con la mano finché sarò passato. Poi toglierò la mano e vedrai le mie spalle: ma il mio volto non potrai vederlo».

Quel giorno Dio gli confidò anche di non essere più adirato per il vitello d'oro e di volere rinnovare l'alleanza con il popolo: «Taglia due tavole di pietra come le prime», ordinò. «Io scriverò su di esse le parole che erano su quelle che hai spezzato. Tieniti pronto per la mia apparizione domani mattina: salirai sul Monte Sinai e rimarrai sulla cima per me. Nessuno deve venire con te».

Mosè ricavò le due tavole dalla pietra e, il giorno dopo, si alzò di buon mattino e salì.

Dio, come gli aveva promesso, scese avvolto nella nube, Mosè sentì la sua presenza e poi vide una schiera di angeli che proclamavano il suo nome cantando: «Il Signore! Il Signore, Dio misericordioso e pietoso, lento all'ira e ricco di grazia e di fedeltà che conserva il suo favore per mille generazioni!».

Mosè si inginocchiò. «Ho trovato grazia ai tuoi occhi, e ora tu cammini in mezzo a noi o Signore? Il mio è un popolo ostinato e difficile da guidare, ma tu perdona la nostra colpa e il nostro peccato: fa' di noi la tua eredità».

Dio sentì le sue parole e parlò: «Io stabilisco un'alleanza: in presenza di tutto il tuo popolo, io farò meraviglie, quali non furono mai compiute in nessun paese e in nessuna nazione».

Mosè restò lassù altri quaranta giorni e altre quaranta notti senza mangiare e senza bere. Restò in silenzio non osando parlare dopo avere visto la Gloria di Dio. Quando si riprese da quell'estasi, vide accanto a sé le tavole di pietra su cui erano stati scritti i dieci comandamenti.

«Ora vai dalla tua gente, ho finito», disse Dio.

Mosè prese le tavole fra le mani e lentamente scese dal monte. Si sentiva cambiato: più sollevato, più sereno, più grato. Perfino la strada gli sembrò meno faticosa perché la gioia, entrata nel suo cuore, aveva cancellato la stanchezza. Si domandò come fosse sopravvissuto senza mangiare e senza bere e si convinse di essere stato nutrito dalla gloria di Dio.

Aronne gli andò incontro e gli fece capire che era cambiato anche nel fisico.

«Guardate! Il viso di Mosè manda raggi di luce!», gridò Aronne. E nessuno osò avvicinarsi. Mosè li rassicurò. Ma nessuno riuscì più a guardare il suo viso, perché emanava una luce accecante. E allora Mosè prese un velo e si coprì il volto lasciando scoperti solo gli occhi. Lo toglieva solo quando parlava con Dio.

Ripresero il viaggio e, durante le soste, Mosè fece costruire l'Arca dell'Alleanza, il santuario mobile che Dio aveva ordinato e che aveva chiamato il Tabernacolo. Era una specie di arca formata da quattro pareti di assi piallate. Aveva per tetto pelli di montone e di capra, tinte di rosso. L'interno era rivestito di lamine d'oro e d'oro era tutto il resto: l'altare al centro; un candelabro con sette braccia e altrettante lampade in cui bruciavano oli profumati, e la cassa che custodiva le tavole con i dieci comandamenti. Il Tabernacolo veniva trasportato a spalle con delle stanghe e li accompagnava nel cammino verso la Terra Promessa, oltre il fiume Giordano: verso la terra di Canaan.

38

La marcia nel deserto durò ancora per anni: sempre faticosa, sempre con il cibo e l'acqua che scarseggiavano, sempre con il sole che accecava i loro occhi, spaccava le loro labbra, infuocava le loro teste. E sempre con popolazioni che cercavano di sbarrargli la strada, a volte con guerriglie e a volte con guerre sanguinose: in ogni caso feriti e morti restavano sui campi, come la volta in cui, combattendo contro il popolo degli amorrei, molti di loro chiusero gli occhi pensando che tutto era stato inutile perché mai avrebbero visto la Terra Promessa.

Tra essi ci furono anche Miriam e Aronne. Miriam morì a Cades nel Negheb; Aronne invece sul Monte Or ai confini di Edom, la terra che era stata di Esaù, il fratello di Giacobbe. «Spoglia il corpo di Aronne dei suoi paramenti», ordinò Dio a Mosè, «e falli indossare a Eleazaro, suo figlio». Mosè eseguì e così Eleazaro, dopo Aronne, divenne sacerdote del popolo d'Israele incaricato di fare rispettare la legge divina.

Perdere i due fratelli era stato un altro grande dolore per Mosè: un dolore che aveva tenuto chiuso nel cuore, per non offuscare la serenità dei sopravvissuti, ansiosi di proseguire il cammino.

Viaggiavano ormai da quarant'anni, quando finalmente

arrivarono a Pisga, da dove si poteva vedere il fiume Giordano. «Ecco, stiamo per arrivare», annunciò Mosè. «Oltre quelle acque c'è la nostra terra». Poi stancamente aggiunse: «Ci accamperemo qui, riprenderemo le forze e partiremo».

Il popolo non capì. Tutti si domandarono: «Abbiamo viaggiato quarant'anni e ora che siamo arrivati, Mosè non esulta?». Restarono ammutoliti a lungo guardandosi perplessi l'un l'altro, senza muoversi. Poi, a piccoli passi, si avvicinarono all'altura da dove il Giordano si vedeva scorrere con le sue acque tranquille che a loro sembrarono un invito a entrare, perché mai più sarebbero state così quiete come quel giorno. Quelli dietro spingevano quelli davanti perché volevano vedere anch'essi lo splendore di quel paesaggio: «Che meraviglia... Com'è bella...», esclamarono. In realtà, al di là del Giordano, tutto era uguale alla terra in cui stavano poggiando i piedi. Ma a loro sembrò tutto diverso. «È la nostra terra... Finalmente... Siamo arrivati».

Poi girarono gli occhi verso Mosè, che appariva invece triste mentre si allontanava per isolarsi.

Mosè alzò gli occhi verso il cielo, poi li abbassò ancora verso il Giordano: «Grazie, Signore... Grazie per quello che ci stai dando». Per la prima volta da quando aveva lasciato l'Egitto, sentì le lacrime scendere lungo le rughe fino a bagnargli la barba. «Non sono un ingrato, Signore. Perdona la mia tristezza. Sto pensando a mio fratello Aronne, a mia sorella Miriam, a mia moglie Zippora, ai miei figli, che non ci sono più e non possono vedere le meraviglie al di là del fiume. E invece io sono così fortunato... Sto per entrare nella terra che ci hai donato».

«No, Mosè. Non è così. Nemmeno tu entrerai in quella terra», tuonò la voce di Dio.

Mosè guardò perplesso il cielo, poi guardò sorridente le acque del Giordano, poi guardò gli uomini e le donne che già stavano scendendo dall'altura per avvicinarsi di più alla loro terra. Scosse la testa, senza osare parlare, per dire a Dio che non capiva, proprio non capiva. «Il tuo grande desiderio non sarà esaudito», continuò la voce. «Non entrerai nella nuova terra alla quale hai condotto il tuo popolo. Io ti chiamerò a me tra pochi giorni. Tu hai fatto la strada fino a qui, ma a completarla sarà Giosuè, il tuo giovane aiutante. Sarà lui il nuovo condottiero».

Mosè sentì le gambe tremare e temette che all'improvviso non lo reggessero. "Perché vuole privarmi di questa gioia?", la domanda gli entrò nella mente pungendolo come una spina. Pensò che aveva sempre eseguito gli ordini di Dio, non li aveva mai discussi, e mai aveva chiesto qualcosa per sé. Non osò trattenersi, perché il dolore che aveva avvolto il suo cuore pesava come un macigno e sentì il bisogno di estirparlo. E chiese. Per la prima volta chiese per sé e non per il suo popolo. «Signore, permetti che io passi al di là e veda il bel paese che è oltre il Giordano e i suoi bei monti».

Dio interruppe la sua supplica bruscamente: «Basta, Mosè. Non chiedermi più questa cosa. Sali sulla cima del Monte Pisga, volgi lo sguardo a occidente, a settentrione, a mezzogiorno e a oriente. Contempla il paese con gli occhi, perché tu non passerai questo Giordano con il tuo corpo. Comunica i tuoi ordini al giovane Giosuè, rendilo intrepido e incoraggialo, perché lui sarà alla testa di questo popolo e darà a Israele il possesso del paese che vedrai».

Mosè abbassò gli occhi. Si pentì di avere chiesto, sentì un calore improvviso strozzargli la gola, voleva parlare, non riuscì e si rese conto che Dio non era lì, accanto a lui. Radunò le forze e camminò senza meta, aggirandosi sull'altura e non osando guardare al di là del fiume, verso la Terra Promessa. Era così, pensieroso e affaticato, quando Giosuè lo vide rendendosi conto, man mano che si avvicinava, del turbamento sul suo volto.

«Che ti succede, Mosè? Ti vedo rattristato», gli disse Giosuè baldanzoso, con un largo sorriso che fece apparire i suoi denti, perfetti e bianchissimi, nel nero dei suoi baffi e della sua lunga barba. Neri erano pure gli occhi, grandi e lucenti, che rendevano luminoso il disegno del suo giovane bellissimo volto. Stava senza tunica con i muscoli del torace che brillavano per il sudore, segno della fatica e del caldo torrido, e mostravano il vigore del suo corpo.

Mosè lo guardò estasiato, come se si accorgesse per la prima volta della sua esuberanza. E capì che Dio non poteva fare scelta migliore per portare il popolo verso gli imprevisti e i pericoli della nuova vita nella Terra Promessa.

Giosuè si accorse che gli occhi di Mosè stavano scrutando e ammirando il suo fisico possente, non capì e chiese ancora: «Che c'è, Mosè? Parlami».

«Sto per lasciarti, Giosuè», mormorò.

«Che dici? Perché tanta tristezza sul tuo volto e nel tuo animo?».

«Non sono triste, Giosuè. Ti lascio perché è giunta la mia ora. Il Signore ha deciso che sarai tu a fare attraversare il fiume al popolo».

«Non ti credo, Mosè. Dio non può non ricompensarti dopo tutto quello che hai fatto per noi».

«Giosuè, non dire così. Il Signore è giusto. Io non ho fatto nulla, è lui che ci ha guidato».

«Ma ti ha spiegato?».

«Perché pensi che debba dare spiegazioni? Non commettere il mio stesso errore».

«Non dire così. Che errori puoi avere fatto tu che ci hai amato più di te stesso?».

«Ho sbagliato, invece», confessò Mosè per la prima volta. «Per un attimo avevo perduto la fede, una volta. Fu quando il popolo aveva sete e il Signore mi disse: "Colpisci con il bastone la roccia e l'acqua sgorgherà". Io esitai. "Non servirà, l'acqua non uscirà da questa pietra, moriremo di sete", pensai. Poi colpii la roccia e l'acqua sgorgò. Ma io avevo avuto un attimo di smarrimento... In quell'attimo avevo perduto la fede. Sento che per questo ha deciso di non farmi oltrepassare il fiume».

«Ti punisce per un solo attimo di smarrimento?».

«No, Giosuè. Non è per questo».

«E perché, allora?».

«Per farmi spiegare a te ciò che tu dovrai spiegare a tutti. La fede nel Signore deve essere senza dubbi, senza smarrimenti. No, Giosuè, il Signore non è arrabbiato con me. Mi ha dato un insegnamento importante e sono contento. Ora soltanto, dopo quello che mi ha detto, sento di amarlo incondizionatamente».

«Ma è difficile accettare che non ti ricompensi per tutto quello che hai fatto», mormorò ancora Giosuè con la voce di un bambino che sente il peso di una punizione ingiusta.

«Impara ora che sei giovane, Giosuè, quello che io ho capito pochi minuti fa, soltanto da vecchio. Per essere buoni ed essere degni della benevolenza del Signore, devi fare azioni grandi soltanto perché senti di farle e non perché ti giungano ricompense».

Per la verità, lettore, devi sapere che Dio aveva in serbo una ricompensa molto più grande, che Mosè non poteva immaginare perché nulla aveva ancora rivelato a nessuno: la ricompensa era la vita eterna accanto a lui.

Dunque Mosè non sapeva, ma finì di parlare con Giosuè con grande gioia. «Caro mio giovane amico, Dio mi ha dato invece già tanto: il privilegio di parlarmi. Ora vieni, andiamo incontro alla nostra gente».

Giosuè radunò il popolo e Mosè parlò con emozione: «Ho centoventi anni. La mia vita è alla fine».

Un bisbiglio si levò dalla folla e lentamente diventò rumore: «Mosè, no… No… Resterai sempre con noi».

Mosè sorrise: «È il mio tempo. Ma voi attraverserete il fiume con Giosuè. Il Signore ha deciso che sarà lui a guidarvi nella Terra Promessa. Ora ascolta, popolo di Israele, e bada di mettere in pratica quello che dirò, perché tu sia felice e cresca di numero nel paese dove scorrono il latte e il miele, come il Signore, Dio dei tuoi padri, ti ha detto. Ascolta, Israele: il Signore è il nostro Dio, il Signore è uno solo. Tu amerai il Signore tuo Dio con tutto il cuore, con tutta l'anima e con tutte le forze. Questi precetti che oggi ascolterai, ti stiano fissi nel cuore; li ripeterai ai tuoi figli, ne parlerai quando sarai seduto in casa tua, quando camminerai per via, quando ti coricherai e quando ti alzerai. Te li legherai alla mano come un segno, ti saranno come un pendaglio tra gli occhi e li scriverai sugli stipiti della tua casa e sulle tue porte».

Quelle che hai letto, lettore, sono ancora oggi le parole della più sacra preghiera degli ebrei: è chiamata "Shema Yisrael", cioè "Ascolta, Israele".

Quando ebbe terminato, Mosè girò le spalle al popolo e si avviò sulla salita del Monte Nebo, di fronte a Gerico. Giosuè gli andò dietro. Mosè ne sentì i passi, si voltò e disse: «No, Giosuè, ora lasciami solo. Tu vai dal popolo. Non senti come mormorano? Alcuni sono sorpresi di quello che ho detto. Altri sono sconvolti. Hanno bisogno di te, vai».

Giosuè lo guardò allontanarsi mentre saliva faticosamente senza perderlo di vista, finché prima gli apparve come un puntino che si perdeva fra le nuvole e poi fu così lontano che non lo vide più.

Dall'alto, nel silenzio, Mosè guardò ancora davanti a sé la Terra Promessa, al di là del fiume. Sentiva il suo cuore colmo di felicità. Pensò a sua moglie e ai suoi figli, ad Aronne, a Miriam, alla mamma che lo aveva allattato, alla principessa che lo aveva salvato dalle acque. E sorrise perché gli sembrò di vederli apparire nel cielo. E, mentre teneva gli occhi puntati verso quei volti sfocati fra le nuvole, sentì una forza che gli fece abbassare lo sguardo verso il Giordano. Non capì e restò sorpreso. Poi si rese conto che Dio gli stava regalando l'ultima emozione, la più grande. «Che meraviglia, mio Signore», esclamò mentre vide l'orizzonte allungarsi, come per incanto, facendogli ammirare ciò che nessun occhio umano avrebbe potuto vedere. Gli apparve, come se fosse così vicina che quasi avrebbe potuto toccarla, tutta l'immensità della Terra Promessa, dal fiume fino al mare. Poi sentì le parole del Signore: «Questo è il paese per il quale io ho giurato ad Abramo, a Isacco e a Giacobbe. Io lo darò alla tua discendenza, te l'ho fatto vedere con i tuoi occhi».

«Grazie, Signore...», mormorò Mosè con la voce soffocata da un pianto di gioia mentre vedeva l'ultima meravigliosa immagine della sua vita. «Grazie, Signore», mormorò ancora. Allargò le mani, come se volesse abbracciare l'immensità di quella terra. Sospirò, e fu un sospiro di sollievo, perché sentì di incontrare l'abbraccio del Signore... E da quell'abbraccio si lasciò coinvolgere.

Poche ore dopo Giosuè lo trovò disteso, senza vita, con il volto sorridente. «Come se avesse visto nell'ultimo momento una cosa meravigliosa. Chissà che cos'era», raccontò Giosuè al popolo.

Lo piansero per trenta giorni: «Nascerà più in Israele un uomo come lui?», si domandarono. «Un uomo che parlerà faccia a faccia con il Signore come lui faceva?».

E, dopo trenta giorni, sotto la guida di Giosuè, il popolo iniziò a passare il fiume per toccare finalmente la Terra Promessa.

FONTI

La Sacra Bibbia, Edizioni Paoline - *Elementi di storia antica 1*, Zanichelli Editore - *La Bibbia - L'antico Egitto*, Newton Compton Editori - *Introduzione alla Bibbia*, Vita e Pensiero - *La Bibbia in famiglia (Genesi, Abramo, Giacobbe, Giuseppe, Mosè), DVD*, Lux Video San Paolo - *I dieci comandamenti*, film di Cecil B. DeMille, *La Bibbia* Dvd - *La Bibbia di Gerusalemme - Antico Testamento*, EDB Edizioni Dehoniane Bologna - *La Bibbia - Antico Testamento*, Mondadori - *La Sacra Bibbia - Antico e Nuovo Testamento*, Larus - *La Sacra Bibbia*, L.I.C.E. Lega Italiana Cattolica Editrice - *La Bibbia*, Edizioni San Paolo - *Nova Vulgata Bibliorum Sacrorum Editio*, Libreria Editrice Vaticana - *La Bibbia concordata*, Mondadori - *La Bibbia di Diodati*, Mondadori - *Le leggende degli ebrei*, Adelphi - *Libro delle parabole di Enoc*, Paideia Editrice - *Il viaggio dell'anima*, Fondazione Lorenzo Valla/Arnoldo Mondadori - *L'Anticristo, vol. I*, Fondazione Lorenzo Valla/Arnoldo Mondadori - *Sulla Genesi*, Fondazione Lorenzo Valla/Arnoldo Mondadori - *La vita di Mosè*, Fondazione Lorenzo Valla/Arnoldo Mondadori - *La rivelazione segreta di Ermete Trismegisto*, Fondazione Lorenzo Valla/Arnoldo Mondadori - *Testi religiosi dell'antico Egitto*, Mondadori - *Mosè l'egizio*, Adelphi - *Il Diavolo,* Fògola - *Il Pentateuco*, Paideia - *Dizionario della Bibbia, 2 voll.*, BUR, Rizzoli - *Satana*, Mondadori - *Introduzione alla lettura del Pentateuco*, EDB - *The Oxford Dictionary of the Christian Church*, Oxford University Press - *La somma teologica, vol. I,* Prima parte, Edizioni Studio Domenicano - *I miti egizi*, TEA (Longanesi) - *Giuseppe e i suoi fratelli*, Mondadori.

dagli stessi autori

La grande storia di padre Pio

È una vita fuori dal comune quella che scorre nelle pagine del libro, la storia di un uomo che al secolo si chiamava Francesco Forgione e visse dal 1887 al 1968. Il mondo lo conosce come padre Pio da Pietrelcina, il suo volto è raffigurato in ogni dove, ma, a quarant'anni dalla morte, sulla sua vicenda umana rimane ancora molto da dire, molto da sapere. Soprattutto se si accantona qualsiasi intento apologetico o, viceversa, ogni pregiudizio. Con accuratezza e rigore, Sandro Mayer e Osvaldo Orlandini ricostruiscono avvenimenti, dettagli, contesto culturale "in presa diretta", come se scoprissero padre Pio insieme ai loro lettori. Ripercorrono la sua vera esistenza sullo sfondo della grande Storia del nostro Paese. E lo fanno con sensibilità e partecipazione, con un linguaggio che parla al cuore. Partendo dai documenti di cronisti e dalle testimonianze dirette, gli autori rendono viva la materia storiografica immaginando anche dialoghi, sensazioni, sguardi, movimenti. Più romanzo storico che biografia tradizionale dunque: con uno stile trasparente, chiarissimo, coinvolgente, i fatti sono narrati come se stessero avvenendo proprio ora. Così chi legge avrà finalmente la possibilità di conoscere davvero Francesco Forgione, di sapere come diventò padre Pio; entrerà in punta di piedi nella sua quotidianità e nel mistero luminoso della sua santità.

SANDRO MAYER
OSVALDO ORLANDINI
LA GRANDE STORIA DI PADRE PIO
CAIRO EDITORE

La grande storia di Gesù

Questa è, come mai era stata raccontata, la storia di un uomo che non è stato solo un uomo, ma che come tale ha vissuto, ha amato e ha sofferto come nessun altro ha mai sofferto. È la storia che ha segnato l'umanità intera, ha dato speranza, ha diviso tanto ma tanto ha unito: la grande storia di Gesù. I Vangeli ci hanno tramandato le tappe della sua vita, hanno diffuso e spiegato il suo messaggio. Ma la realtà di ogni giorno che l'uomo di Nazaret ha vissuto, nella sua terra e nella sua epoca, è relegata nell'oblio dei secoli, affidata all'immaginazione di ciascuno di noi. Sandro Mayer e Osvaldo Orlandini, con l'epica del romanzo ma nel rispetto delle fonti, affrontano la difficile impresa di raccontare passo dopo passo il cammino di Gesù, dalla grotta di Betlemme alla Croce sul Golgota, dal mistero della sua venuta al mondo alla sua fine dolorosa. Ma, insieme agli episodi più noti, conosceremo scene mai rappresentate, incontri sfumati dal tempo, personaggi apparentemente secondari, in realtà protagonisti della stessa vicenda: gli intrighi di Erodiade e Salomè, il fragile amore di Pilato e Claudia Procula, la disperazione di Barabba, la dolcezza della Maddalena, la forza di Giovanni Battista, l'affetto di Lazzaro e delle sue sorelle, i complotti di Caifa, la vendetta dei farisei, la violenza dell'Impero romano, il rimorso e la redenzione di Giuda. Una narrazione trascinante che, facendo rivivere l'epoca in cui Gesù fu uomo tra gli uomini, ci accompagna con naturalezza alla scoperta del suo straordinario destino e ci porta nel cuore del mistero che continua a illuminare la Storia.

SANDRO MAYER
OSVALDO ORLANDINI
LA GRANDE
STORIA DI
GESÙ

Finito di stampare nel settembre 2010
presso Niiag-Arvato Print Italy (Bergamo)